INTELLIGENCE ARTICICIELLE

DES IMPACTS SOCIAUX D'ENVERGURE EN VUE

UNE EXPÉRIENCE SOCIALE INÉDITE

PIERRE FRASER

ÉDITIONS V/F

Dépôt légal : Librairie du Congrès des États-Unis

3ᵉ trimestre 2017

ISBN : 978-1974032617

Première édition

11   12   13   14   15

5   4   3   2   1

Imprimé aux États-Unis par Amazon

À mes petits-enfants, car ils n'auront pas le choix de dire, tout comme Charles Dickens, que « c'était la meilleure des époques, c'était la pire des époques, l'âge de la sagesse et aussi de la folie ; le temps des croyances et de l'incrédulité ; l'ère de la lumière et des ténèbres ; le printemps de l'espoir et l'hiver du désespoir. »

Charles Dickens, *Le conte des deux cités*, 1859

NOTE IMPORTANTE AU LECTEUR

Le contenu du livre que vous tenez entre les mains est beaucoup plus qu'une synthèse et une reprise de concepts de tout ce que j'ai pu écrire et publier auparavant à propos de l'intelligence artificielle. En fait, il s'agit non seulement d'une refonte totale et intégrale de ma réflexion en tant que sociologue sur le sujet, mais il s'agit surtout d'une approche méthodique et analytique des mécanismes qui sous-tendent l'intelligence artificielle et qui transformeront en profondeur la société. J'invite donc le lecteur à user, tout comme le soulignait Emmanuel Kant, de son jugement critique et de se faire sa propre idée en ce qui concerne les impacts potentiels de l'intelligence artificielle. Qu'il me soit permis de vous souhaiter bonne lecture et puissiez-vous trouver dans cet ouvrage quelques pistes de réflexions qui alimenteront en retour la vôtre.

Pierre Fraser
Québec, juillet 2017
pierrefrasersociologue.wordpress.com

À PROPOS DE L'AUTEUR

Pierre Fraser est détenteur d'un doctorat en sociologie de l'Université Laval. Il est également détenteur d'un baccalauréat en linguistique et d'une maîtrise en linguistique computationnelle, ce qui a fait de lui un informaticien qui a transposé plusieurs techniques linguistiques d'analyse du discours (*social frameworks*) dans des systèmes d'intelligence artificielle entre 1995 et 2000 pour le compte des sociétés *Gespro Technologies* et sa filiale *nStein Technologies*. Sa formation doctorale en sociologie est venue compléter le début de sa compréhension de ce qui attend nos sociétés au cours des années à venir en matière de technologies intelligentes.

DÉFINITIONS

Intelligence artificielle restreinte : réseau de neurones artificiels capable de réaliser une tâche en particulier tout en utilisant des techniques qui s'apparentent à un traitement intelligent de l'information.

Intelligence artificielle généraliste : réseau de neurones artificiels capable de réaliser l'ensemble des tâches qu'un être humain est en mesure de réaliser tout en utilisant des techniques qui s'apparentent à un traitement intelligent de l'information.

Superintelligence artificielle : réseau de neurones artificiels totalement conscient de sa propre existence et de son environnement, capable non seulement de réaliser l'ensemble des tâches qu'un être humain est en mesure de réaliser, mais aussi de surclasser ce dernier tout en utilisant des techniques qui s'apparentent à un traitement intelligent de l'information.

PROLOGUE

Le concept même d'intelligence artificielle est un concept porteur, car il oblige à s'interroger sur notre propre humanité. Que signifie le fait d'être humain ? En quoi consiste au juste la conscience ? Quel est notre potentiel en tant qu'espèce ? La vie a-t-elle un sens, et si oui, quel est-il ? Quel est notre ultime destin en tant qu'espèce ? Peu importe ce que le futur nous réserve, poser ces questions à la lumière de ce que propose l'intelligence artificielle permet d'envisager toutes ces questions sous un tout nouvel éclairage. En fait, par le seul fait de l'accélération du développement technologique depuis l'introduction massive des microprocesseurs au milieu des années 1970, l'humanité serait sur le point de vivre, selon Ray Kurzweil, ingénieur et chercheur américain associé au programme d'intelligence artificielle de la société Google et tenant de la philosophie transhumaniste, une « singularité » technologique. Du moins, c'est l'idée qui court dans le milieu des hautes technologies et qui commence à intéresser non seulement philosophes, chercheurs et penseurs, mais intéresse aussi au plus haut point la presse grand public et l'industrie cinématographique hollywoodienne.

D'ailleurs, à ce sujet, les médias de masse publient quotidiennement force textes à propos de l'intelligence artificielle. Parfois, certains font les grands titres, et ce, pour deux raisons : (i) l'émergence d'une superintelligence artificielle qui pourrait reléguer l'homme au rôle de simple serviteur ; (ii) des avancées scientifiques et technologiques hors du commun dans une multitude de domaines susceptibles d'améliorer grandement la vie de tous et par conséquent de permettre au plus grand nombre d'accéder au bonheur. Pour leur part, les entreprises de la Silicon Valley, dont les géants Google, Amazon, Microsoft, Facebook et Apple, ont-elles non seulement investi des sommes colossales dans le développement des réseaux de neurones artificiels et continuent-elles à le faire, mais elles ont également massivement investi dans un discours qui promet la venue d'un monde meilleur dans lequel l'homme, enfin libéré de tâches fastidieuses et répétitives grâce à l'intelligence artificielle, pourrait enfin se consacrer à développer son plein potentiel

— le discours néolibéral de l'individu autonome porté à son paroxysme[1]. Faut-il ici préciser que l'ensemble des technologies fédérées sous le vocable d'intelligence artificielle est le fait d'une minorité agissante, celle des entreprises du secteur des hautes technologies. Faut-il aussi préciser que, en ce qui concerne ces entreprises dominantes, trois invariants historiques traversent toutes les époques depuis la Révolution industrielle : la quête de pouvoir ; l'accumulation de richesses ; l'exploitation des ressources (les deux précédents étant concentrés dans les mains d'une minorité agissante). Et ces trois invariants ont un rôle majeur à jouer dans le futur de l'intelligence artificielle.

Ces positions tenues et soutenues tant par les médias que par les géants de la Silicon Valley voulant que l'intelligence artificielle soit libératrice ne sont pas innocentes, car elles structurent déjà, sans que nous nous en rendions vraiment compte, la nature même du **lien social** qui se dessine à l'horizon. Si le lecteur m'accorde le fait que « le lien social désigne l'ensemble des relations qui unissent des individus faisant partie d'un même groupe social et/ou qui établissent des règles sociales entre individus ou groupes sociaux différents », il faut alors en déduire que si l'intelligence artificielle est susceptible de modifier la nature même du lien social, c'est qu'elle reconfigurera la nature des relations qui unissent des individus faisant partie d'un même groupe social par technologies interposées autonomes et intelligentes et/ou qu'elle reconfigurera les règles sociales (attitudes, comportements) déjà établies par technologies interposées autonomes et intelligentes. Partant de là, il est déjà possible de se demander si ce nouveau type de lien social qui se dessine est susceptible d'avoir des accents universels, c'est-à-dire d'uniformiser certains liens qui nous unissent les uns aux autres, ou bien, d'uniformiser certains types d'attitudes et de comportements sociaux à travers le monde. On peut aussi se demander comment l'intelligence artificielle en arrive actuellement à reconfigurer des pans entiers de l'économie — car une première observation sommaire semble indiquer que ce processus est bel et bien amorcé[2] —, et comment cette reconfiguration est-elle susceptible de modifier le **rôle social** que chacun adopte et la **fonction sociale** que chacun exerce.

---

[1] L'évangile de l'épanouissement dans une main, le culte de la performance dans l'autre, l'individu est désormais contraint à devenir le maître de son destin, architecte de sa vie et entrepreneur de lui-même tout en dépendant de moins en moins des subsides de l'État.
[2] Parkes, D. C., Wellman, M.P. (2015 [17 juillet]), « Economic reasoning and artificial intelligence », *Science*, vol. 349, n° 6245, pp. 267-272.

Par exemple, dans le monde de l'économie, de la finance et du commerce, les algorithmes intelligents actuellement en développement sont dans une logique de l'*homo economicus artificialis* articulée autour de l'agent mythique parfaitement rationnel de l'économie classique[3-4-5] (le consommateur maximise son utilité personnelle sous contrainte budgétaire ; l'entrepreneur minimise ses coûts pour une production donnée ou maximise son profit sous contrainte de production). Cette façon de faire n'est pas sans conséquence, et le seul fait de s'appuyer sur ce type de concept pour développer des algorithmes économiques intelligents a des implications majeures. En supposant un instant qu'il soit possible de parvenir à mettre au point ce type d'algorithmes intelligents totalement rationnels d'après la théorie de l'agent rationnel, il faut se demander à quoi pourrait bien ressembler une réalité économique où une multitude d'agents autonomes et intelligents et économiquement rationnels travailleraient de concert. Et la question se pose tout à fait, car si la théorie de l'agent rationnel a subi, au fil du temps, des attaques répétées sur la seule question de la rationalité du consommateur et du producteur, voilà qu'il sera quasi impossible d'imputer aux algorithmes intelligents le fait qu'ils sont non rationnels, car ils seront toujours rationnels. En ce sens, il se pourrait bien que la théorie économique de l'agent rationnel prenne d'assaut la planète par le seul fait de sa rationalité incarnée dans des algorithmes intelligents.

Ces questions ne sont pas anodines et il faut s'en préoccuper, car non seulement l'intelligence artificielle progresse-t-elle à la vitesse grand V, mais elle chamboule déjà la société. Chaque jour qui passe est la conquête d'un petit territoire qui s'agrandit inéluctablement. Chaque jour qui passe voit certaines activités personnelles, économiques, financières, politiques, juridiques, médicales et pédagogiques colonisées par l'intelligence artificielle. Rien n'échappe à l'intelligence artificielle, rien ne peut échapper à l'intelligence artificielle, car l'intelligence artificielle représente l'efficacité en toutes choses.

---

[3] Becker, Gary S. (1962), « Irrational Behavior and Economic Theory », *Journal of Political Economy*, vol. 70 : pp. 1-13.

[4] Lagueux, Maurice (1993), « Kirzner vs Becker : Rationality and Mechanisms in Economic Discourse » dans Hebert Robert (ed.), *Perspectives on the History of Economic Thought*, vol. IX, Aldershot, Hants, U.K. : Elgar Publishing, pp. 37-50.

[5] Ce ne sont évidemment pas tous les algorithmes intelligents dédiés à l'économie et à la finance qui sont dans cette logique.

Afin d'analyser ce phénomène de l'efficacité en toutes choses de l'intelligence artificielle, je poserai une simple **question**, « *Par quels mécanismes technologiques et sociaux l'intelligence artificielle est-elle susceptible de modifier en profondeur la société ?* » En fait, il s'agira de mettre en lumière à la fois les mécanismes sociaux et technologiques à l'œuvre derrière l'intelligence artificielle. Pour tenter de répondre à cette question, je formulerai l'**hypothèse** suivante : « *Étant donné que (i) l'intelligence artificielle possède cette étonnante capacité à devenir à la fois sociale et sociable en intégrant à son fonctionnement l'ensemble des composants de la société, (ii) qu'elle est la mesure efficace en toutes choses, (iii) et que si elle est disponible, elle doit nécessairement être utilisée, il est donc inévitable que l'ensemble de la société soit fédérée sous le magistère de l'intelligence artificielle.* »

En somme, l'essentiel de cet ouvrage consistera à exposer, dans un premier temps, de quelle façon je suis arrivé à formuler mon hypothèse, et consistera, dans un deuxième temps, à confronter celle-ci aux exigences de notre question. Il va sans dire qu'il se pourrait bien, suite à ma démarche, que mon hypothèse soit vérifiée, partiellement vérifiée, nuancée ou même infirmée. Mais peu importe le résultat final obtenu, la démarche aura avant tout servi à baliser certaines pistes de réflexion pour d'éventuelles recherches sociologiques sur le sujet, car à mon avis, la sociologie n'a pas encore assez investi ce champ de recherche pourtant sujet à ce type d'analyse. Voilà donc le programme auquel je convie le lecteur.

LIVRE 1

L'INTELLIGENCE ARTIFICIELLE
ET SA COMPLEXE NATURE

CHAPITRE 1
Les enjeux sociaux de l'intelligence artificielle

Les discours à propos de l'intelligence artificielle se font alléchants et mobilisateurs et visent à associer l'ensemble du projet à un futur libérateur. Certains acteurs publics, à commencer par les leaders politiques américains, canadiens, français et britanniques, ont élevé l'intelligence artificielle au rang d'impératif de la modernité. Ils en ont fait un levier essentiel pour le développement économique, un remède aux difficultés des systèmes de santé et d'éducation, et une avancée décisive du partage du savoir et de la démocratie.

Selon Ray Kurzweil, l'intelligence artificielle ne représente pas seulement l'efficacité en toutes choses, mais représente avant tout l'horizon d'une **singularité technologique** où l'intelligence artificielle provoquera une croissance technologique quasi exponentielle qui aura des impacts profonds sur la société.

En physique, le concept de singularité désigne un point dans l'espace ou le temps où les lois de la physique ne s'appliquent plus, le meilleur exemple étant celui de l'horizon des événements tout près d'un trou noir et celui des premiers instants du Big Bang. Partant de là, et par analogie, une **singularité sociale**, sur le plan historique, surviendrait du moment où la croissance exponentielle de certaines technologies atteindrait un tel point de développement — la célèbre *Loi du retour accéléré* de Ray Kurzweil —, que les institutions, telles que nous les connaissons, s'effondreraient. Qu'il s'agisse d'économie, de politique, de justice, de gouvernance, d'éducation, de médecine, ou même de démocratie[6], rien ne sera épargné.

---

[6] L'affirmation est peut-être forte en ce qui concerne la démocratie, mais nous entreverrons comment la chose pourrait être possible.

La loi du retour accéléré

Si l'intelligence humaine devient non seulement la productrice de technologies, mais devient également un produit de la technologie, il faudra vraisemblablement s'attendre à l'émergence d'un cycle rétroactif qui aura des conséquences actuellement incalculables. Lorsque l'intelligence humaine devient l'objet de sa propre réingénierie et qu'elle procède à sa propre réingénierie, le développement exponentiel de celle-ci est dès lors inévitable. Avant longtemps, selon les prédictions avancées par les tenants de la thèse de la singularité technologique, l'homme moyen sera évacué de ce tout nouveau processus évolutif par technologies interposées, rejeté en quelque sorte, subjugué par des systèmes d'intelligence artificielle hautement performants, ou bien, ses circuits cérébraux biologiques seront cognitivement augmentés par des neuroprothèses pour être au pair avec les systèmes d'intelligence artificielle.

Cette hypothèse mérite-t-elle d'être prise au sérieux ? S'agit-il de pure fiction ou de pure spéculation imaginative ? La réponse à ces questions n'est pas si évidente qu'il y paraît de prime abord, et ce, pour la simple raison qu'il existe sur cette planète un individu, Ray Kurzweil, l'ardent défenseur de la singularité technologique, dont les prédictions sur le sujet, depuis le milieu des années 1980, se sont avérées relativement justes, et c'est là qu'intervient sa *Loi sur le retour accéléré*.

Pour échafauder cette loi, Ray Kurzweil s'est tout d'abord appuyé sur la *Loi de Moore*. Élaborée en 1965 par Gordon E. Moore, cofondateur de la société Intel, celle-ci stipule que, dans le domaine des microprocesseurs, le nombre de transistors qu'il sera possible d'intégrer dans une seule et même puce doublera chaque fois dans un intervalle de temps situé entre 18 et 24 mois, abaissant d'autant le coût de la puissance de calcul à chaque nouvelle itération. Par exemple, le fait que les microprocesseurs deviennent de plus en plus efficaces tout en disposant d'une puissance de calcul toujours de plus en plus grande a largement contribué à concevoir des réacteurs pour avions qui consomment de moins en moins de carburant et qui font de plus en plus appel à des matériaux composites (tuyaux, boulons, revêtement, etc.) toujours plus légers et performants. Autrement dit, il y a accélération de l'innovation dans le domaine de l'aviation, parce qu'il y a des microprocesseurs de plus en plus puissants qui rendent possible cette accélération de l'innovation.

Le concept de *Loi du retour accéléré* de Ray Kurzweil, en se fondant en bonne partie sur la *Loi de Moore*, dispose ainsi de cette capacité à inscrire, interpeller, interpréter et désigner de nouveaux signes qui tiennent lieu d'autres choses que leur fonction initiale. La nouvelle signification qu'acquièrent les avancées technologiques spectaculaires, toujours de plus en plus rapprochées dans le temps, devient conséquemment un moyen de faire autorité, puis l'autorité elle-même. Concrètement, ce que Ray Kurzweil a forgé autour de la *Loi de Moore*, c'est une extension de cette même loi à tout ce qui est lié à l'intelligence artificielle, aux neurotechnologies, aux nanotechnologies et aux sciences cognitives. Par contre, quand on y regarde de près, il n'y a strictement rien dans la *Loi de Moore* ou dans la *Loi du retour accéléré* qui puisse s'apparenter de près ou de loin à une loi invariable de la physique. L'utilisation du vocable « loi » est ici significative, car elle permet de mythifier ce qui suivra le mot « loi ». Ce processus est crucial, car il s'établit dès lors une relation directe entre le symbole et la chose symbolisée où la chose symbolisée peut éventuellement remplacer le caractère abstrait de la représentation par une valeur concrète pour ne pas dire matérielle. Autrement dit, ces lois sont de pures constructions sociales, ni plus ni moins que des histoires qu'on se raconte à propos du développement technologique. Et ça fonctionne !

En fait, toutes ces lois, parce qu'il en existe quelques-unes dans le monde des technologies — dont la *Loi de Kryder* qui stipule que le coût des disques rigides par rapport à leur capacité de stockage décroît exponentiellement à un taux régulier de 40 % par année —, un jour ou l'autre, atteindront inévitablement un plateau, pour la simple raison que la physique, elle, impose de véritables lois auxquelles il faut impérativement se plier. Par exemple, le nombre de transistors qu'il est possible d'intégrer dans un seul et même microprocesseur atteindra forcément une limite, parce que la miniaturisation ne peut franchir la taille de l'atome. Non seulement est-il impossible de franchir la taille de l'atome, mais il est impossible de graver en dessous de 5 nanomètres, car on assiste alors à l'effet *tunneling* où l'entrée et la sortie sont tellement proches que la charge traverse le composant même s'il n'est pas électriquement sollicité. Autrement dit, la *Loi de Moore* s'éteindra d'elle-même et n'aura été qu'une loi en fonction d'une technologie bien précise, soit celle de la capacité à miniaturiser et intégrer un grand nombre de transistors dans un seul et même microprocesseur sur un substrat de silicium.

Il faut donc supposer que la *Loi du retour accéléré* de Ray Kurzweil, qui stipule que le progrès technique connaît une croissance exponentielle depuis la nuit des temps, parce que le progrès entraîne le progrès et ainsi de suite, atteindra inévitablement un jour un plateau. Par contre, en attendant, il faut bien poser un constat : il y a accélération technologique.

Singularité technologique et singularité sociale

D'un point de vue strictement sociologique, si les institutions subissent des transformations en profondeur à cause de l'intelligence artificielle, les individus qui ont édifié ces institutions seront forcément eux aussi profondément affectés ou transformés. Les normes, valeurs et codes sociaux aujourd'hui privilégiés, et qui constituent le lien social de nos sociétés, seront revisitées. À quel type de société faut-il s'attendre ? Nos valeurs les plus fondamentales — le sens sacré de la vie, la poursuite du bonheur, la liberté de choix — seront peut-être éventuellement remplacées par d'autres valeurs. Notre compréhension héritée des philosophes de l'Antiquité de ce qui nous constitue en tant qu'être humain sera remise en question : le fait d'être et de se savoir un individu ; le fait d'être vivant et conscient ; le fait d'être inscrit dans un ordre social particulier. Et cette remise en question n'est pas et ne sera pas banale, car elle ne sera pas le fait de quelques grands penseurs comme par le passé. Elle nous sera imposée par le développement technologique lui-même. Et j'insiste sur le terme « imposée », car comme l'avait si bien entrevu le sociologue français Jacques Ellul (1912-1994) dès 1958, « il est impossible d'échapper à la technique[7]. » Ellul avait bien démontré l'universalisme de la technique, à savoir qu'elle étend son aire d'action au monde entier, aucune société n'y échappe, et aucun aspect de la vie, depuis la production industrielle, le travail, l'économie, la politique, les distractions, la vie et la mort. La technique est partout, et sa fille, la technologie, rend partout possible l'application de la technique, et à plus forte raison lorsqu'il s'agit de technologies numériques et d'intelligence artificielle.

Pour Ellul, c'est au milieu du XIXe siècle que le phénomène d'autoaccélération de l'innovation technique démarre. Et ce phénomène s'articulera au point de convergence de cinq phénomènes particulier[8] : (i) la disponibilité d'une certaine somme de connaissances scientifiques accumulées au cours des siècles précédents ; (ii) une croissance effective de la population ; (iii) une économie de plus en plus stable et adaptable ; (iv) une volonté affirmée de la population de croire que le progrès technique est bénéfique à la société ;

---

[7] Ellul, J. ([1954] 2008), *La Technique ou l'Enjeu du siècle*, 3e éd., Paris : Armand Colin.
[8] *Idem.*

(v) une société prête à abandonner ses tabous religieux et sociaux au profit du commerce, tout comme sa capacité à céder la suprématie de ses groupes traditionnels au profit de l'individu. La grille d'analyse de Jacques Ellul, comme nous pouvons le constater, est encore et toujours d'actualité, et l'arrivée de l'intelligence artificielle, qui est déjà présente dans plusieurs applications, ne fait qu'en renforcer sa portée.

Quelle est donc la nature de ce progrès technologique si fulgurant qui occasionnera des bouleversements aussi importants ? Il proviendra essentiellement de trois domaines, eux aussi actuellement en pleine croissance exponentielle : intelligence artificielle ; neurotechnologies ; nanotechnologies. Conséquemment, l'intelligence artificielle, avec l'apprentissage de type *deep learning*, c'est-à-dire une méthode d'apprentissage automatisé similaire à celle de l'être humain, fondée sur l'apprentissage de modèles de données, permettra de décupler de façon significative la portée analytique d'un raisonnement.

Par exemple, l'industrie pharmaceutique se retrouve constamment confrontée à d'importantes quantités de composés qui n'ont pu trouver une quelconque application. Étant donné que tester un composé peut parfois prendre des années, voire des décennies, sans compter que, la plupart du temps, les chercheurs n'ont jamais tout à fait la certitude que le composé qu'ils évaluent sera bel et bien celui qui aura le plus grand potentiel en fonction de ce qu'ils désirent traiter comme pathologie, c'est ici où intervient l'intelligence artificielle.

À ce titre, des chercheurs de la société bioinformatique Insilico Medicine ont trouvé le moyen d'enseigner à un système d'intelligence artificielle de type *deep learning* comment déterminer l'utilisation éventuelle de tel ou tel composé. Forant dans une imposante base de données contenant les essais cliniques de plus de 678 composés visant les effets de l'expression génétique de trois types de cellules humaines, ce système d'intelligence artificielle est arrivé à prédire avec une acuité d'environ 54,6 % les applications thérapeutiques des composés non utilisés. Même si ce taux de précision ne semble pas très élevé, il faut considérer le fait que, dans le monde de la recherche pharmaceutique, un « non résultat » est aussi parlant qu'un résultat, car il peut aiguiller les chercheurs sur une autre utilisation potentielle de tel ou tel composé. Comme le souligne Alex Zhavoronkov, chercheur et PDG d'Insilico Medicine, l'utilisation de ce système d'intelligence artificielle a permis d'invalider plus de 800 hypothèses de travail, tant dans le domaine de l'oncologie que celui des problèmes cardiovasculaires et métaboliques[9].

Les neurotechnologies, pour leur part, visent deux champs d'applications[10] : (i) un ensemble d'outils techniques et informatiques qui permettent de mesurer et d'analyser les signaux chimiques et électriques émis par le système nerveux, que ce soit le cerveau ou les nerfs — on peut les utiliser pour déterminer les propriétés de l'activité nerveuse, pour comprendre la façon dont fonctionne le cerveau, pour diagnostiquer des affections ou pour contrôler des appareils externes (neuroprothèses, interface cerveau machine) ; (ii) un ensemble d'outils techniques destinés à interagir avec le système nerveux en vue de modifier son activité pour restaurer les stimulus sensoriels (par exemple, les implants cochléaires qui corrigent les problèmes liés à l'audition) ou encore la stimulation cérébrale profonde, qui permet d'arrêter les tremblements et de traiter d'autres affections neurodégénératives.

Le développement accéléré dans le domaine des nanotechnologies permet déjà de fabriquer des nanorobots en mesure de franchir la barrière hématoencéphalique pour y délivrer des charges thérapeutiques. L'équipe de recherche de la biochimiste Ann-Marie Broome de la Medical University of South Carolina a mis au point un nanotransporteur lipidique gorgé d'une dose de témozolomide (TMZ) destinée à éliminer le glioblastome multiforme, la tumeur primitive du cerveau la plus fréquente et la plus agressive. Pourquoi cette cible en particulier ? Parce que les traitements conventionnels — chimiothérapie, radiothérapie, chirurgie — ont très peu d'effet, n'augmentent l'espérance de vie que d'au plus 4 à 7 mois dans 40 % des cas, et sont plutôt considérés comme des traitements palliatifs, d'où l'intérêt de disposer d'un traitement plus efficace, d'où l'intérêt d'explorer les possibilités qu'offrent les nanotechnologies. De plus, étant donné que le glioblastome multiforme, même une fois éradiqué, risque de réapparaître, le fait de disposer d'une procédure non invasive, à savoir une nanotechnologie qui permet de délivrer directement sur le site la médication appropriée, tombe sous le sens. En fait, le principal avantage des nanotransporteurs lipidiques, c'est

[9] Aliper, A., Plis, S., Artemov, A. et al (2016), « Deep learning applications for predicting pharmacological properties of drugs and drug repurposing using transcriptomic data », *Molecular Pharmaceutics*, DOI: 10.1021/acs.molpharmaceut.6b00248, May 20th.

[10] Geelen, J. (2012), « Les neurotechnologies émergentes : Développements récents et incidences sur les politiques », Gouvernement du Canada : Horizons politiques Canada, URL: http://www.horizons.gc.ca/sites/default/files/Publication-alt-format/2012-0124_fra.pdf.

que les cellules immunitaires ne peuvent les attaquer, car elles leur sont pour ainsi dire invisibles. Autrement dit, les nanotransporteurs lipidiques sont furtifs.

Toutes ces technologies ont une particularité : qui peut être contre le fait de mettre au point des systèmes d'intelligence artificielle de type *deep learning* qui permettraient de découvrir la toute nouvelle molécule qui traitera telle ou telle maladie, ou des technologies qui redonneront aux gens la possibilité de recouvrer certaines facultés perdues ? Et c'est là où joue toute la « magie » de ces technologies : chacune d'elles, prise séparément, possède un tel potentiel curatif, qu'elle occulte d'une certaine façon le portrait global de ce vers quoi nous conduisent précisément celles-ci. La chose n'est pas innocente, et il est tout à fait pertinent de s'en préoccuper.

Pour bien saisir la portée de ces technologies, il faut tout d'abord voir quelles sont les prémisses qui les rendent possibles. Tout d'abord, l'intelligence humaine s'appuie essentiellement sur un substrat biologique limité. Pour les tenants du transhumanisme, ce substrat contraint d'autant la portée du développement technologique auquel on pourrait s'attendre, car l'intelligence humaine ne peut aller au-delà des cadres fixés par la biologie — il y aurait ici comme une barrière naturelle infranchissable. Certes, les façons de compiler, de répertorier, de cataloguer, d'archiver et de diffuser le savoir humain ont particulièrement évolué depuis que l'homme s'est sédentarisé il y a environ dix mille ans, mais toutes ces techniques ne semblent pas suffisantes. En fait, l'invention de l'écriture, de l'imprimerie et d'Internet ont, chacun, à leur tour, révolutionné non seulement l'accès au savoir, mais aussi les façons de produire du savoir. Certes, l'organe qui a produit ce savoir, le cerveau de l'*homo sapiens*, depuis dix mille ans, est à peu près resté le même. Personne n'a encore pu déceler une quelconque évolution du cerveau au sens darwinien du terme, et il est toujours aussi efficace qu'il était, surpassant, et de loin, tous les autres cerveaux du règne animal. Mais tout ceci est sur le point de changer si l'intelligence artificielle et les neurotechnologies tiennent leurs promesses. Malgré tout, certains auteurs et chercheurs estiment que le point de bascule technologique attendu se produira vers le milieu du XXIe siècle. Au-delà de ces prophéties, il importe d'aborder et d'analyser le phénomène sous un angle différent.

Premièrement, d'un strict point de vu intellectuel, le concept est particulièrement intéressant, car il oblige à une réflexion en profondeur sur les impacts sociaux de ce changement technologique. Deuxièmement, le fait que la singularité technologique ou que le point de bascule technologique se produira tôt ou tard mérite que la discussion se tienne sur le strict terrain du pragmatisme et du raisonnement scientifique. Troisièmement, même si les arguments des tenants de l'intelligence artificielle semblent parfois tenir de la pure spéculation plutôt que du raisonnement, il suffit de tenir pour possible qu'une seule des propositions de l'intelligence artificielle se réalise pour qu'il devienne impératif de réfléchir au problème. Quatrièmement, si la singularité technologique est un concept plausible et avéré, il s'agira d'une véritable onde sismique qui fera trembler l'humanité et fera s'effondrer la plupart des institutions de la société sous la forme que nous leur connaissons.

Quelles pourraient bien être les conséquences d'une telle onde de choc ? À quel genre de civilisation ou de société devons-nous nous attendre si la chose se produit ? Devons-nous craindre qu'une singularité technologique se produise ? Ce sont toutes là des questions qui appellent des réponses hautement spéculatives, de là le danger d'y répondre, de là l'obligation d'engager la réflexion sur un autre terrain, soit celui de la condition humaine en tant que telle et de celle des technologies. Partant de là, deux positions deviennent possibles : la singularité pose-t-elle un risque existentiel ou offre-t-elle, au contraire, une opportunité existentielle ?

À mon avis, elle présente un risque existentiel, dans le sens où la singularité technologique est susceptible de systématiquement reconfigurer la structure sociale et de totalement redéfinir la position de l'homme dans celle-ci. Cette affirmation peut sembler à première vue exagérée, mais il n'en reste pas moins que les technologies déjà existantes et actuellement en développement disposent d'un potentiel de transformation de la société encore jamais rencontré. Et en ce qui concerne l'intelligence artificielle, il suffit de considérer la réalité simpliste qu'ont largement diffusée le cinéma hollywoodien et les auteurs de science-fiction depuis 60 ans : la possibilité qu'une intelligence artificielle acquière la pleine conscience, qu'elle puisse s'auto-reproduire et qu'elle soit grande consommatrice de ressources naturelles de toute sorte.

Elle présente une opportunité existentielle, dans le sens où la singularité technologique pourrait offrir la possibilité de transcender notre propre condition biologique, d'en franchir les limites en quelque sorte. Parmi celles-ci, reculer le plus loin possible dans le temps l'inéluctable échéance de la mort, réparer à volonté le moindre organe défectueux, ralentir significativement la dégénérescence du corps, empêcher le développement de maladies chroniques, éviter le dépérissement cognitif, etc. Et si la chose est possible, reconstruire des organes à partir de substrats non biologiques grâce aux nanotechnologies, ou bien implanter des neuroprothèses. Si toutes ces technologies arrivent à réaliser ce qu'elles promettent, rien ne pourra empêcher, *stricto sensu*, une amélioration et une extension soutenue de l'intelligence humaine.

Si la prolongation de l'espérance de vie est l'un des principaux chevaux de bataille du projet transhumaniste, et si les technologies permettent de franchir sans problème le cap des 150 ans, pourquoi s'arrêter en chemin ? Pourquoi ne pas pousser plus loin l'aventure et lorgner l'immortalité ? Si on peut reconfigurer le fonctionnement du cerveau en y implantant des neuroprothèses, pourquoi, encore une fois, s'arrêter en chemin ? Pourquoi ne pas pousser plus loin l'aventure et envisager une conscience absolue ? Que faire de telles capacités intellectuelles ? Pour les transhumanistes, la chose est entendue : être au pair avec une superintelligence artificielle qui pourrait éventuellement exister un jour.

Que la singularité technologique qui risque de conduire à une singularité sociale soit possible ou non, qu'elle survienne dans un laps de temps plus ou moins court, toutes ces réflexions, tant sur le plan philosophique que sociologique, méritent qu'on leur porte une attention toute particulière et soutenue, pour la simple raison que l'avenir nous est déjà en partie imposé par le développement technologique. Quand on considère que l'évolution peut emprunter mille et une voies pour arriver à la complexité — et éventuellement conduire à l'apparition d'êtres conscients, et peut-être même produire des êtres disposant d'un intellect largement supérieur au nôtre —, analyser et comprendre les impacts potentiels d'une singularité technologique nous oblige à jeter un tout nouvel éclairage sur notre propre condition et surtout sur la place que nous occupons dans l'univers, mais elle nous oblige avant tout à nous questionner sur la nature même des technologies numériques et à plus forte raison sur les tenants et aboutissants de l'intelligence artificielle.

Au-delà de la spéculation

Le problème actuel, avec les systèmes d'intelligence artificielle d'apprentissage automatisé, c'est que même ceux qui les ont conçus ne sont pas tout à fait en mesure d'expliquer comment ces derniers arrivent à produire tels ou tels résultats ; c'est le phénomène de la boîte noire qui se met en place.

Et comme les ingénieurs ne sont pas arrivés à ce résultat *ex nihilo*, et comme la complexité est une propriété inhérente à toute technologie, il importe de se pencher sur ce phénomène pour en saisir les tenants et aboutissants. Ce faisant, il importe de préciser que la complexité technologique, ou complexité massive, se dit de tout système composé de systèmes hautement complexes en interaction, interconnectés et interopérables desquels émergent des propriétés inédites.

Et ce qui devrait tout particulièrement inquiéter, c'est justement l'émergence de propriétés inédites. Pourquoi ? Parce que, la complexité technologique massive est d'une ampleur telle, que même ceux qui ont conçu ces systèmes sont tout à fait incapables de prévoir en quoi consisteront les propriétés inédites qui en émergeront. Conséquemment, il faudrait peut-être prendre en considération que les impacts seront vraisemblablement de fragiliser l'ensemble de l'infrastructure technologique qui sous-tend notre civilisation. L'affirmation peut sembler grosse et surfaite, pour ne pas dire catastrophiste, mais elle mérite qu'on lui porte une attention toute particulière. Si l'épistémologue des probabilités, Nassim Nicholas Taleb[11], parlait des systèmes antifragiles qui profitent du désordre et gagnent ainsi en flexibilité et en adaptabilité, force est de constater que le fait d'introduire de plus en plus de fragilité ne contribuera pas à gagner en flexibilité et en adaptabilité.

Les enjeux sociaux et économiques de l'intelligence artificielle

En mars 2017, lors du dépôt de son budget annuel, le gouvernement du Canada a particulièrement souligné que l'intelligence artificielle avait le potentiel de générer une solide croissance économique[12]. D'ailleurs, quoi de plus innovant que l'intelligence artificielle ? À une autre époque, pas si lointaine, on parlait, au Canada, de l'autoroute de l'information comme de l'Eldorado de l'innovation technologique et économique. Le chercheur Marc Lemire avait bien mis en évidence ce phénomène dès 1997 :

> « L'intérêt manifesté en Occident depuis le début des années 1990 pour le projet d'autoroutes de l'information incite à réfléchir. Actuellement, peu de projets politiques paraissent susciter autant d'engouement dans la population et parmi les acteurs publics. Dans

---

[11] Taleb, N. N. (2012), *Antifragile*, New York : Random House.
[12] Association québécoise des technologies (2017), *Budget du Canada 2017-2018 : L'AQT présente les principales mesures qui toucheront les entreprises technos québécoises.*

la presse générale, les discours d'entreprises et même dans les textes et documents politiques, un même état d'esprit s'observe à l'idée des bénéfices sociaux, politiques et culturels associés à ce projet. Les discours se font alléchants et mobilisateurs, et visent à associer le projet a un futur libérateur. Certains acteurs publics, à commencer par les leaders politiques américains, ont élevé les autoroutes de l'information au rang d'impératif de la modernité. Ils en ont fait un levier essentiel pour le développement économique et la création d'emploi, un remède aux difficultés des systèmes de santé et d'éducation, et une avancée décisive du partage du savoir et de la démocratie[13]. Ces perspectives séduisantes semblent avoir eu le dessus dans l'imaginaire collectif, malgré les appels à la prudence lancés par quelques observateurs. [...] C'est donc l'imaginaire qui est actuellement à l'œuvre[14]. »

Ce qu'il y a d'intéressant avec ce texte rédigé en 1997, c'est que, vingt ans plus tard, il suffit de remplacer quelques mots pour le recontextualiser en 2017. Prêtons-nous à l'exercice :

« L'intérêt manifesté en Occident depuis 2012 pour l'intelligence artificielle incite à réfléchir. Actuellement, peu de projets d'entreprises et politiques paraissent susciter autant d'engouement dans la population et parmi les acteurs publics et privés. Dans la presse générale, les discours d'entreprises et même dans les textes et documents politiques, un même état d'esprit s'observe à l'idée des bénéfices sociaux, politiques et culturels associés à ce projet. Les discours se font alléchants et mobilisateurs, et visent à associer le projet a un futur libérateur. Certains acteurs publics, à commencer par les leaders politiques américains, canadiens, français et britanniques, ont élevé l'intelligence artificielle au rang d'impératif de la modernité. Ils en ont fait un levier essentiel pour le développement économique, un remède aux difficultés des systèmes de santé et d'éducation, et une avancée décisive du partage du savoir et de la démocratie. Ces perspectives séduisantes semblent avoir eu le des-

[13] Torrès, A. (1995 [août]), *L'Eldorado cybernétique, Manière de voir*, Le Monde diplomatique, no 27, pp. 49-52.

[14] Lemire, M. (1997), *L'imaginaire des autoroutes de l'information : le discours des acteurs publics québécois et canadiens*, Mémoire présenté à la Faculté des études supérieures de l'Université Laval pour l'obtention du grade maître ès arts, Département de science politique, Faculté des Sciences sociales, p. 1.

sus dans l'imaginaire collectif, malgré les appels à la prudence lancés par quelques observateurs. […] C'est donc l'imaginaire qui est actuellement à l'œuvre. »

Pour le gouvernement canadien, dont le premier ministre Justin Trudeau s'est fait le porte-parole[15-16], c'est maintenant ou jamais pour le Canada de se positionner comme un leader mondial en matière d'intelligence artificielle et d'apprentissage profond. C'est donc pourquoi le Canada « entend offrir un appui public solide aux programmes de recherche et à l'expertise de calibre mondial offerts dans les universités canadiennes afin de positionner le Canada en tant que chef de file en matière de recherche sur l'intelligence artificielle et l'apprentissage profond[17]. » Réagissant aux annonces faites par le premier ministre et au Budget du Canada 2017-2018, le journaliste François Cardinal, du journal La Presse, a proposé cette lecture des faits :

> « Tout est en place pour que le Canada ouvre ses portes aux meilleurs chercheurs de la planète, courtise les scientifiques les plus convoités, attire les étudiants les plus prometteurs. Tout milite en effet pour que Montréal, Toronto et les grandes villes accueillent la crème du milieu académique mondial, surtout dans le domaine scientifique de l'heure : l'intelligence artificielle. Mais il faut agir vite. […] L'occasion est trop belle pour le Canada, dans tous les secteurs de pointe, mais particulièrement en intelligence artificielle et en apprentissage profond, pour lesquels se battent actuellement les grands pays de la planète. […] La France vient tout juste de dévoiler un plan sur lequel ont œuvré 500 chercheurs, sachant que ce domaine a un potentiel aussi révolutionnaire qu'Internet. […] Tous ces pays, on le devine, cherchent maintenant à attirer les talents pour se positionner rapidement.

---

[15] « Le premier ministre Justin Trudeau était de passage à Brampton en Ontario, jeudi, pour parler de l'innovation en matière d'intelligence artificielle, ou d'apprentissage profond. Il a souligné que les principaux centres que sont la Grande région de Toronto, Montréal et Edmonton, recevront les investissements prévus dans le budget fédéral dévoilé la semaine dernière. » (Source: Radio-Canada (2017 [30 mars]), *Intelligence artificielle, de l'argent pour les centres d'innovation à Toronto, Montréal et Edmonton.*)

[16] « Le premier ministre Justin Trudeau participera plus tard aujourd'hui au Sommet des PDG de Microsoft, à Seattle, afin de convaincre des multinationales d'investir dans la technologie de pointe au Canada, notamment en intelligence artificielle et en informatique quantique. Selon la secrétaire de presse du premier ministre, M. Trudeau sera le premier chef de gouvernement en fonction à participer à cette rencontre. » (Source: Radio-Canada (2017 [17 mai]), *Justin Trudeau à Seattle pour vendre la technologie de pointe canadienne.*)

[17] Association québécoise des technologies (2017), *op. cit.*

[…]

Le Canada a une longueur d'avance. Il a une image d'ouverture et de tolérance, au moment où ces valeurs font tant défaut. Il peut compter sur un vendeur hors pair en la personne de Justin Trudeau. Et il s'est taillé en intelligence artificielle une réputation qui fait jaser bien au-delà des frontières. […] On retrouve à Montréal et Toronto la plus importante masse critique de chercheurs en milieu académique au monde. Et les pionniers Yoshua Bengio, de l'Université de Montréal, et Geoff Hinton, anciennement de l'Université de Toronto, ont réussi à faire du Canada un lieu à la fois convoité par Google, Microsoft... et les chercheurs de toute nationalité.

[…]

Le Canada est donc en avant de la parade, d'autant que ses gouvernements sont plus volontaires que jamais. Il faut en profiter pendant que le populisme ralentit les autres pays. Il faut donc que les gouvernements accélèrent le tempo, que les universités se montrent plus dynamiques et que le privé embarque avec plus d'enthousiasme encore. Les derniers budgets provincial et fédéral, on ne l'a pas assez dit, ont fait preuve d'une remarquable cohésion sur les questions de science et d'innovation. Ils ont aligné leur tir. Ils ont promis des investissements. Et ils ont décidé de mettre de l'avant une vision nationale de l'intelligence artificielle, de concert avec l'Institut canadien de recherches avancées. […] Il faut, bref, que le privé fasse sa part et que les gouvernements accélèrent le pas pour attirer les cerveaux de la planète, peut-être les futurs Prix Nobel[18]. »

Quels sont les mots-clés ou les phrases-clés à retenir dans ce qu'écrit le journaliste François Cardinal ?

Premièrement, le caractère urgent : « Il faut agir vite. » En matière de haute technologie, l'urgence est constamment à l'avant-plan des propositions, car le sentiment d'urgence autorise non seulement à agir le plus rapidement possible au risque d'être éclipsé par une autre nation ou une autre entreprise, mais autorise aussi à faire en sorte qu'un gouvernement puisse investir l'argent des contribuables pour financer des projets de recherche universitaire qui se retrouveront par la suite dans le secteur privé — socialisation des investissements, privatisation des profits.

---

[18] Cardinal, F. (2017 [9 avril]), *Futurs Prix Nobel : bienvenue au Canada !*, La Presse, URL: http://bit.ly/2uvpJaC.

Deuxièmement, « le Canada a une longueur d'avance » sur plusieurs autres pays, car « on retrouve à Montréal et Toronto la plus importante masse critique de chercheurs en milieu académique au monde. » Conséquemment, le corollaire de cette affirmation est de conclure que « le Canada est donc en avant de la parade, d'autant que ses gouvernements sont plus volontaires que jamais [car] ils ont promis des investissements. Et ils ont décidé de mettre de l'avant une vision nationale de l'intelligence artificielle, de concert avec l'Institut canadien de recherches avancées. » Ici, il est impératif de souligner le discours de la coopération entre tous les intervenants, même s'il est de façon générale boiteux ou à peine existant, car c'est justement cette « coopération » qui serait gage de réussite.

Troisièmement, le discours de ce beau et grand pays qu'est le Canada qui « a une image d'ouverture et de tolérance, au moment où ces valeurs font tant défaut. [...] Il faut en profiter pendant que le populisme ralentit les autres pays. » Ici, il s'agit ici de jouer sur la grande ouverture du Canada face à la différence, et de faire aussi la promotion politique du multiculturalisme façon Canada dont le premier ministre Justin Trudeau est un ardent défenseur.

On voit donc comment s'articule le discours journalistique qui se fait non pas seulement la courroie de transmission du pouvoir en place, mais aussi la courroie de transmission de ces idées qui sont dans l'air du temps à propos de l'intelligence artificielle, cette intelligence artificielle qui serait cet horizon scientifique, technologique et économique indépassable dont le Canada aurait tant besoin « pour attirer les cerveaux de la planète, peut-être les futurs Prix Nobel. » Et l'affirmation n'est pas anodine, « les futurs Prix Nobels », une enflure verbale justifiant de clamer haut et fort qu'« il faut agir vite. »

Et c'est là où se révèle l'un des mécanismes sociaux de l'intelligence artificielle, c'est-à-dire rendre sociable et sociale cette dernière. La question qu'il faut maintenant se poser est celle-ci : *Quels sont les mécanismes sociotechnologiques derrière l'intelligence artificielle qui permettent de tenir ce type de discours ?* Pour réponde à cette question, je propose au lecteur une démarche par laquelle il sera tenté de comprendre non seulement en quoi consiste la complexité technologique, mais de voir aussi comment elle agit.

CHAPITRE 2
Les enjeux technologiques de l'intelligence artificielle

L'intelligence artificielle est avant tout une approche multidisciplinaire visant à comprendre, à modéliser et à reproduire l'intelligence humaine et ses processus cognitifs en faisant appel à des principes et dispositifs d'ordre computationnel, statistique, mathématique, logique, linguistique, mécanique et même biologique.

En 1950, Alan Turing, celui-là même qui avait réussi à décoder la machine Enigma des nazis, publia un article scientifique intitulé *Computing Machinery and Intelligence*. Cet article fera époque, non seulement par son titre, mais surtout par sa proposition. L'idée était simple : un interlocuteur, disposant d'un clavier, discute avec un protagoniste dont il est séparé par un écran. L'interlocuteur doit déterminer s'il discute avec un être humain ou un ordinateur. Si, sans le savoir, l'interlocuteur discute effectivement avec un ordinateur, alors qu'il pense qu'il discute avec un être humain, Turing en avait donc conclu que l'ordinateur disposerait effectivement d'une intelligence similaire à celle de l'être humain.

Turing prévoyait que cette mythique conversation se produirait au tournant de l'an 2000. De toute évidence, ce niveau d'intelligence artificielle générale n'a pas encore été atteint. Par contre, certaines étapes intéressantes ont tout de même été franchies : en 1997, l'ordinateur Deep Blue d'IBM est parvenu à vaincre Garry Kasparov, le champion du monde des échecs de l'époque ; en mars 2016, le système d'intelligence artificielle AlphaGo de la société Google DeepMind a battu au jeu de go, et ce, sans aucun handicap, le joueur professionnel coréen Lee Se-dol.

Pour bien comprendre la portée de ces événements, il faut tout d'abord prendre en considération que l'histoire de l'intelligence artificielle n'a à peine que soixante ans. Pour les pionniers de l'intelligence artificielle, pour ceux qui en ont posé les fondements en 1956 lors de la Conférence de Dartmouth organisée par Marvin Minsky, John McCarthy, Claude Shannon et Nathan Rochester, ces deux événements pourraient vraisemblablement constituer un jalon majeur, car l'humain aurait été battu sur son propre terrain par une intelligence non humaine. Cette prétention est-elle légitime ? Certes, la chose peut ressembler à une prouesse intellectuelle, mais il faut être conscient qu'elle n'en a que les apparences, pour la simple raison que Deep Blue et AlphaGo ne sont que des intelligences artificielles spécialisées, tout comme le sont celles qui équipent les automobiles autonomes développées par différents constructeurs.

Il est donc important de recaler le concept de l'intelligence artificielle dans son contexte initial, car si on compare ces intelligences artificielles à celle d'un être humain, force est de constater que l'être humain est un généraliste. Par exemple, le seul fait de mettre le pied hors du lit le matin, de déjeuner, de préparer le lunch des enfants pour l'école, de prendre le métro ou le bus pour se rendre au travail, d'entrer en relation avec ses collègues, de prendre des décisions, etc., exige une intelligence qu'aucun système d'intelligence artificielle n'est encore capable d'atteindre ni même d'égaler. Par contre, on peut considérer les choses sous un autre angle : tout ce que nous sommes en mesure de faire peut être vu comme la simple addition d'une multitude de petites compétences sensorimotrices, chacune d'entre elles pouvant être comparée à une intelligence artificielle spécialisée dont chaque compétence converge pour créer ce qui pourrait être assimilé à une intelligence artificielle généraliste.

L'autre propriété importante que possède l'intelligence humaine, c'est qu'elle peut s'adapter à une multitude de situations, même à des situations jamais rencontrées auparavant. Autrement dit, l'intelligence humaine possède une incroyable capacité : elle est en mesure d'apprendre. Mais voilà, cette capacité que l'on considérait jusque-là comme une propriété intrinsèquement humaine est sur le point d'être déclassée. Aujourd'hui, les algorithmes de type *deep learning* sont en mesure d'apprendre par eux-mêmes pourvu qu'on leur fournisse des milliers de téraoctets d'informations. Autrement dit, ces algorithmes ne sont pas programmés pour des tâches spécifiques, c'est-à-dire qu'ils ne contiennent aucune règle du type « *si le symptôme A est présent et que le symptôme B est présent, les chances que le patient soit atteint d'une maladie M sont de l'ordre de 75 %.* »

L'autre propriété caractéristique de l'intelligence humaine, c'est qu'elle est incarnée dans un corps. Au contraire de toutes les intelligences artificielles spécialisées qui se retrouvent dans plus en plus d'applications, l'intelligence humaine a un accès direct au monde à travers ses cinq sens : la vue ; l'ouïe ; l'odorat ; le goût ; le toucher. Non seulement a-t-elle cet accès spécifique au monde, mais elle doit en plus s'occuper de maintenir dans un état métabolique favorable le corps dans lequel elle est incarnée. Certes, toutes les fonctions vitales et métaboliques, essentiellement sensorimotrices, sont en quelque sorte sous pilote automatique, ce qui libère d'autant l'intelligence humaine pour d'autres fonctions évoluées comme le langage, la cognition, l'imagination, la créativité, la capacité de vivre en société, etc. Encore là, cette prérogative humaine est en passe d'être surclassée par les avancées de la robotique en mesure d'« incarner » plusieurs intelligences artificielles spécialisées dans des robots. De là, un accès au monde pour les robots à travers différents capteurs qui transmettent de l'information à des microprocesseurs dédiés, laissant ainsi à l'intelligence artificielle généraliste la possibilité d'advenir et de se manifester.

À bien y regarder, les avancées de l'intelligence artificielle sont déjà en partie en mesure de confronter ce qui distingue notre propre intelligence : généraliste, adaptative, incarnée. Mais, il importe aussi de bien comprendre en quoi consistent les prouesses de l'intelligence artificielle, de les démythifier en quelque sorte, pour éviter de leur prêter des attributs et propriétés qu'elles n'ont pas et ne posséderont peut-être jamais. Et cette compréhension passe tout d'abord par un bref retour sur les différentes approches utilisées en intelligence artificielle.

Les thèmes centraux de l'intelligence artificielle

D'une part, il y a tout un courant de recherche théorique qui a pour tâche d'expliquer comment fonctionnent les processus sous-jacents à la cognition, à la perception, au langage et à l'apprentissage. D'autre part, il y a tout un courant, beaucoup plus pragmatique, qui a pour tâche de développer et de mettre au point des logiciels, des applications et des dispositifs qui trouveront des débouchés pratiques dans la vie de tous les jours. Ces deux groupes forment essentiellement l'ensemble de la recherche entourant l'intelligence artificielle.

Historiquement parlant, les praticiens de l'intelligence artificielle proviennent de disciplines aussi diversifiées que la logique, la mathématique, l'ingénierie, la philosophie, la psychologie, la linguistique et l'informatique. Ces disciplines, à elles seules, constituent une branche importante des sciences cognitives et sont devenues des références incontournables, à telle enseigne que, aujourd'hui, il est pratiquement impossible d'être un chercheur dans le domaine des sciences cognitives ou un philosophe qui travaille sur la notion de conscience, sans avoir une quelconque familiarité, sinon des connaissances substantielles, en ce qui concerne les principaux développements en matière d'intelligence artificielle.

Pour bien saisir la portée des enjeux proposés par l'intelligence artificielle, il faut tout d'abord revoir quelles sont les grandes idées qui la constituent et les controverses qu'elle suscite, mais le lecteur doit aussi être informé que la majorité des chercheurs en intelligence artificielle ne s'entendent pas sur une définition unanime de ce qu'est l'intelligence artificielle, de là la définition que j'ai proposée plus tôt. Malgré ce consensus inexistant, il est tout de même possible de répartir en sept grands champs de recherche l'intelligence artificielle.

Logiciel intelligent versus modélisation cognitive

L'intelligence artificielle est depuis toujours une branche de l'informatique, une discipline relevant de l'ingénierie, dont la finalité est de créer des logiciels intelligents, autrement dit, des logiciels qui rencontreront les critères de ce qu'est en mesure d'effectuer une intelligence humaine. À ce titre, nous voyons de plus en plus d'applications émergentes comme la voiture autonome, la reconnaissance faciale et les *bots* de discussion qui ne sont encore que la pointe à peine émergée de l'iceberg. Au-delà de son aspect strictement ingénierie, l'intelligence artificielle a aussi une dimension scientifique bien établie qui tente de comprendre le fonctionnement de l'intelligence humaine en mettant au point des logiciels qui « pensent » comme le ferait un être humain, ou en concevant des systèmes qui modélisent certains aspects de la cognition. Ces modèles computationnels fournissent dès lors des hypothèses sur lesquelles les chercheurs en sciences cognitives peuvent par la suite se pencher pour élaborer des modèles de plus en précis et performants.

IA symbolique versus réseaux neuronaux

Depuis ses tout débuts, l'IA s'est divisée en deux grands courants de recherche : l'IA symbolique et les réseaux neuronaux. L'IA symbolique considère que l'intelligence est avant tout un système manipulant des symboles et que cette manipulation peut être achevée par des ordinateurs en fonction de règles préétablies. Les réseaux neuronaux, pour leur part, relèvent de ce grand modèle théorique qu'est le connexionnisme, c'est-à-dire que l'intelligence serait un processus qui émerge d'un réseau de neurones massivement et parallèlement connecté. De là, les chercheurs de ce domaine tentent de modéliser des réseaux de neurones artificiels simplifiés qui simuleront le réseau neuronal du cortex cérébral.

Raisonnement versus perception

Dans le cas présent, la distinction se situe essentiellement entre l'intelligence considérée comme un processus de raisonnement de haut niveau dédié à la prise de décision — jeu d'échecs, diagnostic médical —, et un processus de perception de bas niveau dédié, par exemple, à la reconnaissance d'images en fonction de leur environnement.

Raisonnement versus connaissance

À l'aube de l'IA symbolique, les chercheurs se sont surtout concentrés sur la compréhension des mécanismes dédiés à la prise de décision. L'hypothèse centrale stipulait que, si on arrivait à comprendre comment un tel type de raisonnement s'effectuait, il serait alors possible de reproduire ce fonctionnement dans un algorithme et de l'implanter par la suite dans un ordinateur. Test après test, ce n'est que quelques années plus tard que les chercheurs comprendront que pour arriver à implanter un tel système et qu'il soit vraiment efficace, il faut lui fournir d'énormes quantités de données. Par exemple, un système de diagnostic médical doit disposer d'une colossale base de connaissances pour arriver à générer des conclusions valables, documentées et argumentées.

Représentation versus non-représentation

La connaissance doit être représentée d'une quelconque façon dans un système informatique. Autrement dit, le système doit en quelque sorte avoir une représentation du monde, c'est-à-dire qu'il doit être en mesure de modéliser le type de monde pour lequel il est dédié. Ce type de représentation peut prendre différentes formes, incluant des règles de décision. Par contre, comme l'ont soulevé plusieurs chercheurs utilisant cette approche, jusqu'où doit-on aller pour modéliser le monde ? Cette modélisation doit-elle être exhaustive ou plus ou moins achevée ? Il semblerait, selon certains chercheurs, qu'une bonne représentation de base peut largement suffire et fonctionner adéquatement.

Le cerveau dans un bocal versus l'IA embarquée

Dans les premiers temps de l'IA, plusieurs chercheurs ont préconisé une approche où les données seraient directement fournies à un logiciel intelligent par l'intermédiaire d'un clavier (intrants) et à partir duquel on récupérait les résultats (extrants). Cette approche, dite du *cerveau dans un bocal*, ou de type boîte noire, n'est ni en mesure de s'approprier un environnement, ni d'agir sur lui ; il ne fait que traiter l'information. Ce problème a été en partie corrigé avec l'IA embarquée — robots, voitures autonomes — où le système appréhende le monde à travers une multitude de capteurs et devient ainsi en mesure d'agir sur celui-ci par la suite. Par exemple, les voitures autonomes sont en mesure de klaxonner lorsque la situation l'impose.

IA restreinte versus intelligence de niveau humain

Au tout début des recherches en intelligence artificielle, les chercheurs ont tenté d'implanter dans leurs ordinateurs une intelligence de niveau humain. Il ne fut pas long avant que ceux-ci ne se rendent comptent des incroyables difficultés auxquelles ils seraient confrontés et optèrent plutôt pour des systèmes spécialisés comme les échecs et le diagnostic médical. Ce n'est qu'au tournant de 2010, avec l'arrivée d'une puissance de calcul sans aucune commune mesure avec celle des années 1950, que l'approche de l'intelligence artificielle de niveau humaine est redevenue d'actualité. Par exemple, avec l'infonuagique, qui fait appel à des dizaines de milliers de serveurs informatiques, il devient dès lors possible de traiter une requête linguistique parlée en une fraction de seconde. De là émerge la possibilité de concevoir des systèmes en mesure d'approcher un niveau d'intelligence artificielle générale qui pourrait être appliqué dans une multitude de domaines.

Tendances en intelligence artificielle

En ce milieu de la seconde décennie du XXIe siècle, l'intelligence artificielle a non seulement émergé comme un champ de recherche scientifique à part entière, mais a également été prise d'assaut par de grandes corporations comme Google, Facebook, Amazon et Microsoft pour ne nommer que celles-ci. Les investisseurs de risque sont au rendez-vous et l'argent est disponible. Faut-il ici par ailleurs rappeler que le premier secteur à avoir particulièrement profité des avancés de l'intelligence artificielle au cours des quinze dernières années a bien été celui des jeux vidéo qui a permis d'offrir aux joueurs une expérience particulièrement édifiante, interactive et saisissante[19]. Sortant de la sphère strictement ludique, l'intelligence artificielle est actuellement en train de redéfinir systématiquement le *data mining*, les systèmes experts, l'intelligence artificielle fondé sur les agents autonomes (i.e. agents de conversation — *bots*), le traitement cognitif (robotique et intelligence artificielle générale), et la recherche fondamentale dans le domaine des sciences cognitives. Elle trouve également un terrain de prédilection dans le domaine de l'imagerie médicale tout comme dans celui du domaine juridique. Quelles sont ces nouvelles tendances ?

IA hybride

En sus des différentes approches précédemment énumérées, émergent des systèmes qui combinent à la fois l'IA symbolique, les réseaux neuronaux et les approches connexionnistes. Par exemple, l'approche ACT-R, les architectures CLARION et LIDA relèvent de cette mouvance.

L'approche ACT-R (Adaptive Control of Thought — Rational), principalement développée par John Robert Anderson à la *Carnegie-Mellon University*, est avant tout une architecture cognitive qui se veut un modèle théorique pour simuler et comprendre le fonctionnement de la cognition humaine. Les chercheurs qui œuvrent dans ce domaine tentent de voir comment les individus, dans un premier temps, organisent leurs connaissances, et dans un deuxième temps, comment ils parviennent, à partir de cette organisation des connaissances, à produire des comportements intelligents. Plus les recherches à partir de ce modèle avancent, plus elles s'approchent d'un système fiable et cohérent qui serait en mesure de permettre la reproduction de plusieurs tâches cognitives jusque-là réservées aux humains. Autrement dit, un système en mesure de capturer dans les détails les plus fins la façon dont nous appréhendons et percevons le monde, comment nous le pensons, et comment nous agissons sur lui.

L'architecture cognitive CLARION (Connectionist Learning with Adaptive Rule Induction On-line), quant à elle, tient surtout au fait qu'elle est en mesure, premièrement, de faire la distinction entre des processus implicites ou explicites, et deuxièmement, de « capturer » l'interaction entre ces deux types de processus. Pour y parvenir, cette approche utilise quatre sous-systèmes : centré sur l'action (contrôle sur les actions externes et internes) ; non

---

[19] En 2013, selon le rapport *Global Entertainment And Media Outlook* de la firme Price-Water-Coopers, la taille totale du marché du jeu vidéo avait avoisiné les 2 034 milliards de dollars (US).

centré sur l'action (maintien de la connaissance globale) ; motivationnel (motivation à percevoir, à agir, à apprendre) ; méta cognitif (monitorer, diriger, modifier les opérations des trois sous-systèmes précédents).

L'approche LIDA (Learning Intelligent Distribution Agent), pour sa part, se propose de modéliser le plus large spectre possible des processus liés à la cognition propre aux systèmes biologiques, autant au niveau de la perception que du raisonnement. Le cycle cognitif de LIDA se subdivise en trois étapes : compréhension ; attention ; action ; apprentissage. Initialement développé pour l'US Navy au milieu des années 1990, le système servait à réaffecter les membres d'équipage à une autre mission une fois leur service terminé à bord d'un navire. Depuis ce temps, le système a été grandement amélioré par l'apport de différentes techniques propres à l'IA et est aujourd'hui reconnu comme un système d'architecture cognitive important.

Une autre approche cognitive hybride, celle des systèmes immunitaires artificiels, consiste à concevoir des algorithmes fondés sur le fonctionnement du système immunitaire des vertébrés, c'est-à-dire disposant de la capacité à identifier un agent pathogène, à en mémoriser les caractéristiques et à le mettre hors d'état de nuire. Ce type d'algorithme est surtout utilisé dans le domaine de la résolution de problèmes et de la cybersécurité.

IA dédiée au data mining

En sus des techniques relevant de la statistique, l'intelligence artificielle fournit des outils indispensables pour le forage de données (*data mining*), à savoir, repérer dans d'immenses bases de données des patterns récurrents. Plusieurs des outils développés dans ce domaine proviennent de la recherche effectuée dans le domaine de l'apprentissage automatisé (*machine learning*). Du fait que les bases de données croissent exponentiellement, produisant ce qu'il est désormais convenu d'appeler Big Data (datamasse ou données massives), les systèmes de forage de données deviennent de plus en plus indispensables.

Agents intelligents

Un domaine actuellement en pleine explosion, les agents intelligents, parfois nommés *bots*, sont en passe de reconfigurer notre relation aux ordinateurs. Pour le moment, on les retrouve surtout dans les systèmes conversationnels. Par exemple, même si le système Siri de la société Apple et le système Alexa d'Amazon ne sont pas encore des plus performants, ils pavent tout de même la voie aux interfaces démunies d'écrans.

Traitement cognitif (cognitive computing)

Le traitement cognitif a sans nul doute été la piste la plus explorée depuis les débuts de l'intelligence artificielle et l'une des tendances qui a le plus profondément marquée la recherche dans ce domaine. On retrouve le traitement cognitif dans plusieurs applications, depuis la robotique cognitive et la capacité à décider, en passant par les systèmes artificiels conscients d'eux-mêmes, jusqu'à l'intelligence artificielle générale.

En fait, depuis ses débuts, la robotique a été confrontée à un problème de taille : en fonction d'un contexte donné, quelle décision doit prendre un robot pour agir le plus adéquatement possible par rapport à son environnement. Tout récemment, une autre discipline a émergé, la robotique développementale, qui combine à la fois robotique, apprentissage automatisé (*machine learning*) et psychologie développementale, l'idée étant de faire en sorte que, en situation effective, un robot, à l'instar de l'être humain, soit continuellement en mode d'apprentissage. Partant de là, il s'agit de concevoir un robot qui, une fois immergé dans un environnement complexe, soit en mesure de comprendre en quoi consiste son environnement et de s'y adapter pour réagir de la façon la plus adéquate possible. On aura compris que les drones de combat développés pour le compte de l'armée américaine bénéficieront grandement de ces capacités. Autrement, les robots industriels, les robots médicaux et les robots destinés au grand public pour effectuer mille et une tâches seront ni plus ni moins que de l'intelligence artificielle embarquée. À ce titre, les grandes agences gouvernementales comme la DARPA américaine (*Defense Advanced Research Program Agency*) investissent de plus en plus dans des programmes de traitement cognitif afin de développer des systèmes artificiels ayant conscience d'eux-mêmes.

Que signifie au juste l'idée d'un système artificiel conscient de lui-même ? Il s'agit d'un système en mesure d'expliquer non seulement pourquoi il agit de telle ou telle façon, mais aussi d'expliquer la nature de sa motivation à le faire. Plus encore, ce type de système devra être en mesure de s'informer par lui-même, même s'il ne dispose pas de toutes les informations pertinentes pour poser une quelconque action, ce qui lui permettra ainsi de pousser plus loin son propre raisonnement et de se souvenir de ce raisonnement. Ainsi conçus, de tels systèmes cognitifs seraient beaucoup plus résilients et robustes en face de situations tout à fait inattendues. Pour sa part, IBM travaille sur des systèmes intelligents en mesure de s'autoconfigurer, de s'autodiagnostiquer et de s'autocorriger le cas échéant.

Intelligence artificielle et sciences cognitives

L'aspect scientifique de l'intelligence artificielle est fondamentalement dédié à la modélisation de la cognition humaine. Sa finalité est de proposer des hypothèses vérifiables que pourront tester les chercheurs en sciences cognitives et les chercheurs en neurosciences. D'ailleurs, les applications que l'on voit aujourd'hui émerger chez les grandes corporations de la Silicon Valley sont justement le fruit de ces hypothèses vérifiables élaborées par les chercheurs en sciences cognitives. L'implémentation est leur boulot, et comme il y a beaucoup d'argent à aller chercher dans cette quête incessante du système intelligent qui sera en avance sur tous les autres pour gagner de plus en plus de parts de marché, il est certain que cette course aux systèmes intelligents ne fait que commencer.

Humain versus intelligence artificielle

Au début de ce chapitre, j'ai présenté une première définition générale de ce qu'est l'intelligence artificielle, à savoir une approche multidisciplinaire visant à comprendre, à modéliser et à reproduire l'intelligence humaine et ses processus cognitifs en faisant appel à des principes et dispositifs d'ordre computationnel, mathématique, logique, mécanique et même biologique. Par la suite, j'ai brièvement exploré les principaux fondements de l'intelligence artificielle et les tendances qu'elle entend prendre au cours des années à venir. Partant de là, il est temps de proposer une autre définition d'ordre plus philosophique :

> *L'intelligence artificielle est ce champ de recherche dédié à l'élaboration d'artéfacts ayant la capacité de démontrer, dans un environnement contrôlé dont les paramètres sont connus, et ce, sur une longue période de temps, des comportements que nous considérons comme intelligents, ou plus généralement, des comportements que nous attribuons à ce qui constitue le fait d'être conscient de son environnement et d'agir en fonction de celui-ci.*

Il va sans dire que cette définition soulève d'autres questions. Par exemple, en quoi consiste au juste un comportement intelligent ? Que veut dire le fait d'être conscient de son environnement ? Comment les êtres humains arrivent-ils à afficher des comportements intelligents ? Certes, la dernière question est d'ordre empirique et je pense que seules la psychologie et les sciences cognitives seront en mesure d'apporter une réponse à cette épineuse question. Par contre, la question est plus que pertinente, ne serait-ce que comprendre le fonctionnement de l'esprit aiderait grandement les chercheurs à développer des logiciels, des robots, des agents et des machines qui se comporteraient de façon similaire à un être humain.

L'autre question, qu'il est tout à fait légitime de poser, est bien celle de savoir en quoi consiste l'intelligence. Depuis les débuts, les chercheurs en intelligence artificielle se sont particulièrement penchés sur ce problème, et les réflexions qui en sont sorties ont alimenté les différents courants et les différentes approches que j'ai entrevues plus tôt dans ce chapitre. En cette matière, il reste encore beaucoup à faire, malgré 2 500 ans de réflexion sur la chose depuis les philosophes de l'Antiquité.

Finalement, et peut-être l'ultime question, en quoi consiste au juste un comportement intelligent ? Le test de Turing, que j'ai abordé en début de chapitre, fait partie de ces moyens de vérification. Faut-il ici rappeler que ce test est plus une évaluation intuitive qu'une évaluation fondée sur une observation mesurée de ce en quoi consiste un comportement intelligent. Et la raison est fort simple : comme il n'existe pas de consensus sur une définition de ce en quoi consiste un comportement intelligent, et comme il n'existe pas de grille évaluative permettant de mesurer le degré d'un comportement intelligent, il faut dès lors s'en remettre à l'intuition, autrement dit, à ce qui se réfère à ce que nous évaluons naturellement comme un comportement intelligent. Par contre, le test de Turing pose un autre problème : est-ce que le seul fait d'afficher un comportement intelligent signale pour autant qu'il y a effectivement présence d'une intelligence autonome ? Ce qui conduit forcément à poser une autre question : comment un système, biologique ou non biologique, arrive-t-il à produire de l'intelligence ? Même si cette question semble relever de la philosophie, il n'en reste pas moins qu'elle mérite non seulement d'être posée, mais qu'elle mérite surtout de faire l'objet d'une sérieuse analyse. Certes, cet ouvrage n'est pas le lieu adéquat pour soutenir une telle discussion, mais il importe de s'en préoccuper et d'en discuter quelques aspects.

Si le Test de Turing (TT) débouche sur une évaluation subjective à propos d'un comportement intelligent, c'est peut-être parce que ce test fait appel à une intelligence incarnée (un humain) et à une intelligence non incarnée (un logiciel). En fait, pour certains chercheurs, l'intelligence doit avant tout être une condition incarnée, c'est-à-dire consciente du monde qui l'entoure et capable d'agir sur ce même monde. Partant de cette prémisse, un nouveau test de Turing a été élaboré, le Test de Turing Total (TTT), qui consiste à placer un robot dans un environnement non contrôlé, de le laisser agir en fonction de ce même environnement, et d'évaluer si son comportement peut ou non être distingué de celui d'un être humain dans les mêmes conditions. Donc, si le but de l'intelligence artificielle est de concevoir des artéfacts capables de passer avec succès le TT et le TTT ou d'autres tests qui permettraient d'arriver aux mêmes conclusions, il devient dès lors possible de parler d'IA faible (*weak AI*), c'est-à-dire avoir la capacité de construire des machines qui agissent *intelligemment*, sans pour autant prendre position sur le fait de savoir si ces machines sont *réellement* intelligentes. Il s'agit là d'une différence sémantique importante.

D'autre part, il existe un autre courant de recherche en intelligence artificielle, l'IA forte (*strong AI*) qui répond très simplement à la question *Qu'est-ce que l'intelligence artificielle ?* Il s'agit de développer, élaborer, construire et produire une entité intelligente non biologique incarnée dans le monde réel. Pour ce courant de l'intelligence artificielle, il ne s'agit nullement de mimer un comportement intelligent, mais bien d'être en présence d'une autre intelligence ou d'une autre forme d'intelligence. Et l'hypothèse de travail qui sous-tend cette approche est celle voulant que l'être humain soit fondamentalement et essentiellement une machine qui traite l'information et rien d'autre. Cette hypothèse de travail, plus généralement connue sous le nom de *Théorie computationnelle de l'esprit* (computationnalisme), une théorie développée par les philosophes américains Hilary Putnam (1926-2016) et Jerry Fodor, conçoit essentiellement l'esprit comme un système de traitement de l'information et compare la pensée à un calcul. Conséquemment, si cette hypothèse s'applique à toute entité intelligente, biologique ou non, c'est que cette entité intelligente doit obligatoirement disposer d'états mentaux qui existent de manière irréductible et définis par leur rôle fonctionnel.

Il va sans dire que nous n'en sommes pas encore au stade de l'IA forte. Par contre, il faut supposer que, étant donné que le développement de l'IA est incrémental, une multitude d'étapes intermédiaires jalonneront le parcours. Par exemple, si on part de l'idée qu'une intelligence générale n'est que l'émergence de la somme de plusieurs compétences sensorimotrices spécialisées, il faut alors supposer que, lorsqu'une masse critique de compétences sensorimotrices spécialisées sera atteinte, la conscience émergera effectivement. Si on suppose un instant que cette hypothèse puisse, pour une raison ou une autre, être valable, et que l'entité non biologique qui en est tributaire agit de façon intelligente, dans quelle mesure sera-t-elle pour autant capable d'agir dans des environnements constamment changeants si elle ne dispose pas des compétences spécialisées requises ? C'est ici qu'intervient la question de l'apprentissage ou du non-apprentissage.

En fait, quand l'être humain est confronté à une situation qu'il n'a jamais rencontrée, il ne se connecte pas à un quelconque réseau pour apprendre de quoi il retourne pour agir par la suite — ici, impossible de mobiliser le processus d'essai et d'erreur. Son cerveau déduit rapidement ce qui doit être fait en fonction de situations relativement similaires qu'il a déjà rencontrées, ce qui lui permet d'agir soit efficacement, soit moins efficacement, soit de façon tout à fait inadéquate. Concrètement, dans une toute nouvelle situation qui exige une réponse rapide, apprendre est à la fois une perte de temps et une entreprise hautement risquée. Il faut donc imaginer un tout autre processus pour permettre à une entité non biologique de réagir, alors qu'elle est immergée dans un environnement non contrôlé. Comment est-il possible d'y parvenir ?

Pour répondre à la première question, il faut en poser une autre : qu'est-ce qui permettrait d'outrepasser les limites de la spécialisation afin de doter une machine d'une véritable intelligence générale ? Deux approches qui nous sont familières, le *jugement* et la *créativité,* représentent vraisemblablement des pistes à explorer.

Le *jugement*, dans le sens où il s'agit d'évaluer adéquatement à partir de règles simples et universelles les situations rencontrées au quotidien dans des environnements physiques différenciés ou dans des contextes à forte connotation sociale. Par exemple, partir de chez soi pour se rendre à l'épicerie du coin et en revenir. La chose semble tomber sous le sens, mais il suffit de considérer le fait qu'une simple mouche ne serait pas en mesure d'effectuer la chose, car elle ne possède en rien le jugement nécessaire pour lui signaler de rebrousser chemin et de sortir par là où elle est entrée, alors qu'elle zigzague en tous sens devant la fenêtre. Dans le cas présent, il est possible d'affirmer que la mouche ne présente pas toutes les caractéristiques attendues d'un comportement intelligent, alors qu'il est attendu d'un robot qu'il soit en mesure d'afficher les caractéristiques liées au jugement.

La *créativité*, dans le sens où tout être démuni de cette caractéristique ne peut prétendre à l'intelligence générale. Il n'est pas ici question de cette créativité que l'on prête aux musiciens, aux écrivains et aux scientifiques, mais bien plutôt de cette capacité à innover et à inventer de nouvelles façons de faire les choses. Ici, deux approches peuvent être envisagées, tout comme le font les êtres humains : en laissant l'entité découvrir par elle-même ou en l'orientant dans une direction précise. Par exemple, procéder à la décoration d'une maison est un acte de créativité. Cet acte exige de l'individu qu'il dépasse ce qu'il connaît déjà en la matière pour recombiner les objets et ainsi reconfigurer l'espace d'habitation de manière tout à fait inattendue.

Le *jugement* et la *créativité* se complètent donc l'un l'autre. Alors que la créativité permet d'innover, le jugement, pour sa part, permet d'anticiper les conséquences des actions posées. Je m'explique. La créativité, sans le jugement (dans le sens où nous entendons ces termes), c'est un peu comme explorer un endroit dans le noir tout en essayant d'établir des repères pour s'y retrouver la prochaine fois, alors que cette même pièce sera encore dans le noir. Le jugement, sans la créativité, c'est un peu comme établir des règles une fois pour toutes sans avoir l'imagination voulue pour les modifier le cas échéant. Il faut donc envisager que toute entité non biologique dotée de ces deux capacités, *jugement* et *créativité*, sera en mesure de faire face au monde qui l'entoure, c'est-à-dire que, confrontée à une situation jamais rencontrée auparavant, elle sera en mesure de faire preuve de créativité tout en utilisant son jugement pour évaluer la portée de son action. Par exemple, une voiture autonome, confrontée à une situation critique, devra évaluer par elle-même si elle doit sacrifier son passager ou les dix personnes qui attendent l'autobus, c'est-à-dire que la voiture devra faire preuve de jugement et de créativité.

Si les prérequis pour élaborer une entité non biologique dotée d'une intelligence artificielle sont si clairs et si limpides, *jugement* et *créativité*, pourquoi les avancées en la matière sont-elles si lentes à venir ? En fait, il y a plus de soixante ans que les chercheurs planchent sur ce problème et aucun progrès vraiment significatif n'a encore vraiment été noté. Y a-t-il raison de supposer qu'il est impossible d'atteindre un niveau d'intelligence comparable à celui de l'être humain ? Et si c'est le cas, pourquoi est-ce que des gens comme Stephen Hawking, Elon Musk et Bill Gates craignent-ils tant l'arrivée d'une super intelligence artificielle qui mettrait fin à l'espèce humaine ? Peut-être allons-nous un peu trop vite en affaire.

Jusqu'ici, j'ai discouru à propos de la question des *comportements* qu'une entité biologique dotée d'une intelligence artificielle générale devrait afficher dans des situations connues ou inconnues, mais je n'ai pas encore discouru à propos de la question de la *mécanique*, c'est-à-dire la façon dont il faut arriver à faire fonctionner le tout. Autrement dit, en matière d'intelligence artificielle, il faut à la fois penser aux spécifications et à la façon de les implémenter, en somme, un problème d'ingénieur. Par exemple, dans l'univers de l'informatique, si deux entreprises se voient confier la conception d'un logiciel à partir d'une base identique de spécifications techniques, elles auront le libre choix de trouver les façons de les implémenter. Il s'agit ici de faire appel aux compétences diversifiées des programmeurs. Par contre, dans le monde de l'intelligence artificielle, les choses ne peuvent aller tout à fait dans le même sens. Pourquoi ? Parce que, contrairement à l'entreprise qui doit concevoir un logiciel qui ne prendra en charge que ce pour quoi il a été conçu, en matière d'intelligence artificielle, les logiciels devront prendre en charge ce pour quoi ils n'ont pas forcément été conçus. Et il est là tout le défi. Et si ce défi est relevé, et correctement relevé, la superintelligence artificielle est-elle pour autant pour demain ? Et si c'est le cas, Stephen Hawking, Elon Musk et Bill Gates auront-ils encore raison de s'inquiéter de l'extinction éventuelle de la race humaine ou de sa mise en esclavage ? La question reste ouverte.

Au début de ce chapitre, j'ai souligné que l'intelligence artificielle est à la croisée des chemins. Loin d'être ce dont la presse grand public nous abreuve, loin d'être un délire utopique, loin d'être la représentation que nous en fait Hollywood, loin d'être une apocalypse ou une dystopie, le développement de l'intelligence artificielle, et c'est là mon hypothèse, sera à l'image de celui du transhumanisme, c'est-à-dire incrémental chaque fois, la plupart du temps utile pour tous, et quasi invisible, car on ne parle plus d'intelligence artificielle lorsqu'une technologie qui en utilise ses composants nous sert quotidiennement — moteur de recherche de Google, reconnaissance faciale de Facebook, etc.

Tout comme le transhumanisme est une couche de discours rajoutée par-dessus le développement, au quotidien, de techniques relevant des nanotechnologies et de la biotechnologie utiles à tous (personne ne peut être contre le fait de trouver des solutions aux grandes maladies de notre époque) pour former un technomythe dont la principale fonction est de construire du sens en ce qui concerne l'humain augmenté qui émerge, l'intelligence artificielle, en ce sens, est exactement engagée dans le même processus. C'est donc dire que le discours de l'intelligence artificielle existe pourvu que les applications promises ne soient encore que pures spéculations. Transhumanisme et intelligence artificielle participent ainsi aux grands technomythes du XXIe siècle. Tout comme les Grecs et les Romains disposaient d'une mythologie donnant du sens au monde dans lequel ils vivaient, autant sommes-nous en train d'édifier un panthéon mythologique quasi du même ordre, mais fondé cette fois-ci sur la science et les technologies.

L'intelligence artificielle, un bricolage informatique de haut niveau

Tout d'abord, il importe de préciser que l'intelligence artificielle, dans l'état actuel des choses, n'est avant tout qu'un bricolage informatique de plusieurs degrés supérieurs à tout ce qui a été conçu à ce jour depuis la Révolution industrielle en matière de technologies. Et je souligne qu'ici, le mot bricolage n'a aucune connotation négative, car il renvoie plutôt à un assemblage de notions scientifiques, concepts, techniques informatiques, méthodes et processus de fabrication industrielle provenant de diverses disciplines et métiers conduisant à un bricolage informatique hautement sophistiqué. Autrement dit, il est possible, en combinant différentes techniques statistiques, mathématiques et informatiques couplées à des microprocesseurs à architecture parallèle, d'arriver à une efficacité particulièrement surprenante en matière d'apprentissage automatisé, sans compter que l'apprentissage automatisé profond serait ce par quoi nous résoudrons nos problèmes sociaux les plus criants. Et ce bricolage hautement sophistiqué sera inévitablement la source de plus de problèmes qu'il n'y pourrait paraître, car il ne faut jamais oublier que, là où est introduite de la complexité, on introduit aussi beaucoup de possibilités de dérapage.

Partant de là, il est toujours intéressant, lorsqu'il est question d'intelligence artificielle, de constater à quel point ce qui la constitue dans son essence même est souvent mis de côté au profit d'une approche strictement technologique, et ce, sans prendre aucune distance critique par rapport à la technologie elle-même. Autrement dit, si on désire comprendre le phénomène tel qu'il se présente aujourd'hui, il faut tout d'abord explorer ce qui le constitue dans ses fondements. Autre phénomène à relever, il est toujours étonnant de constater à quel point les recherches et les réflexions du passé sont souvent mises de côté, pour la simple raison que celles-ci ne seraient pas tout à fait en mesure d'expliquer un phénomène aussi technologique et contemporain que l'intelligence artificielle. En ce sens, il importe, à mon avis, de ramener au premier plan les travaux du sociologue français Jacques Ellul (1912-1994) pour saisir toute la portée de ce que représente l'ensemble des techniques et des technologies qui sont actuellement développées et qui seront éventuellement développées sous le vocable « intelligence artificielle ».

Dans l'un de ses plus importants ouvrages, *La technique ou l'enjeu du siècle*[20], Jacques Ellul a procédé non seulement à la démonstration des enjeux de la technique, mais a surtout procédé à démonter pièce par pièce la mécanique qui est derrière la technique. Pour Ellul, « aucun fait social, humain, spirituel, n'a autant d'importance que le fait technique dans le monde moderne[21]. » Ce phénomène, parmi les plus mal connus, exige donc d'identifier quelques repères pour savoir où il se situe, socialement parlant.

La première raison pour laquelle je reviens aux travaux de Jacques Ellul est très simple. D'une part, il y a, parfois, chez certains chercheurs, une certaine tendance à réinventer la roue, alors que Jacques Ellul a contribué à inventer la roue du concept de « technique », sans compter des auteurs comme Martin Heidegger[22], Arnold Gehlen[23], Oswald Spengler[24], Jacques Poulain[25], George Steiner[26] et Jean Brun[27], pour ne nommer que ceux-ci, qui y ont aussi pourvu. D'autre part, l'intelligence artificielle est une technique au sens où l'entend Ellul, c'est-à-dire « la méthode absolument la plus efficace en toutes choses », qui est bien cette « préoccupation de l'immense majorité des hommes de notre temps. »

La seconde raison pour laquelle je reviens aux travaux de Jacques Ellul, c'est que la technique est aussi système et que l'intelligence artificielle, en tant que technique, a hérité des propriétés qui lui sont propres, c'est-à-dire (i) un ensemble d'éléments en relation les uns avec les autres de façon telle que toute évolution de l'un provoque une évolution de l'ensemble et que toute modification de l'ensemble se répercute sur chaque élément, où (ii) les éléments composant le système présentent une sorte d'aptitude préférentielle à se combiner entre eux plutôt qu'à entrer en combinaison avec des facteurs externes, et (iii) qui se caractérise par un double élément, d'une part des interrelations entre les éléments principaux et significatifs de l'ensemble, et

---

[20] Ellul, J. ([1958] 1990), *La technique ou l'enjeu du siècle*, Paris : Economica.

[21] *Idem.*, p. 1.

[22] Heidegger, M. ([1954] 1958), « La question de la technique », *Essais et conférences*, trad. André Préau, Paris : Gallimard, p. 9 à 48.

[23] Gehlen, A. (1957), *Man in the Age of Technology*, New York : Columbia University Press.

[24] Spengler, O. ([1931] 1980), *L'homme et la technique*, Paris : Copernic.

[25] Poulain, J. (1991), *L'Âge pragmatique ou l'expérimentation totale*, Paris : Éditions de l'Harmattan.

[26] Steiner, G. (1986), *Dans le château de Barbe-Bleue*, Paris : Seuil, coll. Folio-essais.

[27] Brun, J. (1992), *Le rêve et la machine : technique et existence*, Paris : Éditions de La Table ronde.

d'autre part de sa relation organique avec l'extérieur : les interrelations produisent une évolution — le système n'est jamais figé, il est dynamique.

La troisième raison pour laquelle je reviens aux travaux de Jacques Ellul, c'est que la majorité des gens confondent technique et technologie, et à plus forte raison lorsqu'il s'agit d'une technologie aussi « magique » que l'intelligence artificielle. Même si la technique a pris son essor dans la machine de la Révolution industrielle, il n'en reste pas moins que la machine a imposé ses propres règles et que s'est développée la technique vouée à l'efficacité en toutes choses.

Pour toutes ces raisons, il est impératif de revenir en partie aux thèses de Jacques Ellul pour mesurer l'impact qu'auront sur nos sociétés l'ensemble des technologies dérivées de l'intelligence artificielle, ce qui sera fait dans la seconde partie de cet ouvrage.

CHAPITRE 3
Le mythe de l'intelligence artificielle

Le mythe de l'intelligence artificielle fonctionne, car il arrive à expliquer, à séduire, à justifier, à mobiliser et à évoluer puisqu'il dispose de trois mécanismes qui lui permettent d'y parvenir, soit la prédiction, l'adhésion et l'aveuglement sélectif, laquelle dernière s'articule autour de l'autovérification, de la suppression de la vérification, de l'automythification et de l'occultation.

Ce serait vraiment une erreur de croire que la finalité des recherches en intelligence artificielle soit essentiellement d'arriver à concevoir des entités qui nous ressembleront et se comporteront comme nous. Déjà, comme nous l'avons entrevu, l'intelligence artificielle a commencé à percoler dans une multitude d'applications. Jusqu'à tout récemment, la presse grand public et même les analystes du monde des technologies pensaient que l'intelligence artificielle serait initialement le fait des grands systèmes informatiques disposant d'une phénoménale puissance de calcul, ou bien, qu'elle serait, tout comme dans le film IA de Steven Spielberg, une intelligence embarquée dans un robot ayant une apparence quasi humanoïde ou totalement humanoïde. D'autre part, le cinéma hollywoodien nous a largement abreuvés d'une intelligence artificielle centralisée comme dans le film *Transcendance* ou encore d'une intelligence artificielle entièrement incarnée dans un corps humanoïde féminin, comme dans le film *Ex Machina*, qui s'échappe librement dans la nature. Et pourtant, nous sommes à mille lieues de cette représentation dystopique, sans compter que des milliers de petites applications d'intelligence artificielle ont investi notre quotidien.

Sans que personne ne s'en soit rendu compte, l'intelligence artificielle a déjà une dimension quasi planétaire. Elle est distribuée dans des centaines de milliers de serveurs informatiques répartis dans des centaines d'immenses centres de traitement de données appartenant à des entreprises privées comme Google, Facebook, Apple, Microsoft et Amazon. De plus en plus, la moindre application qui est utilisée à partir du nuage informatique est de plus en plus investie de petites routines issues des travaux en intelligence artificielle. Sans le savoir, du moment où nous utilisons ces applications, nous contribuons largement à les rendre de plus en plus efficaces, car elles apprennent à partir de ce que nous leur fournissons comme informations. Lorsqu'il y a plus d'un milliard de personnes qui utilisent Facebook ou l'outil de recherche de Google sur une base régulière, qui activent ainsi des dizaines de millions de microprocesseurs répartis dans les grands centres de traitement de données, qui engrangent des centaines d'exaoctets d'informations en temps réel, il faut se dire que ce que nous sommes ainsi en train de constituer, c'est la connaissance même d'une civilisation entière. Dans l'état actuel des connaissances et des technologies, il serait tout à fait impensable qu'une entité artificielle autonome disposant d'une architecture à traitement parallèle couplée à des réseaux de neurones artificiels soit en mesure d'être réellement autonome. Par contre, une telle entité artificielle autonome connectée au nuage informatique ne disposerait-elle pas d'une efficacité tout à fait particulière ?

Toutefois, bien avant que cette entité artificielle autonome ne puisse exister, il y aura une explosion d'intelligences artificielles, et cette explosion est déjà en train de se produire. Loin de l'ordinateur HAL 9000 du film *2001 Odyssée de l'espace*, loin de la singularité technologique proposée par Ray Kurzweil, loin de cette superintelligence supposée ravir un jour notre place et nous supplanter, même très loin du discours apocalyptique de Bill Gates, Elon Musk et Stephen Hawking, l'intelligence artificielle se pointe déjà à l'horizon et ressemble déjà aux services que proposent de grandes sociétés comme Amazon et Google, à savoir des services peu coûteux et fiables répartis sur des centaines de milliers de serveurs informatiques qui nous aident dans nos transactions au quotidien. Déjà, l'intelligence artificielle se comporte comme l'électricité, c'est-à-dire qu'elle devient accessible dès que nous nous y branchons.

Nous sommes actuellement en présence de ce que les Américains nomment une tempête parfaite, c'est-à-dire que nous disposons de microprocesseurs peu coûteux sous architecture parallèle, de réseaux de neurones artificiels, d'algorithmes faisant appel à l'apprentissage automatisé, et la capacité de stocker des quantités phénoménales d'informations. Cette convergence de technologies suggère que, tant que celles-ci seront sur une lancée novatrice, il n'y a aucune raison de croire que les choses n'iront pas dans ce sens. Conséquemment, l'intelligence artificielle deviendra un phénomène entièrement distribué, non centralisé, totalement démocratisé, accessible à tous et intimement lié à notre vie quotidienne.

Quand on y regarde de près, ce qui est à prévoir ce n'est pas l'apparition d'applications et de logiciels conscients d'eux-mêmes, à savoir répliquer ce que nous sommes nous-mêmes, mais bien des applications et des logiciels efficaces (au sens de *smartness*) qui utilisent des techniques qui s'apparentent à un traitement intelligent. Il importe peu à l'utilisateur de savoir comment ce traitement intelligent s'effectue, tout comme le conducteur ne veut pas savoir comment le moteur à combustion de son automobile fonctionne, mais il lui importe de savoir que ce traitement intelligent lui procure une efficacité à laquelle il n'aurait pas accès autrement.

Ce qu'il faut essentiellement entendre par intelligence artificielle dans l'état actuel des technologies et des connaissances scientifiques, et au risque de se répéter, ce sont des applications et des logiciels efficaces qui utilisent des techniques qui s'apparentent à un traitement intelligent, où chacune de ces applications et où chacun de ces logiciels sont dédiés à des tâches cognitives bien particulières. Pour dire les choses autrement, chacune de ces tâches devient une entité cognitive spécialisée. Et l'ensemble de toutes ces entités cognitives spécialisées forme une intelligence artificielle globale distribuée et non consciente d'elle-même, d'où non seulement l'idée d'une explosion d'intelligences, mais bien aussi l'idée d'une explosion d'entités cognitives spécialisées. Conséquemment, la superintelligence que craignent Bill Gates, Elon Musk et Stephen Hawking est pour le moment un fantasme, parce que l'intelligence sera distribuée dans autant de petites entités cognitives spécialisées séparées et non conscientes d'elles-mêmes. Et je pense que la superintelligence artificielle est à l'IA ce que l'immortalité est au transhumanisme, c'est-à-dire une finalité qui n'a de réalité que ce qu'elle promet, car sans cette promesse le mythe de la superintelligence ne tiendrait plus. Cela ne veut pas dire pour autant que la superintelligence n'adviendra pas un jour, mais elle est pour le moment confinée au statut de mythe, et plus spécifiquement un technomythe. Et tant que le mythe existe, il y a la promesse que la superintelligence peut advenir, car « la substance du mythe ne se trouve ni dans le style, ni dans le mode de narration, ni dans la syntaxe, mais dans l'histoire qui y est racontée[28]. »

---

[28] Lévi-Strauss, C. ([1958] 2010), *Anthropologie structurale*, Paris : Plon, p. 241.

De la technologie au mythe

Umberto Eco, dans *À reculons comme une écrevisse*[29], disait que « la technologie fait tout pour qu'on perde de vue l'enchaînement des causes et des effets » et que « l'utilisateur vit la technologie de l'ordinateur comme magie. » Il allait même plus loin en soulignant que « ce qui apparaît de la science à travers les mass média, ce n'est — je regrette de le dire — que son aspect magique, quand elle transparaît et, quand elle transparaît, c'est parce qu'elle promet une technologie miraculeuse », car promettre, c'est aussi détenir le pouvoir de réaliser, de rendre réelle une chose possible. La promesse ouvre la voie, par la voix de celui qui promet, à quelque chose de meilleur. Pour sa part, Claude Lévi-Strauss, parlant de la condition de l'homme avant l'arrivée des technologies, considérait que ce dernier

> « n'était pas plus libre qu'aujourd'hui ; mais sa seule humanité faisait de lui un esclave. Comme son autorité sur la nature restait très réduite, il se trouvait protéger — et dans une certaine mesure affranchi par le coussin amortisseur de ses rêves. Au fur et à mesure que ceux-ci se transformaient en connaissance, la puissance de l'homme s'est accrue ; mais nous mettant — si l'on peut dire — en prise directe sur l'univers, cette puissance dont nous tirons tant d'orgueil, qu'est-elle en réalité sinon la conscience subjective d'une soudure progressive de l'humanité à l'univers physique dont les grands déterminismes agissent désormais, non plus en étrangers redoutables, mais par l'intermédiaire de la pensée elle-même, nous colonisent au profit d'un monde silencieux dont nous sommes devenus des agents ?[30] »

Que faut-il tirer de ces deux réflexions ? Tout d'abord, lorsqu'Umberto Eco considère que l'utilisateur vit la technologie comme magie, il n'aurait su voir plus juste en ce qui concerne l'intelligence artificielle où l'enchaînement des causes à effet se vaporise totalement dans un circuit de neurones artificiels dont les concepteurs eux-mêmes ont peine à suivre la trace. D'autre part, si on reprend les propos de Claude Lévi-Strauss en les recalant sur l'intelligence artificielle, l'homme d'aujourd'hui sera-t-il pour autant plus libre qu'hier ? En fait, comme son autorité sur l'intelligence artificielle est et restera somme toute très réduite, il se trouvera protéger dans une bonne mesure par le coussin amortisseur des prouesses de l'intelligence artificielle qui sauront lui concocter de nos nouveaux médicaments et traitements qui

---

[29] Eco, U. (2008), *À reculons comme une écrevisse*, Paris : Grasset.
[30] Lévi-Strauss, C. ([1955] 2009), *Tristes tropiques*, Paris : Plon. p. 469.

allongeront son espérance de vie et de santé, qui faciliteront de plus en plus sa vie dans une multitude de domaines, qui lui donneront accès à de plus en plus d'informations pertinentes, qui lui assureront une sécurité toujours mieux adaptée à ses besoins en fonction des circonstances, qui lui garantiront des retours sur investissement toujours plus rentable, qui préviendront les catastrophes écologiques, etc.

Une chose est certaine, avec cet accroissement de connaissances dans une multitude de domaines, la puissance de l'homme sur son environnement ne sera pas seulement accrue, elle sera décuplée, mais sans trop savoir pourquoi, parce que les algorithmes d'intelligence artificielle de type apprentissage automatisé ne peuvent, dans l'état actuel des choses, fournir des explications plausibles sur l'enchaînement des liens de causes à effets de leur propre raisonnement. Si les techniques et technologies d'avant l'ère numérique avaient réussi à procéder à une soudure progressive de l'humanité à l'univers physique, avec l'intelligence artificielle, il y aura soudure progressive de l'humanité à l'univers numérique et l'intelligence artificielle, qui elle-même se soudera progressivement à l'univers physique — le déplacement n'est pas innocent. C'est donc dire que, par l'intermédiaire de l'intelligence artificielle, nous serons colonisés au profit d'un monde numérique et virtuel dont nous serons devenus les agents — il ne faut jamais oublier que sans l'apport quotidien d'informations concoctées partout sur la planète par des milliards d'êtres humains, les algorithmes d'intelligence artificielle seraient aussi efficaces que le plus bête de tous les moustiques.

La construction du mythe de l'intelligence artificielle

Un mythe permet à toute société humaine de construire du sens (peu importe les cultures ou les périodes, les gens se racontent des mythes) à propos de l'univers dans lequel elle évolue. Le mythe fabrique du lien social — ensemble des relations qui unissent des individus faisant partie d'un même groupe social et/ou qui établissent des règles sociales entre individus ou groupes sociaux différents. En ce sens le discours à propos de l'intelligence artificielle constitue un technomythe, car il est en train de modifier en profondeur la société telle que nous la connaissons, c'est-à-dire qu'il a déjà commencé à remodeler la nature même du lien social et la vision que nous pouvons avoir à propos de notre propre monde.

Claude Lévi-Strauss nous dit essentiellement qu'un mythe est une histoire que les gens se racontent à propos d'eux-mêmes et de la société dans laquelle ils vivent afin de comprendre la nature des rapports qu'ils entretiennent avec le monde extérieur et la position qu'ils occupent dans l'ensemble de l'univers[31]. Il souligne également que « la substance du mythe ne se trouve ni dans le style, ni dans le mode de narration, ni dans la syntaxe, mais dans l'histoire qui y est racontée[32]. » Pour Claude Lévi-Strauss, la principale force du mythe réside dans la mécanique qui lui est propre :

- le mythe **explique** tout, il est holistique ;
- le mythe **séduit** par son aspect surnaturel et merveilleux lié aux questions d'ordre technique ou sociopolitique ;
- le mythe **justifie** en codifiant les institutions politiques ou religieuses, les rites, les tabous, les interdits moraux et sociaux ;
- le mythe **mobilise** dans un but donné, par l'effet de croyance partagé à la fois par l'individu et le collectif ;
- le mythe **évolue** ; son contenu est susceptible d'évoluer à travers le temps en fonction de changements qui interviennent dans la structure de la société.

Légende
Ovale : processus ; losange : règle ; rectangle : concept
C : compose/est composé de ; R : régit/régule ; I/P : intrant/préalable

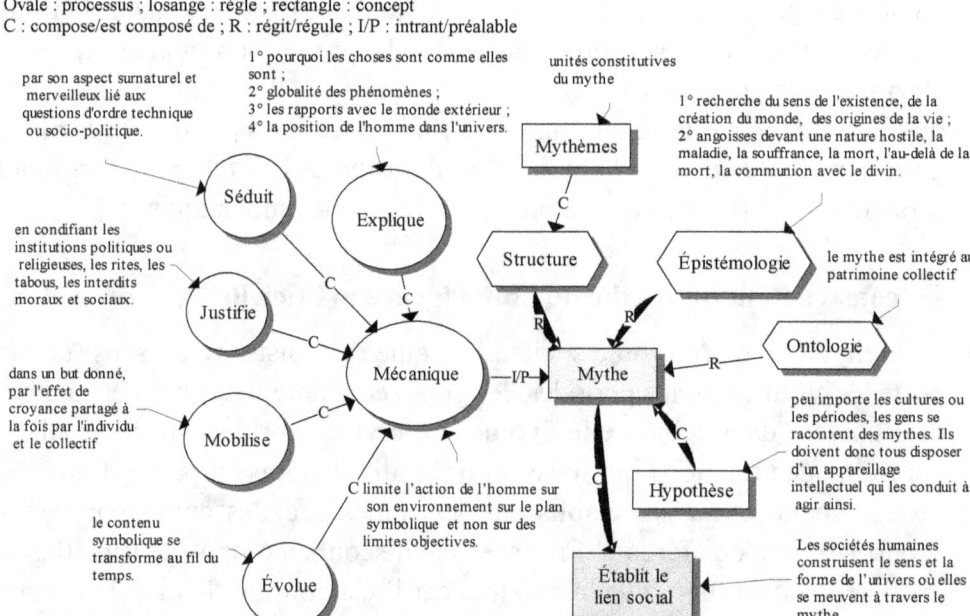

Source : Fraser, P. (2012), « Mythe et fonction symbolique chez Claude Lévi-Strauss », Présentation dans le cadre du séminaire de doctorat en sociologie *Symboles et fonction symbolique*.

---

[31] Lévi-Strauss, C. ([1958] 2010), *Anthropologie structurale*, Paris : Plon.

[32] *Idem.*, p. 241.

La finalité du mythe, dans la perspective proposée par Claude Lévi-Strauss, est donc de fonder le lien social, de le maintenir et de le perpétuer. À travers le mythe, les sociétés humaines construisent le sens et la forme de l'univers où elles se meuvent. Pour ma part, c'est à partir de cette structure élaborée par Claude Lévi-Strauss que j'ai imaginé que, dans une société où la technique et la technologie dominent, la notion même de mythe avait vraisemblablement dû subir des altérations pour s'ajuster à la technosociété du XXIe siècle. Et c'est ici que je fais intervenir la notion de technomythe. S'il peut sembler tout à fait incongru de juxtaposer les mots technologie et mythe, il n'en est rien. Le mythe cosmogonique développé par Claude Lévi-Strauss fait appel aux croyances et récits populaires, alors que le technomythe, selon ma propre définition, fait appel à la fois aux récits populaires (faits non avérés, non vérifiés, mais corroborés par leur répétition) et aux récits scientifiques (faits avérés, vérifiés et corroborés par la pratique scientifique, corroborés par leur répétition dans les médias de toutes sortes). Le technomythe, et c'est là sa grande force, complète sa structure symbolique en faisant appel à la fois à des données scientifiques avérées et à certains noyaux mythiques provenant de mythes anciens, modernes et contemporains.

Source 1 : données scientifiques

Tout d'abord, les données de la science et les applications technologiques fournissent non seulement une vision cohérente du monde, mais elles le font en s'appuyant sur des faits avérés, vérifiés et confirmés : dans un contexte X, si des mesures Y sont appliquées, des résultats attendus Z seront observables. Deuxièmement, l'argument « *La science a démontré que...* » est le principal véhicule permettant au technomythe d'étayer la crédibilité de ses propositions. C'est la portion rationnelle du mythe.

Source 2 : les noyaux mythiques

Si les données de la science et les applications technologiques fournissent une vision cohérente, avérée, vérifiée et confirmée du monde, les noyaux mythiques, quant à eux, fournissent une vision cohérente du monde fondée sur le symbolique. Le technomythe posséderait donc cette capacité à puiser dans les grands mythes classiques certains noyaux mythiques constitutifs, justement dans le but d'attribuer un sens aux données scientifiques et aux applications technologiques. Par exemple, il est plausible de supposer que le mythe de l'environnement aurait ainsi amalgamé différents noyaux mythiques pour se constituer et inscrire différents signes.

En amalgamant différents noyaux mythiques puisés dans différents mythes holistiques, le technomythe établit une relation entre le symbole et la chose symbolisée tout en étant étayée par des données scientifiques avérées et des applications technologiques efficaces. Le technomythe posséderait donc cette capacité à jouer sur deux plans : le rationnel et le symbolique.

Mythe de l'écologisme	
Noyaux mythiques	**Description**
Âge d'or	Période désormais révolue où tout était harmonieux par rapport aux malheurs présents.
Déchéance	Processus par lequel l'homme perd ce qui lui permettait de réaliser ici-bas, dans une perspective utopiste, l'idée d'un monde civilisé.
Postmoderne	L'humanité serait vouée à sa perte de par sa soif insatiable de développement technologique.
Régénération	Recréation du monde fondée sur de nouvelles valeurs morales.
Avenir radieux	Les malheurs du présent seront abolis pour faire place à un nouvel Âge d'or où tout sera à nouveau harmonieux.

Le technomythe fournit non seulement une vision cohérente du monde fondée sur des données scientifiques et des applications technologiques efficaces auxquelles est accordée valeur de symbole, mais offre à la fois une gamme de comportements attendus de la part des individus. Il autorise également la mise en place de structures sociales aptes à supporter la mise en œuvre de la promesse faite par un technomythe.

Ma seconde hypothèse, stipule donc qu'un technomythe, en sus de sa capacité à expliquer, séduire, justifier, mobiliser et évoluer, s'articule autour de trois mécanismes particuliers : prédiction ; adhésion ; aveuglement sélectif.

Mécanisme 1 : la prédiction

J'ai déjà précisé que l'un des principaux facteurs de succès d'un technomythe tient par sa capacité à prédire de nombreux événements observables : *dans un contexte X, si des mesures Y sont appliquées, des résultats attendus Z seront observables.* Tout d'abord, c'est une convergence **technologique** (microprocesseurs capables d'effectuer des traitements en mode parallèle ; augmentation de la capacité de calcul ; augmentation de la capacité de stockage ; infonuagique), **algorithmique** (calculs statistiques capables d'identifier des patterns récurrents dans des masses de données colossales ; modèles mathématiques prédictifs) et **économique** (baisse importante des coûts de production et de vente de microprocesseurs dédiés au traitement en parallèle ; baisse importante des coûts liés au stockage massif de données), qui a permis l'émergence des technologies issues de la première vague d'intelligence artificielle, à savoir des unités cognitives spécialisées fondées sur le modèle des circuits neuronaux biologiques.

Les domaines où cette première génération d'unités cognitives spécialisées est implantée sont déjà légion. Par exemple, on les retrouve dans les automobiles autonomes. D'ailleurs, presque tous les grands constructeurs automobiles s'y sont investis. En médecine, elles permettent non seulement de repérer des anomalies bien précises à partir d'images fournies par les technologies propres à l'imagerie médicale, mais elles sont aussi capables d'assister aussi bien le médecin dans son diagnostic que le chirurgien dans sa pratique. Dans le domaine de la sécurité, elles commencent déjà à faire leur preuve, non seulement dans le domaine de la reconnaissance faciale, mais aussi dans l'analyse en temps réel de vidéos, de conversations téléphoniques, de courriels. Dans le domaine commercial, elles optimisent l'expérience d'achat pour le client, augmentant d'autant les revenus pour le commerçant. Dans le domaine du transport, où elles permettent désormais d'optimiser les feux de circulation en prenant en charge l'analyse des caméras vidéo installées un peu partout sur le circuit routier urbain afin de rendre plus fluide le trafic. Dans le domaine de la distribution de l'énergie, avec l'installation de compteurs intelligents, avec l'installation de capteurs sur le réseau électrique, il devient désormais possible de moduler la distribution énergétique en fonction de la demande et des conditions météorologiques.

Ce que tous ces domaines ont en commun lorsque ces systèmes intelligents sont implantés, c'est que ceux-ci deviennent irrémédiablement plus efficaces et plus performants, et ce, parfois, de plusieurs degrés. Autrement dit, dans un contexte X, lorsque des systèmes Y d'intelligence artificielle de première vague sont installés, des résultats Z sont directement observables et probants. De là, le caractère hautement prédictif de ces systèmes, d'où la grande séduction qui en découle et qui exerce sur chacun d'entre nous un effet mobilisateur : ils fonctionnent et répondent selon les critères prévus.

Mécanisme 2 : l'adhésion

Trois conditions essentielles doivent être réunies pour qu'une masse importante de gens adhèrent à un technomythe, et en particulier à un technomythe comme l'est celui de l'intelligence artificielle.

Condition 1 : *celui qui propose des technologies issues du paradigme de l'intelligence artificielle doit croire en l'efficacité de ses propres technologies et dans l'efficacité des méthodes et des applications qui en découlent.*

Par exemple, depuis quelques années, Google développe la *Google Car* en utilisant différentes techniques liées à l'intelligence artificielle : vision artificielle ; interprétation des images ; capteurs intelligents ; interprétation de données. Google, après plus d'un million de kilomètres parcourus sans accident par sa voiture autonome, est aujourd'hui en mesure d'affirmer la validité de ses choix en matière d'intelligence artificielle, et aussi en mesure de valider l'efficacité des techniques intelligentes utilisées. Ici, l'efficacité des solutions passe à la fois par l'autorité scientifique des études proposées et par les médias qui ne cessent d'abreuver le public de nouvelles enchanteresses quant à tous les bienfaits et prouesses de l'intelligence artificielle.

Condition 2 : *celui qui applique ou utilise les solutions et méthodes proposées par les technologies issues de la première vague d'intelligence artificielle doit croire dans les dires de celui qui les propose.*

Si on revient à l'exemple des automobiles autonomes, même si la société Tesla a rapporté deux accidents routiers relatifs à sa technologie de conduite autonome, la foi dans l'efficacité de ces systèmes intelligents ne sera pas pour autant remise en cause de façon systématique, les gens se disant que les choses ne pourront faire autrement que s'améliorer. Autrement dit, plus il y aura de conducteurs qui achèteront des voitures munies de différentes technologies de conduite autonome, plus ces derniers se rendront compte qu'elles sont vraiment efficaces, parce que le conducteur se fiera aux dires des constructeurs. Autre exemple, dans le domaine de la sécurité, ceux qui utilisent la nouvelle génération de systèmes de reconnaissance faciale sont dans l'obligation d'admettre que ces derniers sont d'une efficacité hors du commun par rapport à ce qu'ils étaient il y a à peine cinq ans. D'autre part, il suffit de discuter avec les techniciens en imagerie médicale qui interprètent les résultats pour se rendre compte que les nouveaux systèmes intelligents leur facilitent non seulement la tâche, mais leur permettent aussi de gagner beaucoup de temps et de passer ainsi en revue plusieurs patients dans un même laps de temps. Dès lors, tous ceux qui utilisent des systèmes dans lesquels ont été implantées des technologies issues de la première vague d'intelligence artificielle sont légitimés dans leur démarche de croire dans les dires de ceux qui proposent ces mêmes technologies.

Condition 3 : *la collectivité doit croire dans la relation qui s'établit entre celui qui propose les solutions et ceux qui les appliquent.*

Et c'est ici que survient le point de bascule, c'est-à-dire ce moment où le collectif adhère massivement au discours ambiant à propos de l'intelligence artificielle. Lorsque les médias de masse, les sites spécialisés, les magazines de vulgarisation scientifique et les médias sociaux répercutent tous azimuts que de nouvelles percées en intelligence artificielle permettent de diagnostiquer beaucoup plus rapidement la maladie d'Alzheimer,[33] de développer des prothèses cognitives pour les gens en perte de capacités intellectuelles[34], d'accélérer de façon significative le développement de médicaments[35] et le traitement des données médicales, de rendre les voitures autonomes, de dépister plus rapidement les failles dans les systèmes complexes, voire de les prévenir, d'améliorer grandement la fluidité du trafic, d'optimiser la gestion des réseaux de distribution d'électricité, d'aider à la prise de décisions stratégiques, tant en géopolitique, qu'en économique, en finance et en environnement, les gens sont non seulement amenés à croire dans les capacités des systèmes d'intelligence artificielle, mais celle-ci devient ce par quoi le développement de la société est susceptible de passer.

En fait, il s'établit dès lors une relation entre le symbole (intelligence artificielle) et la chose symbolisée (le système qui l'incarne). L'individu qui utilise un assistant personnel dopé à l'intelligence artificielle est dès lors convaincu que sa productivité a été non seulement mieux planifiée, mais qu'elle s'est accrue de plusieurs degrés. Pour reprendre Claude Lévi-Strauss, que la science du scientifique ne corresponde pas toujours à une réalité objective n'a pas d'importance. Ce qui importe, c'est que l'individu

---

[33] Grossi, E., Massini, G., Buscema, M. et al (2005), « Two different Alzheimer diseases in men and women: Clues from advanced neural networks and artificial intelligence », *Gender Medicine*, vol. 2, n° 3, p. 106-117.

[34] Mihailidis, A., Fernie, G. R., Barbenel, J. C. (2001), « The Use of Artificial Intelligence in the Design of an Intelligent Cognitive Orthosis for People with Dementia », *Assistive Technology: The Official Journal of RESNA*, vol. 13, n° 1, p. 23-39.

[35] Duch, W., Swaminathan, K., Meller, J. (2007), « Artificial Intelligence Approaches for Rational Drug Design and Discovery », *Current Pharmaceutical Design*, vol. 13, n° 14, May, p. 1497-1508.

croit dans les vérités d'aujourd'hui à propos de l'efficacité des systèmes dopés à l'intelligence artificielle, lui-même membre d'une société qui y croit. Il s'agit d'un système d'une grande efficacité « qui intègre tous les éléments d'une situation totale où sorcier, malade et public, représentations et procédures, trouvent chacun sa place[36]. » Le mythe s'installe donc.

Mécanisme 3 : l'aveuglement sélectif

Cette capacité prédictive du technomythe a ceci d'intéressant qu'elle dispose de mécanismes d'aveuglement. Autrement dit, la capacité à prévoir des résultats concrets et tangibles comporte des façons de faire qui permettent non seulement d'asseoir le discours du mythe de l'intelligence artificielle, mais d'en assurer efficacement sa diffusion et sa promotion à travers cinq processus : l'autovérification, la suppression de la vérification, l'automythification, l'occultation.

Autovérification

En sus de sa capacité prédictive, le technomythe dispose d'une stratégie particulièrement efficace : il n'est pas nécessaire de vérifier la validité du résultat attendu, car l'argument « *L'intelligence artificielle fonctionne, voyez les résultats ...* » suffit à admettre qu'il y a réellement une relation de cause à effet. Conséquemment, le résultat se vérifie *de facto*. Umberto Eco avait bien raison de dire que les technologies éliminent de l'équation le lien de cause à effet.

Suppression de la vérification

Lorsque les médias de masse et les médias sociaux se font la courroie de transmission des exploits et des prouesses de l'intelligence artificielle, il est *de facto* admis par ceux qui ont accès à ces informations que l'intelligence artificielle, lorsqu'elle est appliquée dans un quelconque domaine, fonctionne. Ici, le résultat, en plus de s'autovérifier *de facto*, passe automatiquement de la catégorie « *tend à démontrer* » à « *contribue effectivement* ». Avec l'aide des médias de masse et des médias sociaux, la distance temporelle et scientifique pour confirmer si l'intelligence artificielle contribue réellement ou non à résoudre tel ou tel problème s'efface totalement. Cette capacité

---

[36] Lévi-Strauss, C. (2010), *Anthropologie structurale*, Paris : Plon, p. 228.

du technomythe à gommer le temps requis pour effectuer la vérification du résultat attendu contribue à renforcer l'idée que la prétention à prédire est réelle.

Automythification

Autre caractéristique intéressante du technomythe, c'est qu'il possède la capacité à faire glisser un objet de sa catégorie sémantique d'origine vers une autre catégorie sémantique tout en ne perdant pas les caractéristiques intrinsèques de sa catégorie d'origine. Le concept même d'intelligence artificielle est éloquent à cet égard. La chose va comme suit : (i) l'intelligence — faculté de comprendre, de connaître, de saisir par la pensée — est à l'origine une catégorie sémantique qui s'applique à l'être humain, c'est-à-dire que l'intelligence est tributaire d'un substrat biologique ; (ii) en adjoignant l'adjectif *artificielle* au mot *intelligence*, on ajoute alors une nouvelle catégorie qui suppose dès lors que l'intelligence n'est pas obligatoirement tributaire d'un substrat biologique, c'est-à-dire que, au fil des découvertes scientifiques, l'intelligence acquiert de nouvelles propriétés qui peuvent être retenues ou rejetées, sans pour autant affecter les propriétés intrinsèques de sa catégorie d'origine.

Autrement dit, même en adjoignant l'adjectif *artificielle*, le concept même d'*intelligence* ne perd pas ses qualités intrinsèques, à savoir la faculté de comprendre, de connaître et de saisir par la pensée. Il en acquiert de nouvelles qui ne remettent pas en question les premières, d'où l'automythification alors que la faculté de comprendre, de connaître, et de saisir par la pensée pourrait tout aussi bien être de l'ordre de l'*artificiel*. Cet exemple montre un phénomène fort intéressant : le technomythe possède la capacité de mythifier un objet dès que de nouvelles propriétés lui sont accordées par la recherche scientifique ou le développement technologique en sus de ses propriétés intrinsèques. Que l'objet perde ses propriétés en sus n'a pas d'importance, car elles seront rapidement remplacées par de nouvelles, la science et la technologie y pourvoyant systématiquement par leur retour incessant à la planche à dessin. L'objet est donc constamment soumis à un processus de remythification. Un bon exemple en la matière est bien celui de la *Loi de Moore*.

En 2005, Gordon Moore disait : « La Loi de Moore a essentiellement à voir avec l'économie et rien d'autre. » Carver Mead, celui-là même qui a baptisé de *Loi de Moore* les observations colligées par Gordon Moore sur la fabrication des microprocesseurs, affirme clairement que la *Loi de Moore*

« a tout à voir avec le système de croyances des gens. Cette loi n'est pas une loi qui relève de la physique. Elle relève plutôt d'une croyance purement humaine. Et quand les gens croient dans quelque chose, ils y mettent toute l'énergie nécessaire pour faire en sorte que ce en quoi ils croient advienne. [...] Après un certain temps relativement long, les gens commencent à en parler rétrospectivement, et alors là, rétrospectivement il s'agit bien d'une courbe qui se dessine de point en point et qui possède toutes les caractéristiques d'une loi de la physique. Et les gens se mettent à en parler comme si c'était effectivement le cas. Mais si vous faites un pas en arrière et que vous vous retirez de cette représentation des choses, ce que je fais, vous ne considérerez plus cette courbe comme étant une loi de la physique. Cette courbe devient alors pour vous quelque chose qui traduit une activité humaine. C'est une vision des choses qui dicte ce que vous devez croire[37]. »

Dans un article publié en 1996, Gordon Moore est venu appuyer les affirmations de Carver Mead : « Plus que tout, quand un phénomène comme celui-ci devient un fait établi et corroboré, il devient plus ou moins une prophétie qui s'autoréalise. Partant de là, la Semiconductor Industry Association a élaboré un genre de carte routière du développement des microprocesseurs qui implique un changement d'importance tous les trois ans. Tous les gens de l'industrie s'entendent alors pour dire que si vous ne vous alignez pas sur cette courbe de développement, vous prendrez inévitablement du retard. »

L'automythification est un élément clé dans la construction d'un discours, car elle engage à la fois individus et institutions dans des légitimations qui sont des façons de voir le monde, sinon de concevoir, dans le cas présent, la nature même du développement technologique.

Occultation

Notre hypothèse suggère que le technomythe fait appel à un mécanisme d'aveuglement sélectif qui occulte sa finalité intrinsèque. Autrement dit, ce mécanisme a pour fonction d'occulter, de masquer, et

---

[37] Simonite, T. (2013 [November 13]), « Three Questions for Computing Pioneer Carver Mead », *MIT Technology Review*.

de disséminer le sens profond d'un acte sous un fatras de significations secondes purement formelles. Par exemple, lorsque les médias s'entendent pour dire que la voiture autonome, bardée de systèmes intelligents, est l'avenir du transport, lorsque les grands constructeurs automobiles investissent des sommes faramineuses dans ce développement, lorsque même les écologistes disent que le *car sharing* sans conducteur est une avenue intéressante pour l'environnement — moins de propriétaires de véhicules, donc moins d'automobiles sur la route, donc moins d'émissions de gaz à effet de serre —, lorsque les entreprises de camionnage songent sérieusement aux camions autonomes, ce qui est présenté au public ce n'est pas la nature même des systèmes d'intelligence artificielle et de ce qu'ils impliquent qui est mentionnée, mais bien ce que ces systèmes permettront éventuellement d'accomplir. Autrement dit, on occulte totalement la spécificité des systèmes d'intelligence artificielle, à savoir la complexité technologique qu'elle implique et ses possibles ratés. En ce sens, le technomythe dispose d'un mécanisme qui occulte, masque et dissémine la finalité du technomythe sous un fatras de significations secondes purement formelles.

Cette nouvelle propriété qu'acquiert un objet à travers son processus de mythification offre une emprise efficace pour le monde de l'entreprise. Du moment qu'un objet acquiert une nouvelle signification, toute une industrie est dès lors autorisée à adhérer au mythe et à proposer une multitude de produits et services, d'où l'intérêt des chercheurs et des entreprises à s'y investir encore davantage, car ils trouvent ainsi le moyen d'articuler leur message sur la signification de l'objet et non sur la fonction initiale même de l'objet. Par exemple, l'industrie des hautes technologies a tout intérêt à se coller à la courbe de la *Loi du retour accéléré*, car comme le souligne fort à propos Carver Meade : « Lorsqu'une technologie permet de réaliser dans une certaine mesure des choses concrètes dans le monde réel, l'évolution de cette technologie ne s'arrête pas là, et son développement devient en quelque sorte logarithmique. Conséquemment, la technologie en question devient partie intégrante de l'infrastructure globale que nous prenons dès lors pour acquise[38]. »

---

[38] Simonite, T. (2013), *op. cit.*

Ainsi, la voiture intelligente et autonome n'est plus seulement un simple moyen de déplacement, mais un moyen de protéger l'environnement et de réduire de façon drastique les accidents routiers, car il a été largement démontré au fil des décennies que l'accident routier est presque toujours d'origine humaine. Qui peut être contre le fait de réduire le nombre des accidents routiers et de protéger l'environnement ? En ce sens, lorsqu'une entreprise investit le champ des signes d'un objet, elle réifie et remythifie ce même objet, tout comme elle renforce le technomythe par sa dimension commerciale et sa grande diffusion. Et c'est là où réside tout le pouvoir des entreprises en hautes technologies investies dans l'intelligence artificielle.

LIVRE 2

LES MÉCANISMES TECHNOLOGIQUES DE L'INTELLIGENCE ARTIFICIELLE

CHAPITRE 4
Les réseaux de neurones artificiels

Les réseaux de neurones artificiels, ou systèmes d'apprentissage connexionnistes autonomes, permettent d'élaborer des réseaux complexes de connaissances qui n'ont aucune commune mesure avec les réseaux de connaissances élaborés par les êtres humains. Cette seule possibilité aura des implications technologiques et sociales profondes

Deux grandes tendances orientent présentement les recherches en intelligence artificielle : une intelligence artificielle générale de niveau humain et une intelligence artificielle embarquée en contact avec son environnement et en mesure d'agir sur lui. L'une des méthodes pour parvenir à un tel résultat consiste à émuler le fonctionnement du cerveau humain. L'idée est la suivante : réaliser une copie exacte d'un cerveau humain et la répliquer sur un substrat non biologique. Dans l'état actuel des connaissances et des technologies, ce substrat est celui des puces de silicium. Pour bien comprendre pourquoi cette idée a pu émerger dans le champ scientifique, il faut tout d'abord commencer par comprendre ce que les neurosciences et les chercheurs en intelligence artificielle, pour leur part, proposent.

Essentiellement, « les réseaux de neurones artificiels constituent une technique d'apprentissage et de traitement automatique qui s'inspire du fonctionnement du cerveau humain. Les réseaux de neurones artificiels peuvent être définis comme une structure de traitement parallèle massive constituée de plusieurs unités très simples (que l'on appelle des neurones), qui sont capables de stocker des connaissances expérimentales et de les rendre utilisables. Les réseaux de neurones artificiels sont [ainsi] similaires aux réseaux de neurones biologiques sur plusieurs points : (i) les neurones sont des éléments simples et fortement connectés (même si les neurones artificiels sont beaucoup plus simples) ; (ii) les connexions entre les neurones permettent de déterminer la fonction du réseau ; (iii) ces connexions, connues sous le nom de « poids » (poids synaptiques), servent à stocker les connaissances acquises. [En somme], les connaissances sont extraites de leur environnement via un processus d'apprentissage[39]. »

Les neurones artificiels

Que le lecteur me permette de proposer un bref résumé de ce en quoi consiste un réseau de neurones artificiels. Concrètement, l'idée est de simuler le fonctionnement d'un neurone biologique.

Comme le montre la Figure 1, ce neurone artificiel, considéré comme la plus petite unité de traitement d'information d'un réseau de neurones artificiels, reçoit des informations (*x1, x2, x3* / intrants), les traite (computation, boîte noire), et retourne un résultat (extrant)[40].

Figure 1 : schéma simple d'un neurone artificiel

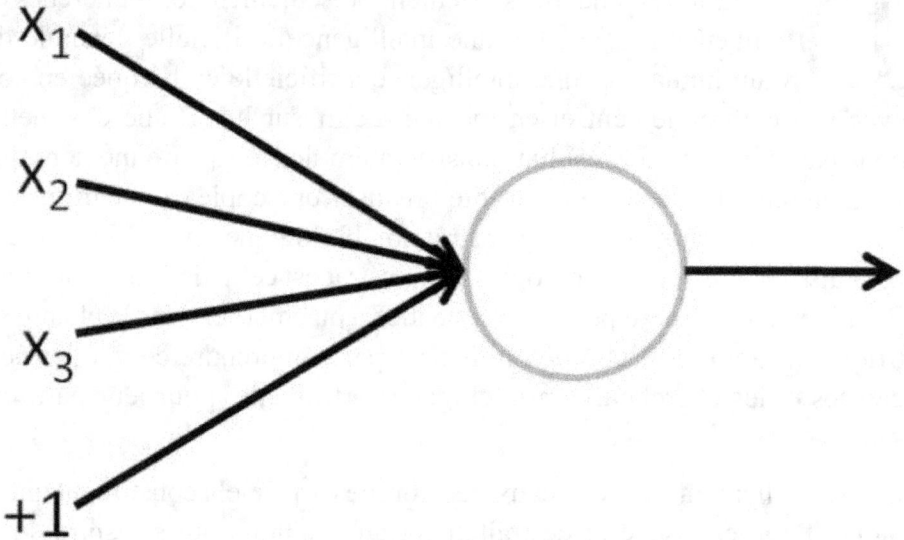

Comme le montre la Figure 2 de la page suivante, un réseau de neurones artificiels, quant à lui, reçoit des informations (intrants, première couche), les traite (boîte noire, seconde couche) et retourne un résultat (extrant, troisième couche). Il va sans dire que la principale qualité d'un tel réseau réside

---

[39] MathWorks and Simulink (2016), *Les réseaux de neurones artificiels*, URL : http://bit.ly/2v0bd8G.
[40] Ng, A., Suen, C., Coates, A. (2016), *Multi-Layer Neural Network*, Computer Science Department, Stanford University, URL: http://stanford.io/1Jjxe0b.

dans sa capacité à apprendre par lui-même. Au fur et à mesure que le réseau apprend, il renforce ou affaiblit certaines connexions entre certains neurones plutôt que d'autres, et ce dernier finit par générer un réseau capable d'identifier correctement des images qui ne lui ont jamais été présentées auparavant. Par exemple, la représentation que se fait un réseau de neurones artificiels d'un chat ne correspond en rien à l'image d'un chat tel que nous la voyons. En fait, le réseau se constitue lui-même une image générique d'un chat, un genre d'archétype[41] en quelque sorte, en fonction de la connectivité neuronale que le réseau s'est lui-même constituée. Concrètement, la mémoire relative au chat du réseau de neurones artificiels, tout comme pour le cerveau humain, est constituée par la nature même de la force ou de la faiblesse des multiples connexions qui le composent.

Figure 2 : schéma avancé d'un réseau de neurones artificiels

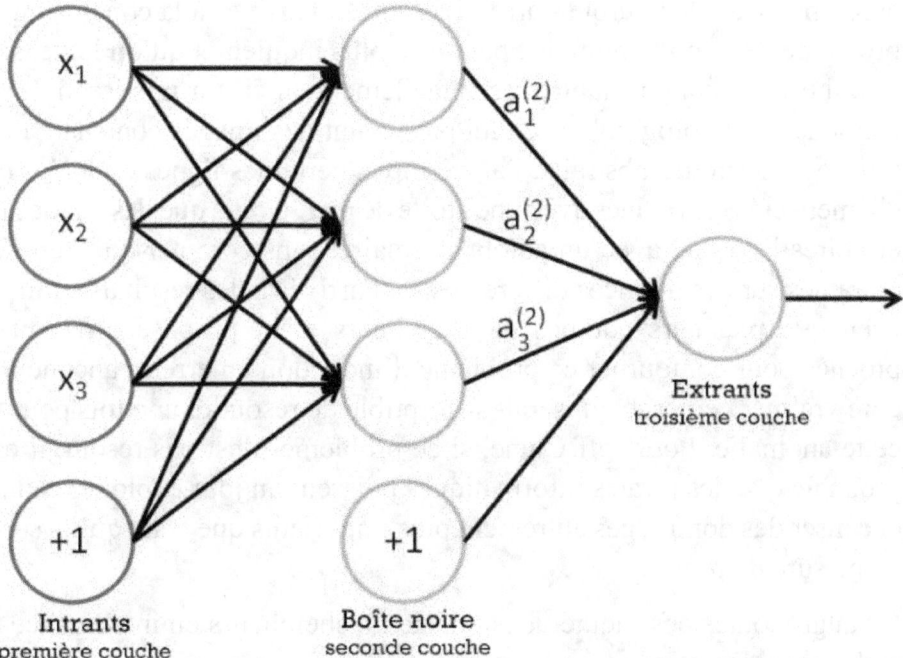

Tout comme la mémoire n'est pas localisée dans un endroit précis du cerveau, mais diffusée dans le connectome neuronal du cerveau, il en va de même pour un réseau de neurones artificiels. Même plus, si on répétait la

---

[41] C'est-à-dire un modèle idéal et invariant permettant d'élaborer autre chose à partir de celui-ci.

même expérience consistant à identifier un chat avec un autre réseau de neurones artificiels tout en lui présentant les mêmes photographies dans la même séquence que pour le réseau précédent, sa connectivité finale serait différente, de là l'idée qu'un réseau de neurones artificiels est une boîte noire, tout comme l'est le cerveau. Il faut également considérer que les réseaux de neurones artificiels actuellement utilisés sont autrement plus complexes que je viens tout juste de présenter : ils comportent des millions de neurones artificiels, sont alimentés par de colossales masses d'informations, et surtout, ils n'expliquent en aucune façon comment ils en arrivent aux réponses qu'ils fournissent, tout comme notre cerveau ne le fait pas pour nous.

En 2014, le chercheur Jeff Clune et son équipe du Evolving Artificial Intelligence Laboratory de l'Université du Wyoming, en utilisant des techniques permettant de maximiser les réponses de n'importe lequel neurone dans un réseau de neurones artificiels, en sont arrivés à la conclusion que le problème de la boîte noire est peut-être plus inquiétant qu'on le pensait. En fait, il est possible d'induire assez facilement en erreur un réseau de reconnaissance de photographies en lui présentant des images contenant des patterns géométriques abstraits. Par exemple, certaines lignes ondulées ont facilement été confondues avec une étoile de mer, tandis que des bandes jaunes et noires l'ont été avec un autobus scolaire, sans compter que des réseaux entraînés sur des données différentes sont arrivés à des résultats similaires[42]. Bien que plusieurs équipes de chercheurs aient proposé différentes approches pour contourner ce problème d'induction en erreur, aucune n'a encore vraiment émergé qui serait susceptible de résoudre une fois pour toutes cette anomalie. Pour Jeff Clune, si ce problème n'est pas résolu, il est fort probable que des pirates informatiques puissent un jour exploiter cette faille et causer des dommages autrement plus importants que ceux qu'ils sont déjà en mesure de provoquer[43]. »

Malgré toutes ces inquiétudes, plusieurs chercheurs en intelligence artificielle considèrent que tous les efforts consentis à rendre les réseaux de neurones artificiels plus transparents doivent être considérés comme une démarche complémentaire et non comme une démarche de remplacement. Certaines de ces techniques dédiées à la transparence fonctionnent déjà relativement bien lorsqu'il s'agit de traiter des concepts abstraits, mais perdent

---

[42] Nguyen, A., Yosinski, J. & Clune, J. (2014), « Deep Neural Networks are Easily Fooled: High Confidence Predictions for Unrecognizable Images », *Computer Vision and Pattern Recognition*, Cornell University Library, URL: https://arxiv.org/abs/1412.1897.
[43] Castelvecchi, D. (2016 [5 octobre]), *op. cit.*

beaucoup de leur efficacité lorsqu'il s'agit de questions de perception comme la catégorisation d'images, ce processus qui consiste à extraire des faits à partir de données brutes. À l'inverse, d'autres chercheurs considèrent que les réponses fournies par les réseaux de neurones artificiels, aussi complexes soient-elles, doivent faire partie intégrante de la démarche scientifique, pour la simple raison que le monde qui nous entoure est lui-même d'une grande complexité : pour des phénomènes aussi complexes que la météo ou celui des marchés boursiers, une approche réductionniste, ou une description synthétique n'existera vraisemblablement jamais. Et quand on y regarde le moindrement de près, même le médecin le plus expérimenté n'arrive pas tout à fait à verbaliser dans le moindre détail le diagnostic auquel il arrive lorsqu'il est confronté à certaines évaluations cliniques.

Les données massives

À l'heure actuelle, un système d'apprentissage automatisé s'appuie essentiellement sur une colossale base de données à partir de laquelle sont tirés des patterns récurrents qui deviendront par la suite des données statistiques. Deuxièmement, à partir de ces patterns récurrents, il sera éventuellement possible de prédire le comportement ou la tendance en fonction des données qui auront été fournies à l'entrée. Par exemple, si on présente à quelqu'un la séquence [5, 10, 15, 20], les chances sont relativement bonnes qu'il puisse affirmer que le prochain nombre sera 25. Par contre, si une grande série de nombres lui est présentée qui ne possède pas la régularité incrémentale de l'exemple précédent, il lui sera pratiquement impossible de prévoir quel sera le prochain nombre. Et c'est pourtant ce à quoi sont confrontés les systèmes d'apprentissage automatisé.

Arriver à trouver des patterns récurrents dans une masse informe de données est un problème connu sous le nom de la *malédiction des grands nombres* (*curse of dimensionality*). Heureusement, il existe certaines solutions qui peuvent déjà orienter la recherche pour identifier des patterns récurrents dans les images : (i) trouver des patterns de groupes de pixels récurrents ; (ii) assembler les groupes de patterns récurrents pour identifier des structures comportant ces groupes de patterns récurrents. Cette approche multiniveaux[44-45] est ce qui caractérise fondamentalement l'apprentissage automatisé.

Par exemple, si on voulait qu'un système d'apprentissage automatisé arrive à identifier des visages à partir de dizaines de millions de photos, la première question qu'il faudrait poser pourrait être celle –ci : *qu'est-ce qui est commun à tous les visages ?* Réponse : les yeux. *Comment arriver à identifier les yeux ?* Réponse : en repérant des concentrations de pixels formant une géométrie entourant un cercle d'une autre couleur (iris). Certes, cet algorithme est fort peu élaboré, mais l'idée générale est là, sans compter que les régularités statistiques de cette nature sont la manifestation directe de ce qui existe dans le monde réel et à partir desquelles il est possible d'orienter telle ou telle recherche de patterns récurrents.

C'est aussi à partir d'une telle analyse qu'il est possible d'obtenir tous les patterns récurrents constituant un visage — les yeux, le nez, les lèvres, les narines, les dents, la langue, les cheveux, le menton, les joues, les sourcils, les oreilles, etc. Une fois les patterns récurrents identifiés et codifiés à l'intérieur de modèles statistiques, il devient alors possible de faire jouer un autre type d'algorithme qui tentera de combiner tous ces patterns récurrents afin de former un visage quelconque, humain ou animal. C'est la phase où le réseau de neurones artificiels est en mesure d'élaborer une hiérarchie de catégories d'objets.

Cette méthode multiniveaux d'apprentissage automatisé diffère non seulement de l'apprentissage qu'est en mesure d'effectuer un cerveau biologique, mais montre aussi que cet apprentissage est totalement différent. En fait, l'apprentissage automatisé n'est en aucune façon contraint par la catégorisation qu'un cerveau biologique effectue, mais uniquement contraint par des données statistiques. Et c'est là une distinction importante, car un réseau de neurones artificiels « pense » différemment d'un cerveau biologique, d'où non seulement une explosion d'intelligences artificielles possibles, mais aussi une explosion d'intelligences qui ont leurs propres façons de trai-

---

[44] Arel, I., Rose, D. C., Karnowski, T. P. (2010), « Deep Machine Learning - A New Frontier in Artificial Intelligence Research », *IEEE Computational Intelligence Magazine*, vol. 5, n° 4, p. 13-18, November.
[45] Coates, A., Lee, H., Ng, A. Y. (2011), « An Analysis of Single-Layer Networks in Unsupervised Feature Learning », *Proceedings of the 14th International Conference on Artificial Intelligence and Statistics (AISTATS)*, vol. 15, p. 215-223.

ter l'information. En ce sens, un réseau de neurones artificiels ne pourra jamais être assimilé à un cerveau biologique, même s'il en exhibe certaines de ses capacités et caractéristiques.

Mon premier exemple faisait appel à des données statiques tirées à partir de photographies, c'est-à-dire des images fixes. Toutefois, le monde qui nous entoure n'est pas un univers statique, mais bel et bien un univers dynamique en mouvement constant. J'ai également mis en évidence, dans l'exemple précédent, que l'apprentissage automatisé est essentiellement contraint par des données statistiques et non par des catégorisations qui seraient fournies ou identifiées par un être humain.

Ceci étant précisé, le défi pour identifier correctement des objets en mouvement dans une vidéo serait-il de même nature que celui pour identifier des objets à partir de photos ? En fait, le défi est de même nature, sauf que l'apprentissage ne sera pas plus complexe, mais exigera un peu plus de temps, car c'est le même type d'apprentissage automatisé qui sera à l'œuvre. Ici, l'idée, pour arriver à identifier un chat, consistera à décortiquer un ensemble de valeurs imbriquées dans une structure de données qui capture les statistiques du mouvement de certaines caractéristiques visuelles récurrentes. Autrement dit, pour arriver à identifier un chat avec la plus grande précision possible alors qu'il est en mouvement, on devra fournir à ce réseau de neurones artificiels des dizaines de milliers d'heures d'enregistrements vidéo de chats en mouvement dans des contextes différents. Par exemple, un chat qui attrape un oiseau, qui joue avec une balle de laine, qui mange, qui dort, qui fait la sieste, qui regarde par la fenêtre, qui saute, qui court, qui marche, etc. C'est donc à partir de l'analyse comparative de toutes ces vidéos que le réseau de neurones artificiels aura construit sa propre représentation de ce que peut être un chat en mouvement et de la façon dont il réagit avec son environnement. Cette représentation, comme je l'ai souligné un peu plus tôt, constitue la phase où le réseau de neurones artificiels est en mesure d'élaborer une hiérarchie de catégories d'objets. C'est à partir de cette catégorisation que le réseau de neurones artificiels compressera par la suite cette catégorie d'objets pour en tirer une description mathématique qui permettra de faire des prédictions. Pour mieux illustrer le processus, j'utiliserai deux exemples : identifier les problèmes liés à la vision ; révéler le taux de progression de la maladie d'Alzheimer.

Jusqu'à tout récemment, les logiciels dédiés à l'analyse clinique de la numérisation des yeux n'arrivaient pas, dans la plupart des cas, à détecter s'il y avait ou non possibilité que des problèmes de vision puissent survenir à plus ou moins long terme. Afin de résoudre ce problème, le National Health Service (NHS) de Grande-Bretagne[46], en collaboration avec la société Deep-Mind acquise par Google en 2014, a utilisé un réseau de neurones artificiels qui a eu pour tâche, dans un premier temps, d'analyser plus d'un million d'images en provenance de la numérisation d'yeux afin de repérer des patterns récurrents qui seraient susceptibles de conduire à des problèmes de vision comme la dégénérescence maculaire ou la cécité, et dans un deuxième temps, de générer une hiérarchie de problèmes potentiels liés à la vision à partir de ces patterns récurrents, et qui se traduirait par la suite dans un modèle mathématique afin d'accélérer le diagnostic.

En ce qui concerne la maladie d'Alzheimer, tout comme pour les problèmes de vision, l'enjeu se caractérise essentiellement par celui du diagnostic précoce. Une équipe de chercheurs des Pays-Bas[47] est parvenue à coupler un système d'apprentissage automatisé à une technologie d'imagerie médicale qui mesure le taux d'absorption du sang dans différentes régions du cerveau. Le système d'apprentissage automatisé doit, dans un premier temps, apprendre à reconnaître des patterns récurrents liés à la dégénérescence neuronale, et dans un deuxième temps, parvenir à prédire le niveau susceptible de conduire à des problèmes plus sérieux.

En somme, s'il était possible de faire une analogie, nous pourrions dire que nous disposons tous d'une boîte noire, notre cerveau, et pourtant, nous n'avons strictement encore aucune idée de la façon dont il fonctionne vraiment, malgré toutes les avancées techniques et technologiques en imagerie médicale. Et il en va actuellement de même avec l'intelligence artificielle. Ceci n'est pas anodin comme constat pour le reste de ma démonstration, car le fait que les réseaux de neurones artificiels ne permettent pas de savoir comment ces derniers sont arrivés à telles ou telles conclusions aura forcément des impacts sociaux insoupçonnés.

[46] Mukherjee, S. (2016), *Google Wants to Use Artificial Intelligence to Help Prevent Blindness*, Fortune Magazine, July 5.
[47] Collij, L.E., Heeman, F., Kuijer, J. P. A. et al (2016), « Application of Machine Learning to Arterial Spin Labeling in Mild Cognitive Impairment and Alzheimer Disease », *Radiology*, vol. 279.

L'effet multiplicateur

À l'inverse d'un réseau de neurones biologiques, un réseau de neurones artificiels peut être répliqué indéfiniment, tout comme nous le faisons présentement avec nos fichiers informatiques et logiciels. De plus, à l'inverse d'un réseau de neurones biologiques, il est possible d'accélérer la cadence de traitement d'un réseau de neurones artificiels, et ce, de plusieurs degrés, ce qui est pour le moment impensable de faire avec un réseau de neurones biologiques. Plus encore, si on dispose de plusieurs réseaux de neurones artificiels que l'on peut constituer en métaréseau, on obtiendra une quantité phénoménale de réseaux de neurones artificiels interconnectés, alors qu'il est impossible de mettre en réseau et d'interconnecter plusieurs réseaux de neurones biologiques, du moins, pour le moment. Les implications de cette simple réflexion sont incommensurables.

Considérons pour quelques instants le scénario suivant : une grande entreprise mondialement reconnue décide de mettre en concurrence une équipe d'ingénieurs chevronnés et une équipe d'ingénieurs débutants utilisant un système d'intelligence artificielle pour élaborer une toute nouvelle génération de panneaux solaires. On comprendra d'entrée de jeu que les compétences requises pour réaliser ce projet sont non seulement complexes, mais qu'elles requièrent des connaissances dans des domaines aussi divers que celui des matériaux, du design, de l'électricité, de l'électronique, etc. L'entreprise, qui a soumis le projet, estime qu'il faudra environ deux ans pour le mener à terme. Il est clair, dans ces conditions, que l'équipe d'ingénieurs débutants qui dispose d'un système d'intelligence artificielle est déjà désavantagée par rapport à l'équipe d'ingénieurs chevronnés. Par contre, et c'est là tout l'intérêt de cet exercice de pensée, l'équipe d'ingénieurs débutants dispose d'un système d'intelligence artificielle. Ce qui veut potentiellement dire que le fait d'assembler une équipe pour développer un quelconque produit ou service est désormais grandement simplifié par rapport à une certaine époque pas si lointaine où l'intelligence artificielle n'était pas disponible.

Que devront donc faire les ingénieurs débutants pour arriver à rivaliser avec l'équipe d'ingénieurs chevronnés ? Tout d'abord, ils devront faire ce que font actuellement les ingénieurs en intelligence artificielle, c'est-à-dire alimenter de façon substantielle les algorithmes d'apprentissage automatisé afin qu'ils en apprennent le plus possible à propos de la fabrication des panneaux solaires. Autrement dit, ils partiront de zéro, alors que les ingénieurs chevronnés auront déjà plusieurs longueurs d'avance, puisqu'ils auront déjà œuvré dans ce secteur depuis plusieurs années. En somme, les ingénieurs débutants devront acquérir une expérience similaire à celle des ingénieurs chevronnés, ce qui pourrait prendre bien des années, alors qu'ils ne disposent que de deux ans pour mener à terme leur projet.

Envisageons maintenant les choses sous un autre angle. Supposons un instant que les algorithmes d'apprentissage automatisé soient en mesure de traiter des masses d'information jusqu'à 10 fois plus rapidement que ce qu'ils sont présentement en mesure de le faire. Supposons également, qu'à chaque nouvelle itération, c'est à dire chaque fois où une nouvelle connaissance est acquise, que celle-ci est automatiquement liée à d'autres connaissances acquises antérieurement : la capacité d'apprentissage d'un tel système sera d'autant décuplée qu'elle structurera de tout nouveaux types de réseaux artificiels de connaissances. Ce qui impliquerait donc que l'équipe d'ingénieurs débutants pourrait éventuellement être au même niveau que celle des ingénieurs chevronnés en l'espace d'à peine six mois. Partant de là, qu'est-ce que l'équipe d'ingénieurs débutants, disposant d'un système d'intelligence artificielle, sera en mesure d'accomplir par rapport à l'équipe d'ingénieurs chevronnés ?

Après deux ans, chaque équipe présente son projet. L'équipe d'ingénieurs chevronnés soumet un projet de panneaux solaires qui rencontrent toutes les spécifications exigées par l'entreprise. Non seulement rencontre-t-il toutes les spécifications, mais il en surpasse quelques-unes sous différents aspects. Lorsque l'équipe d'ingénieurs débutants présente son projet, tous les représentants de l'entreprise qui avait initié cette aventure sont confrontés à une technologie qui dépasse et de loin toutes les spécifications de base, pour finalement constater que la technologie développée permet non seulement de réduire de façon significative les coûts de production et d'assemblage, mais permet aussi de faire en sorte que le propriétaire de tels panneaux solaires pourrait revendre de l'énergie au réseau de distribution public dans les périodes de pointe.

Déclarée vainqueur, l'équipe d'ingénieurs débutants consent à révéler comment elle est parvenue à un tel résultat. Après les six premiers mois, le système d'intelligence artificielle avait accumulé une telle somme de connaissances dans tous les domaines liés à la fabrication de panneaux solaires, que l'équipe avait eu tout le temps nécessaire pour imaginer comment aller au-delà de ce que les technologies actuelles auraient pu permettre. C'est ainsi qu'ils ont eu l'idée de développer un biomatériau simulant le phéno-mène de la photosynthèse qui servirait non seulement à capter la lumière, mais aussi à produire de l'énergie sous forme de glucose, lequel glucose ferait office d'unité de stockage de l'énergie. On comprendra donc qu'une telle technologie éclipserait toutes celles déjà existantes, faisant ainsi la fortune de l'entreprise initiatrice du projet et la mettant à l'abri, pour quelques années du moins, de tous problèmes financiers par le dépôt d'un brevet.

La leçon à retenir derrière cet exercice de pensée tient dans le fait que, s'il est possible d'arriver à concevoir un système d'intelligence artificielle aussi performant, qui développera par la suite, sans l'aide d'aucune intervention humaine, de nouvelles technologies qui lui permettront de se développer par lui-même encore plus en avant, il y a fort à parier qu'une superintelligence artificielle non consciente d'elle-même se dessinera sur l'horizon des possibles à plus ou moins brève échéance. Quand on y regarde de près, il ne s'agit pas ici de créer une nouvelle forme d'intelligence, ni même de faire appel à une percée majeure dans le domaine scientifique et technologique, mais de laisser aller des systèmes d'apprentissage automatisé déjà existants qui, par simple incrémentation récursive, arrivent à élaborer des réseaux complexes de connaissances qui n'ont aucune commune mesure avec les réseaux de connaissances élaborés par les êtres humains. Cette seule possibilité a des implications technologiques et sociales profondes.

CHAPITRE 5
L'accroissement technologique

L'accroissement technologique survient du moment où plus on utilise massivement les technologies, plus on travaille collectivement à leur développement et à leur perfectionnement, plus les technologies progressent par suite de cet effort collectif. Trois phénomènes, en particulier, contribuent à l'accroissement technologique : l'incrémentalité ; l'effet d'entraînement ; l'autoaccroissement.

Pour Jacques Ellul, la dynamique d'accroissement technologique recouvre deux phénomènes : « La technique est arrivée à un tel point d'évolution qu'elle se transforme et progresse à peu près sans intervention décisive de l'homme. On pourrait d'ailleurs dire que tous les hommes de notre temps sont tellement passionnés par la technique, tellement assurés de sa supériorité, tellement enfoncés dans le milieu technique, qu'ils sont tous sans exception orientés vers le progrès technique, qu'ils y travaillent tous, que dans n'importe quel métier chacun recherche le perfectionnement technique à apporter, si bien que la technique progresse en réalité par suite de cet effort commun[48]. »

D'une part, les technologies évoluent sans intervention décisive de l'homme. Pourtant, l'homme développe des technologies et il joue un rôle important dans leur développement. Il serait donc faux de prétendre qu'il n'intervient pas. En fait, ce n'est pas sous cet angle qu'il faut voir les choses. Comme je l'ai mentionné précédemment, dès qu'une technologie s'impose, elle s'impose tout entière et verrouille en quelque sorte la direction que les développements futurs prendront. En ce sens, elle progresse à peu près sans intervention décisive de l'homme, les développements futurs étant conditionnés par l'orientation que fournit une technologie donnée. Par exemple, le passage du microprocesseur à base de silicium au microprocesseur quantique orientera le développement d'une toute nouvelle gamme de technologies. Par contre, ce passage ne changera en rien le paradigme technologique du traitement de l'information ; il ne fera que l'améliorer. Dans le même ordre d'idées, le passage des pistons propulsés par la vapeur à celui des pistons propulsés par la combustion interne n'a rien changé au fait qu'il s'agit

---

[48] Ellul, J. ([1958] 1990), *op. cit.*, p. 79.

d'un travail mécanique asservi par une autre force. Même plus, au niveau conceptuel, le design d'un piston propulsé par la vapeur est quasi identique à celui propulsé par la combustion interne. Autrement, tous les systèmes d'engrenages, de poulies et de courroies qui ont été conçus dans la foulée de l'innovation de la vapeur, qui ont permis de transformer le mouvement circulaire en mouvement linéaire et vice-versa, ont perduré dans le temps et sont aujourd'hui activés aussi bien par la combustion interne ou électrique. Toutes ces innovations, au fil du temps, ont tout simplement amélioré l'efficacité du paradigme mécanique.

D'autre part, l'homme s'investit totalement dans la technologie. Il n'y a qu'à voir comment, au sortir de la Seconde Guerre mondiale, l'automobile, une technologie incorporant une multitude d'autres technologies, a connu en engouement certain et a par la suite systématiquement reconfiguré le paysage. Elle s'est imposée en tout et a conditionné non seulement le développement urbain, mais aussi la façon dont s'effectuent les déplacements, l'accès au travail, aux loisirs et aux biens de consommation courante. Autre exemple, l'arrivée de la télévision, des satellites de communication, de la fibre optique, de l'ordinateur personnel et d'Internet ont littéralement immergé les hommes dans l'environnement technologique, de sorte que chacun d'entre nous, sans exception, avons exigé toujours plus de développements technologiques. C'est donc à l'intersection de l'incrémentalité, de l'effet d'entraînement et de l'autoaccroissement que s'effectue l'accroissement technologique.

L'incrémentalité technologique

> L'incrémentalité technologique implique que tout changement technologique d'importance n'est pas le fruit d'une découverte à ce point révolutionnaire qu'elle fera tout basculer, mais bien le fruit d'une multitude de petits raffinements et d'améliorations technologiques incrémentales.

À y regarder de près, si les technologies évoluent sans intervention décisive de l'homme parce qu'elles conditionnent l'orientation de leur développement futur, leur utilisation massive oriente obligatoirement leur développement dans ce sens. Ceci n'est pas anodin, et au risque de se répéter, la nature même de ce développement implique que tout changement technologique d'importance n'est pas le fruit d'une découverte à ce point révolutionnaire qu'elle fera tout basculer, mais bien le fruit d'une multitude de petits raffinements et d'améliorations technologiques.

En fait, « la technique progresse par minuscules perfectionnements qui s'additionnent indéfiniment jusqu'à former une masse de conditions nouvelles qui permettent un pas décisif. Mais il est vrai aussi, d'un autre côté, que la part d'intervention de l'homme est extrêmement réduite ; ce n'est plus l'homme de génie qui découvre quelque chose ; ce n'est plus la vision fulgurante de Newton qui est décisive, c'est précisément cette addition anonyme des conditions du saut en avant. Lorsque toutes les conditions sont réunies, il n'y a qu'une intervention minime d'un homme qui produit le progrès important. L'on pourrait presque dire que, à ce stade d'évolution d'un problème technique, n'importe qui, s'attachant à ce problème, trouverait la solution[49]. »

En matière de minuscules perfectionnements qui s'additionnent indéfiniment jusqu'à former une masse de conditions nouvelles qui permettent un pas décisif, l'ordinateur est un cas de figure patent en la matière. Son développement est définitivement le fruit d'une incommensurable cascade de développements dans différents domaines. Pour construire une telle machine, il faut disposer d'un vaste réservoir de connaissances qu'un seul homme ne saurait posséder. Il est impératif de faire appel à des spécialistes de différentes disciplines et techniques.

La strate physique. Afin de concevoir un microprocesseur fait de silicium, on fera appel à des spécialistes de la physique des solides. Ils indiqueront comment la matière se comporte dans telles ou telles conditions au niveau atomique.

La strate électronique. Une fois qu'auront été comprises les propriétés de la matière, on fera appel à des gens possédant les compétences requises pour concevoir des composants électroniques miniaturisés tels que les transistors, les diodes et les semi-conducteurs à partir du silicium.

La strate logique. Disposant des éléments de base, il faudra les agencer de telle façon qu'il soit possible de permettre entre eux des transferts de flux électriques. C'est ce que l'on nomme les portes logiques. Lorsqu'il y a absence de courant, la représentation est un 0 et lorsqu'il y a présence de courant la représentation est un 1.

---

[49] Ellul, J. ([1958] 1990), *op. cit.*, p. 80.

La strate machine. Les portes logiques étant désormais disponibles, il suffira de les agencer de façon à obtenir des microprocesseurs, des mémoires, des calculateurs, etc.

La strate d'assemblage. Pour que toutes les unités puissent communiquer entre elles, on devra mettre au point un langage dit d'assemblage. Celui-ci permettra de donner des instructions à la machine pour effectuer différents types d'opérations entre les différents types de composants. C'est la strate subsymbolique, c'est-à-dire l'étape sans laquelle la strate symbolique ne saurait advenir.

La strate symbolique. Afin de s'affranchir des particularités d'un processeur conçu par telle ou telle compagnie (langage machine de la strate d'assemblage), on concevra des langages formels ou de programmation tels les Basic, C++, Fortran, Pascal, Prolog, Java, etc. Ces derniers permettront de programmer des ordinateurs sans pour autant connaître les particularités d'assemblage d'un microprocesseur. Autrement dit, la strate symbolique affranchit le programmeur de tout ce qui préside à l'ordinateur lui-même.

La strate interface. Afin que les utilisateurs puissent adéquatement utiliser tout ce qui a été précédemment mentionné, il faut faire appel à des spécialistes en ergonomie et en design pour concevoir des interfaces visuelles et tactiles, l'idée étant de les affranchir de la complexité sous-jacente du produit. Le téléphone intelligent est un bon exemple.

La strate design. Afin que les utilisateurs puissent physiquement entrer en contact avec un ordinateur ou un téléphone intelligent, il est impératif de faire appel à des spécialistes de l'ergonomie manuelle.

Cette progression de strate en strate est ce que l'on nomme une montée en abstraction. C'est-à-dire que l'on devient de plus en plus indépendant du substrat de base. Par exemple, la clé de contact servant à démarrer une voiture représente l'abstraction ultime de tout ce qu'elle sous-tend. Pour conduire une voiture, il n'est absolument pas nécessaire de connaître tout ce qui préside à sa mise en œuvre. Idem pour le téléphone intelligent. Et c'est là l'une des grandes propriétés des technologies : leur capacité à s'abstraire elle-même pour en permettre leur utilisation. Je reviendrai sur cette idée déjà entrevue, mais pour le moment, il importe de voir comment la part d'intervention de l'homme se réduit de plus en plus au fur et à mesure que les technologies deviennent performantes, que les algorithmes d'apprentissage automatisé rendront encore plus performantes les technologies, et ce, de plusieurs degrés.

Comme le souligne Ellul, ce n'est plus la vision de génie d'un seul homme qui est décisive, mais bien cette addition de perfectionnements anonymes qui s'accumulent. L'époque où certains chercheurs isolés pouvaient faire leur propre révolution copernicienne est définitivement chose du passé. Par exemple, la vulgate technologique veut que le célèbre Steve Jobs de la société Apple ait été un visionnaire, qu'il aurait révolutionné le marché des ordinateurs, de la technologie, de la musique, des tablettes électroniques, etc. En fait, Steve Jobs n'a strictement rien révolutionné, car toutes les conditions étaient réunies pour que tous ces produits soient, à plus ou moins brève échéance, développés sous une forme ou une autre. Le seul accomplissement de Steve Jobs a bien été de rassembler toutes les données nécessaires, de condenser le savoir technologique de son domaine, de le synthétiser, et d'y ajouter un petit élément de marketing qui a transformé la situation, donnant ainsi naissance à un produit qui, lui, peut être considéré comme spectaculaire. C'est bien là l'« intervention minime d'un homme qui produit un progrès important[50]. » Autrement dit, si Steve Jobs n'avait pas été à l'origine de cette minime intervention, n'importe qui, s'attachant à ce problème, aurait trouvé une solution similaire, parce que la technologie a aussi ceci de particulier qu'elle fait converger ses propres développements dans un sens bien précis. Concrètement, la technologie s'engendre elle-même. Partant de là, il faudrait peut-être cesser de faire de Steve Jobs une icône entrepreneuriale, tout comme il faudrait cesser de faire de certains entrepreneurs des visionnaires ou des bâtisseurs.

La mobilité est un exemple intéressant de cette idée voulant que la technologie s'engendre d'elle-même. Au moment où ces lignes sont écrites, les grandes sociétés technologiques comme Google et Microsoft sont à développer leurs propres microprocesseurs entièrement dédiés aux algorithmes d'intelligence artificielle. Chez Google, on parle du Tensor Processing Unit (TPU), un microprocesseur dédié au logiciel TensorFlow utilisé pour les programmes d'apprentissage automatisé. Ce microprocesseur, déjà utilisé par le Google Neural Machine Translation System[51], augmente de façon significative, de l'ordre de 60 à 80 %, la qualité de la traduction. Chez Microsoft on parle du Field Programmable Gate Array (FPGA) ou circuits lo-

---

[50] Ellul, J. ([1958] 1990), *op. cit.*, p. 80.
[51] Lee, Q. V., Schuster, M. (2016 [27 septembre]), *A Neural Network for Machine Translation, at Production Scale*, Google Research Blog, URL: http://bit.ly/2dpg36w.

giques programmables qui permettent de recalibrer à volonté les microprocesseurs afin qu'ils s'ajustent à leur nouvel environnement de traitement de
l'information[52].

Partant de là, lorsque la technologie de chacun de ces géants sera au point,
il n'y aura qu'un pas à franchir pour que celle-ci percole dans les téléphones
intelligents, pour la simple raison que l'argent qu'il y a à faire est en bonne
partie, en ce moment, du côté de la mobilité. En fait, l'enjeu n'est plus seulement d'arriver à faire fonctionner un algorithme d'intelligence artificielle
sur des milliers de serveurs, mais bien de le faire fonctionner aussi sur un
appareil final afin d'élargir les capacités de traitement de celui-ci. Il va sans
dire que le téléphone intelligent est le candidat tout désigné, sans compter
que tout ce qui peut se brancher à un port USB est aussi susceptible d'être
muni d'une telle puce : caméras de surveillance ; drones ; casques de réalités
virtuelles ; systèmes domotiques ; gestion de l'énergie ; etc.

Il s'agit bien là d'un exemple frappant de l'autoaccroissement, car « on
constate que les inventions techniques, au même moment, dans de nombreux
pays, et dans la mesure où la science prend de plus en plus un aspect technique (les découvertes scientifiques étant en réalité commandées par la technique), ces découvertes ont lieu partout en même temps[53]. » À la décharge
de Jacques Ellul, il faudrait plutôt dire que les inventions techniques surviennent au même moment dans les pays disposant d'une infrastructure économique qui permet le développement de telles technologies, autrement dit,
dans les pays où se concentre le capital pour y parvenir. Car pour développer,
produire et mettre en marché de telles technologies, il faut être un pays riche,
économiquement et politiquement stable, et celui-ci vous le rendra au cen-
tuple. Cette condition est aussi une condition incontournable de l'autoaccroissement, à savoir, la disponibilité du capital.

Ellul ajoute aussi une autre condition à cet autoaccroissement : « En effet,
si c'est l'effort conjugué de milliers de techniciens apportant chacun leur
contribution qui assure l'avancement de la technique, on ne peut pas parler
d'un autoaccroissement, mais il y a un deuxième aspect de la chose qui doit
être mis en lumière avant de décider sur ce point. Il existe une croissance
automatique (c'est-à-dire non calculée, non voulu, non choisi) de tout ce qui

---

[52] Allison, L. (2016 [17 octobre]), *The moonshot that succeeded: How Bing and Azure are using an AI supercomputer in the cloud*, The Official Microsoft Blog, URL: http://bit.ly/2ejvFbH.
[53] Ellul, J. ([1958] 1990), *op. cit.*, p. 81.

concerne la technique — même des hommes, ainsi, statistiquement : le nombre des savants et techniciens a doublé tous les dix ans depuis un siècle et demi ! Cela s'est fait… de soi-même ![54] »

En 1958, lorsque Jacques Ellul rédigeait ce texte, il estimait déjà que le nombre de personnes liées aux techniques et technologies de toutes sortes avait doublé en l'espace de dix ans. Aujourd'hui, seulement aux États-Unis, l'industrie des hautes technologies compte pour plus de 12 % de tous les emplois disponibles[55]. Il faut se rendre à une évidence, les technologies nécessitent des techniciens, des chercheurs de haut niveau, des programmeurs, des informaticiens, des développeurs, etc. Conséquemment, les grandes institutions d'enseignement, afin de desservir ce marché, mettent sur pied des programmes, voire des départements entiers consacrés à la formation de cette caste d'employés hautement spécialisés. Inévitablement, plus il y a de techniciens formés, plus augmente d'autant le nombre de perfectionnements techniques qui s'additionnent indéfiniment jusqu'à former une masse de conditions nouvelles qui mèneront aux prochains pas décisifs en matière d'innovations technologiques. Et si on ajoute à cette dynamique des systèmes d'intelligence artificielle qui soutiendront les recherches et les développements de tous ces techniciens, la dynamique de l'autoaccroissement n'est que largement renforcée.

L'effet d'entraînement technologique

> L'effet d'entraînement technologique renvoie à cette idée que lorsqu'une technologie semble efficace et répond aux exigences attendues, elle permet et conditionne la mise au point de plusieurs autres technologies déclinées de celle-ci.

En 1997, l'arrivée de l'ordinateur Deep Blue de la société IBM, qui battra aux échecs le champion russe Garry Kasparov, redonnera à la recherche en intelligence artificielle un second souffle. Par contre, ce qui relancera définitivement non seulement la recherche en intelligence artificielle, mais aussi son financement par des capital-risqueurs et de grandes entreprises, c'est lorsque des algorithmes efficaces et performants fondés sur l'apprentissage automatisé (*deep learning*) commenceront à poindre.

---

[54] Ellul, J. ([1958] 1990), *op. cit.*, p. 81.
[55] Wolf, M., Terrell, D. (2016), « The high-tech industry, what is it and why it matters to our economic future », *Beyond the Numbers: Employment and Unemployment*, vol. 5, n° 8 (U.S. Bureau of Labor Statistics, May 2016), URL: http://bit.ly/2ePIQVu.

Faut-il ici rappeler que ce qu'on connaît aujourd'hui sous l'appellation *deep learning* est le fruit d'un phénomène d'autoaccroissement et d'une technologie qui date de 1958. À cet égard, en juillet de ladite année, le New York Times publiait une nouvelle à propos d'un dispositif expérimental, une « *thinking machine* », nommé Perceptron. Un jeune chercheur de l'Université Cornell, Frank Rosenblatt (1921-1971), annonçait alors que cette machine, calquée sur le fonctionnement d'un réseau simple de neurones (paradigme connexionniste), serait un jour en mesure de lire et d'écrire, voire de penser comme un être humain. En 1969, suite à la parution d'un livre[56] dévastateur publié par deux chercheurs concurrents en intelligence artificielle du MIT — Marvin Minsky (1927-2016) et Seymour Papert (1928-2016) — , ces derniers ont démontré qu'il serait impossible pour un réseau de neurones artificiels de parvenir à réaliser des tâches complexes. Les conséquences de cette publication ne se feront pas attendre et la majorité des fonds de recherche destinés à ce type de recherche fondamentale fondront comme neige au soleil. Il faut bien voir ici l'ironie du sort, alors que les travaux de Minsky et Papert en intelligence artificielle ne déboucheront jamais sur des applications majeures, alors que ceux de Rosenblatt, repris dans les années 1980 par des chercheurs comme Georges Hinton, Yan LeCun et Yoshua Bengio, feront l'objet de la plus grande attention.

En fait, il faut voir comment la recherche sur les réseaux de neurones artificiels, depuis le début des années 2000, était sous financée, pour mesurer l'ampleur du phénomène qui s'est imposé dès 2006. En fait, c'est le chercheur canadien Georges Hinton de l'Université de Toronto qui, malgré le tarissement du financement dans ce secteur de la recherche, avait, en quelque sorte, gardé le fort pendant toutes ces années. En 2006, avec deux autres collègues, Hinton fait une percée majeure[57] et révolutionne le domaine des réseaux de neurones artificiels (*neural networks*) qui avaient jusque-là très mauvaise presse dans le monde de la recherche. Battant à plates coutures tous les systèmes déjà existants de reconnaissance vocale, de reconnaissance faciale, de catégorisation d'images, de génération vocale et de traduction automatique, l'expression *neural networks* sera rapidement abandonnée au profit de l'expression *deep learning*. Rien de mieux que de revamper un terme négativement connoté pour relancer la marque ! En l'espace d'à peine

---

[56] Minsky, M. Papert, S. (1969), *Perceptrons*, Cambridge: MIT Press.
[57] Hinton, G. E., Osindero, S., Teh, Y. W. (2006), « A fast learning algorithm for deep belief nets », *Neural computation*, vol. 18, n° 7, p. 1527-1554.

un an, les Google, Microsoft et Amazon de ce monde lâcheront dans la nature leurs chasseurs de têtes et débaucheront de leurs emplois universitaires les rares chercheurs en intelligence artificielle. Concrètement, il faut voir cet engouement comme une nouvelle ruée vers l'or, car l'entreprise qui embauchera les chercheurs les plus innovateurs risque fort de se positionner en tête de lice sur Wall Street. D'ailleurs, il faut voir tout ce qui se dit et s'écrit dans la presse depuis que Google a lancé son projet de recherche de voiture autonome, pour saisir et cerner dans quelle mesure la découverte de Georges Hinton a permis et conditionné un foisonnement de recherches et d'applications dans tous les domaines où l'apprentissage automatisé pourrait éventuellement être utilisé.

Partant de là, il semblerait bien que chaque innovation technologique provoque d'autres innovations technologiques dans différents domaines où le facteur humain n'est plus déterminant, mais où la condition technologique antérieure est définitivement déterminante. En fait,

> « lorsque telle découverte technique a lieu, il s'ensuit presque par nécessité telles autres découvertes. L'intervention humaine dans cette succession apparaît comme occasionnelle et ce n'est plus un homme déterminé qui seul pouvait faire ce progrès, mais n'importe qui suffisamment au courant des techniques peut faire une découverte valable qui succède raisonnablement aux précédentes et qui annonce raisonnablement la suivante[58]. [...La chose implique donc qu'] il n'est jamais question d'un arrêt, encore moins d'un recul. Ceux-ci n'ont lieu que lorsqu'une civilisation s'effondre. Dans le passage à la suivante, il se perd un certain nombre de procédés techniques ; mais dans une même civilisation, le progrès technique ne peut jamais être remis en question[59]. »

Il faut donc supposer, à partir de ce constat formulé par Ellul, que nous sommes « condamnés » à vivre dans une société conditionnée par l'intelligence artificielle, et c'est bien ce dont traite ce livre, à savoir que l'intelligence artificielle percolera dans les moindres recoins de la société. Conséquemment, si, en tant que civilisation, nous ne voulons pas être conditionnés par l'intelligence artificielle, il faut faire en sorte de conduire notre propre civilisation à son propre effondrement. Il y a là matière à écrire des romans

---

[58] Ellul, J. ([1958] 1990), *op. cit.*, p. 84.
[59] *Idem.*, p. 83.

dystopiques et produire des films hollywoodiens catastrophiques à profusion !

L'autoaccroissement technologique

> L'autoaccroissement technologique correspond à ce processus par lequel la technologie progresse par minuscules perfectionnements qui s'additionnent indéfiniment jusqu'à former une masse de conditions nouvelles qui permettent un pas décisif.

Lorsque la société Apple, le 29 juin 2007, a lancé son premier iPhone équipé d'un écran tactile capacitif multipoints, elle a fatalement imposé une nouvelle façon d'interagir avec un écran. Tous les autres téléphones mobiles, qui n'étaient jusque-là que de simples téléphones mobiles dédiés au seul fait de téléphoner, ont par la suite été obligés de s'aligner sur la technologie de l'écran tactile et sur un tout nouveau type d'interface. En fait, ce n'est pas tant que ce nouveau téléphone ait été équipé en sus d'une caméra, d'un GPS et de centaines d'applications qui en ont fait le succès, mais bien de l'écran tactile capacitif multipoints. Entre la technologie du téléphone de type *flip-flop* qui prévalait jusque-là, et la technologie de l'écran tactile capacitif multipoints qui débarquait tout juste, la dernière s'est fatalement imposée. Ce faisant, tous les autres fabricants de téléphones mobiles, constatant l'efficacité en toutes choses de cette nouvelle technologie, ont été confrontés à une toute nouvelle réalité commerciale. C'est ce qui constitue l'automatisme des technologies, c'est-à-dire que l'orientation et les choix technologiques s'effectuent d'eux-mêmes, parce que, entre deux technologies, l'une s'impose fatalement, parce que ses résultats se comptent, se mesurent, se voient et sont indiscutables.

La seule façon d'imposer une technologie plutôt qu'une autre passe aussi forcément par des investissements financiers majeurs. Par contre, rien ne garantit que la technologie s'imposera, car un ensemble de facteurs, tous contingents les uns aux autres, doivent être réunis pour que la chose se produise, mais il n'en reste pas moins que le capital y joue un rôle prépondérant. À titre d'exemple, Facebook s'est imposé comme le réseau social incontesté, détrônant ainsi MySpace fondé en 2003, qui avait réussi à attirer environ 230 millions d'utilisateurs aux alentours de 2006, et qui a par la suite périclité année après année. Si Facebook avait été dans l'impossibilité de réunir rapidement les fonds nécessaires pour sa propre expansion, qui proposait alors une toute nouvelle interface « révolutionnaire » pour entrer en contact avec des amis, Facebook n'aurait peut-être jamais connu le sort qu'on lui connaît aujourd'hui. Il en va de même pour Google, en 1998, qui, à partir d'un astucieux bricolage informatique, le *PageRank*[60], a rapidement ravi à AltaVista et autres moteurs de recherche de moindre importance la première place. C'est aussi très rapidement, en l'espace de moins de deux ans, le 7 juin 1999, que Google a réussi à obtenir un financement majeur de l'ordre de 25 millions de dollars de la part de capital-risqueurs (Sequoia Capital ; Kleiner Perkins Caufield & Byers)[61]. Partant de là, la technologie de Google s'est imposée, et même si Microsoft, malgré tout son poids financier, avec som moteur de recherche Bing, s'y est essayée, elle n'a jamais vraiment réussi à s'implanter, ce qui confirme bien que toute technologie qui s'impose devient tout entière, et souvent domine d'un seul coup le marché ou le verrouille. Ce processus, une fois bien enclenché, autorise d'autant le développement de nouvelles technologies, c'est-à-dire que le développement technologique entre dans un processus d'autoaccroissement tout en étant appuyé par un financement soutenu et conséquent. Par exemple, en mettant au point la technologie de l'écran tactile capacitif multipoints, c'est tout un secteur inexistant jusque-là qui se dessine, celui de la mobilité, d'où l'autoaccroissement technologique. Autrement dit, chaque innovation oblige à d'autres innovations.

L'accélération technologique

> L'accélération technologique intervient du moment où les technologies devenant de plus en plus en performantes font en sorte d'accélérer le développement technologique lui-même. À ce titre, l'intelligence artificielle accélérera de façon importante la prochaine génération de développements technologiques.

Le progrès scientifique et technologique, depuis les débuts de la Révolution industrielle, a connu une courbe qui n'a cessé de croître jusqu'à aujourd'hui. Depuis l'arrivée des technologies numériques, c'est-à-dire depuis que nous disposons collectivement de microprocesseurs permettant de computer et de traiter de plus en plus de grandes masses d'informations, le progrès scientifique et technologique a connu une croissance incrémentale ra-

---

[60] Lorsqu'un document est plus fréquemment référencé par de multiples hyperliens, celui-ci est alors considéré comme étant « populaire » et monte ainsi dans la liste d'affichage.
[61] Google Press (1999 [June 7]), *Google Receives $25 Million in Equity Funding*, URL: http://googlepress.blogspot.ca/1999/06/google-receives-25-million-in-equity.html.

pide, c'est-à-dire que la toute dernière innovation apporte sans cesse une valeur ajoutée significative à la précédente, une amélioration porteuse en quelque sorte, qui multiplie d'autant les possibilités de la prochaine innovation. Ces innovations surviennent généralement sur plusieurs fronts, ceux-ci propulsés par des intérêts tout aussi différenciés : commerciaux, économiques ; financiers ; politiques ; militaires ; pharmaceutiques ; médicaux ; scientifiques. Qui n'a pas constaté à quel point tout change rapidement et que le changement semble constamment s'accélérer ? Qui pense que, dans dix ans d'ici, les ordinateurs ressembleront à ce qu'ils sont aujourd'hui ? Le corollaire de cette perception que nous avons aujourd'hui sur le changement technologique tient dans le fait que nous tenons ce processus pour acquis, comme si ce rythme soutenu était le prix normal à payer pour que nous puissions vivre plus longtemps, dans de meilleures conditions de vie, et surtout en meilleure santé, tant sur le plan physique qu'intellectuel.

Nous disposons aujourd'hui d'une kyrielle de technologies qui permettent d'augmenter les capacités du corps, voire même de s'y substituer. Par exemple, un individu ayant une mauvaise vue peut se rendre chez l'opticien, passer un examen qui évaluera sa condition visuelle, et se faire prescrire une paire de lunettes. Il s'agit là du b.a.-ba de la correction et de l'augmentation visuelle, une technologie en place depuis le milieu du XIXe siècle qui a largement fait ses preuves. Autrement, notre patient pourrait choisir des lentilles de contact, plus pratiques et plus discrètes que les lunettes, qui ne modifient pas l'apparence de son visage.

Les lentilles de contact représentent en tant que tel le second stade technologique de la correction et de l'augmentation visuelle. Initialement inventées en 1887 par l'ophtalmologiste allemand Adolph Eugene Fick (1852-1937), fabriquées à partir de verre soufflé, ces lentilles de contact, grandes, lourdes et inconfortables, couvraient la presque totalité de la surface de l'œil. Au cours des années 1930 et 1940, les opticiens ajouteront une bande de plastique rigide autour de la partie centrale en verre afin de les rendre plus confortables. Dans les années 1950, ce sera le passage de la lentille de contact en verre à celle de la lentille de contact en plastique. Ce n'est qu'en 1961, qu'un chimiste tchèque, Otto Wichterle (1913-1998), mettra au point le premier hydrogel permettant de fabriquer des lentilles de contact à la fois souples et confortables, mais ce n'est qu'à partir de 1971 qu'elles seront commercialisées à grande échelle et qu'elles ne cesseront de connaître des progrès technologiques incrémentaux. Ainsi, sommes-nous passés de la lentille souple à utilisation prolongée, à la lentille souple et jetable, à la lentille souple bifocale à utilisation quotidienne, à la lentille teintée modifiant la couleur des yeux, à la lentille comportant une protection contre les rayons ultraviolets.

L'autre grande innovation en matière de correction visuelle, et qui ne nécessite le port d'aucune prothèse (lunette, lentille de contact), c'est la chirurgie au laser qui corrige de façon quasi définitive les problèmes liés à la vision. Un cran plus haut, aujourd'hui, certaines rétines artificielles permettent de restaurer en partie la vision chez des personnes affligées de problèmes spécifiques de cécité : de minuscules télescopes sont implantés dans l'œil chez des personnes souffrant de dégénérescence maculaire. Toutes ces technologies, qu'il s'agisse de la lunette classique, de la lentille de contact, de la rétine artificielle ou du télescope maculaire, sont inscrits dans un processus de développement continu et incrémental pour le grand bénéfice des gens qui ont des problèmes de vision.

L'exemple de la correction et de l'augmentation visuelle est intéressant à plus d'un égard, car il montre à quel point l'accélération technologique est incrémentale.

La convergence technologique

> La convergence technologique intervient du moment où chaque innovation dans un domaine donné ne trace pas la carte totale du territoire de tous les projets technologiques, car chaque innovation, incrémentale par définition, et se limitant à un domaine donné, ne transforme pas l'ensemble de toutes les technologies, mais améliore éventuellement par ricochet chacune des technologies de différents domaines.

Comme je l'ai précédemment souligné, l'exemple de la correction et de l'augmentation visuelle est intéressant à plus d'un égard. En fait, qui pourrait bien être contre ce type d'innovation technologique ? Impossible, même sur le plan éthique, de s'opposer à de telles améliorations et innovations. Étant donné que l'innovation en ce domaine est peu susceptible de soulever la controverse, il est même encouragé de poursuivre les recherches dans des domaines aussi diversifiés que celui de microprocesseurs spécialisés dans le traitement de l'image, des sciences des matériaux, des biotechnologies et même des nanotechnologies. Autrement dit, à l'aune d'une convergence technologique, produire un œil artificiel, biologique ou non, élaboré à partir de matériaux biologiques ou non, ou fusionnant matériaux biologiques et électroniques, devient un impératif afin que des gens ayant perdu l'usage de la vue puisse la retrouver.

Partant de là, qu'est-ce qui empêcherait qui que ce soit de concevoir et développer un œil qui ferait encore mieux que l'œil issu du long processus évolutif ? Pourquoi ne pas concevoir un œil en mesure de bien voir dans des conditions de faible luminosité, de voir dans le spectre infrarouge ou ultra-violet, qui serait capable d'effectuer des zooms comme le font les caméras, qui seraient en mesure de se connecter à un réseau de communication pour stocker les données, etc.? On comprendra que de telles améliorations pour-raient conférer un avantage particulièrement compétitif à ceux qui seraient porteurs d'un tel œil. Il n'y a qu'à penser aux soldats, aux policiers, aux pilotes d'avion, aux médecins, etc. Il faut également supposer que ceux qui travaillent dans le même domaine que ceux qui ont profité d'un tout nouveau type d'œil voudront, eux aussi, par simple pression sociale, s'en procurer un, de crainte d'être socialement déclassés. Sans vraiment spéculer, il faut éga-lement s'attendre à ce que les coûts de production d'un œil artificiel chutent de façon telle, que l'œil artificiel spécialisé dans tel ou tel domaine devienne accessible à une large part de la clientèle ciblée, tout comme il faut s'attendre qu'il y aura toujours l'œil artificiel à la fine pointe de la technologie que seuls certains nantis pourront se procurer. Même si la production de masse démocratise l'accès à certains produits, il y aura toujours un marché destiné à des gens plus fortunés qui procure une marge bénéficiaire beaucoup plus élevé que le produit de base pour les commerçants. En ce sens, la stratifica-tion sociale est inhérente au développement technologique.

Et c'est là où joue la convergence technologique, car chaque innovation dans un domaine donné ne trace pas la carte totale du territoire de tous les projets technologiques, car chaque innovation, incrémentale par définition, et se limitant à un domaine donné, ne transforme pas l'ensemble de toutes les technologies, mais améliore éventuellement par ricochet chacune des technologies de différents domaines. Par exemple, l'imagerie médicale a lar-gement profité du développement rapide des microprocesseurs. Dans le même sens, chaque innovation dans un domaine donné ne trace pas la carte totale du territoire des projets d'augmentation et d'amélioration de l'être hu-main du projet transhumaniste, car chaque innovation, incrémentale par dé-finition, et se limitant à un domaine donné, ne transforme pas l'humain dans sa totalité, mais améliore seulement une partie de chaque être humain qui en profite. Par contre, étant donné que chaque être humain est membre d'une collectivité, et si chaque être humain de cette même collectivité est amélioré ou augmenté, alors toute la collectivité profite et/ou bénéficie chaque fois de façon incrémentale de l'amélioration apportée chez chacun. Conséquemment, chaque innovation incrémentale, que ce soit dans le domaine technologique ou social, transforme chaque fois les individus et la société. Autrement dit, l'individu ou la société d'avant l'innovation ne sont plus tout à fait l'individu ou la société d'aujourd'hui ou de demain.

Et c'est là où Ray Kurzweil se trompe lorsqu'il affirme qu'un individu reste toujours ce qu'il est dans son essence, malgré toutes les augmentations ou les améliorations dont il aura été l'objet. Dans son livre intitulé *The Age of the Spiritual Machines*, Kurzweil nous entretient d'un certain individu prénommé Jack et nous demande si, chaque fois qu'il est amélioré ou augmenté, ce dernier reste toujours le même[62]. Voici l'idée développée dans les paragraphes qui suivent.

Après avoir subi une intervention chirurgicale permettant la mise en place d'un implant cochléaire, Jack est-il toujours le même individu que nous connaissions ? Certes, répond son entourage. Quelques années plus tard, Jack entend parler d'un tout nouveau prototype auditif qui augmente l'ensemble des perceptions auditives, et il accepte l'implant. Jack est-il toujours le même individu que nous connaissions ? Certes, répond son entourage. Quelque temps plus tard, Jack se présente chez son optométriste, qui lui propose le tout nouvel implant de traitement de l'image qui corrigera définitivement ses problèmes de vision. Jack accepte l'intervention. Jack est-il toujours le même individu que nous connaissions ? Certes, répond son entourage. Quelques années plus tard, Jack constate que sa mémoire n'est plus tout à fait aussi fiable qu'elle était. Voyant la publicité à propos d'un nouvel implant mémoriel, Jack consent à l'intervention. Et c'est fantastique, car Jack dispose d'une capacité de rétention mémorielle décuplée et se souvient constamment de tout. Même certains souvenirs plus ou moins agréables refont surface. Jack est-il toujours le même individu que nous connaissions ? Cette fois-ci, son entourage constate un changement dans la « qualité » de ce qui fait Jack. Par contre, tout son entourage s'entend pour dire que Jack est toujours le même type qui pratique l'autodérision et que, au bout du compte, c'est toujours le même bon vieux Jack. Au total, avons-nous toujours le même Jack ? Son entourage pense que oui, et Jack, pour sa part,

---

[62] Kurzweil, R. (2000), *op. cit.*, p. 52-53.

considère qu'il est toujours le même et qu'il se trouve tout simplement amélioré. Son audition, sa vision, sa mémoire et ses capacités cognitives ont été augmentées, mais, nous dit Kurzweil, c'est toujours le même bon vieux Jack.

Kurzweil a-t-il raison de penser qu'il s'agit encore et toujours du même bon vieux Jack ? En fait, non, et nous nous expliquons. Si la *Loi du retour accéléré* s'applique pour le développement technologique et scientifique, elle doit forcément s'appliquer pour celui qui reçoit des technologies qui ont profité de la *Loi du retour accéléré*. Si, à chaque itération incrémentale les technologies se perfectionnent de plusieurs degrés, celui qui reçoit ces mêmes technologies se « perfectionne » également de façon accélérée. Autrement dit, l'individu qui a recouvré ses fonctions auditives par la mise en place d'un implant cochléaire n'est plus tout à fait le même individu qu'hier, car le type de lien social qu'il entretenait auparavant avec ses semblables n'est plus tout à fait de même nature, puisqu'il entend. Conséquemment, le rôle social qu'il occupe dans la société vient de subir des modifications somme toute importantes.

Le rôle social, une notion introduite par le sociologue Talcott Parsons (1902-1979), correspond au rôle que chaque personne revêt dans la société, sans compter que nul ne peut échapper au rôle social qu'il doit assumer. En ce sens, lorsque Jack avait de graves problèmes d'audition, l'un des rôles qu'il devait assumer en société était celui de la personne ayant des problèmes d'audition qui entretenait des liens sociaux très particuliers avec son entourage pour arriver à comprendre les autres et à se faire comprendre des autres. Donc, du jour au lendemain, alors que Jack recouvre l'audition, Jack peut sortir du rôle social de la personne qui a de graves problèmes d'audition, accédant ainsi à un tout nouveau rôle social, soit celui de Jack qui est dans la norme sociale. L'implant cochléaire affecte donc en retour le comportement même de Jack et Jack n'est plus tout à fait le même dans son « essence ».

Imaginons un instant que Jack ait effectivement payé pour se faire implanter le tout nouveau dispositif mémoriel qui décuple non seulement sa capacité de rétention mémorielle, mais également ses capacités cognitives et de raisonnement. Ce Jack n'est définitivement plus le même Jack. Si le seul environnement peut modifier une personne en profondeur — par exemple, si une personne change de train de vie à cause d'un revers de fortune, et qu'elle chute dans le classement social, elle verra sa vie transformée, modifiant d'autant ses comportements par rapport à ce qu'elle était auparavant —

, il est plausible de penser que toutes modifications des capacités cognitives changeront en profondeur un individu. Au bout du processus, Jack ne sera plus tout à fait le même individu qu'au départ. C'est exactement le même problème du bateau de Thésée qui est ici évoqué comme dans la mythologie grecque : après avoir combattu le Minotaure, et après avoir vaincu ce dernier, le bateau de Thésée fut préservé par les Athéniens, c'est-à-dire que, au fur et à mesure que sa structure se dégradait, on changeait une à une les planches jusqu'à ce que toutes les planches fussent remplacées, de là l'idée qu'il ne s'agissait plus du tout du bateau de Thésée. Comme quoi la mythologie grecque avait déjà bien mis en évidence plusieurs de nos questionnements contemporains. Au final, le problème est bien de savoir si le changement de matière implique un changement d'identité, ou si l'identité serait conservée par la forme ou encore d'une autre façon ?

Ainsi, j'ai la ferme conviction que toutes technologies ayant profité de la *Loi du retour accéléré*, dès qu'elles investiront l'humain dans ce qui le constitue, modifieront non seulement en profondeur et de plusieurs degrés l'individu, mais feront en sorte que l'individu sera lui-même engagé dans un processus de retour accéléré. L'un ne peut pas être découplé de l'autre. Il faudra donc s'attendre à ce que les individus suivent une courbe évolutive accélérée dès que les technologies le modifiant, ou l'améliorant, ou l'augmentant se multiplieront. Là se joue aussi la convergence technologique.

Dans le cadre du premier chapitre, j'ai souligné à quel point les travaux de la chercheuse Ann-Marie Broome était porteurs pour traiter le cancer du cerveau. Ses travaux sont non seulement inscrits dans la convergence technologique — médecine, neurosciences, biochimie, chirurgie, nanotechnologies —, mais ils sont aussi inscrits dans un cadre de transformation sociale beaucoup plus important. En fait, la biochimiste Ann-Marie Broome fait partie de ce que je nomme la *Guilde des ingénieurs de la vie*. Certes, cette guilde n'existe pas dans la réalité, tout comme les scientifiques de la stature et de la compétence d'Ann-Marie Broome ne s'inscrivent pas forcément dans le courant transhumaniste. Par contre, tous ces chercheurs contribuent à la mouvance transhumaniste. Cette métaphore de la *Guilde des ingénieurs de la vie* sert à regrouper sous un même concept l'ensemble de tous ces gens qui sont en train de procéder à une réingénierie de la vie. Et cette guilde constitue une minorité agissante, c'est-à-dire un groupe de personnes qui a la capacité et les moyens d'infléchir de façon importante le cours des décisions qui seront prises en ce qui concerne l'avenir de notre corps. Par exemple, il suffit de faire ne serait-ce qu'un bref retour dans l'histoire pour constater à quel point les minorités agissantes ont toujours été celles qui ont été à l'origine des grands bouleversements sociaux. Le philosophe Émile Cioran (1911-1995) ne soulignait-il pas qu'« on se méfie des finauds, des fripons, des farceurs ; pourtant on ne saurait leur imputer aucune des grandes convulsions de l'histoire ; ne croyant en rien, ils ne fouillent pas vos cœurs ni vos arrière-pensées ; il vous abandonnent à votre nonchalance, à votre désespoir ou à votre inutilité ; l'humanité leur doit le peu de moments de prospérité qu'elle connut ; ce sont eux qui sauvent les peuples que les fanatiques torturent et que les idéalistes ruinent[63]. » Voilà, justement, la *Guilde des ingénieurs de la vie* n'a pas l'intention de laisser qui que ce soit de son groupe abandonné à la nonchalance, au désespoir, ou à l'inutilité, bien au contraire. Elle a décidé de donner à l'humanité ses meilleurs moments de prospérité qui la sauveront peut-être de ses erreurs. Surtout, les membres de cette guilde non strictement rien à voir avec les militants des *Avenirs radieux* du XXe siècle. Ici, pas question de politique, mais bien d'affairisme, rien d'autre, cette attitude qui consiste à tout assujettir à l'ordre marchand.

Donc, sans idéologie politique à la carte, rien de plus simple et de plus facile que de faire passer comme une lettre à la poste l'idée qu'il est possible de vivre très longtemps en santé, tant sur le plan physique qu'intellectuel. Michel Foucault disait que le but du néolibéralisme consiste essentiellement à disposer des hommes et des choses, à gérer leurs relations de façon à les conduire à des objectifs acceptables pour tous en les convaincant du bien-fondé de ces objectifs plutôt que de les contraindre à adhérer à des normes et des valeurs sociales. À mon avis, les technologies actuellement en développement pour améliorer et augmenter le corps possèdent les mêmes caractéristiques que la philosophie néolibérale pour convaincre plutôt que contraindre, dans le sens où ces technologies opèrent par la construction d'un environnement qui fabrique un contrôle des individus par eux-mêmes.

Autrement dit, qui ne souhaite pas prolonger sa vie où éviter autant que faire se peut d'être malade en mettant en application ce que proposent les spécialistes de la santé ? Comment résister à cette proposition ? Comment y échapper ? Là est aussi en bonne partie le pouvoir des technologies, dans le sens où en renvoyant constamment l'individu à lui-même en lui fournissant de plus en plus de technologies qui peuvent augmenter son espérance de vie et de santé jusqu'à un âge avancé, tant sur le plan physique qu'intellectuel, l'individu devient ainsi un individu hautement maniable et éminemment

---

[63] Cioran, E. (1949), *Précis de décomposition*, Paris : Gallimard, p. 10.

gouvernable. Ici, nul besoin de contraindre, et à la limite, nul besoin de convaincre, car la technologie ou la technique convainc parce qu'elle promet.

Ce projet, c'est celui de la *Guilde des ingénieurs de la vie* financée par les grandes entreprises de la Silicon Valley. Le projet transhumaniste de la *Guilde des ingénieurs de la vie* est plus qu'une simple aventure scientifique pour transcender la condition humaine. C'est avant tout une façon d'être, de penser et d'entrevoir le monde. C'est aussi une façon de faire des affaires, de mener l'économie, de capitaliser. C'est la condition qui a présentement la cote et qui risque fort de l'avoir encore pour longtemps, car elle nous convie à une révolution permanente, celle de nous-mêmes, celle de faire de chacun de nous un humain augmenté. Ce n'est pas banal.

Ce serait un euphémisme de dire que la Silicon Valley est un incubateur d'entreprises de haute technologie, pour ne pas dire l'Eldorado de la culture techno. Tout, dans cet univers, est mis en place pour satisfaire le développement technologique, depuis les infrastructures, en passant par la culture, jusqu'à l'incontournable capital de risque. Aucun autre secteur de l'activité économique, depuis la Révolution industrielle, n'a réussi à créer une culture aussi forte autour de lui. Jamais l'acier, le chemin de fer, le complexe agroalimentaire, le pétrole, l'électricité, l'automobile ou la pâte dentifrice n'ont réussi à créer un investissement psychologique aussi fort que celui des technologies numériques et de l'information.

Certes, l'acier, le chemin de fer et l'automobile ont modifié le paysage culturel, économique et politique de nos sociétés, mais personne, sauf quelques cas extrêmes, ne s'investit dans une relation globale et englobante avec un chemin de fer, une automobile ou un tube de pâte dentifrice. À l'inverse, les technologies numériques engagent des milliards de gens sur la planète, non plus seulement au quotidien, mais au niveau de la minute même de l'existence. Il ne s'agit plus seulement d'une variation de degré dans un seul et même registre de relation aux objets, mais bel et bien d'un changement de registre dans la relation aux objets. Le téléphone intelligent et l'ardoise électronique sont désormais les vecteurs par lesquels passe, s'exécute et se vit cette relation. Le changement est d'importance. Et ce changement, l'élite technologique y est forcément pour quelque chose, sujet sur lequel je reviendrai au chapitre 13.

CHAPITRE 6
La complexité technologique

La complexité technologique, ou complexité massive, se dit de tout système composé de systèmes technologiques hautement complexes en interaction, interconnectés et interopérables. La dynamique qui permet de complexifier les technologies s'effectue à travers quatre vecteurs : progression géométrique ; accrétion ; interaction ; enchevêtrement ; interopérabilité ; interdépendance ; inextricabilité.

La complexité technologique, ne date pas d'aujourd'hui. Elle se ramifie de jour en jour depuis que des technologies de toutes sortes ont commencé à être produites. La complexité, qu'elle soit d'ordre médical, militaire, civil, économique, financière, ou policière, peu importe le domaine où les technologies pénètrent, engendre encore plus de complexité. Prenons, par exemple, l'avènement du chemin de fer. Il a fallu non seulement déployer à travers des continents entiers comme l'Europe et l'Amérique un vaste réseau de rails, mais il a aussi fallu développer toute une infrastructure qui allait permettre la manutention et le transport des marchandises. Même plus, il a fallu développer la notion de fuseaux horaires afin de coordonner le passage des trains dans une multitude de gares éparses dans tout le pays ou le continent. Cet exemple, au premier abord, n'a peut-être pas de quoi impressionner le lecteur habitué, au quotidien, à utiliser son téléphone intelligent qui dispose de capacités de calcul et de traitement largement supérieures que ne pouvait en posséder le seul module lunaire de la mission Apollo 11 en 1967. Par contre, quand on y regarde le moindrement de près, la seule arrivée de l'ordinateur personnel au début des années 1980 a été, d'une certaine façon, une véritable révolution sociale, pour ne pas dire, une nouveauté radicale. De plus, quand on tient compte du fait que la seule conception d'un ordinateur exige la compétence de plusieurs spécialistes provenant de domaines aussi variés les uns que les autres, et quand on considère que la seule conception d'un microprocesseur, qui intègre des millions de transistors à un niveau quasi atomique, est déjà un exploit en soi et un processus d'une grande complexité technique et logistique sur le plan de sa fabrication, il faut commencer à se poser quelques questions et voir comment tout ceci est en mesure de fragiliser l'écosystème technologique et technique.

Il faut maintenant mettre en lumière ce en quoi consiste ces propriétés dont disposent la technologie et comment celles-ci, une fois récupérées par l'intelligence artificielle, provoqueront des changements sociaux d'une ampleur à ce jour inégalée. Ces propriétés, au nombre de sept, sont à la source même de la dynamique qui sous-tend la complexité technologique : progression géométrique ; accrétion ; interaction ; enchevêtrement ; interopérabilité ; interdépendance ; inextricabilité.

La progression géométrique

> La progression géométrique technologique survient, en premier lieu, lorsqu'une « découverte technique a des répercussions et entraîne des progrès dans plusieurs branches de la technique et non pas dans une seule ; en second lieu : les techniques se combinent entre elles, et plus il y a de données techniques à combiner, plus il y a de combinaisons possibles. Presque sans volonté délibérée, par la simple combinaison des données nouvelles, il y a des découvertes incessantes dans tous les domaines et, bien plus, des champs entiers, jusqu'alors inconnus, souvent s'ouvrent à la technique parce que plusieurs courants se rencontrent[64]. » C'est ainsi que se crée une progression géométrique du développement technologique.

Il faut se rendre à une autre évidence : personne ne sait en quoi consistera la prochaine innovation technologique, même si nous savons qu'elle hérite des propriétés des technologies précédentes (phénomène d'autoaccroissement). Si on émet le postulat que toute technologie ne soit pas parfaite, que toute technologie soit susceptible, soit de dérailler, soit de poser problème, et tant qu'on ne sait pas, à l'usage, ce qui peut poser problème avec telle ou telle technologie, aucune technologie ne sera développée et déployée pour corriger le problème. Ce n'est donc du moment où le défaut sera révélé que la technologie en question obligera au développement d'une autre technologie pour pallier au problème.

Autrement dit, une technologie, en se développant, pose tout d'abord des problèmes technologiques, qui, par conséquent, ne peuvent être résolus que par la technologie. Ce phénomène « appelle un nouveau progrès et ce nou-

---

[64] Ellul, J. ([1958] 1990), *op. cit.*, p. 84.

veau progrès va en même temps accroître et les inconvénients et les problèmes techniques, puis exiger d'autres progrès encore[65]. » Et c'est bien ce dans quoi la société est collectivement engagée avec l'intelligence artificielle : étant donné que ceux-là mêmes qui conçoivent des réseaux neuronaux artificiels capables d'apprendre par eux-mêmes ne sont pas tout à fait en mesure de comprendre ce qui se passe exactement lorsque les algorithmes en question traitent l'information, c'est un développement sans fin de progrès qui s'annonce déjà.

À cet égard, et concernant cette progression géométrique du développement technologique, il est souvent dit que l'obsolescence des produits technologiques est déjà programmée à l'avance. Si on regarde le problème par ce bout de la lorgnette, il est certain que les entreprises semblent comploter pour rendre le plus rapidement possible leurs technologies obsolètes. Par contre, si on envisage autrement le problème, il faut bien se rendre compte que c'est la nécessité technique de la production de technologies qui s'impose, car « on produit ce que la technique peut produire, tout ce qu'elle peut produire, et c'est cela que le consommateur reçoit. Croire que le producteur est encore maître, c'est se livrer à une dangereuse illusion[66]. »

Cette proposition semble être un non-sens, car il est généralement admis que les entreprises privées ne sont motivées que par le seul profit. Certes, il y a de cela, mais ce « cela » est aussi conditionné par la technologie, par son désir d'autoaccroissement, par cette volonté autonome qui conditionne la technologie à développer toujours plus de technologies à partir des technologies existantes, soit parce qu'elles ne sont jamais assez performantes, soit parce qu'elles ont des problèmes et que ces problèmes doivent être corrigés par d'autres moyens technologiques, soit parce qu'elles s'effacent et se fondent dans l'environnement. Et comme les technologies cherchent constamment l'efficacité en toutes choses, il est tout à fait logique et impératif que soient développées des technologies toujours plus efficaces en toutes choses. La technologie « est toujours semblable à elle-même et n'est semblable à rien d'autre. Quel que soit le domaine où elle s'applique, fût-ce l'homme ou Dieu, elle est la technique et ne subit pas de modifications dans sa démarche qui est elle-même son être et son essence[67]. »

---

[65] *Idem.* p. 85.
[66] Ellul, J. ([1958] 1990), *op. cit.*, p. 86.
[67] *Idem.*, p .87.

En ce sens, et pour pasticher Jean-Paul Sartre, l'intelligence artificielle est « l'horizon indépassable de notre temps », et le but ultime de l'intelligence artificielle est bien d'en arriver à concevoir des machines qui seront capables d'une réflexion abstraite de haut niveau par elles-mêmes, tout comme en sont capables les êtres humains. En fait, « il n'y a rien, ni dans la nature ni dans la vie sociale ou humaine qui puisse lui être comparée[68] » ; l'intelligence artificielle trace elle-même ses limites et modèle son image.

L'accrétion technologique

> L'accrétion technologique est ce processus qui fait en sorte que de nouvelles technologies se superposent successivement au fil du temps à des technologies déjà en service.

J'ai précédemment démontré comment les technologies sont confrontées à un phénomène d'autoaccroissement, c'est-à-dire que l'arrivée d'une quelconque technologie oblige à développer d'autres technologies. Il est important d'apporter cette précision afin de bien distinguer le phénomène d'auto-accroissement de celui de l'accrétion.

Le terme d'accrétion, surtout utilisé dans différents domaines comme l'astrophysique et la géologie, renvoie à cette notion de constitution et d'accroissement d'un corps, d'une structure ou d'un objet par apport ou agglomération de matière, généralement en surface ou en périphérie de celui-ci. Ce phénomène prévaut également dans le domaine des technologies, et particulièrement depuis que les technologies numériques ont investi le moindre recoin de la vie en société. Le célèbre problème du bogue de l'an 2000 est particulièrement éloquent en la matière. Depuis la fin de la Seconde Guerre mondiale, tous les ordinateurs, même les microordinateurs, ont été conçus de façon à ce que la date d'une année soit représentée par seulement deux caractères, assumant ainsi par défaut que le siècle commençait forcément par le préfixe « 19 ». Conséquemment, si le problème n'avait pas été corrigé, tous les ordinateurs auraient remis le calendrier par défaut à « 1900 ». On comprendra dès lors que le 1ᵉ janvier 1900 ne tombe pas le même jour que le 1ᵉʳ janvier 2000, ce qui aurait pu avoir des conséquences relativement importantes.

La Federal Aviation Administration des États-Unis avait rapidement compris, au milieu des années 1990, que le bogue de l'an 2000 pourrait causer

---

[68] *Idem.*

de sérieux problèmes au niveau du routage des avions : localisation ; identification ; altitude ; vitesse ; destination[69]. Avec plus de 30 ordinateurs IBM 3083 entrés en service au début des années 1980, la FAA ne fut pas au bout de ses peines lorsqu'elle prit conscience que seulement deux ingénieurs, déjà à la retraite à l'époque, seraient en mesure de reprogrammer adéquatement plus de 500 000 lignes de code informatique, et ce, sans compter que le système d'exploitation de ces IBM 3083 datait déjà de quelques années avant leur acquisition. Autrement dit, au milieu des années 1990, et même au début de l'an 2000, le routage des avions, aux États-Unis, était non seulement régi par des systèmes et des logiciels qui avaient déjà plus de 15 ans de service actif, et qu'à peu près plus personne n'était en mesure de les reconfigurer. Et pourtant, il n'y a rien de vraiment surprenant dans cette histoire.

De plus en plus, de nouveaux systèmes informatiques sont élaborés à partir de substrats informatiques plus anciens. Tant que les différents composants fonctionnent adéquatement, il n'y a aucune raison qui milite en faveur du fait de ne pas ajouter de nouveaux composants au-dessus de ceux déjà existants, bien au contraire. Et c'est cette simple raison qui provoque de l'accrétion technologique, ce qui explique pourquoi l'infrastructure technologique qui sous-tend l'ensemble des fonctions essentielles de notre société est soumise à cette agglomération de technologies, à cet accroissement inévitable en surface et en périphérie de nouvelles technologies.

L'un des principaux problèmes avec l'accrétion, c'est que non seulement cette dernière contribue à faire croître de façon importante en dimension un système, mais qu'elle contribue aussi à le rendre de moins en moins stable et prévisible au fur et à mesure que le phénomène d'accrétion agit. Il faut voir comment les réseaux d'égout et d'adduction d'eau des villes modernes sont un exemple tout à fait éloquent du phénomène d'accrétion : il n'est pas rare de voir des réseaux de tuyaux qui ont déjà plus de cent ans toujours en service actif, côtoyer d'autres réseaux plus récents. Dans le monde de l'informatique, il est fréquent de voir des systèmes qui roulent sur du matériel que plus aucune entreprise ne fabrique aujourd'hui, tout comme de voir des langages de programmation désormais déclassés qui roulent pourtant encore sur certains ordinateurs. Par exemple, plusieurs composants de logiciels scientifiques, autrefois écrits en Fortran ou en Cobol, hantent encore certains logiciels de simulation.

---

[69] Thibodeau, P. (1998 [19 janvier]), *IBM wants FAA to retire 3083s*, Computer World, p. 14.

Tous ces vieux systèmes et logiciels ne peuvent être mis au rancart, car ils font partie intégrante de ce qui rend l'écosystème technologique si inextricable, car l'accrétion fait en sorte que ces anciens systèmes deviennent si profondément imbriqués dans l'ensemble de l'infrastructure technologique, que simplement les retirer est pire que de vivre avec les anomalies qu'ils provoquent. Et il ne faut pas se leurrer, l'intelligence artificielle sera une couche supplémentaire ajoutée par-dessus toute cette infrastructure technologique déjà existante. Au point où en est rendu le développement technologique où l'intelligence artificielle percole déjà dans une multitude d'applications, il est dorénavant plus difficile, voire même très risqué, de faire table rase ou de partir de zéro. Autrement, personne n'a vraiment idée des contributions importantes qu'apportent ces technologies vieillissantes sur lesquelles s'appuient celles que nous utilisons aujourd'hui. L'infrastructure technologique du système bancaire et financier est en développement depuis au moins quatre décennies, et à ce titre, au fil du temps, de nouvelles technologies se sont ajoutées à celles déjà existantes, sans compter que celles-ci ont été développées de façon à s'adapter aux technologies déjà existantes.

Concrètement, de nouveaux systèmes d'exploitation « discutent » avec de plus vieux systèmes, des logiciels sophistiqués et d'une grande complexité, conçus à différentes périodes, interagissent entre eux, se connectent à Internet, sans compter que des algorithmes d'intelligence artificielle trônent désormais au sommet de cet édifice technologique. Bientôt, de nouveaux types de microprocesseurs conçus à partir de nanotubes verront le jour et cohabiteront avec les anciens microprocesseurs de silicium[70]. Bien que les systèmes et les logiciels développés il y a trente ans l'aient été sans aucune connaissance de ce à quoi ressemblerait le futur, ceux-ci sont si profondément imbriqués dans l'infrastructure technologique du système bancaire et financier, qu'il est désormais impensable de les retirer, voire même de les remplacer par de nouveaux logiciels. Et on doit se faire à l'idée, toute infrastructure technologique est avant tout une infrastructure qui croît inévitablement par accrétion, faisant en sorte qu'il devient de moins en moins possible de se départir des technologies plus anciennes qui ont été à l'origine de cette même infrastructure, sans risquer l'effondrement du système ou de le rendre instable.

---

[70] Finley, K. (2016 [14 novembre]), *IBM is using tiny tubes to grow the chips of the future*, Wired Magazine, URL : http://bit.ly/2g9XIPA.

L'interaction technologique

> L'interaction technologique renvoie au fait qu'un logiciel ne peut agir en vase clos, il doit, de par sa nature même, constamment entrer en interaction avec d'autres composants d'un système beaucoup plus vaste. Cette propriété intrinsèque à tout logiciel augmente ainsi de façon significative la complexité d'un système, parce que la facilité à s'interconnecter à tout ce qui s'ajoute par accrétion rend la chose possible, sinon inévitable.

Il n'y a pas que l'accrétion qui rend les systèmes technologiques de plus en plus complexes ; l'interaction y joue également un rôle très important, surtout lorsqu'elle est le fait d'une quelconque programmation. Si le lecteur que vous êtes a déjà fait de la programmation, il devra admettre qu'elle a ceci de particulier qu'elle résiste à toute forme de simplification. Au moment où les logiciels deviennent de plus en plus complexes et de plus en plus sophistiqués, comportant de plus en plus de sous-programmes interagissant les uns avec les autres, il devient de moins en moins possible d'appréhender la totalité de ces mêmes logiciels. Les grandes corporations, qui développent ces systèmes utilisés quotidiennement par des milliards de personnes, ont mis au point des techniques relativement efficaces afin de s'assurer que ces logiciels imposants se comportent selon les paramètres prévus au cahier des charges. Qu'il s'agisse des différentes versions de contrôle du logiciel, d'applications qui parcourent le logiciel afin d'y traquer le moindre bogue, ou d'outils de communication destinés à optimiser les échanges entre les différentes équipes de conception, rien ne semble y faire, et c'est un peu comme si la bataille de la simplification était perdue d'avance.

En fait, tout logiciel se résume essentiellement au fait qu'il est un système massivement connecté qui interagit avec lui-même et avec d'autres logiciels présents dans son environnement immédiat. Chaque développement subséquent devient donc une empilade de nouvelles couches de programmation sur de plus anciennes, entraînant par le fait même des interconnexions non initialement prévues par les concepteurs du système original. En ce sens, la dynamique de tout système informatique massivement interconnecté est aussi d'inévitablement conduire à des anomalies tout à fait inexplicables. Pour reprendre l'exemple des automobiles fabriquées par Toyota dont le moteur s'emballait, tester certaines lignes de code plutôt que d'autres est au-delà de ce qui est faisable, pour la simple raison que toutes les lignes de code sont massivement connectées entre elles, d'où une interaction éventuellement hors de toute compréhension.

L'enchevêtrement technologique

> L'enchevêtrement technologique renvoie aux interactions qui surviennent entre tous les composants d'un système complexe où plusieurs technologies, toutes différentes les unes des autres, arrivent à communiquer entre elles.

En 2007, dans l'état de l'Oklahoma, une dame de 76 ans, au volant de sa Toyota Camry, est confrontée à un événement tout à fait particulier qui allait lui infliger des blessures importantes et provoquer la mort de sa passagère. Sans avertissement, la voiture s'emballe et accélère de façon incontrôlée. Malgré tous ses efforts — freiner, utiliser le frein manuel, éteindre le moteur —, rien n'y fait, et la voiture se dirige droit dans le mur d'une digue[71].

Ce cas n'est pas un cas unique pour Toyota, et c'est là que les choses commencent à devenir intéressantes du point de vue technologique. Les spécialistes de chez Toyota ont tout d'abord commencé par imputer le problème à la conductrice elle-même. Par la suite, ils ont commencé à émettre différentes hypothèses, dont un tapis de plancher ajouter par la propriétaire qui aurait pu bloquer la pédale d'accélération, ou bien, que la pédale d'accélération aurait pu rester coincée. Mais après vérification, ce fut dans moins de la moitié des cas que ces problèmes furent répertoriés. À l'évidence, le problème était d'une autre nature.

Le jour ou Toyota fut sommée par la justice de laisser des experts examiner le code informatique embarqué à bord du véhicule, l'équipe de Michael Barr, composée de plus de six programmeurs, appuyés par un autre informaticien indépendant, Philip Koopman, arrivèrent à une conclusion qui ne devrait surprendre personne : la complexité et la conception bâclée du logiciel servant à réguler l'ensemble des fonctions du groupe motopropulseur avaient entraîné une accélération incontrôlée et incontrôlable. Conclusion : aucune pièce mécanique ni aucune partie du logiciel embarqué n'avaient été responsables de la situation, car le problème avait plutôt émergé de l'incroyable enchevêtrement des interactions survenues entre tous les composants du système, à la fois électromécanique et informatique. En fait, le logiciel de Toyota était à ce point complexe, qu'il fut pratiquement impossible d'identifier de façon précise ce qui avait pu être à l'origine exacte du problème. Au regard des preuves apportées et de l'analyse effectuée, le rapport avait conclu que Toyota aurait dû être beaucoup plus vigilante dans la conception

---

[71] Fisk, M. C. (2013 [25 octobre]), *Toyota Settles Oklahoma Acceleration Case After Verdict*, Bloomberg, URL : http://bloom.bg/2fe4Gz9.

même de ses logiciels et aurait dû éviter de concevoir un système d'une aussi grande complexité.

Autre exemple, un mois après l'explosion de la navette Challenger en 1986, le physicien Richard Feynman avait reçu le mandat d'identifier le coupable de cet événement désastreux pour l'ensemble du programme spatial américain. Quelle ne fut pas la surprise des membres de la commission de se faire dire qu'il était pratiquement impossible de pointer du doigt un quelconque coupable — déception chez les administrateurs et les fonctionnaires. En fait, Feynman, devant la Commission d'enquête, s'était plutôt affairé à démontrer comment le célèbre joint *O-Ring* — une petite pièce de caoutchouc servant à sceller les joints entre la navette et les propulseurs à carburant solide —, une fois plongé dans un verre d'eau froide, perdait particulièrement de sa résilience et de son efficacité. Le constat était simple : le type de caoutchouc utilisé était particulièrement sensible aux variations de température, le rendant ainsi incapable d'accomplir la tâche pour laquelle il avait été conçu.

Quand on y regarde de près, et quand on compare l'explosion de la navette Challenger et celui du problème d'accélération des Toyota Camry, il faut vraisemblablement admettre que la complexité des systèmes technologiques en jeu est susceptible de fragiliser ces mêmes systèmes. D'autre part, l'autre constat qu'il faut poser, c'est qu'il est de plus en plus difficile de pointer un seul composant ou élément dans ces systèmes d'une grande complexité qui seraient susceptibles de provoquer des défaillances. En fait, et il faut s'y faire, les défaillances sont, par défaut, profondément imbriquées dans l'ensemble de toutes les technologies, et ceci est une incontournable réalité.

Par exemple, en 1996, une fusée Ariane 5, avec à son bord quatre satellites, explose 30 secondes à peine après son décollage. L'enquête déterminera par la suite qu'une ancienne routine informatique, qui n'avait pas été mise à jour pour les nouvelles conditions dans lesquelles elle serait utilisée, avait été responsable du problème. L'enquête démontrera également que, de tous les constructeurs impliqués dans le développement de la fusée, aucun n'était à blâmer, que l'explosion n'était pas le fait d'une mauvaise décision, et que l'événement était tout bêtement lié à la trop grande complexité du système. Ce qui m'amène à penser que lorsqu'une défaillance ou une anomalie informatique survient, celle-ci n'est pas le seul fait d'un code informatique en particulier ou d'un composant spécifique : elle émerge tout simplement de la complexité massive qui constitue intrinsèquement une quelconque technologie.

Même si on pense être en mesure, en décortiquant la moindre routine informatique ou le moindre composant, d'arriver à identifier ce qui cause le problème, la chose relève désormais du vœu pieux. Pourquoi ? Parce que tout code informatique, quel qu'il soit, est, par définition, porteur d'erreurs potentielles. Autrement dit, l'erreur est inhérente à tout système informatique. Qu'on le veuille ou non, chacun d'entre nous est entré dans une ère où il est humainement impossible de saisir la complexité de ce qui a été créé et encore moins de ce qui sortira des algorithmes d'intelligence artificielle. On se retrouve collectivement dans une situation à la Toyota, c'est-à-dire que les systèmes sont si complexes et si intimement liés et interconnectés qu'ils interagissent parfois d'une façon tout à fait imprévisible par leurs concepteurs. Il faut aussi se faire à l'idée que (i) des anomalies peuvent parfois émerger de la complexité des systèmes technologiques et (ii) qu'il est impossible d'identifier la cause exacte qui fait que certaines anomalies surviennent parfois.

L'interopérabilité technologique

> L'interopérabilité technologique correspond à cette idée que non seulement les systèmes déjà compatibles doivent s'interconnecter et interagir entre eux, mais il faut aussi faire en sorte que les systèmes non compatibles puissent communiquer entre eux, c'est-à-dire arriver à un ordre de connexion et d'interaction supérieur.

Personne ne remettrait en cause l'idée que différents systèmes doivent communiquer entre eux, non seulement pour faciliter l'échange d'informations, mais surtout pour éviter d'avoir à concevoir à partir de zéro un système qui sera compatible avec ceux déjà existants. En ce sens, on peut considérer qu'Internet est seulement aussi efficace qu'il est par le seul fait qu'il est massivement connecté à tout ce qui peut être connecté et qu'il est en mesure de communiquer avec toutes les machines qu'il fédère. Par exemple, lorsque quelqu'un demande à un robot de conversation quelle est la population globale de la planète, il y a de fortes chances que celui-ci utilise le service de recherche Wolfram|Alpha pour obtenir la réponse désirée ; c'est ce que l'on appelle de l'interopérabilité. Par contre, plus on fait en sorte de rendre les systèmes de plus en plus interopérables, ce qui n'est pas négatif en soi et surtout très pratique, plus nous augmentons, et ce, de plusieurs degrés, un niveau de complexité déjà existant dans chaque système. Quand on envisage les choses sous cet angle, c'est un peu comme s'il existait un phénomène d'accrétion de la complexité ; l'accrétion ne serait donc pas seulement de l'ordre technologique, mais aussi de l'ordre de la complexité.

L'interdépendance technologique

> L'interdépendance technologique intervient du moment où des systèmes qui n'ont jamais été conçus, ni pour s'interconnecter ni pour être interopérables, arrivent à se connecter.

En sus de l'accrétion, de l'interaction et de l'interopérabilité, un autre phénomène intervient qui n'est pas, lui non plus, sans conséquence : l'interdépendance. Le meilleur exemple qui puisse en être donné, est celui où Internet est couplé au réseau de distribution de l'électricité, couplé aux feux de circulation, couplé aux systèmes d'épuration des eaux usées, couplé aux appareils médicaux d'un hôpital. Il suffit qu'un seul élément de cette interdépendance fasse défaut pour engendrer une cascade d'événements qui risquent de faire s'effondrer une grande partie de chacun de ces systèmes.

On peut évidemment se dire en toute logique qu'il faut éviter à tout prix de rendre interopérables ces systèmes essentiels au bon fonctionnement de la société, mais c'est chose impossible. Pourquoi ? Parce que l'interconnexion peut se réaliser à un coût tellement minime, qu'il serait tout à fait inconséquent de ne pas le faire. Et comme les ingénieurs s'activent à concevoir des interfaces efficaces et hautement opérationnelles pour chacun des systèmes qu'ils développent en se fondant sur les protocoles d'Internet, il suffit dès lors de relier entre eux les systèmes. Pourquoi s'en priver ?

En fait, lorsque les ingénieurs développent de nouveaux systèmes, ils sont constamment confrontés au fait d'avoir à choisir entre le coût lié à une quelconque défaillance et le coût lié à la conception même. En somme, ils doivent trouver un compromis entre le fait de savoir ce qui se produira si les choses tournent mal versus le bon fonctionnement du système. Par exemple, les anciennes versions du système d'exploitation Windows de la société Microsoft affichaient parfois un écran bleu avec un message énigmatique seulement compréhensible des concepteurs. Lorsque cet écran bleu survenait à brûle-pourpoint, tout était perdu, c'est-à-dire que si l'utilisateur rédigeait un texte sous Word et qu'il n'avait pas sauvegardé ce qu'il avait écrit, il perdait alors une certaine partie de son travail. Au niveau d'un individu, les conséquences de ce dysfonctionnement n'ont pas forcément d'impacts majeurs.

Par contre, lorsqu'il s'agit du réseau de distribution de l'électricité, un simple dysfonctionnement peut avoir des répercussions majeures sur la vie de dizaines de millions de gens.

Chaque dysfonctionnement, s'il se manifeste, doit toujours faire l'objet d'un compromis entre les impacts de ce dysfonctionnement et les coûts de conception du système. Il a toujours été admis, chez les ingénieurs, que plus un système risque d'affecter un grand nombre de personnes, plus il doit être conçu de façon robuste ; les ponts en sont un bon exemple, tout comme les grands édifices et les avions. Plus un système exige de la robustesse, plus il coûte cher à développer, car tous les composants doivent être testés indépendamment. *A contrario*, plus les coûts de conception explosent lorsque vient le temps de mettre au point des systèmes robustes, plus on cherche des moyens de réduire ces coûts ; c'est une équation imparable.

À venir jusqu'à tout récemment, les coûts de développement d'un système robuste ont toujours excédé ceux liés à un quelconque dysfonctionnement, mais les choses ont changé au cours des dernières années avec des outils de modélisation et de conception informatiques toujours plus sophistiqués, efficaces et précis. Conséquence de ce revirement, les coûts liés à un quelconque dysfonctionnement ont, pour leur part, littéralement explosé. Je m'explique. Il est dorénavant si simple et si peu coûteux de tout interconnecter et de tout rendre interopérable, que le moindre dysfonctionnement, peu importe d'où il émane dans l'ensemble du système, aura des impacts vraiment majeurs. Considéré sous cet angle, c'est un peu comme si toute notre civilisation était assise sur une bombe technologique à retardement. Quand les coûts de conception chutent drastiquement et que les coûts liés à un quelconque dysfonctionnement augmentent de façon significative, c'est que, en tant que société, on entre dans l'univers d'une complexité quasi infinie dont on ne connaît ni les tenants ni les aboutissants. Par exemple, dans les années 1980 et 1990, en informatique, on parlait de mégaoctets, alors que depuis à peine une dizaine d'années, de nouveaux préfixes ont remplacé le préfixe méga : giga ; tera ; peta ; exa. Ces seuls préfixes en disent long sur la complexité croissante de nos systèmes et de nos sociétés, d'où la naissance d'une nouvelle discipline qui n'aurait jamais existé autrement, celle du Big Data ou « données massives ».

L'inextricabilité technologique

> L'inextricabilité technologique est ce processus qui fait en sorte que tout système technique ou technologique finit inévitablement par devenir complexe au point où il devient impossible de dissocier et de démêler les éléments qui le composent au risque de faire s'effondrer le système sur lui-même.

En 1961, le chercheur en informatique du MIT, Leonard Kleinrock, propose une théorie qui allait non seulement révolutionner la façon de transmettre des informations, mais allait rendre cette même transmission très robuste : la transmission par paquets. L'idée est de découper les données informatiques en morceaux ou paquets, de faire transiter ceux-ci par différents chemins et de les rassembler en un point donné. Par exemple, chaque requête envoyée au moteur de recherche Google est (i) découpée en paquets, chaque paquet (ii) transite par différents chemins afin d'optimiser la vitesse de transmission, (iii) et tous les paquets arrivent finalement chez les serveurs de Google où ils sont réassemblés pour former une requête complète.

En 1968, l'ARPA (Advanced Research Projects Agency), créée en 1958 par le président Dwight Eisenhower, accepte de financer le développement, la conception et la mise en œuvre d'un système de communication de données par paquets capables de résister à une attaque nucléaire tout en utilisant un réseau totalement décentralisé nommé Arpanet. Aussi ironique que la chose puisse paraître, Arpanet ne connaîtra aucune application militaire et sera récupéré par les grandes universités américaines de la côte ouest.

Au cours de cette période, sera développé le TCP/IP (Transfer Control Protocol/Internet Protocol) qui deviendra l'épine dorsale de l'Internet actuel. Plusieurs couches de protocoles verront par la suite le jour qui constitueront l'ensemble du système, depuis la couche physique jusqu'à la couche de présentation. Il s'agit là d'un système à la fois d'une grande efficacité et d'une grande élégance. La première strate, ou strate physique, fait appel à des techniques de codage du signal permettant de transmettre des informations sur les réseaux physiques (fils de cuivre, fibre optique, ondes hertziennes, etc.) La seconde strate, ou strate de liaison, effectue, comme son nom l'indique, la transmission de l'information entre différents composants à travers différents types de protocoles : Ethernet, Token Ring, Wi-Fi, BlueTooth, etc. La troisième strate, celle des adresses IP, ou strate réseau, sert à identifier la localisation des objets connectés au réseau. La quatrième strate, ou strate de transport (routage), permet de rediriger adéquatement au bon destinataire (adresse IP) tous les paquets circulant sur le réseau. La cinquième strate, ou strate de session, permet d'établir une session de communication entre deux parties qui veulent échanger des données. La sixième strate, ou strate de présentation, pour résumer simplement, correspond au type de codage de l'information qui sera éventuellement affichée dans un navigateur ou une application (HTML). La septième strate, ou strate d'application, permet le transit des données sur le réseau tout en utilisant les protocoles de la strate de transport. Le plus connu de ces protocoles, le HTTP (HyperText Transfer Protocol), inventé par Tim Berners-Lee au CERN en 1989, permet de transférer des données hypertextes. D'autres protocoles, comme le FTP et le SMTP permettent de transférer respectivement des fichiers et des courriels.

Ceci étant précisé, il faut par contre se rendre à une évidence : aujourd'hui, même si tous ces strates et protocoles constituent l'infrastructure même d'Internet, ce que nous utilisons actuellement se résume plutôt à des couches d'applications et de nouveaux protocoles qui se sont ajoutés au-dessus de cette infrastructure. Il suffit de se remémorer ce à quoi ressemblait un navigateur en 1995 pour s'en convaincre. Au fil du temps, toute une panoplie d'outils informatiques ont été développée pour faire cohabiter des systèmes et des logiciels qui n'avaient strictement aucun lien entre eux. Par exemple, le langage de programmation Java permet de concevoir des traitements de texte en ligne et une multitude d'applications interactives. Le domaine de la sécurité, pour sa part, est particulièrement éloquent en la matière : pour compenser les multiples brèches de sécurité dont souffre l'infrastructure originale d'Internet, différents protocoles ont été développés par-dessus cette infrastructure afin que les transactions commerciales puissent être effectuées en toute sécurité, incluant toute une gamme d'applications servant à crypter et à décrypter toute information sensible ou de nature privée, tout comme d'effectuer des transactions financières hautement sécurisées. Il va sans dire que tout ceci fonctionne relativement bien, même s'il y a parfois quelques ratés, mais il faut aussi considérer que non seulement le niveau de complexité augmente chaque fois qu'une nouvelle couche d'applications ou de protocoles est ajoutée, mais aussi que l'élégance et l'efficacité initiales de ce qui constitue l'épine dorsale d'Internet se diluent.

Il faut également prendre en considération un autre phénomène. Toutes les strates qui constituent l'infrastructure d'Internet, tout comme l'ensemble des applications qui ont été développées par-dessus celles-ci, comportent tous, et sans exception, des bouts de code informatique ou du matériel qui fonctionnent sans qu'on ne sache vraiment pourquoi ni comment, et que personne ne s'aventurerait à modifier au risque de voir s'effondrer le système. Ce phénomène, nommé *kluge*, est inhérent à toute technologie. Partant de là, et si on fait le postulat que notre écosystème technologique est truffé de dizaines de milliers de *kluges*, voire des centaines de milliers, sinon plus, il y a peut-être de quoi s'inquiéter, mais paradoxalement, cet écosystème est efficace et fonctionne.

Concrètement, l'inextricabilité n'est pas seulement propre au domaine des hautes technologies ; il est inhérent à tout écosystème développé par l'être humain. Qu'il s'agisse de l'infrastructure urbaine, du monde juridique ou médical, tout ensemble comportant différents systèmes, technologiques ou non, est hautement susceptible de devenir inextricable. Par exemple, l'ensemble des lois qui régissent un pays, au fil du temps, sont devenues un incroyable enchevêtrement d'amendements et de révisions qui se croisent les uns les autres. La modification d'un seul article dans une seule loi peut entraîner la modification d'autres articles dans plusieurs autres lois. De plus, lorsque vient le temps de rendre un jugement, la jurisprudence ajoute une couche supplémentaire de liens qui pointent inévitablement vers d'autres lois. Au final, le système législatif d'un pays ne devient, ni plus ni moins, qu'une toile tissée de liens serrés qui ne peuvent en aucun cas être démêlés ou défaits, autrement des dizaines de lois, sinon plus, seraient automatiquement affectées.

Inextricabilité et *kluge* sont donc des propriétés inhérentes à tout système technique qui se développe au fil du temps. À titre d'exemple, l'avion des frères Wright, construite en 1903, était un parangon de simplicité technologique ne comportant qu'un nombre très limité de composants et ne pesant qu'environ 340 kg. En comparaison, un Boeing 747 pèse plus de 66 700 kg, comporte près de 6 millions de pièces différentes, et enchâsse environ 275 kilomètres de câbles. Plus généralement, depuis les débuts de la Révolution industrielle, tous les systèmes, sans exception, sont devenus massivement complexes. Deux exemples viennent appuyer cette thèse. D'une part, le téléphone, inventé au début du XXe siècle, comptait, aux États-Unis, dès 1920, plus de 3 millions de circuits répartiteurs et plus de 17 millions de téléphones. En l'espace de quelques décennies seulement, le téléphone a établi son propre écosystème et a continué à se développer rapidement, enveloppant l'ensemble du pays dans une complexe infrastructure de télécommunication. D'autre part, du moment où est apparu le microprocesseur, l'ordinateur personnel est aussi apparu et s'est rapidement implanté à la grandeur de la planète, donnant ainsi naissance à un puissant écosystème technologique, économique et financier qui allait transformer en profondeur les sociétés. Dans la foulée de la percée de l'ordinateur personnel, Internet s'est par la suite déployé, enveloppant la planète dans une toile technologique d'une complexité jamais atteinte.

Chacun des systèmes qui constituent aujourd'hui l'infrastructure technologique de notre société est avant tout le fruit d'une ingénierie planifiée. Partant de là, on serait en droit de penser que ces systèmes ont fait l'objet d'une conception rigoureuse, simple et élégante, faisant d'eux des systèmes prévisibles et facilement réparables. Mais voilà, malgré tous les efforts de rationalisation des meilleurs ingénieurs et des meilleurs informaticiens, les technologies deviennent de plus en plus complexes et compliquées. À mon avis, ce phénomène ne se produit pas *ex nihilo*. Il faut dès lors supposer que certaines « forces » sous-jacentes guident le développement technologique dans cette direction, conduisant ainsi *de facto* à une complexité toujours plus affirmée. Faut-il ici préciser que ces forces n'ont rien de concret, ni d'existence en tant que telle, comme pourrait l'être la gravité, mais elles agissent tout de même, inexorablement. En fait, six forces font en sorte que la complexité est non seulement inhérente à toute technologie, mais qu'elle devient de plus en massive et inextricable au fil du temps. Ces six forces — inextricabilité, accrétion, interaction, interopérabilité, interdépendance, connectivité massive — alimentent constamment la complexité.

L'antifragilité technologique artificielle

> L'antifragilité technologique artificielle est cette propriété d'adaptabilité qu'acquiert un réseau de neurones artificiels massivement connecté, c'est-à-dire qu'il s'adapte et atteint un degré de flexibilité telle, qu'il bénéficie de la volatilité de son environnement et qu'il s'améliore au fil du temps.

Tout d'abord, il faut préciser que l'intelligence artificielle, du seul fait qu'elle soit un astucieux bricolage d'une redoutable efficacité de technologies, de réseautique, d'infonuagique, de statistique, de mathématique, de linguistique, de neurosciences et d'algorithmes d'apprentissage automatisé, hérite systématiquement non seulement de toutes les propriétés de chacune des disciplines ou champs de recherche auxquels elle fait appel, mais hérite aussi de toutes les propriétés dont sont porteuses les technologies, à savoir la capacité à s'abstraire, à s'autoaccroître de façon incrémentale, de connaître une progression géométrique tout comme de s'accroître par accrétion, d'entraîner le développement d'autres technologies, de s'effacer et d'être totalement intégrée dans l'environnement de vie, d'interagir, d'être interopérable et interdépendante avec toutes les autres technologies déjà existantes, entraînant par le fait même une connectivité technologiquement massive et inextricable.

Du moment où l'intelligence artificielle en arrivera à fédérer cette connectivité technologiquement massive et inextricable sous son magistère, on pourrait légitimement supposer que les problèmes et les anomalies qui émergeront seront de plus en plus fréquents et risquent de mettre en péril non seulement la vie de certains citoyens, mais l'infrastructure technologique même de ce qui constitue l'épine dorsale des sociétés avancées.

Par contre, il est aussi possible de voir les choses sous un autre angle avec le concept d'antifragilité élaboré par l'épistémologue et mathématicien Nassim Nicolas Taleb[72]. En dehors de toute technologie, la nature elle-même est d'une incommensurable complexité. Au fil de l'évolution, la nature a fait de la redondance son principal cheval de bataille : deux narines ; deux poumons ; deux reins ; deux yeux ; deux oreilles ; deux hémisphères cérébraux ; deux seins ; deux testicules ; deux ovaires ; deux jambes ; deux bras. Si l'un de ces systèmes tombe en panne, l'autre prend la relève. À l'inverse, il n'en va pas tout à fait de même dans le monde des technologies, pour la simple raison que les coûts de conception et de production exploseraient littéralement. En fait, la nature a eu tout son temps pour développer des systèmes d'une grande robustesse dont les coûts de conception ont été répartis sur des millions d'années. Plutôt que de robustesse, Nassim Nicolas Taleb préfère parler d'antifragilité, l'idée étant que tout système antifragile dépasse la simple question de résistance et de solidité. En fait, ce qui est résistant et robuste supporte les chocs et ne se modifie pas au fil du temps, tandis que ce qui est antifragile s'améliore au fil du temps à travers les chocs qu'il subit.

Pour Taleb, ce qui est fragile craint les événements inattendus, ce qui est robuste est indifférent aux événements inattendus, et ce qui est antifragile profite des événements inattendus. Conséquemment, pour qu'un système soit antifragile, trois conditions doivent être respectées : (i) les sous-systèmes doivent être diversifiés de manière à ce qu'il y ait toujours des sous-

[72] Taleb, N. N. (2012), Antifragile, Systems that Gain from Disorder, New York : Random House.

systèmes qui profitent des événements inattendus ; (ii) il doit y avoir un mécanisme d'élimination des sous-systèmes frappés négativement par les événements inattendus ; (iii) la volatilité, à condition qu'elle soit raisonnable, apporte inévitablement de l'information qui permet au système de s'adapter et de s'améliorer.

Cette qualité, l'antifragilité, propre à tout ce qui se modifie avec le temps, est peut-être plus importante qu'on pourrait le croire de prime abord dans le domaine des hautes technologies, et particulièrement dans celui de l'intelligence artificielle. Cette hypothèse tient-elle la route ?

Si Jacques Ellul affirme que « la technique a maintenant pris une autonomie à peu près complète à l'égard de la machine, et [que] celle-ci reste très en arrière par rapport à son enfant[73] », je pense que l'arrivée de cette technologie qu'est l'intelligence artificielle, fille de la technique, est en passe de tenir lieu et place de la technique. Par la seule présence des algorithmes de type *advanced deep learning* (apprentissage automatisé non supervisé) dont l'intelligence artificielle est porteuse, elle devient la technique avec un grand T, parce que cette technologie qu'est l'intelligence artificielle est non seulement en mesure d'apprendre par elle-même et de rechercher par elle-même de façon systématique la méthode absolument la plus efficace en toutes choses, mais elle sera aussi en mesure d'absorber de façon définitive tout ce qu'elle peut absorber, même la vie sociale. À mon humble avis, cette hypothèse est tout à fait plausible, bien qu'elle mériterait d'être largement étayée par de solides arguments, et voici pourquoi elle me semble plausible :

- je pense avoir largement démontré avec preuves à l'appui que la technologie ne dépend que d'elle-même, qu'elle trace son propre chemin et qu'elle est un facteur premier ;
- rien ne peut entrer en concurrence avec la technologie, il n'y a rien d'équivalent à la technologie, et la voie technologique est incontournable ;
- l'automatisme des technologies réside dans le fait que l'orientation et les choix technologiques s'effectuent d'eux-mêmes, parce que, entre deux technologies, l'une s'impose fatalement, parce que ses résultats se comptent, se mesurent, se voient et sont discutables ;
- le développement technologique est autonome, c'est-à-dire que les technologies évoluent sans intervention décisive de l'homme,

---

[73] Ellul, J. ([1958] 1990), *op. cit.*, p. 2.

parce que lorsque l'une d'entre elles s'impose, elle s'impose toute entière et verrouille la direction que les développements futurs prendront ;

- le développement technologique est incrémental, c'est-à-dire que lorsqu'une technologie s'impose, qu'elle semble efficace et répond aux exigences attendues, elle permet et conditionne le développement de plusieurs autres technologies ;

- lorsqu'une technologie s'impose, elle devient la méthode absolument la plus efficace en toutes choses, d'où sa capacité à absorber toutes les autres technologies — on peut voir ce phénomène avec Internet qui a fait en sorte de rendre interopérables les réseaux de distribution de l'électricité, les systèmes de régulation du trafic routier, les systèmes d'assainissement des eaux usées, etc. ;

- lorsqu'une quelconque technologie devient la méthode absolument la plus efficace en toutes choses, elle absorbe la société elle-même et transforme en profondeur ses paramètres, à commencer par le lien social lui-même.

Partant de là, il faut envisager l'idée que certaines tendances et certaines forces sont à l'œuvre qui complexifient de plus en plus chaque nouvelle génération de technologies au point de les rendre quasi incompréhensibles en termes de comportement, d'interactivité et d'interconnexion. À titre d'exemple, les algorithmes liés à l'intelligence artificielle augmenteront de plusieurs degrés ce niveau d'incompréhension. D'autre part, lorsqu'une défaillance ou une anomalie informatique survient, celle-ci n'est pas le seul fait d'un code informatique en particulier ou d'un composant spécifique : elle émerge tout simplement de la complexité massive qui constitue une quelconque technologie.

Il se pourrait bien que je sois arrivé à démontrer que l'inextricabilité, l'accrétion, l'interaction, l'interopérabilité et l'interdépendance sont toutes des facteurs qui rendent les systèmes d'une complexité telle qu'il devient pratiquement impossible d'en saisir la totalité. J'ai aussi démontré que la complexité est inhérente à toute technologie, malgré tous les efforts qui peuvent être faits pour la réduire. J'ai également démontré qu'il est impossible que des anomalies ne surviennent pas du moment que la complexité s'accroît. J'ai particulièrement démontré que l'anomalie est une propriété émergente de toute complexité technologique, ce qui valide la troisième hypothèse. Finalement, j'ai prétendu que les algorithmes liés à l'intelligence artificielle augmenteront de plusieurs degrés le niveau de complexité des systèmes, et par conséquent, notre niveau d'incompréhension, mais je pense que cette prétention est à revoir, et que la seconde hypothèse ne se confirme qu'en partie, de là, une dernière hypothèse audacieuse qui se formule comme suit :

> « Les algorithmes de type apprentissage automatisé fondés sur des réseaux de neurones artificiels sont des réseaux qui se modifient et s'améliorent avec le temps. Ils deviennent donc antifragiles. Conséquemment, l'intelligence artificielle sera en mesure de gérer adéquatement la complexité inhérente à tout système technologique. »

Cette hypothèse, je l'avoue, est audacieuse, car elle suppose que, comme tout organisme vivant, les réseaux de neurones artificiels s'améliorent et croissent en efficacité lorsqu'ils sont exposés à la volatilité, à l'aléatoire, au désordre et à l'incertitude ; en un mot, ils apprennent et s'adaptent — ils sont antifragiles. Pour Taleb, « l'antifragilité va bien au-delà de la résilience et de la robustesse. Ce qui est résilient résiste aux chocs et reste le même, alors que ce qui est antifragile devient plus efficace. Cette propriété est derrière tout ce qui change avec le temps : évolution, culture, idées, révolutions, systèmes politiques, innovations technologiques [...] L'antifragilité possède cette propriété singulière qui est celle de gérer l'inconnu, de faire des choses sans pourtant bien les comprendre [...] et d'arriver à bien les faire[74]. »

Si Taleb prétend que « l'antifragilité est la propriété de tout ce qui est de l'ordre de la nature[75] », j'ose prétendre que l'antifragilité est aussi une propriété émergente des réseaux de neurones artificiels. Je l'admets, le bond qualitatif et quantitatif d'une telle affirmation est immense, voire même audacieux, même il mérite tout de même qu'on lui prête attention.

Premièrement, quand on se réfère à tout ce que j'ai dit à propos de la complexité, de l'autoaccroissement et de l'accrétion technologiques, et quand Taleb dit que les sous-systèmes doivent être diversifiés de manière à ce qu'il y ait toujours des sous-systèmes qui profitent des événements inattendus, il faut bien admettre que ce qui constitue un système informatique comporte une multitude de sous-systèmes diversifiés. Au moment où ces lignes sont rédigées, une grande partie des sous-systèmes informatiques actuellement en service ne sont pas encore gérés par des algorithmes d'intelligence artificielle, ce qui les rend par définition fragiles, car il suffit qu'une anomalie

---

[74] Taleb, N. N. (2012), *op. cit.* p. 4.
[75] Taleb, N. N. (2012), *op. cit.* p. 5.

survienne dans l'un des sous-systèmes pour faire déraper l'ensemble du système. Comme il est impossible de faire table rase des systèmes déjà en place, et comme il est impossible de réécrire le code de chaque sous-système pour les rendre antifragiles, la solution devient évidente : il suffit de mettre en place un superviseur artificiel intelligent qui fera le monitoring du comportement de chaque sous-système pour adapter le comportement global du système et faire en sorte que celui-ci s'améliore au fil du temps. En somme, qu'il devienne antifragile.

Deuxièmement, Taleb nous dit qu'il doit y avoir un mécanisme d'élimination des sous-systèmes frappés négativement par les événements inattendus. Certes, dans un système informatique massivement complexe, il est actuellement impossible de rendre inactif un quelconque sous-système sans rendre inopérant l'ensemble du système. Par contre, du moment qu'un superviseur artificiel intelligent sera en place qui aura pour mission de faire de l'apprentissage automatisé concernant tous les sous-systèmes qui le composent, il se pourrait bien que ce superviseur artificiel intelligent arrive par lui-même à réaliser certaines tâches que les sous-systèmes exécutent déjà, ce qui permettrait effectivement d'éliminer les sous-systèmes qui provoquent trop de volatilité dans le système. Ce que je propose ici n'a strictement rien à voir avec un scénario de science-fiction.

Prenons un exemple très concret pour démontrer cette possibilité, celle des kinases et du cancer. La plupart de nos processus physiologiques cellulaires sont régulés par des enzymes appelées protéines kinases. Celles-ci agissent en ajoutant une charge négative sur les protéines sous forme d'un groupement phosphate. Il y a plus de trente ans, ce que la recherche a mis en lumière, c'est qu'une grande proportion de cancers serait causée par une mauvaise régulation des protéines kinases. À partir de cette hypothèse, au cours des trente dernières années, les chercheurs ont été en mesure d'identifier plus de 28 kinases, ce qui représente, selon le chercheur Scott Spangler, un effort de recherche majeur[76].

Partant de là, afin de vérifier si un système intelligent serait apte à contribuer à la recherche, on a soumis au système d'intelligence artificielle Watson de la société IBM toutes les publications sur le sujet antérieures à 2003. Pourquoi antérieures à 2003 ? Afin de vérifier si Watson serait en mesure, par lui-même, de trouver ce que les chercheurs ont trouvé après 2003. En

---

[76] Vu Van, Binh An (2017), *L'intelligence artificielle apprend, crée, prédit*, Émission Découverte, Radio-Canada.

fait, non seulement Watson a-t-il été en mesure de retrouver en quelques semaines ce que les chercheurs avaient découvert après une décennie d'intensifs travaux recherche, mais il a aussi été en mesure d'en identifier de nouvelles qui étaient jusqu'ici inconnues des chercheurs[77].

Donc, si on transpose les capacités de Watson, qui n'en est pourtant qu'à ses débuts, dans un superviseur artificiel intelligent, il est plausible d'envisager l'idée même que le superviseur artificiel puisse lui-même rendre inopérants certains sous-systèmes affichant des comportements trop volatiles et s'arroger les fonctions qu'exécutaient auparavant les sous-systèmes volatiles. Cela n'a rien d'impossible.

Troisièmement, Taleb nous dit que la volatilité, à condition qu'elle soit raisonnable, apporte inévitablement de l'information qui permet au système de s'adapter et de s'améliorer. Donc, si notre superviseur artificiel intelligent utilise une certaine dose de volatilité acceptable en provenance des sous-systèmes dont il a la supervision, ces sous-systèmes lui apporteront inévitablement de l'information qu'il utilisera pour s'adapter et s'améliorer.

Donc, la raison pour laquelle je prétends que cette hypothèse est audacieuse, ce n'est pas parce qu'elle n'a pas une valeur scientifique, sociologique ou philosophique, mais bien parce qu'elle est tout à fait à contre-courant à la fois des affirmations de personnalités influentes comme Stephen Hawking, Bill Gates et Elon Musk, de la culture hollywoodienne et de la culture romanesque de toutes les dystopies fondées sur l'intelligence artificielle.

Il a été dit à de multiples reprises par certains auteurs que l'infrastructure technologique de nos sociétés est à ce point d'une complexité massive qu'elle risque de conduire à des catastrophes en cascade si une seule anomalie, dans un quelconque recoin de cette infrastructure, fournit le mauvais intrant — ici, c'est la théorie du chaos qui s'applique. Et ils ont en bonne partie raison de faire de telles affirmations. Il suffit de se référer aux *Flash Crash* boursiers, aux moteurs de la société Toyota qui s'emballent, aux grands systèmes informatiques qui gèrent les transactions bancaires et tombent en panne, aux systèmes de distribution de l'électricité qui se découplent et provoquent ainsi des black-out massifs. Mais, dans l'ensemble, les différents systèmes qui constituent notre infrastructure technologique sont générale-

---

[77] *Idem.*

ment conçus de façon robuste. Conséquemment, les événements catastrophiques provoqués par des anomalies sont plutôt rares. Par contre, si ces événements surviennent, ils peuvent éventuellement avoir des conséquences catastrophiques. Partant de là, qu'en serait-il d'une infrastructure surveillée et gérée par des réseaux de neurones artificiels évolutifs et adaptatifs qui deviennent de plus en plus efficaces avec le temps ?

À mon avis, tout système artificiel qui est en mesure d'apprendre par lui-même, tout en le faisant avec un degré exponentiellement supérieur à celui d'un cerveau biologique — et c'est bien ce que peut faire un réseau massivement connecté de neurones artificiels —, disposera de la capacité à devenir antifragile, parce qu'il disposera de la capacité à repérer des anomalies que nous ne serions jamais capables d'identifier malgré tout notre bon vouloir, et qu'à partir de ces anomalies, il s'améliorera. Et tout ça surviendra inévitablement, parce que lorsqu'une technologie est disponible, elle doit impérativement être utilisée.

CHAPITRE 7
La fatalité technologique

La fatalité technologique renvoie à cette idée que tout système technologique d'une grande complexité composé de sous-systèmes profondément imbriqués finit toujours par manifester des comportements inattendus.

Les logiciels développés pour arriver à communiquer avec un microprocesseur contenant parfois 10 millions de lignes de code, sont non pas seulement d'une grande complexité, mais recèlent parfois des erreurs de programmation qui peuvent les amener à afficher des comportements imprévus par leurs concepteurs. Et comme les microprocesseurs ont été implantés dans une multitude d'appareils et d'outils de toutes sortes, aussi bien dans le téléphone, que dans le thermostat de la maison, le téléviseur, le lecteur DVD, la cafetière, les appareils électroménagers, l'aspirateur, les feux de circulation, les systèmes d'épuration des eaux usées, les cardiomètres, les pacemakers, jusqu'aux puissants systèmes informatiques qui réalisent, seconde après seconde, des transactions financières sur tous les marchés boursiers de la planète, il est indéniable que la complexité technologique a totalement éclipsé notre capacité non seulement à pouvoir l'appréhender, mais aussi à la comprendre. Aujourd'hui, chaque fois qu'une technologie numérique est utilisée, cette utilisation a des ramifications tout à fait inattendues par rapport à la période qui a précédé la révolution industrielle, et *a fortiori*, par rapport à celle dans laquelle l'homme se retrouve actuellement, à savoir la révolution de l'intelligence artificielle. En fait, rien n'échappe à la technologie ; elle est universelle, parce qu'elle peut être utilisée partout là où elle doit être utilisée.

S'il fallait faire une analogie, la totalité des technologies développées à ce jour forme une infrastructure s'apparentant grandement à la complexité du système cardiovasculaire. Il suffit de voir comment les circuits routiers et autoroutiers, les réseaux filaires qui transportent l'énergie, les vastes réseaux de communication, l'aménagement urbain des villes, les conduites souterraines d'égouts et d'adduction d'eau et les réseaux de transports en commun, contribuent à cette impression. Malgré tout, nous sommes ambivalents en tant que société face à ce déploiement de complexité. D'une part, nous avons conçu et déployé tous ces systèmes d'une grande complexité, et nous en sommes très fiers, parce qu'ils nous facilitent grandement la vie. Peut-être ne fonctionnent-ils pas toujours de la façon la plus optimale possible, mais il n'empêche que cette complexité fait en sorte que nos sociétés fonctionnent sans trop de heurts. D'autre part, l'effet combiné de toutes ces technologies qui nous entourent littéralement semble toujours nous filer entre les doigts, comme s'il était désormais devenu impossible de dénouer tous les nœuds que cette complexité a noué. On a même parfois l'impression qu'un certain point de non-retour a été atteint, dans le sens où tout cet édifice technologique semble fonctionner en autarcie, un genre d'écosystème technologique, en quelque sorte, au-delà de la compréhension du commun des mortels.

À ce titre, le 8 juillet 2015 est une date à la fois technologiquement et financièrement intéressante à plus d'un égard, car les serveurs informatiques de la United Airlines, de la bourse de New York, du Wall Street Journal et du service d'urgence 911 de la ville de Seattle ont été inopérants pendant plusieurs heures. Qu'il s'agisse d'une cyberattaque ou d'une anomalie d'un ou plusieurs logiciels ne signifie pas la même chose. S'il s'agit d'une cyberattaque, il y a là la démonstration que les systèmes ne sont pas assez sécurisés ; ce genre de problème peut être corrigé dans un laps de temps plus ou moins court et ne peut, au demeurant, que renforcer la sécurité — le même principe prévaut lorsqu'il y a écrasement d'avion, c'est-à-dire que le système devient de plus en plus robuste au fil du temps. Par contre, s'il s'agit d'une anomalie inhérente à un ou plusieurs logiciels, ou bien, à des composants physiques, alors là, le problème est d'une tout autre ampleur.

À ce titre, *The Atlantic Magazine* a statué que le 8 juillet 2015 est officiellement le jour où les ordinateurs nous ont trahis[78]. Selon les explications officielles, un simple routeur de transmission de données défectueux aurait dégradé la connectivité du réseau, clouant ainsi au sol pendant plus de deux heures 5 000 vols de la United Airlines, affectant ainsi plus de 500 000 voyageurs au total. La bourse de New York, pour sa part, avait suspendu ses opérations, histoire de ne pas faire chuter inutilement les marchés. La page principale du Wall Street Journal a même été indisponible pendant plus de trois heures et son équipe informatique a annoncé qu'il s'agissait d'un problème technique. Faut-il ici rappeler que, la veille, les valeurs boursières avaient subi une baisse importante. Faut-il aussi rappeler que le célèbre *Flash Crash*

---

[78] Chandler, A. (2015 [8 juillet]), *The Day the Computers Betrayed Us*, The Atlantic Magazine, URL: http://theatln.tc/2emMVvU.

du 6 mai 2010 avait entraîné une chute de 998,52 points du Standard & Poors en l'espace de 36 minutes, et ce, au paroxysme de la crise financière grecque[79] dans un contexte de grande volatilité boursière, pour rebondir par la suite à plus de 600 points[80].

Le 24 août 2015, un autre *Flash Crash*, en l'espace de quelques minutes, a fait plonger l'indice Standard & Poors de 1965,15 à 1867,01 points, soit une perte de plus de 5 %. Selon plusieurs spécialistes, ce phénomène a été à la convergence de différents facteurs. Dès les 20 et 21 août 2015, l'ensemble du marché avait été en mode intensif de vente d'actions, laissant ainsi dans l'expectative les investisseurs tout au long du week-end qui allait suivre. À l'ouverture des marchés asiatiques le lundi matin, et ce, plusieurs heures avant l'ouverture des marchés boursiers américains, le *Chinese Shanghai Composite Index* chutait de plus de 8,5 %, ce qui força les *courtiers* américains à enclencher, eux aussi, une vente massive de leurs portefeuilles. En moins de temps qu'il ne faut pour le dire, et en l'espace de seulement quelques transactions, les systèmes informatiques avaient été victimes d'un *flash crash*[81].

Au niveau bancaire, seulement dans la province de Québec au Canada, la plus importante institution financière, *Caisses Populaires Desjardins*, a connu plusieurs interruptions de service au fil des années, non pas à cause de pirates informatiques, mais bien à cause de problèmes d'ordre informatique. Le 5 avril 2012, le salaire de milliers de clients n'avait pu être versé[82]. Le lundi 5 octobre 2015, le réseau informatique du Mouvement Desjardins avait éprouvé des pannes majeures qui avaient affecté le site de transactions bancaires AccèsD à cause d'un problème de télécommunications à l'interne. Même plus, certains dépôts directs, dont les crédits de taxes (TPS) versés par l'Agence du revenu du Canada, n'avaient pu être versées dans les comptes des clients le lundi matin. Le 1er septembre 2016, une anomalie dans l'alimentation de données dans le système avait systématiquement empêché

[79] CNN Money Staff (2015 [21 septembre]), *The Greek crisis...in 2 minutes*, CNN Money, URL: http://theatln.tc/2emMVvU.
[80] The Economist On Line, (2010 [1e octobre]), *What caused the flash crash? One big, bad trade*, The Economist, URL: http://econ.st/2e9QuKQ.
[81] Mitchell, C. (2016 [11 janvier]), *The Two Biggest Flash Crashes of 2015*, Investopedia, URL : http://bit.ly/2f2TPu9.
[82] Radio-Canada (2012 [5 avril]), *Problèmes informatiques chez Desjardins*, URL: http://bit.ly/2fo9cMq.

le système d'effectuer les dépôts pendant plusieurs heures[83]. Selon le porte-parole du Mouvement Desjardins, une ligne de code comportant un caractère irrégulier que le système n'avait pas été en mesure de reconnaître avait provoqué la panne, et si les opérations n'avaient pas été suspendues, l'ordinateur aurait pu déposer des montants dans des comptes bancaires appartenant à d'autres personnes[84].

Partant de là, une question tout à fait légitime se pose : combien d'autres problèmes informatiques de même nature sont-ils survenus dans un laps de temps donné et dont nous n'avons jamais entendu parler ? En réalité, nous ne devrions surtout pas être surpris que ce genre de problème survienne, bien au contraire. Ce dont nous devrions plutôt être surpris, c'est de constater qu'ils ne surviennent pas plus souvent, et s'ils ne surviennent pas plus souvent, c'est aussi parce qu'ils ne sont pas rapportés dans les médias — il y a tout de même des limites à ce qu'une entreprise peut supporter face à son image publique. À mon avis, et nous verrons plus loin pourquoi, si les choses sont ce qu'elles sont présentement, ce n'est peut-être rien en comparaison de ce qui attend la société dans son ensemble lorsque les algorithmes d'intelligence artificielle investiront le moindre aspect de la vie au quotidien.

Pour étayer cette affirmation que je viens tout juste de formuler, alors que ces systèmes informatiques ne sont pas encore fédérés sous l'intelligence artificielle, chaque fois qu'un problème informatique majeur survient, il est impératif de colmater la brèche, non pas en allant à la source même du problème, mais en codant une rustine qui se retrouvera par-dessus le problème en question pour l'intercepter lorsqu'il sera susceptible de survenir, jusqu'à ce qu'une nouvelle anomalie informatique ne se faufile à nouveau. En fait, la majorité des grandes corporations, tout comme les moyennes et petites entreprises, préfèrent traiter le symptôme plutôt que s'attaquer au problème à la source même. Et ce réflexe, aussi curieux que la chose puisse paraître, est tout à fait justifiable, pour la simple raison que modifier un logiciel risque de provoquer une série de problèmes en cascade beaucoup plus importants, justifiant dès lors de mettre un cataplasme sur ce dernier. Il suffit d'en parler aux techniciens qui font la maintenance des appareils d'imagerie médicale, pour se rendre compte que la moindre mise à jour fonctionne rarement comme prévu.

---

[83] Radio-Canada (2016 [1e septembre), *Perturbations informatiques chez Desjardins*, URL: http://bit.ly/2fDVQz9.
[84] *Idem.*

Considérons pour un instant le cas de figure suivant : quand une entreprise développe un logiciel pour automatiser plusieurs de ses processus de fabrication et de gestion, ce dernier comportera invariablement, sinon des dizaines de milliers de lignes de code, voire des centaines de milliers de lignes de code, peut-être même des millions en fonction de la dimension de l'entreprise. Chaque ligne de code étant dédiée à une fonction spécifique, si l'une de celles-ci n'interagit pas adéquatement avec l'ensemble du système, elle est dès lors susceptible d'entraîner un effondrement total du système ou l'émergence d'une anomalie — ceci n'est pas un cas d'école, mais une réalité que plusieurs entreprises ont eu à vivre à un moment ou l'autre. Pire encore, une simple mise à jour de certaines fonctions du système peut avoir des effets tout à fait imprévisibles sur le reste du système. Autrement dit, vaut mieux se croiser les doigts lors du déploiement d'une mise à jour.

Au final, que la United Airlines, la bourse de New York ou les Caisses populaires Desjardins reportent le blâme sur des anomalies informatiques ou sur des mises à jour, il n'en reste pas moins que tant que le problème ne sera pas résolu à la source, il est hautement probable que d'autres problèmes se manifesteront à nouveau. Mais voilà, justement, il n'est pas justifiable de résoudre le problème à la source, car aucune entreprise ne peut faire table rase de la technologie qu'elle a sous la main, tout simplement parce que les coûts seraient tout à fait exorbitants.

Certains spécialistes de l'informatique prétendent que les algorithmes intelligents seront en mesure de repérer les failles des systèmes déjà existants et de proposer des solutions pour en éviter la manifestation. Certes, on peut adhérer à ce discours, mais rien ne garantit, mais alors là, strictement rien, qu'il en sera tel qu'ils le prétendent, car ajouter une couche de logiciels par-dessus une autre couche de logiciels potentiellement sujets à l'erreur ne résoudra vraisemblablement pas le problème. Partant de là, il est possible d'avancer l'idée que lorsque de nouvelles technologies constituent de plus en plus l'infrastructure des communications et du traitement de l'information, les problèmes qui surgissent sont non seulement tout à fait nouveaux pour tout le monde, mais sont surtout tout à fait inattendus. Que faut-il alors penser de l'introduction massive de l'intelligence artificielle dans le moindre des logiciels, dans la moindre application et dans le moindre objet de l'Internet des objets, alors que l'intelligence artificielle sera ni plus ni moins qu'une couche de code ajoutée par-dessus toutes celles déjà existantes ? Car, faut-il le rappeler, l'intelligence artificielle est un bricolage informatique de plusieurs degrés supérieurs à tout ce qui a été conçu à ce jour. Ce qui implique donc que les couches sous-jacentes à celle de l'intelligence artificielle seront encore plus susceptibles de manifester des anomalies.

Si on veut voir les choses sous un angle un peu plus forme, il est possible de considérer que certaines tendances et certaines forces sont à l'œuvre qui complexifient de plus en plus chaque nouvelle génération de technologies au point de les rendre quasi incompréhensibles en termes de comportement, d'interactivité et d'interconnexion. En fait, les algorithmes liés à l'intelligence artificielle augmenteront de plusieurs degrés ce niveau d'incompréhension.

Si on part du principe que cette hypothèse tient la route, il faut tout d'abord commencer par identifier quelles sont ces tendances et ces forces qui tendent à complexifier de plus en plus chaque nouvelle technologie. Par la suite, il faudra voir comment l'intelligence artificielle décuplera cette complexité. Y aura-t-il de plus en plus des 8 juillet 2015, c'est-à-dire que des anomalies informatiques parfois inexplicables se manifesteront de plus en plus ? Partant de là, il faut se demander si cette complexité risque de fragiliser ou non l'ensemble de la société en analysant en quoi consiste justement cette complexité.

En 1991, un certain Dean Pomerleau, alors étudiant au doctorat en robotique au Carnegie Mellon University, avait décidé de s'attaquer au problème de la conduite autonome. L'idée était la suivante : muni d'un ordinateur exécutant un réseau de neurones artificiels couplé à une caméra montée sur un Humvee, Pomerleau espérait que le réseau neuronal interpréterait ce qu'il verrait et serait par la suite en mesure de conduire lui-même le véhicule. La méthode était la suivante : conduire lui-même pendant quelques minutes et laisser par la suite la conduite aux bons soins de l'ordinateur à partir des données fraîchement acquises. Après plusieurs tentatives, alors que tout semblait bien aller, l'ordinateur décide de s'arrêter à l'approche d'un pont et de bifurquer soudainement sur le côté. Pomerleau évite alors de justesse l'impact avec le parapet du pont en reprenant rapidement le contrôle du véhicule.

De retour au laboratoire, Pomerleau tente de comprendre ce qui avait bien pu se produire. Son premier réflexe fut d'ouvrir cette boîte noire qu'était son logiciel afin d'évaluer comment le réseau de neurones artificiels en était arrivé à la conclusion qu'il fallait bifurquer. Mais voilà, la chose était impossible, car ce type d'intelligence artificielle, modelé sur le fonctionnement du cerveau, est aussi opaque que le cerveau lui-même. Étant donné qu'un réseau de neurones artificiels, tout comme le fait le cerveau, ne conserve pas en mémoire ce qu'il a appris, mais le diffuse dans tout le réseau de neurones en renforçant certaines connexions plutôt que d'autres, il devient pratiquement impossible de décoder ce qui s'est passé. Ce n'est qu'après plusieurs tests, et après avoir fourni au réseau de neurones artificiels plusieurs stimuli visuels différents, qu'il finit par comprendre que le réseau de neurones avait confondu le parapet du pont avec le bas-côté de la route qui lui servait généralement de guide pour s'orienter.

Pour Dean Pomerleau, vingt-cinq ans plus tard, le problème de la boîte noire est désormais un enjeu majeur, car les systèmes d'apprentissage automatisés actuels sont non seulement des milliers de fois plus complexes que sa première expérience, mais ils reposent surtout et avant tout sur des données massives, le célèbre Big Data, ce qui rend le problème de la boîte noire encore plus urgent à traiter. Par exemple, qui est en mesure de dire que telle ou telle information enfouie dans des tonnes de données est l'information qui a déclenché tel ou tel renforcement d'une connexion dans le réseau de neurones artificiels ? Qui peut dire que ce renforcement était tout à fait justifié et approprié ? Jusqu'où doit-on faire confiance aux algorithmes fondés sur les principes du *deep learning* ? Il se pourrait bien qu'on soit en train de perdre du terrain par rapport à nos propres créations, car nos méthodes de pensée sont éminemment différentes de celle de l'ordinateur

J'ai précisé que l'intelligence artificielle, dans l'état actuel de la recherche et du développement, se compare ni plus ni moins qu'à un bricolage informatique de plusieurs degrés supérieurs à tout ce qui a été conçu à ce jour depuis la Révolution industrielle en matière de technologies. Concrètement, ce qui constitue l'intelligence artificielle est avant tout un assemblage de notions scientifiques, concepts, techniques informatiques, méthodes et processus de fabrication industrielle provenant de diverses disciplines et métiers conduisant à un bricolage informatique hautement sophistiqué. Autrement dit, il est possible, en combinant différentes techniques statistiques, mathématiques et informatiques couplées à des microprocesseurs à architecture parallèle, d'arriver à une efficacité particulièrement surprenante en matière d'apprentissage automatisé, sans compter que l'apprentissage automatisé profond serait ce par quoi nous résoudrons nos problèmes sociaux les plus criants.

L'imbrication technologique

> L'imbrication technologique renvoie à l'idée qu'il est parfois fatal, sinon souvent périlleux, de retirer des composants d'un système technologique. Toutefois, même si certains composants sont très dépendants d'autres composants, il n'en reste pas moins que certains d'entre eux sont moins imbriqués en profondeur que d'autres dans le système, ce qui permet dès lors certains ajustements *ad hoc*.

Il y a longtemps que les gouvernements ont compris que les monopoles et les cartels sont nuisibles à l'économie. En 1911, le Département de la Justice des États-Unis intentait une poursuite contre la puissante Standard Oil de John D. Rockfeller qui avait réussi, par de subtiles manigances, à faire en sorte que son entreprise détienne un réel monopole sur tout produit pétrolier, depuis son extraction, en passant par sa production, sa distillation et ses méthodes de stockage, jusqu'au moyen de les transporter et de les acheminer au consommateur final. En 1914, Rockfeller a été traduit devant les tribunaux et a été obligé de scinder son entreprise en plus de 34 sociétés indépendantes, dont Mobil, Chevron, Exxon-Mobil et Esso, entre autres. Autre exemple, jusque dans les années 1970, aux États-Unis, la concurrence était pratiquement inexistante dans le monde de la téléphonie. En 1974, le Département de la Justice américain, constatant cette situation, a intenté une poursuite contre la société AT&T. Le 8 janvier 1982, la Cour, dans son jugement, ordonna que cette gigantesque entreprise soit scindée en plusieurs petites sociétés qui continueraient à offrir des services de téléphonie, alors qu'AT&T continuerait, à travers ses autres divisions, à fournir les communications interurbaines et à fabriquer des téléphones et autres équipements de télécommunication, servant ainsi mieux les intérêts du consommateur, pour autant que cette démarche ait vraiment signifié quelque chose. Au total, le principe est simple : si une entreprise devient trop grosse et que sa faillite risque d'entraîner dans sa chute des pans importants de l'économie, elle doit impérativement être scindée en plusieurs petites sociétés. De toute évidence, le gouvernement américain n'a pas su voir, avant 2008, que le monde de la finance se retrouverait dans une situation telle, que la faillite de l'un provoquerait un effet domino, d'où l'idée du trop gros pour faire faillite (*too big to fail*), d'où l'injection massive de fonds publics dans le système bancaire et financier pour empêcher une cascade d'événements désastreux sur le plan économique.

Dans le monde des technologies, il est impossible d'injecter massivement des fonds publics pour empêcher des dysfonctionnements qui provoqueraient des cascades d'événements. Les ingénieurs ont donc mis au point un concept intéressant à plus d'un égard : identifier le niveau optimal d'interopérabilité entre chaque système, l'idée étant qu'un niveau optimal d'interopérabilité permettrait aux différents systèmes interconnectés de fonctionner adéquatement tout en les empêchant de se comporter de façon tout à fait inattendue. Autrement dit, au lieu de rechercher l'interopérabilité maximale, il faut trouver le juste équilibre d'interopérabilité. Il va sans dire qu'il ne doit pas être si simple d'identifier ce niveau optimal, ni de le concevoir, ni même de le calibrer.

Comme je l'ai déjà expliqué plus tôt, lorsqu'un système devient massivement connecté, il est parfois fatal, sinon souvent périlleux, de retirer des composants de celui-ci. Toutefois, même si certains composants sont très dépendants d'autres composants, il n'en reste pas moins que certains d'entre eux sont moins imbriqués en profondeur que d'autres dans le système, et c'est ici que la notion de module entre en jeu. Un module est, par définition, une entité relativement autonome qui communique avec d'autres modules. Ce faisant, l'autonomie relative d'un module fait en sorte qu'il est possible de le dissocier des autres modules et de le remplacer par un autre module duquel on aura éventuellement corrigé ce qui posait problème dans le module précédent, tout en s'assurant que les extrants qui en ressortiront seront identiques au premier. Malheureusement, les choses ne se déroulent pas aussi simplement dès qu'il est question de modularité.

Par exemple, si chaque module d'un système complexe possède six intrants et extrants distincts, et que le système ne comporte que dix modules, il y aura plus de façons de les interconnecter qu'il y a d'étoiles dans l'univers. Certes, toutes les combinaisons d'interconnexion ne sont pas possibles, ce qui restreint d'autant le champ des interconnexions autorisées, sans compter que, dans certains domaines comme la finance, qui sont extrêmement réglementés, la chose conduit à restreindre encore plus les interconnexions possibles. Malgré tout, le nombre d'interconnexions possibles est encore très élevé, ce qui rend d'autant plus difficile de mettre en œuvre une certaine interopérabilité optimale. En fait, dans les systèmes relativement simples qui comportent peu de modules, il est envisageable de considérer que l'interopérabilité optimale puisse être atteinte. Par contre, comme nous l'avons vu, tout système tend naturellement à s'accroître par accrétion, d'où l'impossibilité réelle d'arriver à l'interopérabilité optimale.

On peut tenter, autant que faire se peut, de concevoir des systèmes qui auront moins tendance à manifester des anomalies, mais ça ne durera qu'un certain temps. Il existe d'excellentes pratiques en matière de conception et de design, tant dans le domaine de l'informatique que celui de l'ingénierie qui peuvent drastiquement réduire la complexité d'un système. Par exemple, si Toyota avait mis d'avant de telles pratiques, la complexité de son système aurait été réduite de plusieurs degrés, empêchant d'autant la survenue du moteur qui s'emballe. Dans le monde de l'informatique, il existe des méthodes éprouvées qui permettent de réduire la survenue potentielle d'un bogue à un niveau aussi bas que 0,06 défaut par 1 000 lignes de code, tout comme il existe des pratiques efficaces de gestion des équipes de développement pour arriver à concevoir un système technologique d'une relative complexité. Par contre, malgré toutes ces pratiques et méthodes, encore là, inévitablement, sur le long terme, l'inextricabilité, l'accrétion, l'interaction et l'interdépendance seront au rendez-vous ; la chose est imparable.

Le dysfonctionnement technologique

> Le dysfonctionnement technologique survient du moment où le fonctionnement de l'un des sous-systèmes d'un système technologique massivement connecté ne fonctionne pas dans la fourchette de paramètres prévus par les concepteurs.

Que signifie au juste comprendre la complexité d'un système ? Prenons comme exemple la voiture autonome. Il est possible de comprendre le comportement de la voiture autonome à travers l'ensemble des systèmes qui la composent. Pour qu'une voiture puisse être autonome, elle doit embarquer plusieurs technologies différentes qui doivent interagir harmonieusement. Ces technologies déjà développées pour d'autres domaines — le radar, le lidar (mesure en temps réel de la distance des objets immobiles ou en mouvement), le GPS, les capteurs odométriques qui captent le mouvement du véhicule, et la vision artificielle —, doivent arriver à communiquer entre elles et former un tout cohérent et fonctionnel que seul un algorithme d'intelligence artificielle sera en mesure d'intégrer et d'interpréter.

Bien qu'il soit simple de comprendre le fonctionnement global de chacun des composants d'une voiture autonome, il sera d'autant plus difficile de comprendre le fonctionnement de chacun des composants. Je m'explique. Qui, parmi ceux qui lisent actuellement ces lignes, est en mesure d'expliquer, dans le moindre détail, le fonctionnement d'un radar ? Qui peut décrire l'ensemble des composants qui entrent dans la conception d'un radar ? En fait, à peu près personne. Pourquoi ? Parce que la somme de connaissances requises pour comprendre le fonctionnement d'un seul composant d'un radar fait appel à des connaissances largement au-delà des seules compétences et connaissances d'un individu. Par contre, et c'est là toute la beauté d'un système, une fois que l'on connaît quel type d'intrants accepte un système, une fois que l'on sait dans quelle fourchette statistique se comportera un système, on peut dès lors prédire quels seront les extrants qui seront produits par le système. Partant de là, il est possible d'utiliser ces extrants pour les fournir en tant qu'intrants à l'un des autres systèmes qui composent l'ensemble de la voiture autonome. Autrement dit, une voiture autonome est un bricolage sophistiqué d'une grande complexité de systèmes eux-mêmes sophistiqués et hautement complexes.

De là, il est légitime de poser toute une série de questions. Dans une voiture autonome, quel est le degré de fiabilité du logiciel de chacun des composants ? Quel est le degré de fiabilité du système central d'intelligence artificielle qui collecte les données de tous les capteurs embarqués ? À quel moment les capteurs embarqués seront-ils susceptibles d'être affectés par des conditions de circulation difficiles, par des changements brusques de l'environnement (brouillard, pluie abondante, neige, blizzard, froid intense), par des interférences délibérées ou non ? Les cartes routières, hautement spécialisées par ailleurs, seront-elles toujours à jour, car sans ces cartes, toute navigation autonome devient impossible ? Sinon, qui sera à blâmer ? Comment arriver à répartir le plus précisément possible le spectre des fréquences radio de chaque véhicule pour éviter que les autres véhicules environnants ne partagent la même fréquence ? Comment garantir, sur la chaîne de montage, que le moindre composant sera correctement installé et adéquatement calibré ? Quand le véhicule autonome n'est pas dans un environnement de conduite optimisée, quelles parades ont été prévues pour ce type d'environnement ? En cas d'accident inévitable, quelles décisions doit prendre le système d'intelligence artificielle embarqué ? Et il ne s'agit là que de quelques questions qui sont loin de faire le tour du problème. Au total, pour concevoir une voiture autonome, il faut tout d'abord *décrire* le fonctionnement de chacun de ses composants, *prédire* ses dérives possibles à des degrés variés, et *répliquer* autant de fois qu'il est nécessaire l'expérience pour chacun des composant afin de s'assurer que le système global qui interconnectera tous les composants sera assuré d'une stabilité dans la plus large gamme possible de cas de figure.

Concrètement, quand une anomalie survient, cela signifie qu'on ne dispose pas du niveau de compréhension nécessaire pour comprendre comment celle-ci est survenue. Si l'anomalie survient alors qu'on joue à un jeu vidéo, cela a très peu de conséquences. Par contre, lorsqu'une anomalie survient et qu'elle affecte des systèmes extrêmement complexes qui permettent à notre société de fonctionner sans heurts, la chose peut avoir de graves conséquences : l'infrastructure de production et de distribution de l'énergie ; celle de l'épuration et de la distribution de l'eau potable ; celle qui sous-tend l'ensemble des transactions financières de la planète ; celle qui empêche la collision des avions de ligne alors qu'ils sont en vol. Même plus, notre manque de compréhension face à cette complexité massive peut éventuellement devenir une question de vie ou de mort.

Notre incapacité croissante à comprendre la source des anomalies technologiques, alors qu'on est constamment à développer des technologies toujours de plus en plus complexes et de plus en plus interconnectées, fait en sorte de rendre chacun d'entre nous de moins en moins habiles à en saisir la complexité et les comportements, aussi intelligents que chacun d'entre nous puisse l'être, parce que, aussi paradoxal que la chose puisse paraître, le code informatique de ces technologies ne correspond nullement à la façon dont l'être humain pense normalement, même si ce sont des informaticiens qui l'ont développé. Aucun être humain, lorsqu'il pense en temps réel, ne fait une équation du type « *si X intervient dans une circonstance Y, alors il est possible que Z survienne* ». En fait, les humains sont définitivement mal équipés pour traiter des milliers de variables en même temps, encore moins pour résoudre des équations mathématiques et d'en saisir non seulement toutes les interactions possibles, mais toutes les implications potentielles.

Dans les faits, notre écosystème technologique est devenu d'une telle complexité qu'il est désormais impossible de le comprendre ou d'en avoir le total contrôle. Même si chaque expert ou spécialiste connaît très bien le fonctionnement d'une pièce de cet immense casse-tête, il n'en reste pas moins qu'il est de plus en plus difficile d'en appréhender le portrait global. On en est rendu au point où même les experts qui ont eux-mêmes conçu certains systèmes ne comprennent pas tout à fait comment certains systèmes en arrivent à produire tel ou tel résultat. Et la chose est encore plus vraie lorsqu'il s'agit d'algorithmes d'intelligence artificielle.

LIVRE 3

LES MÉCANISMES SOCIAUX
DE L'INTELLIGENCE ARTIFICIELLE

CHAPITRE 8
L'unicité technologique

> L'unicité technologique renvoie au fait que si les technologies existent et que si elles sont efficaces, elles doivent impérativement être utilisées dans un sens ou dans l'autre, toutes technologies confondues. En fait, c'est une trame commune qui fédère toutes les technologies, aussi différenciées soient-elles, et c'est ce qui en constitue leur unicité.

Qu'il s'agisse de la bombe atomique, du gaz moutarde, d'un téléphone intelligent, d'un drone intelligent ou d'une voiture autonome, « l'homme est placé devant un choix exclusif, utiliser la technique comme elle doit l'être selon les règles techniques, ou ne pas l'utiliser du tout ; mais impossible d'utiliser autrement que selon les règles techniques[85]. » L'idée est la suivante : les technologies ne relèvent d'aucune morale, elles sont. Il n'existe pas de technologies dédiées à la paix ou des technologies dédiées à la guerre ; elles peuvent aussi bien être l'une ou l'autre à la fois.

Par exemple, pressentant déjà le pouvoir destructeur de l'avion comme arme militaire — une technologie alors émergente —, en 1899, à La Haye, les plus puissantes nations de l'époque signèrent un traité qui allait en bannir l'utilisation sur les champs de bataille. Cinq ans plus tard, alors que le moratoire venait à échéance, toutes les nations ayant signé le traité se lancèrent, en secret, dans l'exploitation de l'avion comme moyen militaire, et ce, bien avant le début de la Première Guerre mondiale. Comment faut-il interpréter ce comportement de la part de nations qui avaient pourtant avalisé un tel moratoire ? La réponse est fort simple : il existe de ces technologies qui sont à ce point efficaces qu'il est impossible de ne pas les utiliser. Dans le même ordre d'idées, le gaz moutarde, arme chimique développée au tournant du XXᵉ siècle, a été largement utilisé sur les champs de bataille de la Première Guerre mondiale, tuant des milliers de soldats. En 1917, pendant plus de trois semaines, 14 278 militaires mourront des effets de ce gaz[86]. Comme le souligne Cook, « avec le gaz moutarde, il n'y avait aucune bravoure, pas de

---

[85] Ellul, J. ([1958] 1990), *op. cit.*, p. 91.
[86] Goodman, L. S., Gilman, A. (1965), *The Pharmacological Basis of Therapeutics*, 3rd ed., New York : Macmillan Publishing Co., p. 1345.

héros, juste des hommes tombant à genoux, la gorge oppressée, lentement asphyxiés. C'était une mort horrible, il n'y avait aucune échappatoire[87] », mais c'était une technologie efficace[88]. Et il est là le mot clé, en ce qui concerne la technologie, peu importe la technologie, l'*efficacité*. Du moment qu'une technologie est efficace, son utilisation s'impose forcément.

En 2015, plus de 3 000 chercheurs, scientifiques et dirigeants d'entreprise, incluant Microsoft et Google, signèrent une lettre adressée au président Barack Obama, lettre dans laquelle il était recommandé de bannir le développement et l'utilisation de drones intelligents entièrement autonomes qui seraient en mesure de décider par eux-mêmes d'abattre ou non des ennemis[89]. Voici sous quel angle les signataires avaient envisagé le problème :

> « Aujourd'hui, la question cruciale pour l'humanité est de savoir s'il faut ou non commencer une course aux armements intelligents et autonomes à l'échelle mondiale. Si une puissance militaire majeure le fait, cette course à l'armement intelligent sera inévitable et la trajectoire de ce développement technologique conduira à une prolifération telle que ces armes intelligentes autonomes pourraient bien devenir les Kalachnikov de demain. Contrairement aux armes nucléaires, ce type d'arme intelligente ne nécessite pas de matières premières coûteuses ou difficiles à trouver, de sorte qu'elles deviendront omniprésentes sur les champs de bataille, car peu coûteuses à produire et à déployer, peu importe la puissance militaire. Ce ne sera qu'une question de temps avant qu'elles n'apparaissent sur le marché noir et entre les mains de terroristes, des dictateurs qui souhaitent mieux contrôler leur population, et des chefs de guerre qui souhaitent perpétrer un nettoyage ethnique, etc. En fait, les armes intelligentes autonomes sont idéales pour accomplir des tâches comme l'assassinat et la déstabilisation de pays ennemis. Nous croyons donc qu'une course aux armements intelligents et autonomes ne serait d'aucune façon bénéfique pour l'humanité. À notre avis, il existe de nombreuses autres façons d'utiliser l'intelligence artificielle sur les champs de bataille, et l'une d'entre elles serait bien de les rendre plus sécuritaires pour les

---

[87] Cook, T. (1999), *No Place to Run*, Vancouver : UBC Press.

[88] Ironie de l'Histoire, l'une des plus fameuses victimes du gaz moutarde fut un jeune caporal allemand âgé de 29 ans, Adolf Hitler lui-même, devenu temporairement aveugle lors d'un assaut lancé contre les Alliés sur le front Ouest en 1918.

[89] IJCAI 2015 conference (2015), Autonomous Weapons: an Open Letter from AI & Robotics Researchers, Future of Life Institute, URL: http://ntrda.me/2gNzLyk

troupes au sol, tout comme pour les civils, sans qu'il soit nécessaire de créer de nouveaux outils pour tuer des gens[90]. »

Il ne faut surtout pas se faire d'illusions, cette lettre n'est qu'un vœu pieux, tout comme l'a été le traité de La Haye en 1899, et comme plusieurs autres traités par la suite dès qu'il a été question de technologies efficaces. Pourquoi ? Parce qu'un pays ne peut faire l'économie qu'un autre pays puisse acquérir ne serait-ce qu'une longueur d'avance dans le développement des armes autonomes intelligentes, parce que cette technologie est à ce point efficace qu'il est impossible de ne pas la développer et surtout de ne pas l'utiliser. Certes, un pays peut faire savoir par une démonstration efficace qu'il dispose d'armes autonomes intelligentes et qu'il peut les déployer le cas échéant afin de maintenir un certain équilibre de la terreur, tout comme la bombe atomique avait permis de le faire pendant la Guerre froide, mais ce sera impossible, car une arme autonome intelligente peut aussi bien s'incarner dans un oiseau robotisé, devenant ainsi totalement furtive sans que personne ne soit au courant de son déploiement effectif, ce qui est tout le contraire d'un missile balistique intercontinental transportant une charge nucléaire. Pour ces simples raisons, il est impossible de résister à la tentation de développer, produire et déployer des armes autonomes intelligentes, tout simplement parce qu'elles sont d'une redoutable efficacité et que lorsqu'on les a sous la main il faut impérativement les utiliser.

Les deux côtés de la médaille d'une technologie efficace

En 1943, alors que la campagne italienne faisait rage, le président Roosevelt, ayant eu vent que les forces de l'Axe disposaient d'importants stocks d'armes chimiques et qu'elles s'apprêtaient à en faire bientôt usage, autorisa l'expédition d'armes contenant du gaz moutarde sur le théâtre militaire méditerranéen. En août 1943, Roosevelt lance un avertissement : « Toute utilisation de gaz par les forces de l'Axe sera immédiatement suivie par une attaque en règle sur les entrepôts de munitions, les ports et toutes autres installations militaires[91]. » Le 18 novembre 1943, le navire marchand *John Harvey*, commandé par le capitaine Elwin Knowles, navigue depuis le port d'Oran en Algérie jusqu'au port de Bari en Italie, transportant plus de 2 000

---

[90] *Idem.*
[91] Roosevelt, F. D. (1943), « Statement Warning the Axis Against Using Poison Gas », *The American Presidency Project*, June 8.

bombes, chacune contenant entre 60 à 70 livres de gaz moutarde. Le 2 décembre 1943, un avion allemand attaque le port de Bari où mouillent plusieurs navires en attente de déchargement. L'attaque aérienne, promptement menée, tue environ 1 000 personnes, coule 17 navires, incluant le *John Harvey* qui s'envole en fumée dans une fantastique explosion, laissant s'échapper sur la ville un nuage de gaz moutarde toxique[92]. Résultat de l'opération : plus de 628 militaires hospitalisés souffrant de symptômes liés au gaz moutarde, dont 83 décédés un mois plus tard, et autant de civils, sinon plus[93].

Le général Dwight Eisenhower (1890-1969) dépêche alors sur les lieux le lieutenant-colonel Stewart F. Alexander (1914-1991) du *Chemical Warfare Medecine*. Pendant plus d'un an, Alexander examine les effets du gaz moutarde. Après plus de 617 autopsies, il en arrive à la conclusion que le gaz moutarde avait détruit la plupart des globules blancs, suggérant ainsi que le gaz s'attaque tout particulièrement à la moelle osseuse. Poussant plus loin sa réflexion, il formule alors l'hypothèse que, si le gaz moutarde affecte la division des globules blancs, il pourrait également retarder la division des cellules cancéreuses. Partant de là, Alexander recommande l'utilisation de composés de gaz moutarde pour le traitement de certains cancers. Ironiquement, les traitements de chimiothérapie, qui sauvent aujourd'hui des vies, tirent leur origine de la famille des gaz moutarde[94], qui eux, servaient, à l'époque, à tuer des soldats sur les champs de bataille.

Il faut ici préciser qu'en 1942, un an avant la tragédie de Bari, deux pharmacologues de l'Université Yale, Louis Goodman (1906-2000) et Alfred Gilman (1908-1984), avaient étudié, sous le couvert du secret militaire, le mécanisme actif du gaz moutarde. Leur étude, fondée sur un modèle animal, avait mis en lumière que la méchlorétamine tue efficacement les cellules anormales. Les observations du lieutenant-colonel Alexander ont non seulement confirmé l'approche de Goodman et Gilman, mais les essais cliniques

---

[92] Pechura, C. M., Rall, D. P. (1993), *Veterans at Risk: The Health Effects of Mustard Gas and Lewisite*, Atlanta : National Academies Press.

[93] Faguet, G. B. (2005), T*he War on Cancer: An Anatomy of Failure, A Blueprint for the Future*, The Netherlands : Springer.

[94] Hirsch, J. (2006), « An Anniversary for Cancer Chemotherapy », *The Journal of the American Medical Association*, vol. 296, n° 12, p. 1518-1520.

ultérieurs ont aussi démontré un certain succès chez des patients cancéreux[95]. C'est la naissance de la chimiothérapie. C'est, une fois de plus, l'impératif technique à l'œuvre : un traitement obtenu à partir d'un gaz mortel initialement développé à des fins militaires, mais le processus inverse aurait pu être tout à fait possible.

Autre exemple, on peut affirmer qu'utiliser la bombe atomique est mal. Dans le même souffle, on peut affirmer que concevoir un réacteur nucléaire qui fournit de l'énergie à toute une population est bien, malgré tout ce que peuvent en dire les écologistes. Certes, on peut affirmer que développer la voiture autonome diminuera les accidents routiers, que son déploiement réduira les émissions de gaz à effet de serre, et que son adoption massive modifiera en profondeur l'utilisation du réseau routier, ce qui ne peut qu'être bénéfique pour tous. Dans le même souffle, avec exactement les mêmes technologies à base d'intelligence artificielle développées pour la voiture autonome, on peut concevoir des drones militaires également tout aussi autonomes. Certes, les protocoles qui permettent le déploiement d'Internet ont permis de rendre accessible tout le savoir humain à travers la technologie du navigateur, mais ces mêmes protocoles ont aussi servi à développer les réseaux sociaux et à permettre à des millions de gens de déverser leur fiel et leur haine à propos de tout et de rien, mais à l'inverse, comme le souligne Jacques Ellul, « il est certain qu'une presse de haute tenue intellectuelle, de grande élévation morale, ou bien ne serait pas lu […], ou bien provoquerait à la longue une réaction violente contre toute forme de société technique, non par les idées qu'elles répandraient, mais parce que l'homme n'y trouverait plus l'exutoire indispensable, les instruments de décompression de ses passions refoulées[96]. »

Et il en va de même avec cette technologie qu'est celle de la télévision. Depuis qu'elle est massivement entrée dans les foyers au début des années 1960 dans les pays industrialisés, les télédiffuseurs ont systématiquement été confrontés à ce choix : faut-il ou non produire uniquement des contenus de haute tenue intellectuelle et les diffuser, sachant fort bien que si on procède ainsi on risque de provoquer une réaction de rejet face à la télévision ? Conséquemment, plus les contenus diffusés à partir de cette technologie ont

---

[95] À ce jour, plus de 10 éditions de leur célèbre ouvrage « *The Pharmacological Basis of Therapeutics* ».

[96] Ellul, J. ([1958] 1990), *op. cit.*, p. 89.

été en mesure de rejoindre le plus large public possible, plus cette technologie a été utilisée. Dans le même ordre d'idées, c'est en partie par l'intermédiaire des réseaux sociaux numériques que les gens ont trouvé un exutoire indispensable, un instrument de décompression de leurs passions refoulées. Autre exemple, les technologies numériques ont dématérialisé la musique, l'ont libéré des supports matériels que sont le disque de vinyle et le CD, l'ont rendu accessible à tous à partir d'un téléphone intelligent ou d'un lecteur de musique numérique transportable sur soi. Dans le même souffle, ces technologies ont non seulement mis à mal et de façon drastique le mode de rémunération des artistes, mais elles ont poussé la dématérialisation au point de rendre la musique une simple diffusion en continu (*streaming*) qui ne redonne que des centimes de dollars ou d'euros aux auteurs, alors que les consommateurs y trouvent, pour leur part, largement leur compte en ne payant presque rien. Il est donc faux de prétendre que « ce n'est pas la technique qui est mauvaise, [et que] c'est l'usage que l'homme en fait[97] », comme si le seul fait de changer l'usage des technologies faisait disparaître les inconvénients dont elles seraient porteuses.

La morale et la technologie

Une technologie n'a pas vocation à être de haute tenue intellectuelle, n'a pas à viser un quelconque idéal pour l'être humain, n'a pas à être éthique ou viser à l'amélioration morale du genre humain ; elle est. Il ne faut donc jamais dire : « d'un côté la technique, d'un autre des abus ; mais presque toujours se rendre compte qu'il y a d'un côté et de l'autre des techniques différentes, répondant à des nécessités diverses, mais inséparablement unies[98] » par le fait que si elles existent, et que si elles sont efficaces, elles doivent impérativement être utilisées dans un sens ou dans l'autre.

À titre d'exemple, des enquêteurs du Service de police de la ville de Montréal (SPVM), après avoir obtenu un mandat en bonne et due forme de la part d'un juge de paix, ont espionné les métadonnées du téléphone d'un journaliste du quotidien *La Presse*, Patrick Lagacé, non pas parce que ce dernier était soupçonné d'un quelconque méfait, mais parce que ce dernier avait reçu

---

[97] Ellul, J. ([1958] 1990), *op. cit.*, p. 92.
[98] *Idem.*, p .89.

un appel d'un policier soupçonné de couler des informations auprès des médias[99]. Autrement dit, en dehors de toute justification strictement criminelle, parce que la technologie de pister les métadonnées d'un téléphone existe, elle trouve forcément son application et doit impérativement être utilisée. Que l'affaire soit ou non morale n'a pas d'importance, car elle démontre qu'une technologie trouve toujours un exutoire quelconque, une façon de se manifester, une façon, dans le cas présent, de rendre plus efficace une procédure policière, car la police ne peut avoir sa plénitude technique que si elle est en contrôle total. De par la nature même de la technologie qui cherche avant tout à s'exécuter, il aurait fallu être tout à fait naïf de croire que le cas de Patrick Lagacé serait un cas unique dans la province de Québec. En effet, quelques jours plus tard, après la divulgation du cas de Patrick Lagacé, soit le 3 novembre 2016, les médias ont appris que la Sûreté du Québec, la plus haute instance policière de la province, avait ciblé, en 2013, plus de six journalistes, permettant ainsi aux policiers de la SQ d'obtenir le registre des appels entrants et sortants de leurs téléphones[100].

Et c'est bien ici que cette technologie d'espionnage prend toute sa dimension pour la police, car elle lui donne non seulement une efficacité accrue dans ses méthodes d'enquêtes, mais lui donne surtout un accès à une certaine forme de contrôle total. Malgré toutes les récriminations faites à l'endroit des policiers par les instances gouvernementales, malgré la protection légale qui sera étendue aux journalistes pour protéger leurs sources, et malgré toutes les mesures qui seront mises en place, du moment que des algorithmes d'intelligence artificielle deviendront disponibles et agiront de leur propre chef pour croiser les informations en provenance de différents téléphones — le tout étant effectué sans aucune intervention humaine —, cette nouvelle technologie de pistage sera forcément utilisée par les corps policiers, car il s'agira de la méthode la plus efficace entre toutes pour décortiquer ce type d'information.

En fait, il s'agit d'« une manière unique qui n'est pas laissée à notre libre choix parce que nous ne tirerons rien de la machine ou de l'organisation si on ne s'en sert pas comme il faut[101]. » Dit autrement, les policiers n'auront pas le libre choix de ne pas utiliser les technologies intelligentes de pistage,

[99] Teisceira-Lessard, P. (2016 [31 octobre]), *Patrick Lagacé visé par 24 mandats de surveillance policière*, La Presse, URL: http://bit.ly/2dVyTpv.
[100] Radio-Canada (2016 [3 novembre]), *Les appels de Marie-Maude Denis, Isabelle Richer et Alain Gravel surveillés par la SQ*, URL : http://bit.ly/2fflHtD.
[101] Ellul, J. ([1958] 1990), *op. cit.*, p. 90.

car ils ne tireront rien de valable des technologies plus anciennes de pistage par rapport aux nouvelles. Lorsqu'une organisation policière, loin de sa cible, sans aucune filature sur le terrain, peut traquer le plus simplement et le plus efficacement possible un individu avec une précision jusqu'ici jamais atteinte, il faut peut-être se dire que la notion même de vie privée est sur le point d'être radicalement transformée par les technologies. Ce faisant, les policiers devront se servir de ces nouvelles technologies de pistage, tout simplement parce qu'elles sont disponibles. Et dans un certain sens, les avancées technologiques liées à la surveillance organisée semblent non seulement désormais dépasser le simple contrôle démocratique, mais aussi montrer que les technologies n'ont rien à voir avec le contrôle démocratique, dans le sens où le contrôle démocratique n'est pas un exercice d'efficacité en toutes choses comme le sont les technologies, mais surtout un exercice constant de compromis.

Ce à quoi nous assisterons dans les années à venir, c'est à une remise en question en profondeur des institutions démocratiques telles que nous les connaissons aujourd'hui avec l'introduction massive de l'intelligence artificielle dans tous les domaines de l'activité humaine. Un bon exemple de cette remise en question est survenu en juillet 2017, lorsque la firme américaine Three Square Market du Wisconsin, a décidé d'implanter des micropuces dans ses employés, entre le pouce et l'index. Comme le souligne le PDG de l'entreprise, Todd Westby, « Nous prévoyons l'utilisation de la technologie RFID pour tous types de tâches comme faire des achats depuis la salle de pause, ouvrir des portes, utiliser les photocopieuses, ouvrir une session sur nos ordinateurs de bureau, déverrouiller des téléphones, partager des cartes de visite, stocker des informations médicales et sanitaires et également de l'utiliser comme moyen de paiement grâce à d'autres terminaux RFID[102]. » Encore là, non seulement l'efficacité en toutes choses pour une kyrielle d'activités au quotidien, mais aussi le fait de céder une partie de son corps afin qu'une technologie numérique puisse faciliter la vie. Cette possibilité n'est pas innocente, car elle ouvre la porte à plus d'une dérive. Comme le rapporte Todd Westby, « Nous considérons que cette technologie est la prochaine évolution des systèmes de micropaiements, tout comme les micromarchés ont graduellement remplacé les machines distributrices. En tant que chef de file dans le domaine du micropaiement, il est important que 3^2M poursuive la recherche et le développement des puces implantables, car c'est là que se

---

[102] URL : https://www.32market.com/.

trouve l'avenir du micropaiement. » Comme le soulignait à juste titre Jacques Ellul, il y a l'universalisme de la technique qui étend son aire d'action au monde entier, et aucune société n'y échappe, aucun aspect de la vie, depuis la production industrielle, le travail, l'économie, la politique, les distractions, la vie et la mort.

Les médias de masse et l'impératif technologique

Les médias de masse sont un autre cas de figure de cette unicité qui est si propre aux technologies, à savoir les utiliser selon les règles même des dites technologies ou ne pas les utiliser du tout, mais impossible de les utiliser sans se conformer à leurs propres règles.

Depuis l'arrivée de Google, et en fait, depuis l'arrivée d'Internet, les experts n'ont cessé de répéter que les médias de masse n'avaient pas réussi à s'adapter au nouveau contexte, ou bien avaient totalement été dépassés par ce nouveau paradigme de diffusion de l'information. L'ironie de la chose avec les médias de masse, c'est que Google, en utilisant leurs contenus, est en mesure, en n'affichant que le titre et une simple ligne résumant la nouvelle, de générer des centaines de millions de dollars en injectant de la publicité dans la première page ses résultats de recherche. On pourrait dire qu'il s'agit là d'un coup de génie, alors qu'il n'est pourtant que la manifestation de ce que sont les technologies numériques : tout fédérer sous leur égide.

Les technologies numériques, par leur capacité à gober toute l'information disponible de la façon la plus efficace possible pour la restituer à l'utilisateur, ont imposé une nouvelle dynamique : (i) il ne s'agit plus d'avoir des acheteurs, il faut avoir des utilisateurs ; (ii) il ne sert à rien de produire la matière première, c'est-à-dire, l'information, ce sont les utilisateurs qui le feront. En ce sens, Google, Facebook et Twitter n'ont pas besoin de produire de l'information. Ces entreprises utilisent gratuitement l'information que d'autres produisent. Ni Google, ni Facebook, ni Twitter n'ont demandé à qui que ce soit la permission de monétiser tous ces contenus, mais elles le font tout de même, et allègrement en plus. Et c'est justement ici que la notion du nombre d'utilisateurs prend toute sa valeur. Plus il y a d'utilisateurs, plus l'entreprise est en mesure d'atteindre une masse critique pour monétiser d'une façon ou d'une autre l'information qu'elle régurgite sous une forme ou une autre. Le grand avantage du modèle économique fondé sur le nombre d'utilisateurs est qu'il n'est absolument pas nécessaire de produire quoi que ce soit. Ce sont les utilisateurs qui le font gratuitement ou les médias de masse. C'est l'achèvement du capitalisme. Travailler sans le savoir, et enrichir, dans la foulée, sans le savoir, seulement quelques personnes. Le modèle rêvé de tous les capitalistes patentés depuis Adam Smith. Le cauchemar de Karl Marx. Si on envisage les choses sous cet angle, c'est un tout nouvel éclairage qui met en évidence les reliefs de ce qui se trame pour les médias de masse.

Premièrement, il appert que les médias de masse n'ont pas utilisé les technologies numériques selon les règles même de ces technologies, c'est-à-dire leur capacité à gober toute l'information possible, à la traiter, à la transformer et à la régurgiter au profit d'un consommateur qui est somme toute de plus en plus réticent à payer pour de l'information. Si les grands journaux s'étaient conformés à la logique des technologies numériques œuvrant derrière Internet, ils auraient commencé par mettre à pied leurs journalistes et se seraient abreuvés en contenu auprès de journalistes indépendants prêts à produire de l'information à un coût avoisinant le zéro — à la charge du journaliste de trouver le moyen de rentabiliser ce qu'il produit. L'exemple du Huffington Post est tout à fait éloquent en la matière.

Deuxièmement, les grands journaux auraient investi massivement pour acquérir le plus grand nombre d'utilisateurs possible.

Troisièmement, une fois la masse critique d'utilisateurs atteinte, les grands journaux se seraient mis à l'ouvrage pour identifier les meilleurs moyens de fidéliser cette masse critique et de l'amener à cliquer sur de la publicité ciblée et contextualisée. Certes, congédier les journalistes peut sembler une décision d'affaires à la limite de l'éthique et de la morale, mais les technologies n'ont rien à voir avec l'éthique ou la morale.

D'une certaine façon, les journalistes sont un peu comme les musiciens. Alors que ces derniers ne peuvent s'empêcher de créer — tout en sachant qu'ils arriveront très difficilement à vivre de leur art, malgré tous les nouveaux canaux de diffusion en dehors des médias de masse —, il en va de même avec les journalistes indépendants. Par exemple, en retour d'une visibilité sur le Huffington Post, des journalistes indépendants sont prêts à publier gratuitement sur cette plateforme tout en espérant que cette nouvelle visibilité amènera sur leur propre blogue des visiteurs qui cliqueront alors sur la publicité placée sur leur site par les bons offices de Google.

Certes, cette explication est un peu courte, elle ne fait ni dans la nuance ni dans l'analyse approfondie, mais elle a au moins le mérite de mettre en exergue le fait que produire du contenu doit impérativement répondre aux diktats des technologies numériques, c'est-à-dire produire gratuitement du contenu en espérant que d'autres technologies permettront de rentabiliser sous une forme dérivée ce même contenu. C'est là où les créateurs de contenus en sont : soit ils jouent selon les règles des technologies numériques et ils sont ainsi soumis à certains impératifs, soit ils n'utilisent pas du tout les technologies numériques et ils s'excluent sciemment et volontairement du type de marché imposé par les technologies, mais une chose est certaine, il est impossible d'utiliser les technologies numériques de production et de diffusion de contenus sans se conformer aux règles de celles-ci.

Le cas du Groupe Québécor, l'un des plus importants conglomérats médiatiques du Québec, est instructif à plus d'un égard. Le mercredi 2 novembre 2016, en annonçant l'abolition de plus de 220 postes, la porte-parole, Julie Tremblay, a particulièrement souligné le fait que, malgré tous les efforts de l'entreprise pour s'adapter aux nouvelles réalités imposées par les technologies liées à Internet, « force est de constater que nous devons poursuivre cette transformation afin de continuer à réduire les coûts liés à nos structures […][103]. » L'acuité de tout le propos de Julie Tremblay tient justement dans le constat qu'elle pose, à savoir que son entreprise n'a pas le choix de s'aligner sur les règles imposées par les technologies numériques de production et de diffusion de contenus.

À l'inverse, de grandes entreprises américaines du secteur des télécommunications, celles que l'on disait jusqu'ici les uniques et incontournables détentrices des moyens de transport de contenus, sont en train d'être déclassées ou surclassées, c'est selon, par des entreprises comme Google, Facebook, Microsoft et Amazon. En fait, il faut voir, dans un premier temps, comment Apple et Google, avec leurs téléphones, ont largement grugé la part de marché des entreprises de télécommunication. Ajoutant l'insulte à l'injure, Facebook et Google ont non seulement construit leurs propres centres de données, mais ont aussi financé la mise en place de câbles sous-marins reliant l'Amérique à l'Europe et l'Asie pour justement connectés entre eux leurs centres de données[104]. Autrement, Google et Facebook ont commencé à déployer des initiatives pour donner un accès Internet à l'utilisateur final, outrepassant ainsi les entreprises de télécommunications traditionnelles.

---

[103] Agence QMI (2016 [2 novembre]), *Restructuration importante chez Québecor Groupe Média, Journal de Montréal*, URL: http://bit.ly/2fhyZpi.
[104] Finley, K. (2016 [2 novembre]), *The World's Telecoms Are Under Threat From All Sides*, Wired, URL: http://bit.ly/2en7Sdr.

Google, pour sa part, a mis d'avant deux projets : le Google Fiber et le Project Loon. Avec le Google Fiber, Google déploie sa propre infrastructure de fibre optique ou rachète des infrastructures existantes dans certaines villes américaines[105]. Tout à fait conscientes qu'il n'est pas rentable de déployer de la fibre optique hors des agglomérations urbaines, les sociétés Google et Facebook en sont à tester des initiatives aériennes[106]. Par exemple, Google mise sur des ballons stratosphériques placés à une hauteur de plus de 18 km, rendant ainsi possible la mise en œuvre d'un réseau aérien sans fil[107] (Project Loon). Facebook, pour sa part, mise sur des drones qui survoleront des zones où les infrastructures de télécommunication sont inexistantes ou désuètes[108]. Au-delà de ces deux initiatives, d'autres géants de l'Internet et de la Silicon Valley travaillent sur des solutions qui utiliseront des technologies de transmission par laser à partir de satellites ou de bornes Wi-Fi. Et quand j'affirme que, lorsqu'une technologie est disponible elle doit impérativement être utilisée, les concepteurs du Project Loon ont décidé de mettre à contribution les capacités du *deep learning* développé dans le cadre du projet Deep Mind de Google pour contrôler et diriger le plus adéquatement possible la flotte de ballons qui seront en vol[109].

Non seulement y a-t-il là une volonté des géants de l'Internet à vouloir outrepasser les entreprises de télécommunication, mais il y a surtout cet impératif imposé par les technologies qu'elles doivent être utilisées si elles sont disponibles. Ce faisant, Google et Facebook sont conditionnées par cet impératif, parce la technologie doit être utilisée selon les règles qu'elle impose ou ne pas être utilisée du tout. Conséquemment, pourquoi utiliser d'autres infrastructures qui ne répondent pas aux règles d'autres technologies plus performantes ?

La bombe atomique et l'impératif technologique

Le cas de figure d'utilisation de la bombe atomique est particulièrement éclairant en la matière. Alors que les Alliés avaient déjà gagné la guerre dès

---

[105] https://fiber.google.com/about/.
[106] Simonite, T. (2015 [24 décembre]), *How Facebook and Google's Plans to Boost Internet Access Advanced in 2015*, MIT Technology Review, URL: http://bit.ly/2e5rp3k.
[107] https://www.solveforx.com/loon/.
[108] Metz, C. (2016 [21 juillet]), *Facebook's Giant Internet-Beaming Drone Finally Takes Flight*, Wired, URL : http://bit.ly/2cZRhOw.
[109] Metz, C. (2016 [23 septembre]), *Google's Internet-Beaming Balloon Gets a New Pilot: AI*, Wired, URL: http://bit.ly/2deTQYu.

le mois de mai 1945, que le régime nazi était tombé, que les Japonais maintenaient toujours leur plan de guerre, le nouveau président américain élu, Harry Truman, suite au décès de Roosevelt, avait souligné qu'il voulait épargner des milliers de vies américaines lors d'une éventuelle invasion du Japon. Sachant fort bien que la puissance destructrice de ces nouveaux engins atomiques serait incommensurable, les 6 et 9 août 1945, Truman signait ainsi l'arrêt de mort de plus de 150 000 civils japonais. Certes, il est possible d'affirmer qu'il s'est agi là d'«un carnage inutile en plus d'être éthiquement irrecevable[110] », mais faire une telle affirmation, c'est aussi oublier que, en « ayant un instrument si puissant que la bombe, on est amené à l'utiliser. [Pourquoi ? Parce que] tout ce qui est technique, sans distinction de bien et mal, s'utilise forcément quand on l'a en mains[111]. »

Tel est l'impératif de notre époque, et tous ceux qui pensent qu'il ne faudrait pas utiliser l'intelligence artificielle parce que nous risquons d'être déclassés par celles-ci se trompent. Pourquoi ? Parce que « l'instrument a pour tendance de s'appliquer partout où il peut être appliqué ; il fonctionne parce qu'il existe sans discrimination[112] » morale. Les technologies n'obéissent qu'à un seul principe : la rationalisation de tout pour une efficacité optimale en toutes choses.

L'ultime rationalisation

L'intelligence artificielle représente, pour le moment, l'ultime rationalisation. Que cette rationalisation soit militaire, médicale, commerciale, policière ou politique n'a pas d'importance. Lorsque Google et Facebook mettent en place leur propre infrastructure de communications, ce n'est pas seulement parce qu'il n'y a là que des impératifs économiques, mais bien parce que ces impératifs économiques sont conditionnés par la disponibilité de certaines technologies. Quelle entreprise peut faire l'économie d'une technologie disponible et accessible pour optimiser ses processus et gagner en rentabilité ?

Cette rationalisation pour une efficacité en toutes choses ne touche pas seulement les domaines déjà à haute teneur en technologies, mais bien dans des institutions aux pratiques et méthodes bien ancrées. Par exemple, des

---

[110] Larose, F. (2015 [6 août]), *Hiroshima et Nagasaki, il y a 70 ans — Autopsie d'un mensonge*, Le Devoir, URL: http://bit.ly/2f0Xczc.
[111] Ellul, J. ([1958] 1990), *op. cit.*, p. 92.
[112] *Idem.*, p .93.

chercheurs de la University College of London ont mis au point un algorithme d'intelligence artificielle en mesure de prédire, avec un taux de précision avoisinant les 79 %, l'issue d'un procès en matière des droits de l'homme[113]. À partir de plus de 584 cas incluant faits, circonstances, types de crimes commis, détails, langues et jugements rendus, le logiciel a été en mesure d'apprendre comment rendre une décision à partir de cas existants de violation des droits de l'homme. Quand il est demandé au logiciel de rendre une décision à partir de chacun des paramètres précédemment mentionnés, le logiciel parvient à un degré de précision de plus de 73 %. Quand il est demandé au logiciel de ne tenir compte que des circonstances et des types de crimes commis, le taux de précision atteint les 79 %.

À partir de cette expérience, les chercheurs ont mis en évidence le fait que les jugements rendus sont, de façon générale, directement corrélés à des faits de nature non juridique plutôt qu'à des arguments strictement juridiques. Dans le jargon des tribunaux, on dira que les juges sont des « réalistes » plutôt que des « formalistes ». Autrement dit, les faits de la vie réelle l'emportent sur la loi prise au pied de la lettre pour rendre une décision. Partant de là, on serait tenté d'argumenter que la chose prouve, sans équivoque aucune, l'obligation que la justice se doit d'être rendue par un juge en chair et en os. Par contre, si on voit les choses autrement, on peut argumenter que, de façon générale, étant donné que le Tribunal pénal international est constamment débordé de cas en attente, le seul fait d'utiliser ce logiciel permettrait déjà de faire un premier tri en ce qui concerne les cas ayant la plus haute incidence d'infraction aux Droits de l'homme, et de déférer ainsi plus rapidement les contrevenants devant ce même tribunal.

Pour reprendre les paroles du sociologue américain Charles Wright Mills, « derrière cette évolution se cache une extraordinaire technologie, car, en tant qu'institutions, elles ont absorbé cette technologie et la dirigent, même si c'est elle qui façonne et rythme leur évolution[114]. » Il est intéressant de constater qu'en toute méconnaissance des travaux de Jacques Ellul, Mills en soit arrivé à une conclusion similaire : la technologie trace une ligne directrice et rythme l'évolution des sociétés, même celle des entreprises qui conçoivent ces mêmes technologies. Partant de là, « les décisions prises par une

---

[113] Wagner, J. (2016 [24 octobre]), *AI "Judge" Can Predict Rulings in Human Rights Cases, Slate / Future Tense*, URL: http://slate.me/2eLnfuG.
[114] Mills, C. W. (1969), *L'élite du pouvoir*, Paris : François Maspero, p. 11.

poignée d'entreprises privées influencent non seulement l'économie mondiale, mais aussi les événements militaires et politiques[115]. » À preuve de cette affirmation, l'un des secteurs qui bénéficie largement des avancées des technologies issues de la première vague d'intelligence artificielle est bien celui du militaire où force drones et autres appareils du même genre connaissent non seulement un développement fulgurant, mais sont l'objet de financements majeurs[116].

Au total, en convergeant, les modes d'action de chacune des technologies numériques disponibles « se combinent de façon à former un tout, chaque partie étayant, renforçant l'autre, et constituant [ainsi] un phénomène coordonné dont il est impossible de retirer un élément[117]. » Et c'est là où il est impossible de penser qu'il y aurait un bon ou un mauvais usage de l'intelligence artificielle, car ce phénomène technologique, dans son ensemble, « ne peut être dissocié de façon à garder ce qui est bien et à s'abstenir de ce qui est mal. Il a une masse qui le rend insécable[118]. » Quand, dans leur unicité, les algorithmes de type *deep learning*, servent, d'une part, à identifier des cas de cancer indétectables à l'œil même d'un oncologue averti, et que, d'autre part, ces mêmes algorithmes permettent à des drones d'identifier avec la plus grande précision possible ce qui est susceptible d'être une cible à l'abattre, on se rend bien compte de l'insécabilité de l'intelligence artificielle ; elle est ou elle n'est pas, et il est impossible de l'utiliser autrement que selon les règles technologiques qu'elle impose.

Il faut également admettre qu'il est impossible de prévoir la totalité des conséquences qu'aura l'implantation à grande échelle de l'intelligence artificielle — ce qui est déjà bien amorcé par ailleurs. À ce titre, la très sérieuse Harvard Business Review suggère, au travail, de se comporter adéquatement lorsqu'on s'adresse à des *bots* de discussion (Siri, Cortana, Alexa), d'utiliser un langage décent et approprié, et d'éviter les injures et les insultes à leur égard, au risque d'être confronté à des évaluations comportementales négatives[119]. Qui aurait pensé qu'il faudrait s'adresser de façon courtoise à un *bot* de discussion sous peine de sanctions ? C'est bien là l'une des conséquences inattendues de l'implantation d'agents intelligents de conversation en milieu

---

[115] *Idem.*
[116] Singer. P. W. (2009), *Wired for War*, New York : Penguin Books.
[117] Ellul, J. ([1958] 1990), *op. cit.*, p. 102.
[118] Ellul, J. ([1958] 1990), *op. cit.*, p. 102.
[119] Schrage, M. (2016 [26 octobre]), *Why You Shouldn't Swear at Siri, Harvard Business Review*, URL: http://bit.ly/2dH0zwQ.

de travail. À cet égard, tous les « principes de précaution » de ce monde qui pourraient être inventés ou même appliqués pour contrecarrer la venue ou l'implantation de telle ou telle technologie intelligente seront contournés, parce qu'il est dans la nature même d'une technologie — et *a fortiori* celles dérivées de l'intelligence artificielle — de contourner ce qui en empêche son application, parce que tout ce qui est technologie intelligente, sans distinction de bien et de mal, s'utilisera forcément pour la simple raison qu'on l'aura sous la main. Là réside l'unicité de toutes les technologies qui émergeront du paradigme de l'intelligence artificielle.

Quoi qu'il en soit, et peu importe toutes les barrières qui pourraient être érigées pour empêcher l'implantation d'une quelconque technologie intelligente, à l'intersection de l'autoaccroissement et de l'unicité, l'édifice technologique se construit irrémédiablement, et chacune des technologies qui la composent se perfectionne grâce aux autres ; c'est le phénomène d'entraînement technologique. Et cet entraînement n'est rendu possible que parce que les technologies qui sont actuellement en développement dans le domaine de l'intelligence artificielle le sont parce que les technologies précédentes « rendaient nécessaires les suivantes sans quoi elles eussent été inefficaces ; elles n'eussent pas pu fournir leur rendement maximum[120]. » Dans les faits, tout ce qui n'est actuellement pas technologique doit le devenir, et tout appareil, logiciel, ou bidule quelconque qui n'a pas encore été touché par la grâce de l'intelligence artificielle doit l'être pour le rationaliser et le transformer en un moyen efficace en tout. Tout ce qui n'est pas encore technologie doit le devenir, parce que le rôle fondamental de toute technologie est de dépouiller, de mettre au clair et de rationaliser ce qui existe déjà.

La seule technologie qui détient incontestablement tous ces pouvoirs, c'est bien celle de l'intelligence artificielle. Et si, pour le moment, cette dernière s'appuie sur les techniques et méthodes du *deep learning*, ce n'est qu'une question de temps avant qu'elle ne s'appuie sur celles-ci pour poursuivre son inexorable développement et pousser encore plus loin, au-delà même de ce qui est aujourd'hui envisageable, des systèmes intelligents qui seront à la fois d'une grande efficacité en tout et d'une incommensurable complexité de type boîte noire.

---

[120] Ellul, J. ([1958] 1990), *op. cit.*, p. 106.

CHAPITRE 9
L'autonomie technologique

> L'autonomie technologique renvoie à cette idée que la technologie est indépendante à l'égard de l'économie, de la politique, de la morale et des valeurs spirituelles. Elle est une réalité en soi qui se suffit à elle-même, autonome à l'égard de l'homme qu'elle oblige à s'aligner sur elle, modifie radicalement les objets auxquels elle s'applique sans être pour sa part modifiée par eux.

Jacques Ellul soulignait qu'« aussi longtemps que l'on n'aura pas étudié le phénomène technique en dehors de ses implications économiques et des problèmes de système économique ou de lutte de classe, on se condamne à ne rien comprendre de la société contemporaine[121]. » À mon avis, il faut voir comment les technologies numériques, et particulièrement l'intelligence artificielle, s'apprêtent à réenchanter le monde. Il ne s'agit plus de réenchantement par le religieux, mais bien de réenchantement par la puissance de l'intelligence artificielle.

À ce titre, Ellul insiste sur un point particulier : « la technique assume aujourd'hui la totalité des activités de l'homme, et pas seulement son activité productrice. » Que faut-il comprendre à propos de ce constat ? Tout d'abord, il y a l'idée que la technique libère. Elle nous libère non seulement de certaines tâches fastidieuses, mais elle nous offre aussi une plus grande liberté d'action. Par exemple, se déplacer en avion sur de grandes distances, transplanter des organes pour prolonger la vie, offrir un confort tel, que vivre dans un pays nordique ne représente plus du tout un défi au quotidien, etc. Pour autant, l'homme est-il aussi libre qu'on le pensait grâce à la technique ?

Prenons un autre exemple : lorsque plus d'un milliard de personnes utilisent librement et sans contrainte aucune le réseau social Facebook pour créer du lien social et obtenir de la reconnaissance sociale, personne ne se rend compte que tous sont en définitive rigoureusement conditionnés par cette technique incarnée dans une technologie numérique, accessible aussi bien à partir d'un ordinateur, que d'une tablette, que d'un téléphone portable. Conséquemment, ce milliard de personnes constitue une masse totalement cohérente qui agit dans un seul et même sens. Et il ne s'agit là que d'un exemple

---

[121] Ellul, J. ([1977] 2004), *op. cit.*, p. 40.

parmi bien d'autres où la technique assume l'une des activités de l'homme qui n'a, au demeurant, rien à voir avec son activité productrice et commerciale, mais tout à voir avec sa vie sociale. D'ailleurs, dès 1958, Ellul en soulignait déjà le caractère : « il faut principalement souligner le fait que la technique s'applique maintenant à des domaines qui n'ont pas grand-chose à faire avec la vie industrielle[122]. »

Par contre, il n'en reste pas moins que la machine, et à plus forte raison l'ordinateur, représente l'archétype idéal de l'application technique. En fait, utiliser un traitement de texte ou un tableur, même si la chose semble aujourd'hui banale, est une application d'une extrême efficacité technique. Autrement, quand on observe ce qui émerge — voiture autonome, algorithmes financiers intelligents, imagerie médicale intelligente, reconnaissance faciale à grande échelle en temps réel —, il faut se rendre à une évidence : c'est de la technique à l'état pur, c'est-à-dire la recherche de l'efficacité en toutes choses. Il s'agit donc bien de puissance technique, d'un rapport à la technique telle que celle-ci cherche à tout assimiler et à fédérer sous sa tutelle. Un bref retour historique s'impose ici pour en comprendre la portée.

Avec l'arrivée des médias de masse au XXe siècle, jamais dans l'histoire un moyen de communication n'aura eu un effet aussi socialement moulant que ces derniers, surtout la télévision. Dès le milieu des années 1950, celle-ci a commencé à systématiquement homogénéiser la culture. Aux États-Unis, au Canada et en Europe, dès le début des années 1960, la télévision s'est implantée comme un puissant élément de cohésion sociale. Tout le monde écoutait les mêmes émissions et en parlait le lendemain matin au bureau, à l'usine ou à l'école. C'était un peu comme un grand rituel. Aux États-Unis, des millions de téléspectateurs étaient rivés le dimanche soir au téléviseur pour écouter le *Ed Sullivan Show*. Même les Rolling Stone, en 1967, avaient été obligés de modifier les paroles de la chanson « *Let's spend the night together* » par « *Let's spend some time together* ». On le voit bien, le filtre du moule social jouait encore un rôle extrêmement important à cette époque, tout en étant diffusé par un puissant vecteur de masse, la télévision. De plus, il ne faut pas oublier que les Américains ne disposaient à ce moment que de trois chaînes : CBS, ABC et NBC. C'était l'âge d'or des médias de masse, en un mot, du *broadcasting* (diffusion massive).

---

[122] Ellul, J. ([1958] 1990), *op. cit.*, p. 2.

Tout a commencé à s'effriter pour les médias de masse au cours des années 1970 avec l'arrivée impromptue de la télécommande. Le téléspectateur, sans avoir besoin de se lever de son fauteuil, avait maintenant l'opportunité de zapper d'une chaîne à l'autre, tout comme de zapper la publicité. Avec l'arrivée subséquente du câble et des chaînes satellitaires, on entra résolument dans l'ère du *narrowcasting*, autrement dit, la diffusion ciblée et thématique. Le téléspectateur était devenu le maître de sa propre consommation de contenus.

Au début des années 1980, le magnétoscope pénètre rapidement le marché et vient bouleverser une fois de plus la domination des médias de masse. On assiste à la fois à une détemporalisation et à une déconstruction de l'écoute des contenus. Détemporalisation, dans le sens où on consomme les contenus au moment voulu, et déconstruction, dans le sens où on enregistre des émissions en provenance de différentes chaînes à partir desquelles on se construit sa propre programmation télévisuelle. Ici, le téléspectateur n'est plus seulement maître de sa consommation de contenus : il s'affranchit du temps et de la structure de diffusion imposée par les médias de masse. On peut vraisemblablement considérer que l'effet combiné de la télécommande, du câble, des satellites et du magnétoscope a permis l'émergence de l'*egocasting*, c'est-à-dire, la possibilité pour un individu de choisir ce qu'il veut consommer comme contenus sans avoir à être soumis aux impératifs de diffusion des médias de masse.

L'arrivée du numérique n'a pas seulement bouleversé le monde des médias de masse, elle a tout simplement mis en place un nouveau paradigme. Autant la télécommande, le câble et le magnétoscope ont permis de détemporaliser et de déconstruire les contenus, autant le numérique a permis de les dématérialiser et de les délocaliser. Par exemple, avant l'arrivée du Walkman, du Diskman et de l'iPod, l'écoute de la musique était liée à trois contraintes : l'endroit, le moment et le matériel requis pour l'écoute. Avec l'iPod, par rapport au Walkman et au Diskman, la musique s'est dématérialisée ; elle s'est libérée du support des minicassettes et des CD. Aujourd'hui, nous avons accès à des milliers d'heures d'écoute à partir de votre baladeur numérique. La quantité n'est même plus une contrainte. Auparavant, il était nécessaire de disposer d'un endroit où ranger les microsillons en vinyle ou les CD, d'un endroit pour installer la chaîne stéréo, d'un endroit pour écouter, et aujourd'hui, plus rien de cela n'est nécessaire : l'industrie des microprocesseurs nous a affranchis de toutes les contraintes et a aboli à la fois le temps, l'espace et la matière.

L'entrée en scène successive de ces différentes technologies — télécommande, câble, magnétoscope, Walkman, Diskman, iPod, ardoise électronique — aura conduit le consommateur à faire des choix de plus en plus sélectifs. Mais il y a plus encore : le numérique est venu lui offrir une incroyable opportunité, celle de s'exprimer, de produire et de diffuser ses propres contenus. Au tournant du second millénaire, les blogues lui ont permis de s'exprimer librement par écrit et sans contrainte. Un peu plus tard, YouTube a ouvert toute grande la porte à l'expression visuelle, et soudain, les médias sociaux sont venus investir Internet, Facebook et Twitter n'étant que quelques-uns de ces représentants de cette nouvelle grégarité par technologies interposées.

Le numérique nous entraîne dans une profonde réécriture de nos attitudes et de nos comportements au quotidien. Mais au-delà de ces promesses vagues et informes, il n'en reste pas moins que nous sommes tous et personnellement impliqués dans ce processus d'egocasting, et les répercussions de celui-ci vont au-delà de la simple technologie. Comme le souligne Ellul, « dans toutes les situations où se rencontre une puissance technique, celle-ci cherche, de façon inconsciente, à éliminer tout ce qu'elle ne peut assimiler. Autrement dit, partout où se rencontre ce facteur, il joue nécessairement, comme son origine le prédestine, semble-t-il, à le faire, dans le sens d'une mécanisation. Il s'agit de transformer en machine tout ce qui ne l'est pas encore. On peut donc dire que la machine constitue bien un facteur décisif[123]. »

Et le meilleur exemple qui puisse être donné de cette prise de position de la part de Jacques Ellul, est bien celui de la dématérialisation, de la délocalisation et de la détemporalisation qu'imposent les technologies numériques. Les technologies numériques éliminent systématiquement tout ce qui ne peut être assimilé sous leur férule. Rien ne leur échappe. Il n'y a qu'à observer comment le monde du transport de personnes s'est transformé après la première salve lancée par Uber et sa refonte du monde du taxi ; comment celui de l'hébergement de touristes passe outre les hôteliers avec des services comme Airbnb ; comment les services bancaires et financiers se sont métamorphosés et connaîtront des transformations encore plus profondes avec la technologie du BlockChain[124-125] — même le gouvernement britannique

---

[123] Ellul, J. ([1958] 1990), *op. cit.*, p. 2.
[124] Technologie transparente et sécurisée de stockage et de transmission d'informations fonctionnant sans organe central de contrôle.
[125] Robson, D. (2016), « Rethinking Global Finance », *Wired UK*, p. 56-57, September.

considère que cette technologie est susceptible de provoquer des changements sociaux d'ordre structurel[126] — ; comment des entreprises comme Google et Facebook utilisent le travail et les informations de milliards d'utilisateurs sans les rémunérer et d'en tirer des profits colossaux. Il n'y a aucun doute, les technologies numériques assimilent tout, même les impôts, les taxes et les salaires qui devraient être payés dans les pays où ces mêmes technologies sont présentes. En fait, les technologies numériques utilisées par des entreprises comme Uber et Airbnb ont non seulement délocalisé l'obligation de payer taxes et impôts dans un pays donné, mais elles l'ont aussi dématérialisée et peut-être même éliminée, obligeant par le fait même les États à réagir et à revoir leurs positions en la matière. Tout ceci n'est pas innocent, car la technique, et en particulier les technologies numériques, dans tous les domaines, font « au premier chef un immense inventaire de tout ce qui est encore utilisable, de ce qui peut être accordé avec la machine[127]. » Donc, si « la technique intègre la machine à la société, [elle] la rend sociale et sociable[128] », et c'est bien ce que font les technologies numériques, elles mettent de l'ordre là où il semblait y avoir du chaos — l'optimisation du travail et des tâches par des logiciels sophistiqués étant un bon exemple. L'ordinateur et ses logiciels clarifient, rangent et rationalisent. Ils font « dans les domaines abstraits ce que la machine a fait dans le domaine du travail[129]. » En ce sens, l'ordinateur est efficace et porte partout la loi de l'efficacité. D'une certaine façon, l'ordinateur a sanctionné l'inefficacité sociale : « en cela, la situation de la technique est radicalement différente de celle de la machine. Cette transformation que nous pouvons contempler aujourd'hui est le résultat de ce fait que la technique est devenue autonome[130]. »

En ce sens, pour Ellul, le premier caractère du système technicien est l'autonomie. La technique ne dépend que d'elle-même, elle trace son propre chemin, elle est un facteur premier. Conséquemment, c'est l'homme qui doit s'adapter à la technique et non l'inverse : « la technique a permis à l'homme de maîtriser la nature, pour devenir elle-même une seconde nature dont

---

[126] UK Government Chief Scientific Adviser (2016), *Distributed Ledger Technology: beyond block chain*, UK Government Office for Science, URL : http://bit.ly/2d9PdxY.

[127] Ellul, J. ([1958] 1990), *op. cit.*, p. 3.
[128] *Idem.*
[129] *Idem.*
[130] *Idem.*, p. 4.

l'homme subit désormais les assauts et à laquelle il doit s'adapter[131]. » Et si la technique est autonome, c'est aussi dire qu'elle est une action, non une réaction : c'est le milieu sur lequel elle agit qui réagit à elle, qui s'adapte ; c'est la condition de son développement. Autrement dit, si la technique permet à l'homme de se dépasser, elle est, dans le même souffle, devenue un processus autonome auquel l'homme est assujetti.

Partant de là, si Jacques Ellul affirme que « la technique a maintenant pris une autonomie à peu près complète à l'égard de la machine, et [que] celle-ci reste très en arrière par rapport à son enfant[132] », je pense que l'arrivée de l'intelligence artificielle, fille de la technique, est en passe de tenir lieu et place de la technique. Par la seule présence des réseaux de neurones artificiels, l'intelligence artificielle devient la technique avec un grand T, parce que cette technologie qu'est l'intelligence artificielle est non seulement en mesure d'apprendre par elle-même et de rechercher par elle-même de façon systématique la méthode absolument la plus efficace en toutes choses, mais elle sera aussi en mesure d'absorber de façon définitive tout ce qu'elle peut absorber, même la vie sociale.

Des changements sociaux profonds à prévoir

De plus en plus, les réseaux de neurones artificiels non supervisés accomplissent une multitude de tâches cognitives hautement sophistiquées exigeant des savoirs complexes. Le système *Deepmind* de Google est non seulement désormais en mesure d'imiter le langage humain[133], mais ses algorithmes de traduction surpassent de plus de 60 % son ancien système fondé sur des règles grammaticales[134]. En août 2016, le système Watson d'IBM a été en mesure de diagnostiquer chez un patient un cas très rare de leucémie[135]. Mais au-delà de tout ce qui semble être des prouesses technologiques, il faut contourner ces dernières afin de saisir le phénomène dans son ensemble. En faire une énumération serait, dans le cadre de cet ouvrage, tout

---

[131] Encyclopédie de l'Agora (2012), *Technique*, URL : http://bit.ly/2dTcBlE.
[132] Ellul, J. ([1958] 1990), *op. cit.*, p. 2.
[133] Moon Mariella (2016 [10/4]), *Google DeepMind's AI can mimic realistic human speech*, Bloomberg, Engadget, URL : http://engt.co/2cOxPD0.
[134] Ramirez, V. B. (2016 [10/10]), *A Computer Can Now Translate Languages as Well as a Human*, Singularity Hub, URL : http://bit.ly/2dHaMcP.
[135] Otake, T. (2016 [09/11]), *IBM big data used for rapid diagnosis of rare leukemia case in Japan*, The Japan Times, URL : http://bit.ly/2ecKfGc.

à fait inapproprié, pour la simple raison que celles-ci changent tellement rapidement que quelques-unes d'entre elles pourraient bien déjà en être au stade de l'obsolescence. Il faut donc se concentrer sur ce que sont ces technologies dérivées de l'intelligence artificielle et ce qu'elles représentent comme impacts potentiels sur la société en général pour bien saisir le phénomène.

Précédemment, j'ai mentionné que les technologies fédérées sous le vocable d'intelligence artificielle sont le fait d'une minorité agissante, celle des entreprises en haute technologie. D'autre part, j'ai également mentionné que, en ce qui concerne ces entreprises dominantes, trois invariants historiques traversent toutes les époques depuis la Révolution industrielle : la quête de pouvoir ; l'accumulation de richesses ; l'exploitation des ressources (les deux précédents étant concentrés dans les mains d'une minorité agissante). En ce sens, il est probable que ces trois paramètres traverseront également les décennies à venir en ce qui concerne l'intelligence artificielle. Malgré tous les euphémismes que les technoévangélistes seront susceptibles d'inventer au cours des années à venir à propos de l'intelligence artificielle (se souvenir de l'expression « économie du partage » qui n'a jamais rien eu à voir, *stricto sensu*, avec la notion même de partage[136]), il faut toujours avoir présent à l'esprit que les nouvelles expressions sont là pour inciter les gens à adhérer au discours des technologies dites libératrices, sans pour autant exprimer clairement qu'il s'agit avant tout d'une quête de pouvoir et d'accumulation de richesses. D'ailleurs, dès qu'une nouvelle technologie semble prometteuse, « [...] on recherche comment l'appliquer ; des capitaux ou des interventions de l'État se manifestent : on entre dans le domaine public, bien souvent avant d'avoir mesuré toutes les conséquences, avant d'avoir reconnu le poids de l'aventure. [...] Mais comment résister à la pression des faits ? Comment résister à l'argent, au succès, et bien plus, à la publicité, à l'engouement du public ? et bien plus encore : à l'état d'esprit général qui veut que l'application technique soit le dernier mot ? Et comment résister au désir de poursuivre ses recherches ?[137] »

En fait, il n'y a qu'à voir comment les années 2015 et 2016 ont particulièrement été porteuses en investissements de toutes sortes en matière d'intelligence artificielle. Les capital-risqueurs se sont rués aux portes des start-

---

[136] La façon dont je formule cette phrase entre parenthèses est plus un postulat qu'autrement, mais je suis à même de supposer qu'il n'y a là aucun réel partage.

[137] Ellul, J. ([1958] 1990), *op. cit.*, p. 8.

ups[138] et les gouvernements de différents pays ont consenti des incitatifs fiscaux importants en considérant le fait qu'il s'agissait là d'une opportunité économique et financière majeure[139-140]. Le groupe-conseil américain Forrester avait prévu que les investissements dans le domaine de l'intelligence artificielle auraient augmenté de 300 % par rapport aux années 2015 et 2016[141], ce qui fut le cas. En ce qui concerne la voiture autonome, certains États américains, comme la Californie[142] et le Nevada[143], ont non seulement déjà cautionné des tests routiers, mais ont aussi mis d'avant des programmes d'obtention de permis de conduire d'un tout nouveau genre[144]. Facebook a mis en service sans jamais vraiment prévenir qui que ce soit que son système de reconnaissance faciale[145] serait déployé à grande échelle et sans avoir mesuré toutes les conséquences d'une telle aventure. Au total, est-il vraiment possible de résister à l'émoi d'une certaine portion du grand public dès l'introduction d'une nouvelle technologie, un émoi qui finit par devenir parfois presque contagieux ? Comment résister à l'argent, au succès, et à la publicité, alors que toutes ces innovations sont essentiellement présentées comme des technologies qui nous faciliteront collectivement la vie ? En fait,

---

[138] CB Insights (2016 [July 17]), *Funding to Artificial Intelligence Startups Reaches New Quarterly High : Lerer Hippeau Ventures, Khosla Ventures, and Bain Capital Ventures were the most active VC investors in Q2'16*, URL : https://www.cbinsights.com/blog/artificial-intelligence-funding-trends-q216/.

[139] Brundage, M., Bryson, J. (2016), *Smart Policies for Artificial Intelligence*, A National Science Foundation Funding, URL : https://arxiv.org/ftp/arxiv/papers/1608/1608.08196.pdf.

[140] Suk-yee, J. (2016 [April 24]), *The South Korean government is planning to provide unprecedented tax incentives for new potential fields such as intelligent robot, artificial intelligence, smart car and so on*, Business Korea, URL : http://www.businesskorea.co.kr/english/news/money/14484-promotion-potential-sectors-korean-government-provide-unprecedented-tax-incentives.

[141] McCormick, J., Doty, C. A., Sridharan, S. et al. (2016 [2 novembre]), *Predictions 2017: Artificial Intelligence Will Drive The Insights Revolution*, URL: http://bit.ly/2fAx1Eb.

[142] Department of Motor Vehicles, State of California (2013), *Testing of Autonomous Vehicles*, URL: https://www.dmv.ca.gov/portal/dmv/detail/vr/autonomous/testing.

[143] Department of Motor Vehicles, State of Nevada (2016 [Augsut 8]), *Autonomous Vehicle Testing License*, URL : http://www.dmvnv.com/pdfforms/obl326.pdf.

[144] Kovach, S. (2016 [July 6]), *Self-driving cars need to pass a driving test before they're allowed on the road*, Business Insider, Tech Insider section, URL: http://www.businessinsider.com/should-self-driving-cars-have-to-pass-a-driving-test-2016-7.

[145] Lachance, N. (2016 [May 18]), *Facebook's Facial Recognition Software Is Different From The FBI's. Here's Why*, NPR, URL : http://www.npr.org/sections/alltechconsidered/2016/05/18/477819617/facebooks-facial-recognition-software-is-different-from-the-fbis-heres-why.

les technologies numériques, et ça, le sociologue allemand Max Weber (1864-1920) ne l'avait pas prévu, ont réenchanté le monde en promettant un nouvel Avenir radieux. Comme quoi, le réenchantement est toujours là, à l'affût, prêt à fondre sur tout ce qui désenchante. Et les technologies numériques sont particulièrement porteuses de réenchantement, sans compter qu'elles possèdent cette étonnante capacité à être totalement autonomes parce que leurs « résultats se comptent, se mesurent, se voient et sont indiscutables[146] », ce qui fait en sorte qu'elles s'imposent fatalement, d'où une première partie de leur autonomie.

Une liberté de choix conditionnée par la technologie

Afin de considérer les choses sous un autre angle, tout système d'intelligence artificielle, qui sera non seulement en mesure d'effectuer plus efficacement l'analyse d'un problème donné, mais qui sera en mesure d'en porter la précision à un degré jusqu'ici inégalé, comme identifier une forme rare de cancer et d'y parvenir en moins de deux minutes, tombera automatiquement dans cette catégorie de la technique la plus efficace en toutes choses. Pourquoi ? Parce que du point de vue intellectuel, elle est plus « satisfaisante, et que du point de vue pratique, elle se révèle efficiente, [même] plus efficiente que tous les autres moyens employés jusqu'ici ou mis en concurrence au même moment[147] », la direction technique se fera d'elle-même. Autrement dit, « l'automatisme est le fait que l'orientation et les choix techniques s'effectuent d'eux-mêmes[148]. » Pour s'en convaincre, il suffit un instant de tenter de mesurer l'impact de l'introduction, au cours des prochaines années, de plus de 500 milliards d'objets connectés (*Internet of things*) disposant tous d'un accès à une intelligence artificielle logée dans un quelconque infonuage. Il ne s'agit plus seulement de simples objets connectés, mais d'objets connectés intelligents. Conséquemment, il n'est plus ici question d'un changement de degré dans un paradigme social donné et déjà établi, mais bien d'un changement de paradigme social. Par exemple, quels pourraient bien être les impacts d'une telle quantité d'objets connectés intelligents sur le secteur de l'emploi ? C'est peut-être le déplacement des travailleurs vers autre chose, sinon l'élimination programmée de certains types d'emplois.

---

[146] Ellul, J. ([1958] 1990), *op. cit.*, p. 74.
[147] Ellul, J. ([1958] 1990), *op. cit.*, p. 74.
[148] *Idem.*

Certes, il s'agit là d'un phénomène bien connu depuis l'introduction de l'informatique grand public au début des années 1980, mais il faut bien se rendre compte que l'ampleur de ce qui prépare est d'un tout autre ordre.

Les chaînes de montage robotisées qui permettent aujourd'hui de construire des automobiles avec une précision inégalée et de meilleure qualité par rapport aux chaînes de montage non robotisées des années 1950 à 1970 est un fait indiscutable. Ce n'est même pas l'objet d'un choix : c'est. Ce sont désormais les technologies numériques qui opèrent le choix *ipso facto*, « sans rémission, sans discussion possible, entre les moyens à utiliser[149]. » D'ailleurs, quel constructeur automobile voudrait dérobotiser ses chaînes de montage ? Et c'est là où Jacques Ellul nous présente une hypothèse audacieuse :

> « Que l'on ne dise pas que l'homme est l'agent du progrès technique et qu'il choisit encore entre les techniques possibles. En réalité, non : il est un appareil enregistreur des effets, des résultats obtenus par diverses techniques [...] ; il décide seulement pour ce qui donne le maximum d'efficience. Ce n'est plus un choix, n'importe quelle machine peut effectuer la même opération. Et si l'homme a encore l'air de faire un choix en abandonnant telle méthode pourtant excellente à un point de vue, c'est uniquement parce qu'il approfondit l'analyse des résultats et qu'il constate que sur d'autres points cette méthode est moins efficiente[150]. »

Et quand des logiciels embarqués dans les bras robotisés d'une chaîne de montage retournent des flux d'informations continus sur l'état global du système, l'analyse des résultats qui en découle, et qui est en bonne partie effectuée automatiquement, permet de cibler rapidement ce qui peut être rendu encore plus efficace, analyse qui est par la suite reprise par des ingénieurs pour optimiser le processus de production. Du jour où cette analyse sera confiée à un système d'apprentissage automatisé, ce qui peut être rendu encore plus efficace pourrait bien se faire dans l'instant même en optimisant les algorithmes des bras robotisés de la chaîne de montage. Au final, que ce soit l'homme ou un système d'apprentissage automatisé qui procède à l'optimisation du processus, « il ne s'agit jamais que de perfectionnement de la méthode dans son sens propre[151]. »

---

[149] *Idem*.
[150] Ellul, J. ([1958] 1990), *op. cit.*, p. 75.
[151] *Idem*.

C'est donc en ce sens que l'homme n'est pas l'agent du progrès technique et qu'il ne choisit pas entre les techniques possibles — il est déterminé par l'efficacité de telle ou telle technique. Par exemple, dès qu'il a été démontré que le transistor était plus efficace que le tube à vide, ce dernier a été relégué au musée des inventions[152]. Dès que certains ingénieurs, dans les années 1970, ont constaté qu'il était possible d'intégrer des milliers de transistors dans un microprocesseur[153] et d'en tirer ainsi un maximum d'efficacité, une course à l'innovation technologique s'est engagée pour intégrer de plus en plus de transistors dans un seul et même microprocesseur afin d'arriver à traiter l'information de façon beaucoup plus efficace et plus rapide[154].

Figure 3 — Du tube à vide, au transistor, au microprocesseur.

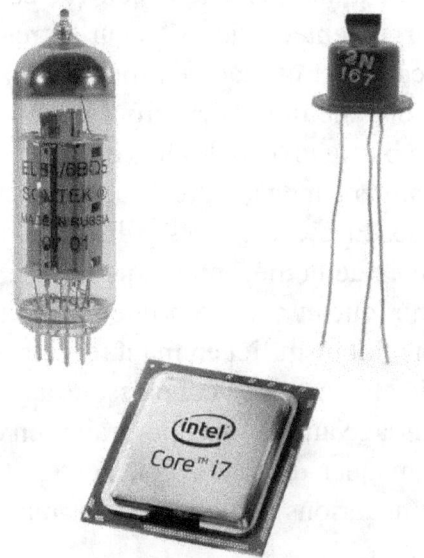

Quand on regarde de près cette histoire, il faut bien constater que les choix techniques et technologiques sont déterminés par l'efficacité de telle ou telle technologie. Si une autre technologie que celle du transistor avait supplanté celle des tubes à vide, et si cette technologie s'était avérée efficace, c'est bien cette technologie qui aurait prévalu, et tous les développements subséquents auraient été fédérés sous cette technologie. Autrement dit, les tech-

---

[152] Dyson, G. (2012), *Turing's Cathedral*, New York : Pantheon Books, p. 129.
[153] *Idem.*, p. 136.
[154] *Idem.*, p. 279.

nologies numériques, telles que nous les connaissons aujourd'hui, sont contingentes de la découverte du transistor. Conséquemment, notre société est toute conditionnée par les technologies numériques.

Partant de là, nous voyons désormais le monde à travers le filtre du numérique. À preuve, les simulations à propos des changements climatiques sont des simulations qui roulent à partir de logiciels qui s'appuient sur des microprocesseurs intégrant des millions de transistors. La télévision, le téléphone, la tablette électronique, l'ordinateur de bureau, les feux de circulation, la gestion des eaux usées, tout passe par le numérique. En ce sens, nous sommes vraiment des appareils enregistreurs des effets des technologies numériques et des résultats obtenus par celles-ci.

Il faut bien se rendre à une évidence, bien que cette évidence reste encore à être solidement argumentée : rien ne peut entrer en concurrence avec le moyen technique, car il est efficace en tout. Par exemple, les technologies numériques à base de silicium (microprocesseurs) sont rendues à la limite de ce qui est exploitable au niveau des lois de la physique, puisque la gravure de transistors est maintenant de l'ordre de 5 nanomètres, c'est-à-dire presque le niveau de l'atome. Et c'est là où l'ordinateur quantique, qui utilise les étonnantes possibilités de la mécanique quantique, pourrait bien provoquer une révolution numérique et sociale d'une ampleur sans commune mesure avec tout ce qui a été fait jusqu'ici en matière de technologies. Ainsi, le type d'intelligence artificielle que nous connaissons aujourd'hui, fondé en bonne partie sur l'apprentissage automatisé, pourrait bien connaître un bond quantitatif majeur et provoquer un bouleversement sans précédent à propos de tout ce que nous connaissons actuellement en matière d'intelligence artificielle.

En somme, ce qu'il faut toujours avoir en tête, c'est l'idée que « le milieu où pénètre une technique devient tout entier et, souvent, d'un seul coup, un milieu technique[155]. » Avec l'arrivée de l'intelligence artificielle qui pénétrera plusieurs secteurs de l'activité humaine, et ce, sans même faire appel aux microprocesseurs quantiques, toute la société deviendra un milieu artificiellement intelligent : « nous sommes actuellement au stade d'évolution historique d'élimination de tout ce qui n'est pas technique[156] » et de tout ce qui n'est pas intelligence artificielle.

---

[155] Ellul, J. ([1958] 1990), *op. cit.*, p. 78.
[156] *Idem.*

L'Internet des objets

S'il subsiste encore des doutes à cette élimination de tout ce qui n'est pas technique, il n'y a qu'à prendre conscience, ne serait-ce qu'un instant, de l'arrivée de l'Internet des Objets (*Internet of Things*) — réseau de réseaux de points uniques identifiables (objets) communiquant entre eux sans intervention humaine tout en utilisant la connexion de type IP. Du moment où les télévisions, les réfrigérateurs, les cuisinières électriques, les grille-pain, les automobiles, les lunettes, les ampoules, les plinthes chauffantes, etc., communiqueront tous ensemble, ce qui se produira, c'est une augmentation quantitative de la capacité à rassembler des données pour les soumettre à des analyses statistiques, ouvrant ainsi la voie à une reconfiguration systématique de l'environnement de vie. Ce n'est pas pour rien que Google a pris le contrôle de la société Nest spécialisée en domotique pour la modique somme de 3,2 milliards de dollars, que le fabricant de microprocesseurs Intel a racheté l'entreprise allemande Lantiq spécialisée dans les semi-conducteurs dédiés aux objets, et que Samsung a mis la main sur l'éditeur de logiciels spécialisé américain SmartThings pour 200 millions de dollars. D'ailleurs, les cabinets de recherche Gartner et ABI Research estiment que ce marché, d'ici 2020, aura atteint les 75 milliards d'objets connectés[157].

Le caractère exclusif des objets connectés — fournir des données pour optimiser différents processus — nous donne une des raisons de son progrès foudroyant à venir : « chaque collectivité ne peut résister aux pressions du milieu ambiant que si elle use de techniques[158]. » Si tel concurrent utilise telle ou telle technologie, il n'y a alors aucune raison qui milite en faveur de ne pas utiliser cette technologie contre ledit concurrent et même de l'améliorer, parce qu'« avoir la riposte technique est actuellement une question de vie ou de mort, pour tous[159]. »

Différents domaines de l'activité humaine profiteront particulièrement de ces objets connectés. Dans le secteur de l'agriculture, le seul fait d'interconnecter tracteur, moissonneuse-batteuse et semoir optimisera d'autant l'ensemencement et le rendement à l'hectare, sans compter que l'irrigation des sols

---

[157] Riggins, F. J., Wamba, F. S. (2015), « Research Directions on the Adoption, Usage and Impact of the Internet of Things through the Use of Big Data Analytics », *The 48 Hawaii International Conferences on System Sciences (HICSS)*, January 5-8, Kauai, Hawaii, USA.
[158] Ellul, J. ([1958] 1990), *op. cit.*, p. 79.
[159] *Idem*.

y gagnera autant en efficacité en enfichant dans la terre des capteurs qui mesureront la tension des sols. En matière d'élevage, chaque animal deviendra ainsi un objet connecté, générant ainsi des flux d'informations qui permettront éventuellement de prévenir le développement de maladies, tout comme d'optimiser la croissance de chaque animal, réduisant d'autant le temps entre la production et ce qui se retrouve dans l'assiette du consommateur — ne jamais oublier que plus le temps est compressé en matière de production, plus la rentabilité est au rendez-vous ; il sera donc possible de compresser le temps chez la croissance de l'animal par l'interconnexion d'objets.

Le commerce de détail, pour sa part, déjà en mode efficacité depuis plusieurs années, trouvera, dans les objets connectés, des alliés insoupçonnés. Du téléviseur, au grille-pain connecté, jusqu'au réfrigérateur intelligent, c'est tout un flux d'informations en temps réel, sans intervention humaine et sans limites de volume, qui sera déversé vers les fabricants, concernant non seulement le produit lui-même, mais le comportement du consommateur envers ce même produit, l'idée étant d'optimiser le produit et éventuellement de personnaliser l'offre de service. La gestion des stocks, qui est déjà bien en place dans certaines grandes entreprises comme Walmart et Amazon, se démocratisera de plus en plus et deviendra finalement accessible aux petites entreprises moins fortunées. Quel détaillant ne rêve pas d'un présentoir ou d'un étal intelligent qui l'informeront en temps réel qu'un produit est en rupture de stock, déclenchant ainsi *de facto*, sans intervention humaine aucune, tout un processus automatisé de réapprovisionnement auprès du fournisseur ?

Dans le domaine du transport, et particulièrement au niveau de sa logistique, c'est une révolution en profondeur qui est à prévoir. Au-delà de la géolocalisation de flottes de camions qui minimise les temps morts, et au-delà des technologies qui ont déjà permis de réduire la consommation de carburant depuis quelques années, l'arrivée de camions connectés, ainsi que l'arrivée de camions autonomes, transformera systématiquement toute l'industrie du transport des marchandises. Des flottes de camions autonomes, sans conducteurs, ne seront plus contraintes par le nombre d'heures de conduites qu'imposent les normes gouvernementales. Un camion n'est jamais fatigué, il n'a besoin que de refaire le plein, et comme il est connecté à de multiples niveaux, il se rapportera de lui-même au centre de réparation le plus près.

Dans le monde de l'alimentation, la chaîne de froid est un élément pivot de la distribution alimentaire. Du producteur, au distributeur, jusqu'au détaillant, il importe que la chaîne de froid soit respectée, autrement les pertes peuvent s'accumuler rapidement. Qu'il s'agisse de produits laitiers qui exigent une certaine température, ou de surgelés qui ne doivent surtout pas décongeler pour assurer à la fois leur qualité et leur comestibilité, des réfrigérateurs et des congélateurs connectés, depuis le producteur qui affrète des camions réfrigérés, en passant par le distributeur qui doit maintenir les températures prescrites, jusqu'au détaillant qui les replace dans des réfrigérateurs ou des congélateurs, il y a là toute une chaîne de froid qui gagnera énormément en termes d'efficacité et de rendement. Une simple puce implantée dans un emballage sera en mesure d'indiquer le statut du produit à livrer à l'ensemble de toute la chaîne de froid, réduisant d'autant les pertes, tant pour le producteur, le distributeur, que le détaillant. Cette même puce, implantée dans un emballage, se retrouvera éventuellement dans le frigo intelligent d'un consommateur qui lui indiquera si le produit est ou non sur le point d'atteindre sa date de péremption.

La quantification de soi (monitorer soi-même sa condition métabolique), quant à elle, est sur le point de trouver son aboutissement avec l'ensemble des technologies embarquées dans les téléphones intelligents dédiés à monitorer la santé, ainsi que dans l'Internet des objets. La montée d'une toute nouvelle doctrine médicale fondée sur les technologies de l'information, la Médecine 4P — personnalisation, participation, prévention, prédiction — est en voie de transformer le paysage de la pratique clinique. Il s'agit de tendre vers un niveau zéro de la médecine, c'est-à-dire : dépister ; diagnostiquer ; soigner rapidement. Il faut guérir le patient avant même qu'il ne soit malade. Pour parvenir à un tel résultat, la Médecine 4P s'appuie essentiellement sur la fluidité des informations fournies et transmises aux professionnels de la santé par les technologies numériques dont dispose désormais l'individu pour le monitorage de sa condition. L'autre avantage suggéré par la Médecine 4P consiste non seulement à soigner l'individu en fonction de sa condition de santé spécifique, mais aussi à procurer aux différents intervenants de la santé un effet de levier important pour éventuellement améliorer l'efficacité des diagnostics, les méthodes de prévention, les thérapies et le développement de nouveaux traitements, médicaments, normes et protocoles.

Avec l'arrivée des technologies numériques dans le domaine de la santé personnelle, se dessine en filigrane une désintermédiation progressive de la médecine traditionnelle où il y a à la fois repositionnement et/ou élimination des intermédiaires jusqu'alors en place. L'individu aurait non seulement accès à une batterie de technologies susceptibles de l'informer en temps réel à propos de son état de santé, mais il deviendrait celui par qui la santé arrive. Pour les spécialistes du domaine, la nutrigénomique fournira à l'individu tout ce qu'il a à savoir en matière de nutrition pour optimiser sa santé en fonction de son propre génome[160] ; la médecine régénérative, fondée sur les thérapies à base de cellules souches — autonomisation ultime de l'individu : l'individu réparé par lui-même —, offrira la possibilité de traiter certaines conditions médicales incapacitantes — infarctus, diabète insulinodépendant, Parkinson, Alzheimer[161] —; la biologie synthétique étendra ou modifiera le comportement de certains organes et/ou organismes (*biological engineering*) -[162] ; la génomique de type « Do-it-Yourself » permettra de réaliser son propre séquençage génétique[163-164] à un coût dérisoire pour y repérer des mutations potentiellement létales. Ce qui se dégage de ce processus de désintermédiation de la santé, c'est que la vitesse à laquelle l'information est en mesure d'être saisie, traitée et délivrée permettrait une réactivité quasi instantanée. Le mot clé, ici, est bien *réactivité*, et c'est bien ce qu'offriront les technologies intelligentes. En fait, l'individu autonome aurait la capacité d'être réactif, c'est-à-dire de réagir rapidement afin d'éviter une aggravation de sa condition de santé, qu'il soit ou non bien portant. Il est autonome, il est celui par qui la santé arrive.

Au-delà de cette médecine réactive qui se pointe, le chantier du corps, depuis quelques années, est engagé dans une toute nouvelle direction. En ce début de XXIe siècle, le corps est encore et toujours, comme au siècle précédent, considéré comme un réservoir de pièces, réparable, perfectible, malléable, transformable ; c'est la réparation sans fin. Un ajout cependant, le corps peut être transcendé, c'est-à-dire que sa condition mortelle peut être contournée, que la maladie et le vieillissement ne seraient pas inéluctables :

---

[160] Mutch, D., Wahlit, W., Williamson, G. (2005), « Nutrigenomics and nutrigenetics: the emerging faces of nutrition », *The FASEB Journal*, vol. 19, p. 1602-1601

[161] Mason, A., Dunhill, P. (2008), « A brief definition of regenerative medicine », *Future Medicine*, vol. 3, n° 1.

[162] Andrianantoandrol, E., Basul S., Karig, D., Weiss, R. (2006), « Synthetic biology: new engineering rules for an emerging discipline », *Molecular Systems Biology*, vol. 10, p. 1038.

[163] Au tournant du XXIe siècle, il en coûtait approximativement 1 million de dollars pour obtenir un séquençage génétique, 49 000 $ en 2010, [20 000 $ en 2012], et il en coûtera approximativement 1 000 $ vers 2015.

[164] Katsnelson, A. (2010), « DNA sequencing for the masses — The launch of a new technology marks a move towards small-scale sequencing in every lab », *Nature News Online*.

« faire marcher les paralysés, redonner la vue aux aveugles, l'ouïe aux sourds, donner vie à une prothèse articulée, faire repousser un membre, comme la salamandre le fait naturellement, sont des souhaits souvent exprimés, parfois des promesses de la médecine[165]. » Comme le souligne Ray Kurzweil : « alors qu'une partie de mes contemporains pourrait se satisfaire d'accepter de bon gré le vieillissement comme un élément du cycle de la vie, moi je ne suis pas d'accord. C'est peut-être « naturel », mais je ne vois rien de positif dans le fait de perdre mon agilité mentale, mon acuité sensorielle, ma souplesse physique, mon désir sexuel ou d'autres capacités humaines. Je vois la maladie et la mort à tout âge comme une calamité, comme des problèmes qui doivent être dépassés[166]. »

Ici, le rêve transhumaniste né dans quelques milieux du MIT, sous l'impact de l'IA et de la robotique, rêve d'une humanité où le corps « naturel » (porteur de souillures et avilissant) a disparu au profit de cyborgs implantés (puces et implants divers). Avec eux, le corps est parvenu à son point de bascule : le biologique n'est plus, demeure l'électronique et l'information. Le corps cesse d'être le signe de la création divine et passe sous le magistère des ingénieurs du corps — biotechnologies, nanotechnologies, sciences cognitives, bioinformatique, neurosciences.

Les cellules souches se positionnent dorénavant comme les précurseurs de ces incroyables possibilités médicales, puissant mythe prométhéen qui engage une société dans le rêve d'une finitude enfin reléguée aux oubliettes. Aubrey de Grey, informaticien devenu bioingénieur, quant à lui, suggère que c'est bien « l'accumulation des effets secondaires du métabolisme qui finissent par nous tuer[167-168] », d'où l'idée de renverser le processus du vieillissement. Ray Kurzweil parle d'une singularité, ce moment hypothétique de l'évolution technologique marquant le dépassement des capacités humaines par l'intelligence artificielle. Autre puissant mythe prométhéen où le corps de la singularité est un corps version 2.0 affranchi des contraintes biologiques qui le dégradent et le conduisent à sa dégénérescence. Corps glorieux, corps immortel, la convergence technologique est non seulement à l'aune de

---

[165] Sicard, D. (2011), « De la médecine sans corps et sans sujet à l'éthique », *Aux origines de la médecine*, Paris : Fayard.

[166] Kurzweil, R., Grossman, T. (2006), *Serons-nous immortels ? Oméga 3, nanotechnologie, clonage...*, Paris : Dunod, coll. Quai des Sciences.

[167] « I define aging as the set of accumulated side effects from metabolism that eventually kills us. »

[168] Than, K. (2005), *Hang in There: The 25-Year Wait for Immortality — Interview with Aubrey de Grey*, Live Science, http://bit.ly/o9oCPE.

la fabrication du posthumain, l'homme augmenté, mais aussi à celle de nouvelles normativités. Il ne s'agit plus de comprendre le fonctionnement de la biologie humaine, mais « d'atteindre une nouvelle dimension et capacité d'affecter la biologie humaine[169]. » Mythe d'un Avenir radieux, ce nouvel être humain conduirait à une amélioration sociale, d'où l'idée que, améliorer la condition corporelle humaine est en soi un défi fondamental : « Garantir l'immortalité du corps et de l'esprit, le transformer, le réécrire, le construire, améliorer l'humain et ses performances intellectuelles et physiques, bâtir une société nouvelle dans un âge d'or de richesse et de paix[170] », tel est le programme déjà inscrit en filigrane dans les comportements actuels face à la santé à travers le dépistage, la nutrition et le fitness. Il ne s'agit plus uniquement de transcender la maladie, mais de remodeler l'homme, de procéder à de l'ingénierie humaine pour obtenir de chacun des comportements toujours de plus en plus normés. C'est tout le projet transhumaniste.

Ce vaste chantier du corps, amorcé il y a plus de six cents ans à la Renaissance, est sur une lancée technologique sans précédent. Ce qui attend le corps va au-delà de tout ce qui est pour le moment possible d'imaginer. Par contre, il est plausible d'avancer l'idée que ce chantier sera encore et toujours fédéré sous la contenance de soi et la gouvernance de soi, concepts formulés par la morale puritaine de la Réforme protestante du XVIIe siècle[171]. La quantification de soi, à l'aune des technologies numériques, cette capacité dont dispose désormais l'individu à monitorer sa condition métabolique en temps réel, a de beaux jours devant elle. Ce qui se pointe maintenant à l'horizon, c'est la transparence de soi, c'est-à-dire le corps ultimement transparent, rendu intégralement visible par toutes les technologies numériques d'imagerie médicale actuellement en développement. Ce faisant, il est envisageable de penser que la contenance de soi et la gouvernance de soi disposeront de deux outils normatifs extrêmement puissants : la quantification de soi et la numérisation de soi. Outils normatifs, dans le sens où cette quantification de soi et cette numérisation de soi renverront de plus en plus en temps réel à l'individu les fourchettes statistiques du corps idéal, performant, optimisé et en santé à atteindre. Outils normatifs, dans le sens où l'accès à ces mêmes outils ne sera pas également réparti, d'où possibilité

---

[169] Heller M.J. (2002), « The Nano-Bio Connection and its Implication for Human Performance », Roco and Bainbridge eds, *WTEC : Converging Technologies for Improving Human Performance*.

[170] Maestruti, M. (2006), « La singularité technologique : un chemin vers le posthumain ? », *Vivant — L'actualité des sciences et débats sur le vivant*, Paris : Université Paris X.

[171] Fraser, P. (2015), *Les conditions d'émergence de la lutte contre l'obésité*, Thèse de doctorat soutenue le 17 novembre 2015 à l'Université Laval, URL : http://bit.ly/2uRuIT2.

d'inégalités sociales et de stratification sociale. Le corps est devenu un vaste chantier de transformations, de réparations et de métamorphoses[172].

Se soustraire à la technologie

De la technique, Ellul disait qu'« il n'y a pas de puissance équivalente au monde[173] », tout comme il soulignait que « rien ne peut entrer en concurrence avec le moyen technique[174]. » Est-il possible d'échapper à la technique ? Est-il possible d'échapper à l'intelligence artificielle qui commence déjà à percoler dans le moindre logiciel, dans la moindre application ? Jacques Ellul répond comme suit à cette troublante question :

> « le choix est fait *a priori*. L'homme ni le groupe ne peuvent décider de suivre telle voie plutôt que la voie technique : il est en effet placé devant ce dilemme très simple : ou bien il décide de sauvegarder sa liberté de choix, il décide d'user du moyen traditionnel ou personnel, moral ou empirique, et il entre alors en concurrence avec une puissance contre laquelle il n'a pas de défense efficace : ses moyens ne sont pas efficaces, ils seront étouffés ou éliminées, et lui-même sera vaincu — ou bien, il décide d'accepter la nécessité technique ; alors il vaincra, mais il sera soumis de façon irrémédiable à l'esclavage technique[175]. »

La voie technique est incontournable. Tout individu qui cherche ou tente de se soustraire à la technique se marginalise lui-même. Refuser la connectivité que proposent les technologies numériques, aujourd'hui, c'est aussi, d'une certaine façon, refuser d'établir du lien social. Certes, les technologies de communication et les réseaux sociaux n'ont pas rendu caduc le lien social, c'est-à-dire l'ensemble des relations qui unissent les individus faisant partie d'un même groupe social et qui permettent d'établir des règles sociales entre individus ou groupes sociaux différents. Par contre, elles sont devenues un canal incontournable par lequel s'exprime le lien social. Le lien social est devenu un point de départ pour les technologies numériques, comme bien d'autres par ailleurs, et tout point de départ, pour une technique, devient tout entier, et souvent d'un seul coup, un milieu technique. Le lien social est donc devenu un milieu technique et un milieu technologique. Il suffit de revenir quelques années en arrière, à la création de Facebook et de Twitter, pour

---

[172] Fraser, P. (2016), *Le corps parfait*, Paris : Éditions V/F.
[173] Ellul, J. ([1958] 1990), *op. cit.*, p. 79.
[174] *Idem.*, p. 78.
[175] Ellul, J. ([1958] 1990), *op. cit.*, p. 78.

constater qu'il n'y a eu aucune transition entre le passage d'un lien social non soumis à la technologie des réseaux sociaux à un lien social soumis à la technologie des réseaux sociaux. Le passage a été tout entier, d'un seul coup. Existe-t-il une autre puissance équivalente à la technologie numérique en ce bas monde en mesure d'opérer une telle transition ?

Comme il a collectivement été décidé d'accepter la nécessité technologique et de se soumettre volontairement et sciemment à l'esclavage technologique, la question n'est même plus de savoir s'il est ou non possible de ne pas se soumettre à cet esclavage technologique, mais bien de savoir comment la nécessité technologique agit, pour comprendre ce qui attend la société sous le magistère de l'intelligence artificielle. À ce propos, Ellul disait de la technique qu'elle est « destructrice et créatrice en même temps, sans qu'on veuille ni ne puisse la maîtriser[176]. »

Partant de là, on peut se demander, dans un premier temps, comment le monde du travail sera affecté par cette explosion d'intelligences artificielles, car le but de l'intelligence artificielle est bien celui de l'efficacité en toutes choses, surtout dans le monde de la production de biens et de services. Si l'intelligence artificielle est à la fois destructrice et créatrice, que détruira-t-elle et que créera-t-elle de nouveau, sans qu'on le veuille ni ne puisse la maîtriser et en infléchir son cours ?

---

[176] Ellul, J. ([1958] 1990), *op. cit.*, p. 79.

CHAPITRE 10
L'absorption technologique

> L'absorption technologique survient du moment où la technologie, par son unicité et son autonomie, devient sociale et sociable, c'est-à-dire du moment où elle intègre à son fonctionnement l'ensemble des composants de la société.

Avec la Révolution industrielle s'est imposé au temps de la nature du paysan le temps calculé et mesuré de l'industrie. La machine du XIXe siècle, par sa seule présence, a provoqué à la fois une nouvelle reconfiguration de l'espace de vie et une refonte systématique de l'environnement au service de l'industrie. À l'éparpillement de l'espace du paysage agraire a succédé celle de l'organisation et de la division du travail, celle du ravitaillement, de l'acheminement de l'énergie, des hommes et des matières premières. L'architecte a redéfini l'espace du milieu de vie d'où sont alors surgis une profusion de points nodaux urbains d'où rayonnent produits manufacturés, modes, idées, décisions financières, économiques et politiques : « L'implantation des usines, les trajets domicile-lieu de travail, la disposition des embranchements de chemin de fer par rapport aux quais portuaires […], la localisation des écoles, des hôpitaux, des canalisations d'eau, des collecteurs, des conduites de gaz, des standards téléphoniques[177] », rendent compte d'une vie immergée dans un environnement urbain spatialement et spécialement réticulé autour de l'idée d'efficacité, d'énergie et de rendement imposé par la technique.

Le quadrillage en damier des villes, combinant la ligne droite et l'angle à 90° des rues et des carrefours, confère au paysage urbain la régularité et la linéarité caractéristique cyclique de la machine. Une linéarité qui gagne rapidement la campagne, qui redéfinit l'organisation des champs cultivables, leur mise en valeur et leur exploitation. La vie du paysan, elle aussi, s'aligne graduellement sur celle de la machine, de l'énergie, de l'efficacité et du rendement. L'avènement de la vapeur comme force motrice et mécanique, le train, l'industrie de l'acier, l'exploitation pétrolifère, la découverte du caoutchouc, la réfrigération, l'électricité et le télégraphe ont systématiquement

---

[177] Toffler, A. (1980), *La Troisième Vague*, Paris : Éditions Denoël, p. 139.

modifié la structure sociale. Tous ces changements ont été conditionnés par des techniques et des technologies efficaces.

L'absorption de la société

Au début du XXᵉ siècle, dans la grande région de Détroit, un certain Henry Ford propose une toute nouvelle façon de vivre et de travailler : « *Amenez vos mains au travail et laissez le reste à la maison !* » C'est son leitmotiv. Sur les chaînes de montage, l'employé devient une pièce interchangeable, tout comme les pièces qu'il installe sur la Ford modèle T. Mais peu importe. Cet individu a désormais un travail. Il est sorti de la campagne. Il a accédé au monde enchanteur de la consommation. Son niveau de vie a significativement augmenté. Il a commencé à vivre une vie que ses parents et grands-parents n'auraient jamais pu imaginer dans leurs rêves les plus fous. Non seulement a-t-il été arraché à la terre, mais il a aussi été arraché au temps long, celui des jours qui se succèdent lentement au rythme du soleil et des saisons. Il est entré dans le temps court, celui des minutes qui se succèdent sur une chaîne de montage. Et là, il y a un glissement important pour la suite de sa vie tout au long du XXᵉ siècle.

Au sortir de la Seconde Guerre mondiale, la classe moyenne s'installe définitivement et domine le paysage économique ; peu de riches, peu de pauvres. C'est le boom de l'après-guerre tous azimuts. Démographie, consommation, éducation, banlieues, réseaux autoroutiers, voyages en avion, camionnage, marketing, etc. Tout prend une autre dimension. L'individu est submergé par la technique. Le voilà confronté à une multitude de possibilités, tant sur le plan personnel que professionnel. Les emplois changent à vue d'œil. La télévision s'impose. L'homme s'apprête à conquérir l'espace. IBM est sur le point de commercialiser le premier grand ordinateur commercial. C'est le passage définitif à l'*homo economicus*. Il n'est plus tout à fait la pièce interchangeable et les mains dont Henry Ford avait besoin. Il a acquis une valeur supplémentaire.

« *Amenez-vous tout entier au travail et ne pensez plus à la maison !* » pourrait dire le patron des années 1950 et 1960. On demande maintenant à l'employé d'utiliser son cerveau de neuf à cinq dans des bureaux modernes où s'entassent des centaines de travailleurs comme lui. Le secteur des emplois tertiaires est en pleine croissance. Les salaires augmentent, tout comme l'inflation. L'individu peut désormais se construire un récit de vie. Ce n'est pas que le boulot qu'il fait est des plus passionnants, mais il a le mérite de

pouvoir lui offrir l'accès à une propriété, à une voiture, à des divertissements, à de bons collèges pour ses enfants, à une assurance maladie, le tout
suivi d'un petit effet collatéral, l'endettement. Il entre pour une entreprise, y
fait carrière, s'épanouit parfois, s'ennuie parfois, acquiert de l'expérience et
prend finalement sa retraite. Voilà, le tour est joué… Une vie bien remplie à
l'aune du sentiment de peut-être avoir accompli quelque chose. En somme,
le citoyen de l'après-guerre est un citoyen somme toute heureux. Alors que
chez monsieur Ford il n'était qu'une pièce interchangeable, il est maintenant
l'une des briques qui constituent la société et maintiennent l'édifice en place.
C'est un changement de perspective important et surtout non négligeable.

En 1965, avec l'arrivée des grands ordinateurs centraux, tout change. L'individu a l'impression d'être devenu un numéro. Big Brother est devenu réalité. Le fisc s'est procuré l'une de ces machines ultraperformantes. L'individu est maintenant fiché dans les entrailles d'un ordinateur. Sa compagnie
d'assurance, de téléphone, d'électricité, du gaz, ainsi que les banques et les
agences de crédit se procurent elles aussi ces machines. L'individu est répliqué un peu partout. C'est le début d'une angoisse existentielle, la crainte
d'une atteinte à la vie privée. Mais, on le rassure en lui disant que toutes les
données le concernant seront plus en sécurité que lorsqu'elles étaient inscrites sur du papier. Elles ne seront pas perdues au fond d'un quelconque
tiroir ou mal classées. Et le citoyen y croit. Les Britanniques, faisant écho à
ce malaise vécu, proposent une série télévisée intitulée *Le prisonnier*. Patrick McGoohan, l'acteur principal, s'écrie, dans le générique, « *Je ne suis
pas un numéro. Je suis un homme libre !* » L'individu est toujours une brique
de l'édifice social, mais celle-ci commence lentement à se désagréger.

Le milieu des années 1980 marque un autre tournant. Le citoyen ne le sait
pas encore, mais son rêve de classe moyenne, l'*American Way of Life*, est
sur le point de s'effriter. Une curieuse convergence se produit. L'économie
et la finance rencontrent les technologies de l'information et de la communication. L'ordinateur personnel est entré dans les bureaux depuis au moins
cinq ans. Tableur et traitement de texte se disputent l'espace cognitif de tous
les gestionnaires de la planète, trop heureux de disposer d'outils peu coûteux
pour éliminer les fastidieuses tâches de calcul. On accélère le processus inhérent au traitement et à la transmission de l'information. Soudain, la mondialisation arrive. Les capitaux se mettent à circuler plus rapidement, soute-
nus par la nouvelle infrastructure informatique. Non seulement n'y a-t-il plus
d'étanchéité entre économie et finance, mais la finance prend le dessus.
C'est maintenant elle qui dicte le pas. Wall Street devient un lieu culte. On

en fait même un film. Les *courtiers* et les *golden boys* deviennent des modèles à imiter. Ils vivent une vie à la vitesse grand V. Les écrans ont colonisé toutes les places boursières. L'ordinateur a surmultiplié la vitesse des transactions. Le temps s'est comprimé. Le citoyen ne s'en rend pas compte, mais l'État est sur le point de perdre son rôle de régulateur de la société au profit de la logique des marchés financiers. Plus les capitaux changent rapidement de main, plus les profits sont élevés. Autrement dit, plus on gagne du temps, plus on gagne de nouveaux marchés. C'est l'efficience comme volonté de puissance. C'est la vitesse comme logique de puissance.

Il y a, dans cette course à la vitesse, une révolution cachée que personne ne voit encore venir. Le microprocesseur de l'ordinateur n'est jamais assez rapide. L'industrie cogite, conçoit, manufacture et produit des ordinateurs toujours plus efficaces et performants. Un événement imprévisible, qui aura un impact majeur et déterminant, percole déjà dans les laboratoires pour traiter et transmettre toujours de plus en plus rapidement l'information, la fibre optique. Le temps est devenu précieux. On peut maintenant associer au temps des capitaux. Le temps devient ainsi un bien qui doit être traité comme tel. Le temps a maintenant une fonction économique : perdre son temps ; gagner du temps ; manquer de temps. Le vocabulaire du temps capitaliste s'insinue pernicieusement dans la vie de chacun. « *Le temps c'est de l'argent* » disait Benjamin Franklin. À croire qu'il était visionnaire…

Le temps est devenu une donnée du marché. Il est capitaliste le temps. Les maladies reliées au temps surgissent de toutes parts : procrastination, épuisement, dépression, etc. Ces maladies du temps cherchent à ralentir le temps capitaliste, technique et technologique. Rien à y faire. L'irruption et la convergence de deux technologies tout à fait imprévues — Internet et fibre optique — viennent tout bouleverser. L'information est maintenant instantanée. Les délais sont quasi réduits à néant. La bande passante débite des quantités astronomiques d'informations en quelques nanosecondes.

De bien capitaliste qu'il était devenu pour la logique des marchés, le temps subit une autre transformation d'importance avec l'intrusion massive des technologies numériques. Il se virtualise et se dématérialise, tout comme l'information. Il devient numérique. On peut l'accélérer, le contracter et le comprimer tout comme on comprime les fichiers informatiques. C'est une révolution. Le temps a maintenant une double identité : en tant que bien capitalisable et en tant que pure information mesurable. Les spécialistes du marketing ont maintenant leur Saint Graal : ils peuvent tout mesurer. En fait, tous les preneurs de mesure de ce monde ont maintenant leur Saint Graal, car le temps est devenu une *métrique* comme le disent les spécialistes du Web. Encore là, logique de puissance, instrument dévolu à l'accroissement de puissance de la technique : « la technique est puissance, faite d'instruments de puissance et produit par conséquent des phénomènes de puissance et des structures de puissance, ce qui veut dire de domination[178]. »

Cette nouvelle capacité à pouvoir accélérer, contracter et comprimer le temps a forcément un impact, et il est de taille. L'individu est à la fois devenu un homme instantané et un homme de l'instantané. Un homme instantané dans le sens d'une vie rythmée par ses désirs et non ses besoins, désirs de consommation et de pulsions qu'il doit assouvir ici et maintenant[179]. Ce faisant, il pense abolir le temps. Il est aussi un homme de l'instantané, dans le sens d'une vie constamment engluée dans l'urgence et l'immédiateté, comme si la vitesse de résolution des problèmes pouvait, à elle seule, donner du sens à l'action.

Un homme instantané, dans le sens d'un flux tendu constant, tout comme l'est le commerce mondialisé, tout comme le sont les chaînes de montage sous la philosophie du toyotisme. Tout avoir à la portée de main, là, maintenant, au bon moment, le juste à temps. Zéro panne, zéro délai, zéro papier, zéro stock et zéro défaut. Pureté, perfection, rapidité, performance, instantanéité, voilà ce à quoi convie la société mondialisée. La mondialisation n'est pas une simple question d'économie et de finance, mais bel et bien une façon de vivre sous la tutelle de la technique et de la technologie. C'est le zéro défaut ou la tolérance zéro, un euphémisme qui cache mal l'intolérance. Constamment soumis à un flux tendu dans tous les aspects de la vie, constamment dans l'éphémère et non le durable, l'individu finit un jour par craquer : dépression, épuisement, maladies modernes du temps compressé[180].

Il faut savoir être compétent, performant et entrepreneur de sa propre vie. Il ne suffit plus d'avoir que le seul talent comme condition d'emploi dans une société mondialisée. La seule chose qui est demandée, c'est d'être compétent et performant, point à la ligne. Développer ses compétences, constamment les remettre à jour pour pouvoir vivre une vie professionnelle et

---

[178] Ellul, J. ([1977] 2004), *Le système technicien*, Paris : Calmann-Lévy, réédition Le Cherche midi, p. 11.

[179] Aubert, N. (20030), *Le culte de l'urgence*, coll. Champs essais, Paris : Flammarion, p. 28.

[180] Ehrenberg, A. (2000), *La fatigue d'être soi*, Paris : Éditions Odile Jacob.

personnelle selon les nouvelles technologies à la mode. La vie devient un horizon temporel aligné sur l'instant présent, aligné sur le temps de technologies qui se succèdent à un rythme toujours de plus en plus accéléré. Comme le souligne le sociologue du travail Daniel Mercure, « Au travail en miettes, succède des miettes de travail...[181] »

L'Internet mobile est devenu le parangon de l'immédiateté. Il faut être en contact constant avec le présent de tous les autres. Être présent, là, disponible pour écouter, pour travailler, pour échanger, pour se divertir. Une fuite en avant constante vers le prochain présent aussi prenant que celui que l'on vient à peine de vivre. Une multitude de présents qui s'alignent les uns derrière les autres et qui ne constituent en rien un récit de vie durable : juste des fragments de vie. Exit le talent. Exit l'expérience. Il faut être compétent. Être compétent c'est plonger dans la puissance d'être soi.

Au milieu des années 1980, les coachs de vie débarquent, colonisent les librairies, prônent le succès et entonnent la litanie des gens heureux : *Soyez compétents ! Prenez-vous en main ! Faites votre propre bonheur ! Soyez l'entrepreneur de votre vie ! Soyez autonome !* Et ils font recette. Et de façon incroyable. Ils engrangent des millions de dollars en faisant croire qu'il faut être compétent et performant. Et le citoyen y croit. Il y croit tellement, qu'il les écoute, qu'il boit leurs paroles, qu'il achète leurs livres, qu'il assiste à leurs séminaires à prix fort, qu'il a l'air radieux. Avoir l'air radieux, c'est « la grande façon d'approbation que l'on donne à la grande comédie de l'existence — mais c'est en même temps une comédie dans la comédie qui doit entraîner les autres spectateurs[182] », car personne ne suit les conseils d'un coach de vie si ce n'est pour se montrer en spectacle et dire, « *Regardez, je suis en train de réussir !* ».

Autrefois honni, l'entrepreneur est devenu le penseur moderne. Il est symbole de réussite. Il fait vivre des gens, fait rouler l'économie, crée de l'emploi, paie des impôts, enrichit la collectivité, devient parfois philanthrope pour se disculper. Il est modèle, l'entrepreneur, modèle de lui-même, animal grégaire animé d'une foi puissante. Agile, réactif, voilà ce à quoi aspire constamment l'entrepreneur. L'agilité est fille de la vitesse. La réactivité est mère de la vitesse. C'est pourquoi les coachs de vie appellent à cette puissance de soi, la conjurent, la convoquent.

---

[181] Mercure, D. (2016), *Un monde du travail en mutation*, documentaire réalisé par Pierre Fraser, Production : Photo | Société.
[182] Nietszche, F. W., *Humain trop humain*, § II.24.

Des changements importants sont ainsi survenus entre la fin de l'époque du patron au grand cœur Henry Ford où il fallait amener ses mains à l'usine et laisser le reste à la maison. Pendant presque quarante ans, l'employé avait réussi à se construire un récit de vie durable au sein d'une entreprise, et soudain, en 1985, la mondialisation — convergence de la finance, de l'informatique, de la télécommunication, des conteneurs — est venue changer de fonds en combles cette vie de façon pernicieuse et insidieuse. Terminé le récit de vie durable. Tout doit aller de plus en en vite. La logique des marchés financiers soumet l'individu. Les capitaux doivent s'échanger toujours plus rapidement pour engranger plus rapidement des profits toujours plus rapprochés dans le temps. Le bilan trimestriel détermine maintenant s'il y aura plus ou moins d'emplois demain. Au nom de l'efficacité, de la performance et de la vitesse, la mondialisation a sacrifié l'employé sur l'autel de Wall Street. Il faut pouvoir satisfaire non plus ses besoins de base, mais répondre à ses désirs de consommation dans l'instant. Le citoyen-consommateur est donc à la fois sa propre victime et son propre agresseur. Victime, dans le sens où il fait les frais de la mondialisation — délocalisation, pertes d'emploi, perte d'estime de soi. Agresseur, dans le sens où il participe activement à la mondialisation en tant que consommateur.

L'individu vit désormais dans un état de flux tendu constant. Tout doit être sans défaut, ici, maintenant et sans délai. L'individu doit, tout comme les échanges commerciaux, être en mesure de livrer à temps le travail que l'on exige de lui. Zéro panne, zéro délai, zéro défaut. C'est la nouvelle façon de vivre. Aussi bien se faire à l'idée. Il n'y a pas de retour possible. Les technologies numériques sont dans une logique frénétique de dématérialisation totale et systématique du temps. Le citoyen est devenu un quelconque nœud du grand réseau numérique auquel on peut se connecter ou duquel on peut se déconnecter à volonté. Aujourd'hui, ce qui compte, c'est d'être l'un des nœuds efficaces du grand réseau numérique, celui qui connecte le plus. Le talent et l'expérience ne sont peut-être plus tout à fait ce dont l'individu a besoin. Apprendre à devenir un nœud efficace et performant du réseau numérique auquel des masses de gens se connectent, avoir des compétences à profusion qui permettent de connecter massivement, voilà ce qu'il faut.

Instantanéité, efficacité, disponibilité, flexibilité, rentabilité, productivité, réactivité, gestion agile, contraction, court terme, accélération du temps, compression du temps, délai resserré, vitesse. C'est là tout le vocabulaire d'une vie totalement absorbée par la technologie. C'est là aussi le vocabulaire de tout employé aveugle au fait d'être englué dans une pression temporelle permanente, l'ivresse ressentie d'avoir accompli des exploits dans un temps limité en triomphant du temps. Il incombe forcément à tous ceux qui conçoivent, inventent, produisent et mettent en marché des technologies toujours plus performantes de nous « permettre d'embrasser du regard, d'embrasser par la pensée, de saisir, de manipuler tout ce qui s'est produit et a été apprécié jusqu'à présent, d'abréger tout ce qui est long, jusqu'au « temps » lui-même, et de *se rendre maîtres* de tout le passé[183]. » Les technologies nous tendent une main créatrice pour que nous puissions nous emparer de l'avenir. « Tout ce qui est et fut devient pour eux, ce faisant, moyen, instrument, marteau. Leur « connaître » est un *créer*, leur créer est un légiférer, leur volonté de vérité est — *volonté de puissance*[184]. » Ne faut-il pas *nécessairement* que la technologie existe ?

L'absorption des emplois

Il existe une idée tenace qui suggère que, chaque fois que de nouvelles technologies automatisent certains emplois, ces mêmes emplois perdus sont remplacés à l'équivalence par de tout nouveaux emplois qui n'existaient pas auparavant. Certains prétendent même que l'arrivée de l'intelligence artificielle ne supprimera pas seulement les emplois les plus manuels, mais qu'elle supprimera aussi des emplois nécessitant des compétences intellectuelles avancées. Selon d'autres, les sociétés industrialisées seraient désormais presque totalement devenues des sociétés où dominent des emplois à haute valeur ajoutée et à haut rendement cognitif. Finalement, pour certains, le fait que le modèle fordiste du travail soit presque relégué aux oubliettes, et le fait que, de plus en plus, le salariat cède graduellement la place à une certaine forme de précariat, démontrerait hors de tout doute que le monde du travail se dirige essentiellement vers un paradigme où tout sera absorbé par les technologies numériques et l'intelligence artificielle.

Certes, il est possible de faire toutes ces affirmations et que l'une des principales propriétés des technologies c'est d'absorber tout ce qu'elles approchent et touchent, parce qu'elles sont à la fois sociables et sociales. Par

---

[183] Nietzsche, F. W., *Par-delà bien et mal*, § VI.212.
[184] *Idem*.

contre, que faut-il faire avec les données du *Bureau of Labor Statistics*[185] des États-Unis qui se présentent comme suit ?

En 1950, aux États-Unis, plus de huit millions de personnes travaillaient dans le secteur agricole — soit 10 % de la main-d'œuvre globale américaine — pour nourrir plus de 150 millions d'Américains. En 2016, avec seulement deux millions de travailleurs, il est désormais possible de nourrir une population deux fois plus importante. Les entreprises manufacturières, aujourd'hui, produisent six fois plus bien qu'en 1950 avec 15 % moins d'employés[186], sans compter que nous savons tous que l'automatisation de l'agriculture et du secteur manufacturier a largement réduit le besoin de main-d'œuvre dans ces secteurs économiques, créant ainsi de nouveaux emplois dans les secteurs du savoir et des services. Les technologies issues de la Seconde Guerre mondiale ont donc bien absorbé certains types d'emplois. La question qu'il faut désormais se poser est la suivante : si les technologies issues de la Seconde Guerre mondiale ont bel et bien absorbé certains types d'emplois, qu'en sera-t-il de l'intelligence artificielle ?

Tous admettent sans problème que, depuis les trente dernières années, les technologiques numériques ont investi les moindres recoins de nos vies et de l'économie. À première vue, il serait plausible de penser que nous sommes passés à une société où les emplois à haute valeur ajoutée et hautement cognitifs sont devenus la norme, mais ce n'est pas du tout le cas. En fait, 80 % des emplois qui existaient en 1914 sont des emplois qui existent encore et toujours aujourd'hui. Par exemple, des 35 premiers secteurs de l'activité économique qui occupent aujourd'hui la moitié de tous les travailleurs américains, seulement l'un d'entre eux est réellement nouveau : l'informatique. Et de tous les emplois liés au secteur de l'informatique, ceux-ci ne représentent en définitive que 8 % de tous les emplois en sol américain[187].

Selon plusieurs chercheurs, les 10 professions qui emploient plus de 25 % des travailleurs américains aujourd'hui— vendeurs au détail, secrétaires, travailleurs de la restauration rapide, manœuvres, caissiers, concierges, commis de bureau, chauffeurs, infirmières — sont susceptibles d'être affectées par l'arrivée de systèmes intelligents qui mettront ces mêmes emplois à

---

[185] United States Department of Labor (2016), *Labor Force Statistics from the Current Population Survey*, Bureau of Labor Statistics, URL : https://www.bls.gov/cps/cpsaat11.htm.
[186] *Idem.*
[187] *Idem.*

risque[188]. Il n'y qu'à voir comment la restauration rapide a installé des bornes interactives de commande tout en réduisant le nombre de caissiers, comment le camion de livraison autonome a commencé à faire son entrée, comment les caisses en libre-service chez Wal-Mart et dans les supermarchés ont supprimé des emplois de caissiers, comment les services bancaires ont été automatisés, comment les entrepôts d'Amazon et autres grandes entreprises ont été largement automatisés, etc. L'absorption technologique est donc bien réelle.

Il est indéniable que de nouvelles entreprises et de nouveaux emplois seront créés à l'avenir. La question est aussi de savoir si ces entreprises qui créeront de nouveaux emplois ressembleront plus à GM et Wal-Mart qu'à Facebook, qui arrive à desservir plus d'un milliard de personnes avec seulement 8 000 employés, ou à WhatsApp qui gère 500 millions de clients avec moins de 20 employés. Et il y a fort à parier que Facebook, Google et Amazon réduiront d'autant leurs effectifs humains au cours des prochaines années du moment que l'intelligence artificielle suppléera à certains types d'emplois aujourd'hui indispensables.

En partant de l'idée de Jacques Ellul voulant que la technologie (i) possède cette étonnante capacité à devenir à la fois sociale et sociable en intégrant à son fonctionnement l'ensemble des composants de la société, (ii) qu'elle est la mesure efficace en toutes choses, et (iii) que si elle est disponible elle doit nécessairement être utilisée, et en partant également de l'idée (iv) que l'intelligence artificielle de type *apprentissage automatisé autonome* est avant tout une technologie éminemment efficace en toutes choses, celle-ci dopera les recherches dans tous les secteurs de l'activité économique pour s'y infiltrer et réduire d'autant les emplois disponibles dans ces mêmes secteurs.

Si l'intelligence artificielle atteint le degré d'efficacité espéré par les chercheurs et les concepteurs, le marché du travail connaîtra un clivage majeur : (i) les gens les plus scolarisés qui auront acquis des compétences hautement cognitives que ne peuvent actuellement combler les systèmes d'intelligence artificielle seront les plus favorisés, et comme la loi de l'offre et de la demande jouera, les salaires seront hautement compétitifs en fonction de la valeur cognitive de chaque individu ; (ii) les gens les moins scolarisés dont les emplois ne peuvent être comblés par des systèmes d'intelligence artifi-

---

[188] *Idem.*

cielle n'auront besoin que d'une seule qualification, celle d'être un être humain, et comme la loi de l'offre et de la demande ne pourra pas avoir ici d'emprise, les salaires resteront au niveau minimum légal autorisé par l'État.

En somme, en s'appuyant sur l'idée qu'il suffit d'analyser dans le moindre détail comment un travail peut être effectué, il faut, dans le même souffle, admettre que cette analyse peut être codifiée sous forme d'algorithme. Qu'il s'agisse d'un travail manuel ou d'un travail cognitif, tout peut être ramené à un algorithme. Partant de là, il est possible d'encapsuler sous forme de données l'ensemble de cette démarche et simplement attendre qu'un logiciel intelligent soit en mesure d'analyser toutes ces données afin d'en tirer des patterns récurrents qui permettront à un quelconque automate d'exécuter la tâche en question. Autrement dit, tous autant que nous sommes, sans le savoir, nous sommes en train de paver la voie en décortiquant tout ce que nous faisons à tous ces automates intelligents qui occuperont des emplois aujourd'hui occupés par des êtres humains ; c'est le passage de l'automate qui augmente la productivité d'un travailleur à celui d'un automate qui devient un travailleur reconnu comme tel.

Le résultat de cette mise en forme algorithmique du travail fait en sorte qu'aucune protection contre l'automatisation ne peut être offerte, que l'on soit fortement scolarisé ou détenteur de compétences pointues dans tel ou tel domaine. Que l'on soit radiologue, avocat, médecin, pharmacien, manœuvre dans un entrepôt, ou même employé d'un fast-food, rien ne peut échapper à cette implacable réalité : les ordinateurs deviennent de plus en plus performants à acquérir des compétences que seuls les humains détenaient jusqu'ici avant l'arrivée de l'intelligence artificielle. Par exemple, la profession de pharmacien en est une qui exige d'apprendre non seulement la nature même des médicaments et leurs effets secondaires, mais aussi d'en comprendre toutes les interactions possibles avec d'autres médicaments, et s'il y a un domaine où toute cette connaissance peut facilement être réduite à des données traitables par un système d'intelligence artificielle, c'est bien celui-ci. Autrement, les emplois au salaire minimum, qui requièrent un minimum de compétences, entrent exactement dans la même catégorie. Plusieurs emplois à haute valeur cognitive, tout comme plusieurs emplois manuels, sont fondamentalement des emplois dont la pratique conduit inévitablement à un résultat prévisible, c'est-à-dire que si le travailleur pose une séquence de gestes manuels ou de décisions cognitives X, Y et Z, il obtiendra forcément un résultat R préétabli. Si on part de cette idée, les emplois qui résisteront à l'automatisation seront-ils forcément les emplois dont l'enchaînement des séquences ne conduit pas à un résultat prévisible ? Et c'est ici qu'entrent en jeu les emplois à haute valeur créative ajoutée. Qu'est-ce qu'un travail créatif ? Pour répondre à cette question, il faut tout d'abord se demander quels sont les emplois hautement créatifs actuellement disponibles, et en quoi pourrait bien consister un emploi créatif une fois que l'intelligence artificielle aura investi le champ de la créativité, car si on fait l'hypothèse que l'intelligence artificielle balaiera sur son passage les emplois manuels et hautement cognitifs, il faut aussi faire l'hypothèse qu'elle englobera également les emplois créatifs. On ne peut écarter cette hypothèse, pour la simple raison que le consensus actuel semble dire que seuls les emplois créatifs résisteront à l'intelligence artificielle.

Avant de poursuivre, un bref retour dans le temps s'impose. Pour plusieurs d'entre nous, le travail signifie beaucoup, et depuis le XVIIe siècle, depuis la Réforme protestante en quelque sorte, nous avons adhéré à l'idée que le travail forge le caractère : ponctualité, initiative, honnêteté, autodiscipline. Nous avons également adhéré à l'idée que le marché du travail arrive à embaucher un maximum de personnes, stabilisant du coup la société tout en rendant possible l'épanouissement de chacun. Nous avons également cru que, même si un emploi n'offre aucun défi, il confère tout de même un but, une structure et un sens à la vie. Nous avons minimalement cette certitude, car un emploi nous oblige à sortir du lit le matin, nous permet de payer les factures, nous donne accès à des loisirs, et nous fait sentir responsables. Mais voilà, toutes les certitudes que nous avions à propos du travail ne tiennent plus la route. En fait, elles sont presque devenues obsolètes, parce qu'il n'y aura plus assez d'emplois payants pour arriver à payer les factures et s'offrir une vie décente, à moins d'être tout au sommet de la chaîne de la créativité.

Jusqu'à maintenant, les machines et les outils étaient essentiellement considérées comme des dispositifs permettant d'augmenter la productivité d'un travailleur. Par contre, du moment où les machines et les outils embarquent une quelconque forme d'intelligence artificielle, et ce moment est déjà arrivé, elles deviennent elles-mêmes des travailleurs. Une fois cette mince ligne rouge franchie, la frontière entre travail et capital devient plus floue que jamais auparavant. Que signifiera dès lors le mot *capital* quand celui-ci ne sera plus associé à une force de travail humaine exploitable à volonté pour générer du capital ? La question reste ouverte.

Autrement, il existe un lieu commun voulant que l'automatisation de certains emplois par l'intermédiaire de robots ou d'algorithmes intelligents touchera inévitablement les travailleurs les moins qualifiés et les moins scolarisés. Ce postulat stipule que ces emplois sont à ce point routiniers et répétitifs qu'ils sont à l'avance condamnés à être programmés dans une quelconque machine. Par contre, il faut aussi tenir compte du fait que les tâches les plus facilement encodables dans un quelconque algorithme sont bien les tâches qui utilisent déjà un système de symboles — lettres, chiffres, images. Par exemple, qui aurait pu dire, il y a à peine cinq ans, qu'un système d'intelligence artificielle[189-190], en analysant des mammographies, parviendrait à prédire avec une précision supérieure à celle d'un radiologue que telle ou telle femme est plus susceptible qu'une autre de développer un cancer du sein ? Partant de là, qu'en est-il du rôle du radiologue formé pendant plus de dix ans à interpréter des radiologies ? Ce radiologue, formé à décoder certains patterns récurrents, c'est-à-dire des symboles, se retrouve-t-il pour autant relégué à une autre tâche que celle de justement interpréter des radiologies ? En fait, ce qui se trame présentement n'est pas innocent, car bien que les emplois routiniers et répétitifs continuent et continueront à faire l'objet d'une automatisation accélérée et croissante, il n'en reste pas moins que les employés qui exercent des fonctions d'analyse et de traitement de l'information se retrouveront forcément sur la ligne de front en ce qui concerne l'automatisation que propose l'intelligence artificielle. Pourquoi ? Parce que l'intelligence artificielle possède une propriété que les technologies numériques précédentes ne possédaient pas : leur capacité à reconnaître des patterns récurrents à partir de bases de données massives ou à apprendre par elles-mêmes sans le support de données massives.

D'un strict point de vue biologique, reconnaître des patterns récurrents est une propriété dont nous a doté l'évolution au cours des millions d'années qui ont précédé notre apparition en tant qu'être humain. Notre cerveau, tout comme celui des animaux, est une machine conçue pour repérer des patterns récurrents, car s'il n'en avait pas été ainsi, nous n'aurions jamais pu survivre. Et voilà que, en moins de 60 ans de recherche, nous arrivons à produire des

---

[189] Krizhevsky, A., Sutskever, I., Hinton, G. E. (2012), « Imagenet classification with deep convolutional neural networks », *Advances in Neural Information Processing Systems*, p. 1097–1105.
[190] Mahendran, A., Vedaldi, A. (2012), « Understanding Deep Image Representations by Inverting Them », *Computer Vision and Pattern Recognition*, Cornell University Library, URL: http://arxiv.org/abs/1412.0035.

machines qui sont capables de réaliser un tel exploit, déclassant par là même des millions d'années d'évolution. Ce n'est ni banal ni trivial comme constat.

En 2011, voyant l'état d'avancement des technologies liées à la conduite autonome, je pensais alors que beaucoup d'eau coulerait encore sous les ponts avant qu'une telle voiture ne puisse se retrouver, seule et sans conducteur, sur les routes. Quelle ne fut pas mon erreur de penser ainsi, et surtout, quelle ne fut pas mon arrogance de croire qu'il n'en serait pas ainsi, considérant que mon principal champ de recherche scientifique est celui de la sociologie de l'innovation technologique. Il y avait là quelque chose d'extrêmement gênant, sans compter que j'avais tenu depuis longtemps pour ridicules les propositions de Ray Kurzweil. Depuis ce temps, j'ai revisité de fonds en combles mes *a priori* sur la question technologique, et c'est la raison pour laquelle j'ai lu et relu les travaux du sociologue français Jacques Ellul sur la question technique, pour finalement me rendre compte qu'« il est vain de déblatérer contre le capitalisme : ce n'est pas lui qui crée ce monde, c'est la machine. »

Le lecteur aura compris qu'il s'agit là d'une position qui me met en porte à faux avec les paradigmes sociologiques et économiques dominants. Sans pour autant avoir de certitudes totalement affirmées, je pense du moins qu'il est plausible d'envisager que les mutations que subissent nos sociétés sont le fait du développement technique et technologique, et que les inégalités sociales sont également tributaires de ce développement. Plus encore, j'ose même penser que les Trente glorieuses, cette période qui, au sortir de la Seconde Guerre mondiale, a vu l'éclosion d'une véritable classe moyenne, ainsi que la venue d'une société où les inégalités sociales ont été dans une certaine mesure aplanies, n'aura été qu'un hoquet de l'histoire. En fait, je pense que les inégalités sociales sont une condition inhérente des sociétés et non l'inverse, et que ceux qui pensent que les technologies nous promettent un *Avenir radieux* sur le plan des inégalités sociales ne saisissent pas la portée de ce qui est actuellement en jeu. En ce sens, la *Loi du retour accéléré* de Ray Kurzweil est peut-être aussi une loi de l'accroissement accéléré des inégalités sociales.

Pour tous les technosolutionnistes de ce monde, depuis Condorcet, la technique et la technologie ont toujours été perçues comme des vecteurs de libération, sinon comme des vecteurs d'améliorations des conditions de vie et des conditions sociales. Il va sans dire que, depuis les débuts de la Révolution industrielle, la production de masse et les innovations technologiques qui ont suivi dans son sillage ont effectivement permis d'augmenter de façon significative le niveau de vie dans les pays industrialisés, entraînant même dans la foulée les économies émergentes qui ont, elles aussi, contribué à améliorer la condition de leurs citoyens.

La période qui va de 1945 jusqu'au choc pétrolier de 1973 est généralement considérée par les économistes et les sociologues comme une ère de prospérité dans tous les pays industrialisés. Sa principale caractéristique tient essentiellement par le fait qu'elle représente non seulement une croissance économique continue, mais qu'elle représente aussi une productivité inégalée et un développement technologique soutenu sans contreparties dans l'histoire. Il s'agit également d'une ère de prospérité caractérisée par des innovations techniques et technologiques, aussi bien dans les domaines de l'ingénierie que celui de la chimie et de l'aérospatiale. Si on prend comme point d'appui le développement des moteurs d'avions, c'est le passage du moteur à hélice au moteur à réaction qui révolutionnera toute l'industrie de l'aéronautique, autant civile que militaire. C'est aussi la mise en place de l'industrie aérospatiale qui verra son apogée avec la mission Apollo 11 et son atterrissage sur la lune. Autre caractéristique majeure de cette période, chaque innovation technologique et chaque nouvelle technique de gestion du travail a largement contribué à rendre chaque travailleur de plus en plus efficace.

En 1973, c'est le choc pétrolier. Les pays producteurs de pétrole ferment le robinet. S'ensuit alors une période de chômage importante qui, combinée à des taux d'inflation élevés, entraînera une chute drastique de la productivité. Le taux d'innovation technologique chute également, laissant dans son sillage des industries de moins en moins productives, performantes et concurrentielles. Vers la fin des années 1970, le microprocesseur fait son apparition et trouve sa voie dans ce qui deviendra, au début des années 1980, la révolution des technologies de l'information et l'arrivée de l'ordinateur personnel.

Dès le début des années 1980, le secteur des technologies de l'information devient graduellement ce par quoi passe désormais la croissance économique et la productivité. Les innovations apportées par les technologies de l'information auront différents impacts sur les travailleurs : (i) tous ceux disposant déjà de compétences intellectuelles de haut niveau bénéficieront largement de ces innovations ; (ii) pour ceux ne disposant pas de ces compétences qui entrent rapidement en symbiose avec les technologies de l'information, les impacts se feront ressentir rapidement — certains emplois deviendront totalement obsolètes, tandis que d'autres seront particulièrement disqualifiés, faisant ainsi en sorte de dévaluer ces mêmes travailleurs. Au fur et à mesure que les technologies de l'information gagneront en importance et en efficacité tout au long de la décennie 1980, les salaires, quant à eux, s'aligneront sur une courbe de plus en plus à la baisse.

Au cours des années 1990, le rythme des innovations technologiques s'accélère grandement. Avec l'arrivée d'Internet, la fibre optique trouve enfin son véritable débouché commercial. Des millions d'emplois de qualité et bien rémunérés sont alors créés dans le monde des technologies de l'information. Dans l'espace d'une seule décennie, l'arrivée des réseaux informatiques privés et l'arrivée du réseau des réseaux, Internet, deviennent des outils incontournables autour desquels s'articulent non seulement toute la gestion des entreprises, mais aussi celle de l'ensemble de l'économie où la finance, par le truchement de ces mêmes outils, commence graduellement à supplanter l'économie traditionnelle.

La récession du début des années 1990, pour sa part, met en lumière un phénomène tout à fait particulier : beaucoup d'emplois perdus ne seront pas remplacés dès la reprise économique à la fin de 1991, malgré une croissance soutenue de la productivité. Plusieurs employés, qui avaient alors perdu de bons emplois dans le secteur manufacturier, auront de la difficulté à se trouver un emploi aussi rémunérateur que le précédent. Le marché du travail se polarise de plus en plus et s'articule de plus en plus autour de technologies numériques qui prennent d'assaut différents secteurs de l'économie jusquelà peu affectés par l'innovation technologique.

Immédiatement après l'effondrement de la bulle technologique du début des années 2000, le secteur des technologies de l'information poursuit sa croissance comme si rien n'était survenu. La productivité globale augmente et plusieurs des emplois rémunérateurs des années 1990 disparaissent graduellement, alors que les entreprises tirent toujours de plus en plus profit des innovations technologiques dans le but avoué d'automatiser de plus en plus les processus de production et d'affaires. Du côté du secteur des technologies de l'information, les entreprises commencent à délocaliser plusieurs emplois, sans compter que l'introduction de l'infonuagique reconfigure en profondeur les processus d'affaires.

Toutes les innovations technologiques survenues depuis le sortir de la Seconde Guerre mondiale ont eu pour effet d'introduire de plus en plus de processus automatisés qui ont entraîné à la fois le remplacement et le déclassement de plusieurs travailleurs, sans compter que les salaires n'ont pas suivi la courbe croissante de la productivité globale. Autrement dit, malgré tous les discours des technoévangélistes clamant que l'introduction des technologies numériques allait créer de nouveaux types d'emplois dont se sont emparés plusieurs travailleurs déclassés, il faut bien se rendre à une évidence : le marché du travail a continué à se polariser et le non-recouvrement d'emplois perdus est plutôt devenu la norme.

En 2017, la situation économique des États-Unis était tout sauf à son meilleur. Après des années de croissance décevante au niveau de l'emploi, après des années de stagnation des salaires, alors que le coût de la vie ne cessait d'augmenter, le pouvoir d'achat d'une grande partie de la population américaine avait été réduit d'autant. Dans le même souffle, de nouvelles technologies toutes plus époustouflantes les unes que les autres issues de ce qu'il est convenu d'appeler les industries avancées — intelligence artificielle, robotique intelligente, voiture autonome, impression 3D, numérisation de tout ce qui peut être numérisé —, ont provoqué un véritable engouement, même si personne ne sait encore vraiment où celles-ci nous mèneront réellement.

Tout d'abord, qu'entend-on par industries avancées ? Il s'agit de toute industrie qui se caractérise par sa capacité à investir de façon importante dans la recherche technologique et le développement. Cette R&D, pour sa part, s'articule autour de quatre constituants incontournables : la science, la technologie, l'ingénierie et les mathématiques, d'où un acronyme, STIM[191], que j'utiliserai au cours de prochaines pages afin de faciliter la lecture. On dira donc que toute industrie de type STIM est une industrie qui a le potentiel de

---

[191] Pour qu'une industrie soit considérée comme une industrie avancée, deux critères doivent être rencontrés. Premièrement, les dépenses en R&D doivent se situer dans le 80e percentile ou plus des autres industries, c'est-à-dire qu'elles doivent dépasser les 450 $ (U.S.) par travailleur. Deuxièmement, la part des travailleurs dans une industrie dont les professions nécessitent un degré élevé de connaissance de type STIM doit être également ou supérieur à la moyenne nationale, soit 21 % de tous les travailleurs. (Source : Muro, M., Rothwell, J., Andes, S., Fiikri, K. (2017), *Advanced Industries*, Washington D.C.: The Brooking Institution.)

non seulement redynamiser l'économie, mais aussi de reconfigurer le fonctionnement de la société.

Les STIM englobent plus de 50 types différents d'industries allant de l'entreprise manufacturière — automobile, aérospatiale, énergie — en passant les entreprises de hautes technologies jusqu'aux applications dans le monde médical. Comme le lecteur l'aura évidemment constaté, ce sont non seulement toutes des industries à haute valeur ajoutée, mais surtout des industries qui représentent le meilleur atout économique pour toutes les nations industrialisées.

Modestes en termes d'employés, les industries avancées ont pourtant un impact économique majeur dans l'économie américaine. En date de 2013, les STIM employaient 12,3 millions de travailleurs, ce qui correspondait grosso modo à environ 9 % de toute la force de travail américaine. Malgré ce 9 %, les industries avancées, à elles seules, avaient généré un chiffre d'affaires de plus de 2,7 billions de dollars, soit environ 17 % du PIB américain, ce qui est plus que tous les autres secteurs combinés, incluant la santé, la finance et l'immobilier.

De plus, les industries avancées, à elles seules, emploient 80 % de tous les ingénieurs du pays, occupent 90 % de la R&D, génèrent approximativement plus de 85 % de tous les brevets émis proposés aux États-Unis, représentent pour près de 60 % de toutes les exportations américaines, sans compter qu'elles sont non seulement à l'origine même d'une vaste chaîne d'approvisionnement, mais qu'elles sont à la source même de centaines de milliers d'emplois indirects. Par exemple, sur la base d'un seul travailleur, les industries avancées achètent auprès de leurs fournisseurs plus de 236 000 $ en biens et services, contre 67 000 $ pour toutes les autres industries combinées. Ce ratio fait en sorte que 2,2 emplois sont créés aux États-Unis dès qu'un emploi est directement créé dans le secteur des industries avancées. Cela signifie que, pour les 12,3 millions de travailleurs directement employés par les industries avancées, plus de 27,1 millions de travailleurs doivent leur emploi à l'activité économique ainsi générée par les industries avancées. Donc, directement et indirectement, les industries avancées supportent plus de 39 millions d'emplois, soit environ 25 % de la force de travail globale américaine.

Par contre, depuis 1980 jusqu'à 2008, le nombre total de travailleurs dans les industries avancées n'a pas du tout été ce grand générateur d'emplois que les technoévangélistes avaient promis — l'argument étant que les anciens emplois étaient généralement remplacés à l'équivalent par de nouveaux emplois. Par contre, la productivité des industries avancées, de 1980 à 2008, a grimpé en flèche avec une progression de plus de 5,4 % annuellement. Mais là où les choses deviennent intéressantes, depuis le krach financier de 2008, les industries avancées ont, dès 2010, connu une augmentation spectaculaire à la fois de l'emploi et de la production avec des taux de croissance respectifs de plus de 1,9 et 2,3 fois plus élevés. Concrètement, ce sont bien les industries avancées qui, depuis le krach financier de 2008, ont permis aux États-Unis de tirer leur épingle de jeu et de s'en sortir. En fait, les industries avancées ont créé plus de 65 % des nouveaux emplois. À titre d'exemple, la conception de systèmes informatiques, à elle seule, a généré plus 250 000 nouveaux emplois. Certaines industries manufacturières avancées — en particulier celles impliquées dans le matériel dédié au transport —, quant à elles, ont également créé des milliers de nouveaux emplois après des décennies de pertes.

Autrement, les industries avancées fournissent des emplois à très haute valeur ajoutée. Les travailleurs de ce secteur sont non seulement hautement productifs, mais ils génèrent environ 210 000 $ de valeur ajoutée annuelle par travailleur, comparativement à 101 000 $, en moyenne, en dehors des industries avancées. Pour cette raison, les industries avancées offrent de généreux salaires à leurs travailleurs, et contrairement au reste de l'économie, ceux-ci ont tendance à augmenter fortement d'année en année.

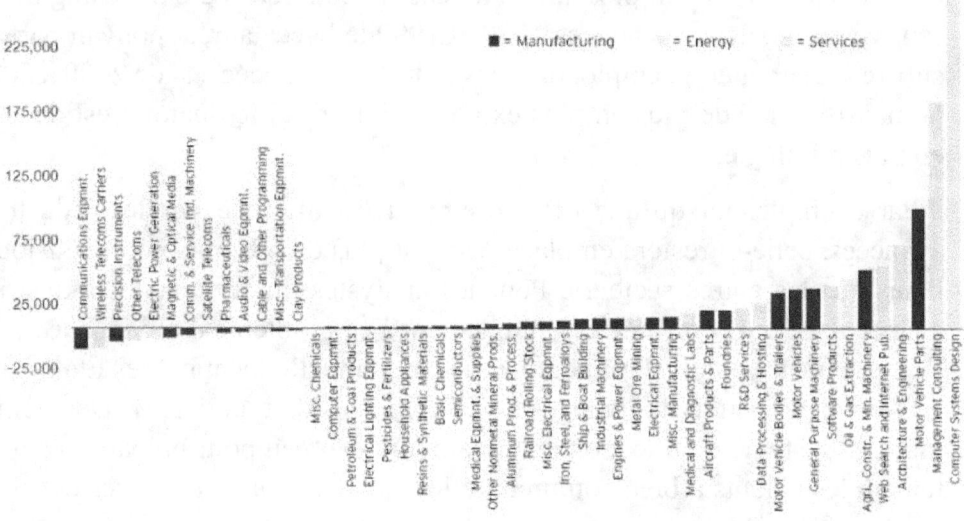

Source : Muro, M., Rothwell, J., Andes, S., Fiikri, K. (2017), *Advanced Industries*, Washington D.C.: The Brooking Institution.

En 2013, le travailleur moyen des industries avancées gagnait 90 000 $ en rémunération totale, soit près de deux fois plus que le travailleur moyen à l'extérieur de ce secteur. Au fil du temps, les gains absolus dans les industries avancées ont augmenté de plus de 63 % entre 1975 et 2013 — après ajustement au taux d'inflation. Même les travailleurs des industries avancées ayant des niveaux de scolarisation inférieurs sont susceptibles de gagner des salaires qui dépassent de loin le salaire de leurs pairs dans d'autres industries à une large part de la population active. À cet égard, le secteur des industries avancées est en fait accessible, contrairement à ce que l'on pourrait croire, car plus de la moitié des travailleurs du secteur possèdent moins qu'un diplôme de niveau baccalauréat.

Même si les emplois dans les industries avancées sont accessibles à bien des gens qui ne possèdent qu'un baccalauréat, il n'en reste pas moins que les diplômes universitaires exigés ont tous un lien direct avec les industries avancées. Même si on tente de nous faire croire qu'il y a des gens provenant des sciences humaines et des sciences sociales dans les industries avancées, ces derniers ne représentent qu'une infime partie de la force de travail de ce secteur. Malgré tout, malgré la perspective d'un emploi assuré et d'un très bon salaire à l'avenant, les industries avancées sont constamment confrontées à une pénurie de main-d'œuvre. Comment la chose s'explique-t-elle ? Selon les experts du secteur, les changements technologiques sont si rapides, que le monde universitaire n'arrive même pas à être au pair avec lesdits changements, sans compter que le niveau de compétence exigée augmente sans cesse. Si, dans les années 1980 et 1990 le baccalauréat pouvait parfois suffire à décrocher un emploi dans les industries avancées, si de 2000 à 2010 la maîtrise a été de plus en plus exigée, aujourd'hui le doctorat est de plus en plus privilégié.

Par exemple, lorsqu'une offre d'emploi est affichée par les industries avancées, celle-ci restera en place pendant plus de 43 jours contre 32 jours pour tous les autres secteurs. Pour les analystes du secteur des industries avancées, ce qui contribue essentiellement à ce problème d'embauche se résume en quatre points. Premièrement, le système d'éducation des États-Unis ne forme que peu d'étudiants dans les domaines de type STIM. Deuxièmement, le système d'éducation américain fait trop peu pour préparer adéquatement les enfants à bien comprendre les concepts mathématiques et scientifiques. Troisièmement, les jeunes et les adultes américains se classent loin mal au niveau international en termes de compétences en mathématiques et en sciences comparativement à leurs pairs dans les pays développés. Quatrièmement, 10 % des meilleurs étudiants américains en mathématiques et en sciences affichent un score académique bien inférieur à leurs pairs des autres pays développés.

On comprendra, comme je l'ai déjà mentionné, que lorsque le seul outil dont on dispose est un marteau, la vision du monde s'articule essentiellement autour du fait de planter des clous. En ce sens, quand le secteur économique le plus rentable et le plus productif d'un pays est celui des industries avancées, ce même pays devrait normalement avoir tendance à articuler sa vision du monde autour des sciences, des technologies, de l'ingénierie et des mathématiques. Mais ce n'est pas forcément le cas, quand on constate ce que les analystes américains établissent comme constat à propos de leur propre pays, mais c'est tout à fait le cas lorsque les entrepreneurs du secteur des industries avancées posent eux même le constat. De là, une chose est certaine, les industries avancées, bien qu'elles soient en mesure de représenter plus de 25 % de la force de travail américaine, bien qu'elles aient créé plus de 250 000 emplois depuis 2010, bien qu'elles avoisinent les 17 % du PIB des États-Unis, bien que leur productivité soit la plus élevée de tous les autres secteurs économiques réunis, il n'en reste pas moins que celles-ci ne sont pas à la portée de tous.

Partant de là, il devient possible de supputer certains scénarios. Tout d'abord, une étude, menée par Daron Acemoglu du MIT et Pascual Restrepo du Boston University, a mis en lumière le fait que les secteurs économiques, aux États-Unis, qui ont perdu le plus d'emplois ont été ceux qui n'ont justement pas investi dans l'automatisation de leurs procédés de fabrication[192]. Par contre, le déclin de l'emploi, dans toutes les zones industrielles des États-Unis qui ont largement investi dans l'automatisation, a été constant depuis 1990. Dans un contexte où les robots compétitionnent avec les êtres humains pour occuper des emplois, Acemoglu et Restrepro ont démontré que l'introduction de toutes formes d'automatisation, quelle qu'elle soit, provoque une baisse de l'emploi et entraîne dans son sillage des salaires à la baisse. Les deux chercheurs estiment donc que l'automatisation a des effets profonds et dévastateurs sur l'emploi et le salaire, partout là où l'industrie investit massivement dans l'automatisation.

---

[192] Acemoglu, R., Restrepo, P. (2017), « Robots and Jobs: Evidence from Us Labor Markets », *NBER* : Working Paper n° w23285.

Toujours selon Acemoglu et Restrepo, l'impact de l'automatisation se démarque clairement de celui des effets combinés de la délocalisation, des importations depuis la Chine ou le Mexique, du déclin des emplois routiniers, et de l'investissement dans les technologies de l'information. Mieux encore, les deux chercheurs ont démontré que l'automatisation est faiblement corrélée à l'un ou l'autre de ces facteurs. Finalement, l'introduction d'un seul nouveau robot par chaque tranche de 1 000 travailleurs réduirait le ratio d'emploi de ce groupe de travailleurs d'environ 0.18 à 0.34 point de pourcentage, alors qu'il réduirait les salaires dans une fourchette se situant à 0,25 à 0,5 %. Au final, qui aura un emploi une fois que l'intelligence artificielle atteindra sa première vitesse de croisière ? Pour répondre à cette question, je renvoie le lecteur à ce constat posé par Aristote : si les leçons de l'histoire ne sont pas assez convaincantes, on peut avoir recours à la fiction qui est beaucoup plus vraisemblable que la réalité. Mais en quoi consiste au juste cette fiction ? En fait, il n'y a pas de fiction.

À mon avis, et il s'agit là d'une hypothèse qui reste à démontrer, et je souligne particulièrement, qui reste à démontrer, on assistera vraisemblablement à une redistribution du travail, sauf que cette nouvelle redistribution, justement à cause de l'intelligence artificielle, sera vraisemblablement d'une plus grande ampleur que les précédentes. Certes, comme dans tout processus de transformation du monde du travail, il y aura des gagnants et des perdants, tout comme il y aura des gens qui y trouveront tout à fait leur compte, de la même façon que la classe moyenne au sortir de la Seconde Guerre mondiale y a trouvé le sien, mais cette fois-ci, elle sera particulièrement affectée.

Certes, ce bref tour d'horizon peut, à la limite, souffrir d'un manque de rigueur flagrant, voire même être simplifié au maximum, mais il n'en reste pas moins qu'il faut bien poser un douloureux constat : des emplois de qualité se perdent au profit d'une automatisation croissante des processus de production et d'affaires. Nier une telle évidence serait faire le jeu des technosolutionnistes et des technoévangélistes, tout comme le faire ne servirait en rien le fait de s'en remettre à ce genre d'explications.

Toutefois, s'il fallait voir la perte croissante d'emplois non remplacés comme la seule conséquence de l'introduction des technologies numériques et de l'intelligence artificielle, ce serait évidemment souffrir d'une vision à courte vue. D'autres phénomènes interviennent qui, même s'ils sont propulsés par les technologies numériques, n'en restent pas moins relativement déterminants : mondialisation des marchés, délocalisation des entreprises, financiarisation de l'économie et politiques néolibérales ont tout de même eu un rôle à jouer qui n'est pas anodin.

Certes, la mondialisation des marchés a eu un impact indéniable. Il suffit, pour s'en convaincre, de voir comment de grands pans de l'industrie manufacturière des pays industrialisés ont été laissés exsangues, la *rust belt* américaine étant un exemple tout à fait typique du phénomène. Mais, on oublie trop souvent que la seule classe de travailleurs qui est susceptible d'être affectée par la mondialisation est celle qui produit des biens ou fournit des services dont l'activité peut être déployée dans des pays où la main-d'œuvre coûte moins cher. À l'inverse, il existe une classe de travailleurs dont l'emploi ne peut être déployé ailleurs dans le monde : fonction publique, éducation, soins médicaux, certains secteurs de l'agroalimentaire, vente au détail. Conséquemment, étant donné que les travailleurs dont les emplois ne peuvent être en concurrence directe avec des travailleurs situés ailleurs dans le monde, la mondialisation n'a que très peu d'effet sur leurs revenus. Il va donc sans dire que la classe d'emplois dont les revenus seront forcément les plus affectés seront ceux qui peuvent être déployés partout sur la planète. Et même si les produits que nous achetons dans les grandes surfaces sont pour la plupart fabriqués en Chine et dans des économies émergentes, il n'en reste pas moins que, en tant que sociétés industrialisées, nous consommons largement les produits et services liés à des emplois qui ne peuvent être déployés ailleurs dans le monde.

La délocalisation des emplois manufacturiers, dans les pays industrialisés, a commencé dès le début des années 1950, et cette tendance s'est poursuivie au cours des décennies suivantes, bien avant la montée de la Chine comme puissance manufacturière à la fin des années 1990. Et comment la Chine a-t-elle pu devenir cette puissance manufacturière ? Par la conjonction de trois phénomènes : (i) des technologies peu coûteuses dédiées à l'automatisation des processus de production qui ont permis la mise en place d'une industrie manufacturière hautement concurrentielle ; (ii) l'abondance d'une main-d'œuvre bon marché et renouvelable à volonté qui contribue à maintenir au plus bas niveau possible les salaires ; (iii) la faiblesse de la monnaie chinoise, forme de *dumping* monétaire. Une fois ces trois conditions réunies, l'économie chinoise s'est naturellement alignée sur le dogme néolibéral où la concurrence illimitée (a) permet d'optimiser l'allocation des ressources pour toutes les parties prenantes, (b) profite à tous les consommateurs des pays industrialisés, (c) augmente de façon significative les revenus des entreprises qui font affaire avec le secteur manufacturier chinois. Quel entrepreneur voudrait que les choses soient autrement ?

Depuis la crise financière de 2008, il est de bon ton de conspuer le secteur de la finance en l'accusant de ne rien produire de concret comme le font les entreprises. On l'accuse également de tout faire en son pouvoir pour élaborer de complexes produits financiers dont le seul but est de siphonner sans effort le moindre dollar, peu importe le secteur économique. On lui impute également d'avoir mis en place tous les mécanismes nécessaires pour financiariser l'économie. Et si on se posait la simple question à savoir comment le monde de la finance a-t-il réussi à s'imposer et à financiariser l'économie ? Peut-être qu'en fouillant le moindrement, on se rendrait compte que le monde de la finance a été le premier à s'intéresser de très près aux technologies de l'information. Pour rappel, c'est au début des années 1980 que les guichets en libre-service sont apparus et que tout le monde bancaire et financier s'en est trouvé rapidement informatisé. De plus, il faut également compter sur les algorithmes dédiés aux transactions boursières qui représentent aujourd'hui plus des deux tiers des transactions réalisées en Bourse.

Encore une fois, l'idée d'absorption technologique revient sur le tapis. Et si on considère la financiarisation sous cet angle, force est d'admettre que la financiarisation révèle à quel point il y a non seulement accélération technologique, mais aussi absorption accélérée de la finance par les technologies numériques. Si on conjugue à ce phénomène des politiques qui visent toujours de plus en plus à déréguler les marchés, il faut envisager qu'il y aura de plus en plus d'innovations financières de toutes sortes qui siphonneront non pas le moindre dollar disponible, mais le moindre centime disponible. Et si l'histoire nous est témoin, ce ne sera pas pour le plus grand bien de toute la société, mais seulement pour quelques privilégiés qui détiennent les moyens d'implanter des technologies performantes issues de l'intelligence artificielle — cette minorité agissante qui, depuis la Révolution industrielle, est guidée par trois invariants historiques qui traversent toutes les époques : la quête de pouvoir ; l'accumulation de richesses ; l'exploitation des ressources (les deux précédents étant concentrés dans les mains de cette minorité agissante).

Depuis la crise pétrolière de 1973, depuis les dérégulations massives entreprises par Ronald Reagan et Margaret Thatcher dans les années 1980, tant aux États-Unis, qu'en Europe, qu'au Canada, le monde syndical a vu ses effectifs fondre comme neige au soleil. Certes, le phénomène a particulièrement touché les États-Unis, mais il n'en reste pas moins que, même si, en Europe et au Canada, le syndicalisme est demeuré une force d'opposition importante, il est toutefois attaqué de toutes parts par les mutations profondes survenues dans le monde du travail depuis l'arrivée des technologies numériques[193]. Les baisses d'impôts importantes accordées par les États aux entreprises, dans tous les pays industrialisés, ont contribué à non seulement affaiblir le pouvoir de négociation des travailleurs, mais ont aussi contribué à modifier la nature même du travail en introduisant de plus en plus de nouvelles techniques managériales adossées à des logiciels de gestion des ressources humaines qui font désormais appel à l'individu qui désire se réaliser.

Il est également pertinent de souligner à quel point la baisse du taux de syndicalisation est intimement liée à cette classe d'emplois dont l'activité peut être déployée ailleurs sur la planète, tout comme il est pertinent de constater que ce déploiement a particulièrement été favorisé par des politiques de dérégulation des marchés, tout comme il est intéressant de constater que les technologies numériques sous-tendent tous ces processus. À mon avis, il est non seulement vain de déblatérer contre le capitalisme, mais il est contreproductif de le faire, car ce n'est définitivement pas le capitalisme qui a créé ce type de société, mais bien les technologies numériques comme l'avait entrevu le sociologue Jacques Ellul. Nous en sommes là, parce qu'il y a des technologies performantes en toutes choses qui permettent de le faire. En fait, la croissance des inégalités sociales est directement liée aux technologies numériques et au fait que ces dernières absorbent des pans entiers de la société, parce qu'elles sont à la fois sociables et sociales. Les technologies numériques et l'intelligence artificielle sont **sociables**, parce qu'elles créent du lien social et le renouvellent constamment. Les technologies numériques et l'intelligence artificielle sont **sociales**, parce qu'elles agissent directement sur les individus et les institutions en les obligeant à s'aligner sur elles, d'où une société de plus en calquée sur les réseaux numériques.

L'absorption de l'individu

Dans une société calquée sur le réseau numérique, l'individu n'est qu'un nœud du réseau auquel on peut se connecter à volonté ou duquel on peut se déconnecter à volonté. Les relations avec autrui s'entrelacent dans une suite

---

[193] Mercure, D., Vultur, M. (2010), *La signification du travail, nouveau modèle productif et ethos du travail au Québec*, Québec : Presses de l'Université Laval.

ininterrompue de connexions et de déconnexions aléatoires ou prédéterminées, choisies ou subies. Dans une logique où les relations avec autrui sont de plus en calquées sur celles qui prévalent dans le réseau numérique — ouverture, partage, collaboration, instantanéité, immédiateté, transparence —, c'est-à-dire, fondées sur les protocoles techniques d'Internet, l'individu connecte et se déconnecte désormais de ses semblables au sens propre du terme. Il reprend contact avec ceux-ci lors de la prochaine connexion.

Pourquoi serait-il nécessaire de mettre à profit le talent et l'expérience d'un individu dans une société de type réseau numérique ? Parce que le talent et l'expérience ne peuvent faire les frais d'une suite constante de connexions et de déconnexions. Ils exigent une certaine constance, chose impossible dans un réseau numérique. La constance coûte cher en matière d'investissement, non pas seulement sur le plan financier, mais aussi sur le plan personnel. S'investir dans une relation exige un engagement et un investissement. Dans un réseau numérique, l'engagement n'est même pas un critère de fonctionnement. C'est même un handicap. Le réseau numérique est à ce point efficace que tout retour en arrière est pratiquement non envisageable.

Tentons, ensemble, pour un instant, de visualiser un immense réseau numérique de type Internet où les principaux nœuds ne sont pas des individus, mais des entreprises, mondialisation oblige. Par exemple, du nœud de notre entreprise partent des dizaines ou des centaines de liens qui se relient à chaque nœud que sont les employés de celle-ci : c'est le sous-réseau de l'entreprise. Poursuivons notre effort de visualisation. Imaginons maintenant que, du nœud de notre entreprise, partent des dizaines ou des centaines de liens vers les nœuds d'autres entreprises. Imaginons aussi tous les liens qui partent du nœud d'autres entreprises pour se brancher au nœud de notre entreprise. Imaginons maintenant, tous les infimes liens qui peuvent exister entre les nœuds que sont les employés d'une entreprise vers les nœuds d'autres employés d'autres entreprises. Poussons encore plus loin notre effort d'imagination. Imaginons que certains nœuds qui représentent des entreprises connectent plus que d'autres : nous savons maintenant qui sont les principaux acteurs économiques. Poussons encore plus loin notre vision. Étant donné que les nouvelles technologies permettent d'obtenir en temps réel une image de l'état de connexion du réseau numérique global, nous pourrions même voir, en temps réel, un nœud majeur s'enfler ou se contracter, comme le fait le cœur, au fil des connexions et des déconnexions qui vont vers lui ou qui en sortent. Il y a là quelque chose d'absolument fascinant. Et ce quelque chose de fascinant, c'est notre avenir, une vie vécue dans la connexion et la déconnexion permanentes, une vie vécue dans des inégalités sociales croissantes, car n'est pas un nœud connecteur majeur qui veut.

Conséquemment, ce qui est attendu de nous, c'est que nous vivions dans une société devenue un réseau numérique où tout le monde est un simple nœud de celui-ci. C'est non seulement un changement de position important dans notre relation avec notre entourage, mais c'est aussi un nouveau type de lien social. Le philosophe Zygmunt Bauman a une expression savoureuse pour décrire ce monde numérique dans lequel nous vivons : la *modernité liquide*. Et c'est bel et bien ce qui est attendu des gens, de la fluidité.

Nous assistons aussi à un autre phénomène tout aussi fluide dans une société de type réseau numérique : l'extinction rapide des compétences. Les technologies changent. Les besoins des consommateurs changent. Les compétences deviennent obsolètes à la vitesse de ces changements. Entre recycler un employé dans la cinquantaine ou embaucher un jeune, le choix est vite fait. Le dernier coûte moins cher que le premier, même si le dernier peut faire défection n'importe quand. Peu importe, il y a, à l'extérieur, un incroyable bassin de jeunes gens compétents. À l'inverse, l'employé de cinquante ans est agaçant. Il pose des questions et veut toujours tout remettre en cause en fonction de son talent, de ses connaissances et de son expérience. En termes de management, c'est dépassé, très coûteux et en totale contradiction avec la logique numérique des connexions et des déconnexions.

Trois dates permettent d'expliquer en partie pourquoi le récit de vie n'existe plus dans une société numérique. L'année 1985 est l'année de la convergence de l'informatique, des communications et de la finance : la mondialisation prend son envol. L'année 1995 est une année charnière : Internet, le réseau des réseaux, fait son apparition. La planète est maintenant interconnectée. Tout le monde veut être sur le réseau. Tout le monde est désormais en réseau. Les capitaux circulent dès lors librement à une vitesse affolante. Les échanges commerciaux s'accélèrent de façon exponentielle. Le commerce électronique devient réalité. On vient de compresser le temps comme jamais auparavant. C'est aussi le début de la déconstruction de la société de type structure au profit de la société de type réseau numérique. L'année 2005 marque l'arrivée des médias sociaux qui scelleront la mise en réseau de la société numérique et des individus. Impossible de revenir en arrière. La société est maintenant de type réseau numérique. Et la conséquence majeure de cette mise en réseau intégrale, c'est la prise en charge de soi-même par soi-même. Il faut être l'entrepreneur de sa propre vie. S'en remettre aux autres n'est plus une solution acceptée ni acceptable. Quel est le bilan de cette mise en réseau calquée sur le réseau numérique ? En fait, cinq impacts[194] majeurs en découlent.

Premièrement, les structures sociales sont entrées dans une phase où elles nous permettent de moins en moins de veiller au maintien de celles-ci — elles sont maintenant régies par la logique du réseau numérique et non plus celle de la structure. Les traditions se désagrègent au rythme ahurissant de celles qui entrent chaque jour dans notre champ de cognition par le truchement de tous les nouveaux canaux de communication. La tradition n'est plus un récit durable. Elle est aussi liquide que les interventions de tout un chacun sur les médias sociaux. N'ayant plus l'opportunité de se solidifier, les traditions ne peuvent plus servir de point de repère.

Deuxièmement, pouvoir et politique sont en instance de divorce. L'efficacité de l'action dont dispose l'État (le pouvoir), et sa capacité à mettre en œuvre cette même action pour un objectif collectif (la politique) ne fonctionne plus, car la société de type structure se dissout graduellement au profit de celle de type réseau numérique. On ne se surprendra pas par ailleurs de constater que l'État commence à impartir ses opérations en les laissant entre les mains de firmes de consultants ou d'entreprises privées. On privatise la société. On privatise le bien commun.

Troisièmement, nous assistons, avec cette grande impartition étatique, à une lente et efficace érosion des garanties collectives que doit offrir un État, car la logique du réseau numérique oblige à se prendre soi-même en charge. Les services de santé, l'éducation, les programmes d'assistance sociale, tout ça est sur le point de disparaître au profit du privé que l'on croit compétent en tout. On privatise en catimini ce que l'on croit devoir être privatisé en se fondant sur le principe que c'est non rentable. On se dit naïvement que le privé est motivé par le profit. Alors, on laisse au privé le soin de rendre profitable la prestation de services à fournir à la collectivité. Une fois le privé responsable de la gestion de ces services, l'individu doit se débrouiller pour payer les services en question.

Quatrièmement, si chaque individu n'a pas de récit de vie durable, la société n'a pas, elle non plus, de récit de vie durable. Conséquemment, il ne peut y avoir de réflexion à long terme. La réflexion se situe désormais dans

[194] Bauman, Z. (2007), *Liquid Times : Living in an Age of Uncertainty*, Rome : Editori Laterza.

le présent en vue d'un futur presque aussi rapproché que le présent. Comme il est presque devenu impossible d'inscrire la réflexion, la prévision et l'action dans un cadre qui se liquéfie jour après jour, ce à quoi nous sommes confrontés, ce sont des projets individuels à l'infini et non un projet de société.

Cinquièmemement, dans un monde où tout est fluide, insaisissable et changeant, qui doit porter la responsabilité des problèmes ? Personne et tout le monde à la fois. L'État se positionne désormais comme un nœud du réseau numérique, comme tout le reste par ailleurs. La responsabilité des problèmes relève désormais de chaque membre de la société, chaque membre étant devenu un nœud du grand réseau numérique. Il suffit d'utiliser les fragments de solutions proposées par l'État pour s'en sortir. L'État n'a plus raison de se préoccuper de chaque individu, mais bien plutôt de lui offrir des capacités — modèle à l'américaine.

Comment gérer les relations à court terme dans une société de type réseau numérique ? Comment se gérer soi-même alors que tout concourt à déstructurer le récit de vie ? Si l'entreprise n'offre plus ce cadre temporel qui permettait à l'employé de se construire un récit de vie durable, qui le fera ? Chacun d'entre nous est inévitablement appelé à s'improviser un récit de vie au fil du cumul des compétences et du cumul des moments fragmentés du travail. Exit le sentiment d'appartenance. Exit le sentiment de loyauté. Exit l'effort pour une récompense espérée, car le passé ne compte plus. Il faut être quelqu'un du moment et non quelqu'un qui a une histoire, un récit de vie. Et le quelqu'un du moment n'est possible que par une autre façon d'être au monde, et cette possibilité ne peut exister que s'il y a réenchantement du monde, ce que permettent les technologies numériques. Concrètement, comme le soulignait Jacques Ellul, « lorsque la technique entre dans tous les domaines et dans l'homme lui-même qui devient pour elle un objet, la technique cesse d'être elle-même l'objet pour l'homme, elle devient sa propre substance : elle n'est plus posée en face de l'homme, mais s'intègre progressivement en lui et l'absorbe. »

L'absorption technologique n'est donc pas une vue de l'esprit, mais bien une réalité que nous nous empressons tous d'achever, car par la technique et les technologies numériques, il devient possible d'exister et de se fondre totalement dans cette nouvelle réalité sociale, car ne l'oublions pas, la technique intègre la technologie à la société, la rend sociale et sociable. Mais pour s'y fondre, les technologies numériques, et en particulier l'intelligence artificielle, doivent disposer d'un pouvoir tout à fait hors du commun, celles de s'abstraire et de s'effacer.

L'abstraction technologique

> L'abstraction technologique est essentiellement un processus qui consiste à occulter certains détails d'une technologie qui la rendraient autrement d'une utilisation plus difficile, tout en permettant d'interagir avec cette même technologie de la façon la plus productive possible.

La clé de contact servant à démarrer une voiture représente l'abstraction ultime de tout ce qu'elle sous-tend. Pour conduire une voiture, il n'est absolument pas nécessaire de connaître tout ce qui préside à sa mise en œuvre. Idem pour le téléphone intelligent. Et c'est là l'une des grandes propriétés des technologies : leur capacité à s'abstraire elle-même pour en permettre leur utilisation, car la complexité massive qui les sous-tend les rendrait inutilisables.

Par exemple, l'informaticien qui écrit un programme n'a pas besoin d'écrire celui-ci directement en langage machine, c'est-à-dire le code qui s'adresse directement au microprocesseur. Il utilisera plutôt une abstraction, à savoir un langage de programmation comme le C++, facilement compréhensible par tous les programmeurs. Par la suite, lorsque l'informaticien lancera la compilation de son programme, celui-ci possédera déjà tous les algorithmes requis pour le traduire en langage machine. Souvent, dans la plupart des cas, il n'est pas du tout nécessaire de savoir quel type de microprocesseur sera utilisé, car le compilateur sait lui-même traduire les instructions dans le langage approprié de tel ou tel microprocesseur. Autrement dit, tous les détails du langage machine ont été occultés au profit d'une interface de programmation universelle qui interagit avec le microprocesseur à travers le compilateur.

Ce type d'abstraction est à la fois essentiel et fédérateur. Essentiel, dans le sens où s'il n'y avait pas abstraction, il n'y aurait pas communication avec la technologie. Fédérateur, dans le sens où l'abstraction unifie d'une certaine façon la communication entre différentes technologies. Par exemple, pour faire fonctionner un four micro-ondes, il suffit de le brancher à une prise de courant, et peu importe l'endroit où il sera branché dans le monde, il n'est absolument pas requis de savoir comment le courant qui alimentera le four micro-ondes a été produit. Il en va de même lorsqu'on utilise le moteur de recherche de Google : il n'est pas du tout nécessaire de savoir comment fonctionnent les algorithmes qui permettent de trouver quasi instantanément les informations recherchées. En somme, pourvu que l'abstraction fournisse à l'utilisateur une interface qui permet de communiquer adéquatement avec la technologie, il n'est pas du tout nécessaire de savoir ce qui préside au fonctionnement de cette même technologie. Et il s'agit là d'une propriété particulièrement fondamentale et importante de la capacité qu'est celle d'une technologie à s'abstraire elle-même, car il est par la suite possible de développer d'autres technologies par-dessus celles-ci. Autrement dit, il devient loisible d'utiliser ce que d'autres ont déjà conçu sans avoir à se préoccuper des détails.

Plus spécifiquement, l'abstraction nous apporte tous les avantages de la spécialisation. Même si un système est composé de milliers de composants qui sont en constante interaction, ceux qui en font la maintenance n'ont pas besoin de savoir ce qui se produit dans l'ensemble de toutes ces interactions, car l'abstraction offre cette étonnante possibilité de ne connaître que quelques aspects du système sur lequel on désire se concentrer, le reste de tous les autres détails étant par définition dans un mode d'abstraction.

Par contre, malgré toutes les qualités que puisse posséder une technologie à s'abstraire elle-même, le niveau constamment croissant de complexité qui accompagne chaque technologie aujourd'hui développée risque d'entraîner le dysfonctionnement d'une abstraction. Le domaine des transactions financières automatisées est un cas de figure intéressant en la matière. Depuis quelques années, les grandes places boursières font autant appel à des humains qu'à des technologies très sophistiquées qui vérifient au centième de seconde près des millions de transactions et proposent elles-mêmes certains types de transactions, voire même exécutent elles-mêmes certaines transactions sans intervention humaine. Et il est important ici de préciser que tous ces systèmes, qui sont en développement depuis plusieurs années, s'empilent les uns par-dessus les autres au fur et à mesure que d'autres composants sont développés, interagissent entre eux à la vitesse de la fibre optique, et sont régis par des lois et des réglementations elles-mêmes déjà très complexes qui sont déjà encapsulées dans d'autres logiciels qui sont eux-mêmes d'une grande complexité pour réussir à établir le maximum de cas de figure possibles que représentent toutes les lois et toutes les réglementations.

Et c'est justement là où les choses deviennent particulièrement intéressantes, car l'infrastructure informatique qui sous-tend les grandes places boursières de la planète a été développée sur plus de quatre décennies. Année après année, les informaticiens ont développé des systèmes par-dessus d'autres systèmes déjà existants en se servant de l'abstraction propre à chacun des systèmes déjà existants. Il n'est donc pas rare de voir certaines applications écrites dans des langages de programmation qui ne sont plus utilisés aujourd'hui, mais dont l'interface (abstraction) permet d'utiliser tout de même les données produites par ces mêmes applications. Ces applications, qui ont été conçues pour être exécutées sur des microprocesseurs beaucoup moins rapides et performants que ceux d'aujourd'hui, à un moment donné ou l'autre, risquent d'entrer en collision avec des systèmes plus récents, qui eux, sont beaucoup plus rapides et plus performants, parce que ces applications doivent se mettre en mode attente pour récupérer l'information des systèmes plus anciens. Et même si cette attente ne dure que quelques dixièmes de seconde, il s'agit tout de même d'une attente qui peut provoquer un comportement tout à fait inattendu dans l'ensemble du système.

Le résultat de tous ces systèmes, qui s'empilent les uns par-dessus les autres, finit par faire en sorte que personne n'est désormais en mesure d'expliquer de façon rigoureuse et dans les moindres détails comment tous les systèmes de transactions boursières sont effectivement interconnectés, sans compter que rares sont ceux qui, sur une place boursière donnée, comprennent le fonctionnement global et en détail de leur propre système. Le lecteur aura donc compris que lorsque tous les systèmes informatiques de chaque place boursière de la planète entrent en interaction, la compréhension de toutes ces interactions devient pratiquement impossible.

Toutefois, dans la plupart des situations, il suffit qu'une personne qui utilise un système sache tout juste ce qu'il faut savoir pour l'utiliser, voire même en avoir qu'une connaissance superficielle. Autrement dit, l'abstraction est efficace et nous sert fort bien, et dans la plupart des cas, en savoir juste assez sur le fonctionnement d'un système est largement suffisant la plupart du temps. Par contre, plus on conçoit et développe des technologies de plus en plus complexes, et plus ces technologies entre elles-mêmes en interaction avec d'autres technologies tout aussi complexes, plus il commence à devenir difficile de savoir à quel niveau doit se situer la compréhension de tous ces systèmes. Par exemple, l'automobile autonome, composée d'une multitude de niveaux d'abstraction, risque d'être le terrain de prédilection d'interactions que les concepteurs n'avaient ni prévu ni même imaginé. Cette toile d'interactions qui se tissent entre toutes les abstractions de chacune des technologies qui constituent une voiture autonome est connue, dans le monde et sciences de la complexité, sous le nom d'émergence, c'est-à-dire ce moment où la convergence de l'ensemble de toutes les interactions dans un système massivement connecté finit par produire un phénomène tout à fait inattendu.

Il s'agit là d'un phénomène très bien connu en ce qui concerne les systèmes complexes, le meilleur exemple étant un banc de poissons qui bifurque brusquement, ou un essaim de moustiques, ou une volée d'oiseaux ; il s'agit là d'un comportement émergent. Dans l'univers des technologies, le système de transactions financières planétaire est susceptible, à un moment ou l'autre, de présenter ce type de comportement (*flash crash*). En fait, si on part du moindre câble qui relie un ordinateur à un serveur, du moindre câble qui relie un serveur à un routeur, du moindre câble qui relie un routeur à un concentrateur, de tous les câbles qui partent du concentrateur pour se connecter à Internet et ainsi de suite, la toile d'interactions qui se dessine alors est d'une complexité à peine imaginable et concevable. Rendu à ce point, il devient quasi impossible d'abstraire cette réalité qui, pourtant, régit la finance et l'économie de la planète.

En fait, quand la moindre ligne de code, profondément enfouie dans ce vaste système, se comporte comme un démon et sème le trouble, que des milliers de lignes de codes éparses dans le système font de même, et que ce système d'une grande complexité commence à basculer ou à s'effondrer sur lui-même, il n'est plus possible de s'en remettre à la seule compréhension de quelques éléments du système pour comprendre ce qui a pu se produire. En fait, l'abstraction, qui nous avait jusqu'ici si bien servi, ne nous est plus d'aucune utilité dans de telles situations.

Pour la plupart des gens, le fait qu'il soit impossible d'appréhender dans son ensemble la complexité des technologies ne pose pas de problème, car ce qui sous-tend toutes ces technologies que nous utilisons au quotidien ne nous préoccupe pas, tant que ces dernières font ce pour quoi elles ont été conçues. Par contre, c'est une chose pour un individu de ne pas comprendre comment le dernier gadget qu'il a acheté fonctionne, mais c'en est une autre lorsque personne ne comprend comment l'édifice technologique qui a été échafaudé fonctionne. Alors que la majorité des gens sont encore et toujours convaincus qu'il y a forcément des experts et des spécialistes, quelque part, qui comprennent tous les tenants et aboutissants de l'affaire, des spécialistes qui seraient en mesure d'appréhender cette complexité massive qu'on ne saurait appréhender, il faut désormais se rendre à une bête évidence : il n'y a plus personne qui soit en mesure de le faire.

Les méthodes d'investigation qui ont permis de résoudre les problèmes qui ont conduit à l'explosion de la navette Challenger et le problème des moteurs de la société Toyota qui s'emballaient sont aujourd'hui désuètes. La complexité, sur quelque horizon temporel qu'on puisse l'observer, n'est pas sur le point de diminuer, bien au contraire. Il faut désormais apprendre à penser et à envisager autrement la complexité, surtout celle qui s'apprête à investir tout l'écosystème technologique, à savoir celle fondée sur l'intelligence artificielle.

L'effacement technologique

> L'effacement technologique renvoie à cette idée que lorsqu'une technologie s'incarne dans un quelconque objet ou service d'utilisation courante, elle s'efface en quelque sorte pour laisser la place à d'autres technologies qui en découleront, qui elles-mêmes, à un moment donné, s'effaceront, et ainsi de suite.

Par exemple, l'intelligence artificielle, dès qu'elle s'implante dans un quelconque logiciel, dans une quelconque application, ou dans un quelconque objet d'utilisation courante, s'efface en quelque sorte et laisse penser que le logiciel, l'application ou l'objet n'ont strictement rien d'intelligent, et que c'est leur état d'être comme ils le sont. Autrement dit, il y a intelligence artificielle seulement lorsqu'un ordinateur ne peut faire ce qu'un être humain est en mesure de faire, et lorsque ce même ordinateur est en mesure de faire ce que l'être humain peut faire, il n'est plus question d'intelligence artificielle. En ce sens, l'électricité est un bon exemple. Dès que les capacités et les possibilités de l'électricité ont été mises à jour au courant du XIXe siècle, et du moment où l'électricité s'est fondue dans les murs des bâtiments et des maisons pour n'en faire apparaître que la prise de courant, les merveilleuses capacités et possibilités de l'électricité se sont évanouies. Plus personne, aujourd'hui, ne s'ébahit des capacités et des possibilités de l'électricité tellement elle est entrée dans l'usage courant et quotidien. En fait, l'effacement n'est pas seulement une propriété intrinsèque de l'intelligence artificielle, c'est une propriété intrinsèque de toutes les technologies.

Ce phénomène d'effacement contribue pour une bonne part à l'autoaccroissement, un peu comme les gens qui pratiquent une quelconque activité physique pour se tenir en forme et qui sont obligés de toujours pratiquer l'activité en question, car la bonne condition physique est toujours devant soi, jamais derrière ni en ce moment. Autrement dit, plus une technologie s'efface, plus elle exige l'annonce d'une toute nouvelle technologie qui révolutionnera tel ou tel domaine, car la technologie déjà effacée n'est plus porteuse d'espoir. En ce sens, toute technologie effacée ou en phase de l'être exige que d'autres technologies soient développées, et c'est là où l'autoaccroissement trouve un terrain fertile, et pourquoi le thème même de l'intelligence artificielle devient si populaire dans les médias, tous médias confondus.

CHAPITRE 11
L'externalisation technologique

L'externalisation technologique correspond à une externalisation graduelle des fonctions cognitives du cerveau, c'est-à-dire que nous confions de plus en plus certaines de nos fonctions mémorielles aux ordinateurs ou à tout objet numérique susceptible de servir de support à la mémoire.

Avec les technologies numériques, une nouvelle forme de cognition émerge, celle d'une externalisation graduelle des fonctions cognitives du cerveau. Le philosophe et historien des sciences Michel Serres dit que « le corps perd », dans le sens où le développement d'outils de toutes sortes depuis l'Antiquité a permis à l'homme de transférer certaines fonctions du corps à des outils, qui sont comme des organes, mais extérieures au corps. Par exemple, l'invention de la faux a remplacé la fonction de la main qui servait alors à couper le blé ; la faux a externalisé cette fonction. Au XXᵉ siècle, l'arrivée de la moissonneuse-batteuse a ainsi externalisé plusieurs fonctions du corps que plusieurs paysans devaient assumer.

L'externalisation de la mémoire

Avec l'arrivée des technologies numériques, ce n'est plus seulement le corps qui perd, mais la mémoire, dans le sens où nous confions de plus en plus certaines de nos fonctions mémorielles à nos ordinateurs ou à tout objet numérique susceptible de servir de support de la mémoire. La première grande externalisation de la mémoire est survenue avec l'invention de l'écriture ; il n'était dès lors plus nécessaire de perpétuer la mémoire orale. La seconde grande externalisation de la mémoire est survenue avec l'invention de l'imprimerie ; la main n'était plus requise pour rédiger en plusieurs exemplaires un document, car il pouvait être reproduit des milliers de fois à l'identique. La troisième grande externalisation est survenue avec les ordinateurs qui ont non seulement dématérialisé, délocalisé et détemporalisé les livres, mais ont surtout contribué à déporter plusieurs choses que nous gardions en mémoire, comme les numéros de téléphone et bien d'autres choses, vers des objets numériques. La quatrième grande externalisation est en train de survenir avec l'intelligence artificielle ; ce sont certains de nos processus de cognition que nous allons désormais confier aux algorithmes d'apprentissage automatisé.

Entre chacun de tous ces objets qui nous a permis d'externaliser notre mémoire — écriture, imprimerie, ordinateur —, il existe une trame fédératrice : chacun de ceux-ci reçoit, stocke et émet de l'information, tout comme notre cerveau. Avec l'intelligence artificielle, nous franchissons un pas de plus et nous externalisons certains pans de notre cognition. Avec tous ces supports de la mémoire et de la cognition dorénavant disponibles, notre corps perd certaines fonctions qu'il externalise dans l'outil. Autrement dit, « nous avons perdu la mémoire subjectivement, mais elle s'est externalisée objectivement[195]. » Mais plus encore, « il y a externalisation des objets et ces objets évoluent à la place de nos corps[196]. » On rejoint bien là l'automatisme des technologies suggéré par Jacques Ellul.

Là où la proposition de Michel Serres a de quoi interpeller, c'est que ce que nous prenions jadis pour une faculté cognitive, par exemple, la mémoire, n'est pas une faculté cognitive donnée et permanente, et que toute faculté cognitive dépend du support sur laquelle elle s'appuie. En fait, tant que nous n'avions pas inventé l'écriture, le support oral faisait office de faculté cognitive. Au même titre, et même si la chose inquiète plusieurs lecteurs, tant que nous n'avions pas inventé l'intelligence artificielle, le support des livres et plus tard celui des bases de données informatiques faisaient office de faculté cognitive : il suffit de se rappeler du système de fiches qu'il y avait dans les bibliothèques et de son remplacement au profit des bases de données.

Autre exemple, pour faire une synthèse de plusieurs idées ou théories il faut lire plusieurs livres, colliger les informations, les classer, les catégoriser et les stocker sous une forme ou une autre. Toutes ces étapes forment un ensemble de facultés cognitives. Avec l'arrivée d'algorithmes intelligents qui effectueront tout ce travail en moins de quelques minutes, nous développerons de nouvelles facultés cognitives, car nous serons libérés de ce fastidieux travail qui consiste à lire, colliger, classer, catégoriser et stocker, laissant d'autant la place au travail fondamental de la science, qu'il soit de nature déductive — poser des questions et formuler des hypothèses —, ou de

---

[195] Serres, M. (2007), *Les nouvelles technologies : révolution culturelle et cognitive*, conférence prononcée à l'Institut national de recherche en informatique et en automatique à Lilles, 10 et 11 décembre.
[196] *Idem.*

nature inductive — chercher des lois générales à partir de l'observation de faits particuliers.

À mon avis, l'intelligence artificielle entraînera un changement de culture majeur « tel que notre manière de connaître et de savoir tout entière, donc le cognitif en général, est sur le point de changer[197]. » Et ce changement pourrait être beaucoup plus rapide qu'on ne le pense, parce que c'est dans la nature même des technologies de provoquer des changements. Et comme le souligne Michel Serres, « puisque nous avons le savoir et les technologies devant nous, nous sommes condamnés à devenir inventifs, intelligents, transparents. L'inventivité est tout ce qu'il nous reste[198]. »

A contrario de Michel Serres, il faut aussi se dire que le fait d'externaliser ses données dans le nuage informatique, c'est aussi le fait d'une incroyable servitude volontaire au sens où Étienne de La Boétie (1530-1563) l'entendait, à savoir qu'elle est la complicité de notre propre état de privation de liberté[199]. Privation de liberté, dans le sens où les géants qui offrent des services d'infonuagique sont en mesure, n'importe quand, de forer dans les données inscrites dans le nuage et d'en tirer des informations sensibles qui risquent de nuire profondément à chaque individu, sans compter que ces derniers sont également susceptibles de livrer ces informations à ces institutions de pouvoir que ce sont le gouvernement et la justice. Mais, comme nous préférons considérer que le nuage informatique est une solution à ce point pratique et utile, il ne nous viendrait jamais à l'esprit que nos propres informations puissent être utilisées à d'autres fins. En ce sens, contrairement à ce que l'on s'imagine, quand on pense que la servitude est forcée, elle est en vérité toute volontaire, et les technologies numériques y pourvoient tout particulièrement. Conséquemment, externaliser sa mémoire sur des supports numériques, c'est aussi accorder tout le crédit qu'il faut à ce gentil et sympathique tyran que sont les technologies numériques. Partant de là, on devrait se poser la même question que se posait Étienne de la Boétie : comment peut-il se faire que « tant d'hommes, tant de bourgs, tant de villes, tant de nations endurent quelquefois un tyran seul, qui n'a de puissance que celle qu'ils lui donnent ? »

---

[197] Serres, M. (2007), *op. cit.*
[198] *Idem.*
[199] La Boétie, É. de (1574 [2002]), *Discours de la servitude volontaire*, texte établi et annoté par André et Luc Touron, Paris : J. Vrin.

Le livre intelligent

Pour mieux illustrer ce que j'entends par une externalisation pilotée par l'intelligence artificielle, j'utiliserai l'exemple du livre. Premièrement, le livre, tel que nous le connaissons, est un objet fixe composé de pages contenues entre deux couvertures et retenues par une tranche. Deuxièmement, les mots imprimés sur les pages du livre sont également des objets fixes, c'est-à-dire que, une fois imprimés, ils ne peuvent être déplacés, ce qui confère au livre lui-même une certaine forme d'autorité. Autorité, dans le sens où la fixité même de l'objet en fait un objet de référence.

Étant donné que le contenu est immuable, il peut ainsi devenir un ouvrage auquel on se réfère. Ainsi en va-t-il de la recherche scientifique lorsque l'auteur d'un article ou d'un livre cite tel ou tel auteur en se référant à une page bien précise d'un ouvrage de ce dernier. Ce n'est que par cette fixité qu'il est possible de « localiser » un ouvrage et d'éventuellement faire autorité par cet ouvrage. En fait, toute la recherche scientifique est fondée sur ces deux critères : fixité de l'ouvrage et immuabilité de son contenu. Sans ces deux critères, toute recherche scientifique serait impensable. Troisièmement, un ouvrage scientifique contient des citations qui renvoient à d'autres ouvrages scientifiques. Ces citations constituent en quelque sorte des fenêtres exploratoires qui ouvrent éventuellement de nouvelles perspectives pour d'autres chercheurs, mais ces citations sont isolées dans un ouvrage fixe dont le contenu est immuable. C'est un peu comme si un livre était un silo en soi sans contact avec d'autres livres, si ce n'est qu'à travers son système de citations. Comme ces citations sont fixes, elles obligent le chercheur à acquérir l'un des ouvrages cités et à prendre connaissance de son contenu.

Procédons maintenant à un exercice de pensée. Imaginons un instant, tout comme Google l'a fait avec son projet Google Books, qu'il soit possible d'avoir accès à presque tout ce qui a été écrit depuis que l'écriture a été inventée. Supposons aussi que les grandes maisons d'édition ne bloquent pas l'accès à ces mêmes livres pour d'obscures raisons de droit d'auteur. Spéculons également sur le fait qu'un algorithme intelligent soit parvenu, en parcourant tous ces livres, à dégager des patterns statistiques récurrents et à catégoriser ces patterns récurrents en une hiérarchie globale de thèmes. Envisageons aussi que cet algorithme intelligent soit arrivé à bâtir un modèle mathématique de tout ce qui a été écrit. Le résultat final sera ce que je nommerai, aux fins de cette discussion, un réseau de livres. Mais, quelles seront les propriétés et les caractéristiques d'un tel réseau de livres ?

La première étape menant à la constitution de ce réseau de livres est relativement simple à réaliser avec les technologies déjà disponibles dont nous disposons actuellement : il suffit de numériser les livres déjà existants. La seconde étape de ce projet, pour sa part, est définitivement celle qui m'intéresse au premier chef, car elle fera appel à un algorithme intelligent qui aura pour mission de relier entre eux tous les mots de tout ce qui a été numérisé : former des grappes de relations ; relever toutes les citations ; extraire des corpus de sens ; indexer tous les mots ; analyser le contenu des textes ; annoter récursivement certaines phrases ou paragraphes en fonction de ce qui a déjà été traité. Dans ce réseau de livres où chaque mot est informé de la présence de tous les autres mots déjà numérisés, où chaque paragraphe est informé de tous les autres paragraphes similaires, une nouvelle textualité émerge qui rend possible des recherches au-delà de ce qui est aujourd'hui imaginable. Par exemple, dans l'état actuel des technologies, pour effectuer une recherche sur l'évolution des techniques relatives au tout-à-l'égout et de leurs impacts sur la société, il faut lire des milliers de pages, remonter dans le temps, établir soi-même des relations entre les différents événements, s'assurer que les relations ainsi établies soient bien des relations de cause à effet, produire un fil historique des événements, analyser comment les politiques d'hygiène publique ont favorisé telles approches plutôt que d'autres, voir comment les campagnes de santé publique se sont ajustées aux techniques déployées, voir comment l'hygiénisme est devenu une construction sociale, etc.

Maintenant, imaginons qu'un réseau de neurones artificiels ait déjà structuré le tout dans un modèle mathématique. Quel sera alors le rôle du chercheur ? Il s'agira pour ce dernier de travailler sur de nouvelles hypothèses, ou de revoir, à la lumière de ces nouvelles informations, les hypothèses déjà avancées par d'autres chercheurs. En fait, il faut considérer la chose sous l'angle suivant : lorsque la calculatrice électronique est apparue, elle a libéré les ingénieurs, les physiciens, les mathématiciens, les chimistes, les statisticiens et bien d'autres chercheurs de ce fastidieux travail de calcul inhérent à chacune de ces professions. Dans le même ordre d'idées, lorsque l'ordinateur est apparu, une discipline comme la météorologie, qui exige des sommes de calcul impressionnantes, a été libérée de cette tâche et les météorologues ont pu travailler à la mise au point de modèles de prévision plus efficaces. Concrètement, le rôle fondamental d'un chercheur n'est pas tant de fouiller dans toute la masse de données du domaine qu'il explore, mais bien de s'atteler à la tâche de formuler des hypothèses qu'il pourra par la suite infirmer, nuancer ou confirmer. Et en ce sens, en arrivant à mettre correctement en relation des dizaines de milliers d'informations, il sera en mesure de faire des recherches de façon beaucoup plus efficace.

D'autre part, il faut supposer que, d'ici quelques années, les systèmes de traduction automatisée auront atteint un tel degré de fiabilité, qu'il sera possible pour un algorithme intelligent de lier entre eux tous les textes, peu importe leur langue, d'en repérer les patterns récurrents, d'en élaborer une hiérarchie de patterns récurrents et d'en construire un modèle mathématique qui deviendra en quelque sorte une *lingua franca* du savoir. Le modèle mathématique qui en découlera sera d'une importance telle, qu'il révolutionnera la façon dont nous faisons actuellement de la recherche scientifique. Ceci n'est pas de la science-fiction, ni de la prospective, mais bien une extension des capacités technologiques actuellement disponibles.

Une autre caractéristique que possède un livre fait de papier, et non la moindre, c'est qu'il est possible d'annoter dans les marges de ce dernier certaines phrases ou certains paragraphes ou de surligner certains passages. En poursuivant l'exercice de pensée proposé plus tôt, imaginons maintenant que ce réseau de livres autorise les annotations, c'est-à-dire des commentaires effectués par d'autres chercheurs sur le sujet. Nous obtiendrons ainsi un réseau d'annotations totalement liées au réseau de livres. Ainsi en va-t-il de même avec les critiques et les discussions à propos de tel ou tel livre ou à propos de telle ou telle hypothèse ou à propos de telle ou telle idée. Le potentiel de ce réseau de livres, de réseau d'annotations, de réseau de critiques et de réseau de discussions ouvrira des perspectives de recherche et de collaborations scientifiques sans aucune commune mesure avec ce qui a été fait jusqu'ici. C'est le principe généralisé de l'hypertextualité et de l'intertextualité.

Il est plausible de supposer que, au cours de la prochaine décennie, il sera possible, pour un chercheur, peu importe sa spécialité, de générer le graphe social de l'évolution d'une idée (voir comment les événements ont convergé au fil du temps pour en faire une construction sociale), d'afficher la chronologie précise des événements qui l'ont structuré, et de cartographier les influences de toutes sortes qui auront contribué à son développement. Les impacts sociaux, culturels, scientifiques, économiques et politiques d'un tel réseau de livres, d'annotations, de critiques et de discussions sont encore difficiles à imaginer, même à saisir, mais il est déjà possible d'envisager certaines avenues.

Premièrement, des livres qui, aujourd'hui, ont une audience qui avoisine le zéro verront inévitablement cette audience s'élargir par le seul fait d'être liés à d'autres livres. Deuxièmement, la compréhension de notre passé et de notre présent s'en trouvera d'autant enrichie qu'elle nous permettra peut-être de prendre des décisions plus judicieuses quant à notre propre avenir, car, pour pasticher Bergson, être informé de son passé c'est aussi être informé de son avenir. Troisièmement, en mettant en lumière ce que nous savons exactement, c'est-à-dire toute la connaissance accumulée depuis l'invention de l'écriture, nous mettrons automatiquement en lumière ce que nous ne savons pas, ouvrant ainsi la voie à de tout nouveaux champs de recherche. Quatrièmement, le livre, tel que nous le connaissons actuellement, c'est-à-dire composé de feuilles de papier insérées entre deux couvertures et retenues par une tranche, pourrait bien demeurer la référence ultime dans un réseau de livres, car comme nous l'avons vu précédemment, il fait autorité par sa fixité physique et par l'immuabilité de son contenu. Autrement dit, une fois le livre intégré dans le réseau de livres, une fois son contenu intégré dans le réseau d'annotations, de critiques et de discussions qui le concerne, il devra y avoir, quelque part, une référence physique qui existe de façon isolée et en silo qui fait autorité en tant que référence.

Certes, toutes ces transformations modifieront en profondeur le rôle de l'auteur. Comment ce dernier sera-t-il rémunéré ? Je n'ai aucune réponse à apporter à cette question. De quelle façon le droit d'auteur s'ajustera-t-il à ce réseau de livres ? Nul ne le sait, mais un auteur pourra-t-il se permettre de faire en sorte que ses ouvrages ne soient pas intégrés dans le réseau de livres au risque de passer inaperçu, car au bout du compte, ce qu'un auteur recherche avant toutes choses, c'est bien un lectorat.

CHAPITRE 12
L'accaparement technologique

L'accaparement technologique intervient du moment où certaines technologies développées par certaines entreprises permettent à ces dernières de s'accaparer unilatéralement à la fois les canaux de distribution et les médiums de production, offrant par le fait même à celles-ci, pendant une période de temps plus ou moins longue, la possibilité d'en tirer des profits colossaux, ne laissant aux autres que des miettes.

L e secteur des hautes technologies, et particulièrement celui des technologies numériques, a ramené au premier plan ce que l'on nomme la longue traîne. Comme le montre le schéma ci-dessous, une longue traîne typique correspond essentiellement à une distribution statistique où une petite population de grande fréquence ou de grande amplitude — située à l'extrême gauche — est suivie d'une large population à fréquence faible ou de faible amplitude qui va graduellement en diminuant, d'où la forme de « traîne » de la courbe. De façon générale, les événements peu fréquents ou de faible amplitude (la longue traîne), situés sur la portion droite de la courbe, peuvent, au total, représenter un poids souvent plus important que la première partie du graphique située à l'extrême gauche.

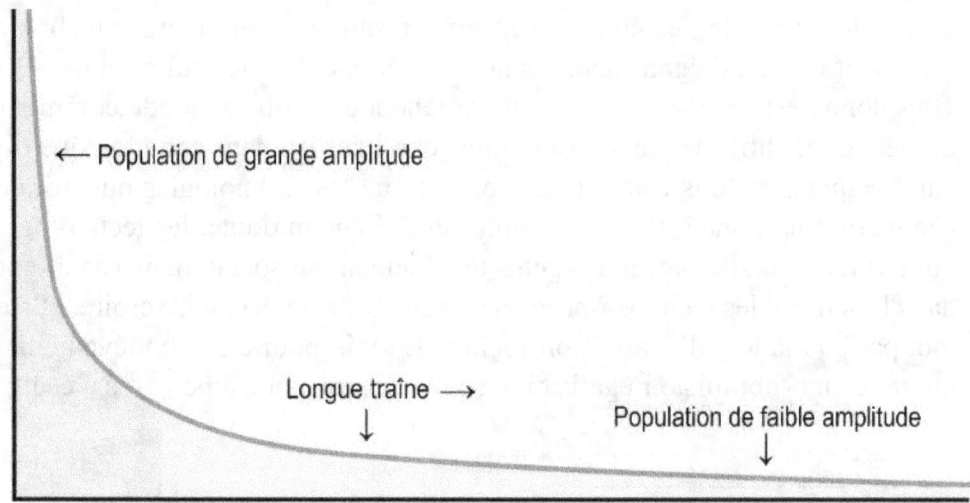

Qu'est-ce que la longue traîne a à voir avec les technologies numériques ? Considérons tout d'abord la force de travail de différents types d'entreprises.

En 1979, la société américaine General Motors, alors en position dominante dans son marché, avec plus de 840 000 travailleurs, avait réussi à dégager un chiffre d'affaires de plus de 11 milliards de dollars. Pour leur part, Ford, Chrysler et American Motors, avec quelque 100 000 employés de plus, affichaient des chiffres d'affaires quasi équivalents. Mais au-delà de cette force de travail directe, ce sont des centaines de milliers d'emplois périphériques qui ont aussi été créés dans des domaines aussi variés que la réparation mécanique, l'assurance, la location, et l'apprentissage de la conduite automobile à travers des milliers d'écoles de conduite. Ce faisant, l'industrie automobile avait permis la consolidation d'une certaine classe ouvrière qui constituait alors pour une bonne part la strate médiane de la classe moyenne nord-américaine. En comparaison, en 2012, Google, avec moins de 38000 employés, avait réussi à dégager un chiffre d'affaires de l'ordre de 14 milliards de dollars. On le constate bien, le différentiel pour arriver à dégager des chiffres d'affaires similaires, avec une force de travail directe 85% moindre dans le monde des technologies numériques, est tout à fait sidérant.

Si on part de ce point de vue, on peut se dire que le seul endroit où qu'il vaille vraiment la peine d'investir son argent, c'est bien dans le secteur des hautes technologies. On peut se dire aussi que les entreprises qui œuvrent dans ce secteur offrent également la possibilité de créer, tout comme dans le secteur automobile, des emplois périphériques. Pour leur part, depuis plusieurs années déjà, des technoévangéliste comme le journaliste américain Jeff Jarvis[200] et le chercheur universitaire Clay Shirky[201] ne cessent de répéter que les technologies numériques, au contraire de bien d'autres technologies, sont un grand égalisateur social. Évidemment, si le seul outil que l'on vous donne est un marteau, vous aurez tendance avoir le monde comme un univers où il suffit de planter des clous, et c'est bien dans cette logique discursive que sont tous ceux qui professent que les technologies numériques changeront le monde. Et sur ce point, je n'ai aucun doute, les technologies numériques sont de profonds agents de changement social, mais pas du tout dans le sens où les technos-optimistes essaient de nous le faire croire, et surtout pas en matière d'égalisation sociale. En fait, pour un technoévangéliste ou un techno-optimiste l'égalisation sociale correspond à peu près à ceci :

---

[200] Jarvis, J. (2011), *Public Parts : How Sharing in the Digital Age Improves the Way We Work and Live*, New York : Simon & Schuster.
[201] Shirky, C. (2010), *Cognitive surplus : How Technology Makes Consumers into Collaborators*, New York : Penguin Books.

(i) étant donné qu'Internet et les technologies numériques ont permis à tous et à chacun de créer son propre blogue, d'y faire rouler de la publicité et d'en tirer des revenus, (ii) étant donné que de grandes corporations comme Amazon, Apple et bien d'autres, dans leurs sillages, ont permis de faire en sorte que chacun puisse publier son livre électronique et d'en tirer des revenus, (iii) étant donné que toute personne se découvrant le moindrement un talent de musicien a la possibilité de vendre en ligne sa musique, (iv) étant donné que tous ceux qui se croient cinéastes peuvent mettre en ligne leurs vidéos et en tirer des profits à travers un système de publicité que propose Google avec YouTube, (v) étant donné que n'importe qui peut développer une application pour les téléphones intelligents et les ardoises électroniques, (vi) étant donné que tout un chacun peut vendre ce qu'il veut sur des plates-formes de commerce en ligne,

d'aucuns auront cru que des millions de personnes pourraient ainsi vivre de leur propre production. Et cette façon de voir les choses est peut-être la plus grande tartufferie jamais imaginée. Pourquoi ? Parce que, au cours des dix dernières années, les études se sont empilées les unes après les autres pour démontrer que les revenus retirés d'une activité en ligne ont tendance, sur la longue traîne, a plutôt se situer sur la portion de droite de celle-ci.

Et cette idée que les technologies sont de grandes égalisatrices sociales est ce que je nomme une idée folle. Et l'idée est tellement folle, que personne ne se rend compte que si on ne possède pas le canal de distribution ou le médium de production qui permet de posséder la longue traîne elle-même, les seuls revenus qu'il sera possible d'en tirer seront situés dans la portion de droite. Par contre, si on possède la longue traîne elle-même, on peut en tirer des revenus aussi bien à l'extrême gauche de la courbe que dans sa portion de droite. Autrement dit, même si Internet est parvenu à égaliser les opportunités de faire des affaires et de faire tomber les barrières de la production de contenu qui était autrefois réservée à de grands conglomérats ou de grandes entreprises, tout comme d'éliminer une kyrielle d'intermédiaires, les revenus qu'il est possible d'en tirer sont d'une effarante inégalité.

Par exemple, s'il était possible de mettre sous forme graphique le trafic entrant de certains sites Internet qui vendent et distribuent différents types de produits et de services, on se rendrait rapidement compte que seuls iTunes, Amazon, Google Play, Facebook et eBay remporte la palme. Pourquoi ? Parce que ces entreprises se situent dans la portion de l'extrême gauche de la longue traîne ; c'est l'effet « le gagnant rafle tout ». Même plus, étant donné que ces entreprises sont en mesure de tirer des revenus de n'importe laquelle des positions sur la courbe de la longue traîne — complètement à gauche ou complètement à droite —, c'est que celles-ci ont un contrôle et un ascendant démesuré sur certains marchés. En ce sens, en disposant d'un tel contrôle, ces entreprises sont en mesure d'agréger le moindre petit revenu sur toute la longueur de la courbe de la longue traîne pour en retirer facilement des sommes qui peuvent atteindre des milliards de dollars. Voilà donc ce que j'entends par le fait de posséder la courbe de la longue traîne.

Dans le monde des technologies numériques, il faut se rendre à une évidence toute simple : tous les produits et services qui sont susceptibles d'être numérisés évolueront inévitablement vers une courbe de distribution de type longue traîne, tout en n'oubliant pas que cette courbe ne sera possédée que par quelques grandes entreprises. À l'inverse, si on ne possède pas la courbe de la longue traîne et qu'on occupe qu'un seul point sur ladite courbe, notre sort est tout à fait différent, car les revenus qu'on pourra en tirer seront plutôt de l'ordre de la petite monnaie qu'il y a dans nos poches. Par contre, si nos revenus proviennent essentiellement de l'un de ses points situés sur la courbe de la longue traîne, et que, en même temps, on a un emploi régulier qui procure un revenu stable, cela peut très bien faire l'affaire. Et c'est bien là où est tout le nœud de ce problème, car les technologies numériques, en transformant et en automatisant constamment les processus d'affaires et les processus industriels, feront en sorte d'éliminer de plus en plus la principale source de revenus.

Comment la chose est-elle possible ? Étant donné que de plus en plus de gens perdent ces emplois qui leur assurent un certain niveau de revenu leur permettant de faire partie de la classe moyenne, il y aura forcément de plus en plus de gens qui se tourneront vers des activités de production numérique qui les situeront sur un quelconque point de la courbe de la longue traîne. Comme il faut s'y attendre, il y aura inévitablement quelques chanceux qui tireront leur épingle du jeu et qui arriveront à amasser des revenus tout de même substantiels, parfois même des revenus importants. Et ce sont justement ces histoires anecdotiques qui retiendront l'attention et qui feront croire à des millions de gens qu'il est possible de gagner sa vie en ayant une activité de production numérique sur un quelconque point de la courbe de la longue traîne, alors que la vaste majorité de ceux qui se seront investis dans ce type de production numérique n'arriveront jamais à retirer des revenus suffisants pour prétendre faire partie de la classe moyenne.

Et si j'insiste tant sur l'idée de la classe moyenne, c'est bien parce que la classe moyenne représente pour l'État sa principale source de revenus et que ces revenus sont essentiels pour maintenir les principaux services auxquels la population est en droit de s'attendre de la part de l'État. Que ce soit en Amérique ou en Europe, nous sommes actuellement dans une période où la strate médiane et la strate inférieure de la classe moyenne sont quotidiennement soumises à une érosion économique soutenue. Et qui dit érosion économique soutenue de la classe moyenne, dit aussi que nous risquons de nous approcher de plus en plus non pas d'une nation riche et avancée, mais plutôt d'une nation qui se dégrade économiquement de plus en plus. En fait, la classe moyenne est le socle sur lequel se construit une nation qui est en mesure de subvenir à l'ensemble des besoins fondamentaux de ses citoyens. En ce sens, la création de milliers de banques alimentaires depuis 15 ans, aussi bien en Amérique qu'en Europe, est un indicateur qui devrait particulièrement nous préoccuper. Et il faut surtout cesser de penser que ce phénomène touche plus particulièrement les États-Unis, car dans la réalité, ce sont tous les pays de l'OCDE qui sont engagés dans ce qui semble bien être un processus inévitable de croissance des banques alimentaires.

Quand des gens travaillant au salaire minimum sont obligés de se présenter aux portes d'une banque alimentaire, il y a là non seulement de quoi se préoccuper, mais surtout de s'alarmer. Il n'est pas normal qu'un individu gagnant un salaire soit obligé de compenser son manque de revenus en faisant appel aux services d'une banque alimentaire pour un besoin aussi basique que celui de s'alimenter. Il faudrait peut-être prendre en considération que si certains individus en sont rendus à solliciter de l'aide alimentaire, c'est que, en tant que société, nous avons peut-être échoué quelque part.

Mais de cet échec social, les technos-optimistes n'en ont rien à cirer. Au contraire, ils ont plutôt tendance à considérer que les technologies numériques sont des opportunités permettant à tous et à chacun de tracer son propre parcours de vie sociale et économique afin d'en tirer le maximum. Et ce n'est pas une coïncidence si les mêmes technos-optimiste réussissent si bien dans une économie fédérée par les technologies numériques. Il suffit de voir comment les plus allumés d'entre eux tirent tellement bien leur épingle du jeu qu'ils arrivent à se positionner dans la portion de l'extrême gauche de la courbe de la longue traîne. Et parce que cette possibilité existe, il y a tout un discours mythologique qui s'est construit autour de l'idée de la start-up qui promet à ses fondateurs que, par un travail acharné et soutenu, il est possible de se hisser au rang des grandes sociétés qui ont établi leur monopole numérique.

Il y a quelques années de cela, en 2012, le plus ardent défenseur de tous les technos-optimistes, Ray Kurzweil, celui-là même qui est à la source du concept de la *Loi du retour accéléré*, disait que le téléphone intelligent permettrait à des centaines de millions de gens de se sortir de la pauvreté, tout simplement parce qu'en ayant accès à Internet et à toutes les informations qui y sont disponibles, chaque individu serait dès lors en mesure de tracer son propre parcours de vie. Évidemment, on aura compris que Kurzweil n'a jamais été en mesure de préciser et d'indiquer comment chacun d'entre nous devrait s'y prendre pour y parvenir. Discours mythologique pour discours mythologique, l'économiste Robert Jensen, dans un article scientifique publié en 2011 dans le Quaterly Journal of Economics[202], évoquait la vie d'un pêcheur de sardines de Kérala (petit village de la côte sud-ouest de l'Inde) dont la vie avait été totalement transformée grâce à son téléphone intelligent, puisque ce dernier lui affichait quel village était le plus susceptible d'acheter au meilleur prix possible le produit de sa pêche. Autrement dit, le téléphone intelligent est devenu l'intermédiaire par lequel il est possible de savoir où sont localisés les acheteurs, ce qui permet dès lors d'optimiser le marché de la sardine, de stabiliser les prix et de réduire ainsi de façon importante les pertes. Certes, tous ces bénéfices liés à l'utilisation du téléphone intelligent sont bel et bien réels. Le problème, c'est qu'on se sert ici d'un fait purement anecdotique pour le monter en tête d'épingle et en faire en quelque sorte un exemple universel qui pourrait s'appliquer partout.

Et comme ce discours mythologique est susceptible de frapper l'imagination, il sera réutilisé par une multitude d'autres technos-optimistes qui feront de celui-ci un parangon de l'efficacité indéniable du téléphone intelligent pour régler des problèmes d'ordre social et économique. Pour s'en convaincre, il suffit, dans Google, de taper les mots *kerala fishermen smartphone*, pour voir à quel point l'histoire a été reprise et comment elle s'est constituée en tant que mythe, c'est-à-dire une histoire qu'on se raconte pour donner du sens au monde dans lequel on évolue. Faut-il ici préciser que ce

---

[202] Jensen R. (2007), « The Digital Provide: Information (Technology), Market Performance, and Welfare in the South Indian Fisheries Sector », *The Qauterly Journal of Economics*, vol. 122. n° 3, p. 879-924.

type de mythe a aussi pour fonction de simplifier le monde en formulant des *a priori* simplistes tout en évacuant de son histoire des éléments essentiels. En fait, le mythe du pêcheur de sardines de Kérala, comme tout mythe par ailleurs, devient un genre de point de référence auquel d'autres discours mythiques viendront par la suite s'articuler tout en faisant l'impasse sur d'autres réalités. Et en ce sens, le mythe du pêcheur de sardines de Kérala sera *de facto* applicable dans d'autres contextes qui n'ont pas du tout les mêmes caractéristiques socioéconomiques que le village de Kérala en Inde, et deviendra, dans les sociétés industrialisées, un référentiel de ce qu'il est possible de faire avec un téléphone intelligent.

Si le mythe du pêcheur de sardines de Kérala fonctionne dans un pays en voie de développement comme l'Inde, fonctionne-t-il pour autant dans les pays industrialisés ? Quand on y regarde le moindrement de près, rien, ou si peu, ne suggère vraiment que le citoyen d'un pays industrialisé, ou même celui d'un pays émergent, puisse vraiment tirer parti de son téléphone intelligent pour en obtenir des revenus substantiels qui lui permettront de vivre une vie décente. D'un point de vue strictement pragmatique, le téléphone intelligent ne viendra en aide à personne qui aura perdu son emploi, sauf peut-être de lui indiquer comment se rendre au bureau d'emploi ou au bureau de chômage. Certains diront que le téléphone intelligent leur permettra de déposer leurs CV sur des sites spécialisés à cette fin et qu'il leur permettra de fouiller dans les immenses banques d'emplois en ligne, mais le jour où les revenus deviendront insuffisants pour même payer les frais de connexion du téléphone intelligent, ils resteront Gros-Jean comme devant à moins de se rendre, en personne, au bureau d'emploi local. Le téléphone intelligent n'est donc pas la panacée universelle que les technos-optimistes voudraient bien nous faire croire, tant s'en faut, car du moment où on n'a plus les moyens de payer la connexion mensuelle, force est de constater que le téléphone intelligent n'est pas, et de loin, la grande force sociale égalisatrice que la technologie numérique prétend être.

La longue traîne et ses implications sociales

On pourrait débattre pendant des heures et des heures sur les bienfaits des technologies numériques, et à la fin de ce débat, il y a fort à parier que le décompte favoriserait les *pour* plutôt que les *contre*. Pourquoi ? Parce que nous voulons désespérément croire dans le mythe du progrès. Et c'est là où il faut reprendre la courbe de la longue traîne pour bien comprendre comment cet engouement se construit, car cette courbe occulte des informations qui ne sont pas immédiatement apparentes et qui ont pourtant une portée significative sur l'espoir que nous avons placé dans les technologies numériques et l'intelligence artificielle.

Quelle est la nature de ces informations occultées par la courbe de la longue traîne ? Tout d'abord, les profits quasi indécents que les entreprises de la Silicon Valley arrivent à générer année après année ont initialement été le fait d'un financement public. Comme l'a souligné Noam Chomsky, « L'État joue un rôle essentiel dans l'innovation et le développement, non seulement dans les laboratoires nationaux et les universités, mais aussi par de nombreux autres moyens : subventions aux grandes sociétés, approvisionnement, introduction de droits et tarifications monopolistiques dans les accords de libre-échange, etc.[203] » Concrètement, il n'y a qu'à voir comment le développement de l'ordinateur, d'Internet, du laser, de la fibre optique et du satellite ont avant tout été le fait d'un financement massif d'ordre public, parfois pendant des dizaines d'années, dans le milieu universitaire et militaire, où le citoyen n'a jamais eu son mot à dire

Et il ne faut pas se leurrer ou s'aveugler volontairement, car historiquement parlant, l'initiative entrepreneuriale s'est généralement limitée à la phase de commercialisation tout en étant largement tributaire de l'État en ce qui concerne la technologie et le savoir-faire. En fait,

> « pendant une trentaine d'années, Internet a surtout été le fait du secteur public, jusqu'à ce qu'on le cède au privé en 1993. Dans les années 1950, les ordinateurs étaient gigantesques, fonctionnaient à l'aide de tubes à vide grillant facilement et de programmes codés sur des bandes de papier qui s'éparpillaient dans toute la salle, et demandaient des hommes pour accomplir la moindre opération. Dès que ces appareils, financés par le Pentagone, ont atteint le degré de sophistication leur permettant d'être vendus à profit, plusieurs des principaux ingénieurs du plus important laboratoire d'État ont démissionné pour fonder la Digital Equipement Corporation (DEC), qui s'est hissé au rang de chef de file de l'industrie de l'informatique jusqu'au début des années 1980 où elle a été détrônée par les fabricants d'ordinateurs personnels. Pendant ce temps, IBM se servait des ordinateurs du Pentagone pour s'ingénier à trouver le moyen d'abandonner la carte perforée comme unité d'entrée-sortie et de lui substituer la bande magnétique. En 1961,

---

[203] Chomsky, N. (2011), *Futurs proches — Liberté, indépendance et impérialisme au XXIᵉ siècle*, Montréal : Lux Éditeur, p. 111.

cette entreprise avait fabriqué l'ordinateur le plus rapide du monde. Comme il coûtait beaucoup trop cher pour qu'elle l'offre sur le marché, elle l'a vendu à l'État pour son laboratoire de Los Alamos. Quant aux approvisionnements, ils ont toujours constitué un bon moyen de financement du secteur privé par l'État[204]. »

De toutes les technologies numériques que nous connaissons aujourd'hui et qui ont permis l'avènement de l'ordinateur personnel et d'Internet, une seule n'émane pas directement du secteur public : les transistors. Ils ont été conçus par une société privée, la Bell Telephone Laboratories, qui a aussi largement contribué à d'autres découvertes scientifiques dans de nombreux domaines. AT&T, à qui appartenait alors ce laboratoire, disposait d'un monopole total sur l'industrie de la téléphonie, monopole octroyé par l'État, grâce auquel elle pouvait facturer sans impunité à frais élevés ses propres abonnés. Ses chercheurs utilisaient par ailleurs du matériel militaire également financé et commandé par l'État. Pendant des années, les transistors à haut rendement sont restés inabordables pour le secteur privé, si bien que seule l'armée s'en procurait. Lorsque le monopole d'AT&T prit fin en 1982, son célèbre laboratoire, par manque de fonds publics, commença à péricliter et ne retrouva jamais sa vigueur d'antan.

En matière de technologies de pointe, le rôle de l'État, dans la plupart des pays développés, ne se résume pas seulement à la mise en place de programmes d'aide à la recherche et au développement, mais aussi à la mise en place des réglementations fiscales avantageuses ou de prêts « remboursables ». Par exemple, au Québec (Canada), il suffit de voir comment le Parti Libéral au pouvoir a largement permis à l'avionneur Bombardier, à la fin 2015, de bénéficier d'un prêt « remboursable » de plus de 1,3 milliard de dollars américains pour soutenir la recherche et le développement pour finaliser la controversée C-Series et finalement la commercialiser[205]. Faut-il aussi rappeler que depuis 1966, Bombardier n'a remboursé que 543 millions des 1,3 milliard de dollars « prêtés » jusqu'ici par Industrie Canada[206]. Se souvenir également qu'un prêt étatique de 350 millions consenti à Bombardier en 2005 commencera tout juste à être remboursé au moment où ces lignes sont écrites. Finalement, le dernier prêt de 372 millions de dollars sans

[204] *Idem.* p. 112.
[205] Radio-Canada (2015 [Oct. 29]), *Québec investit 1 milliard $US dans Bombardier*, URL : http://bit.ly/2lRav8e.
[206] Chase, S., Perrreaux, L. (2015 [Oct. 30]), *Quebec wants Ottawa to match $1-billion Bombardier investment*, Globe and Mail, URL: http://bit.ly/2ukSXbA.

intérêt consenti au début 2017 par le gouvernement fédéral du Canada pour la C-Series sera remboursé d'ici 15 ans, seulement et seulement si Bombardier arrive à vendre des avions. Autrement, même si le contribuable cherche à en savoir plus concernant les clauses de tels prêts, il se rendra non seulement compte que ces clauses sont rarement transparentes, mais que les demandes d'accès à l'information demeurent la plupart du temps lettre morte, car ces contrats contiendraient des données commerciales dites sensibles.

Pour mieux appuyer l'affirmation précédente, il est nécessaire d'effectuer un bref retour dans le temps :

> « Dans les années 1970, le monde des affaires a traversé une période très difficile, un peu comme au temps du développement des chemins de fer. La productivité diminuait, tout comme la croissance des investissements, et les cadres américains peinaient à suivre le rythme d'une concurrence étrangère dont les méthodes étaient plus évoluées. [...] Encore une fois, l'armée a été appelée en renfort. SIGLE, important programme du Pentagone dans les années 1970, a vu son financement doubler quand Reagan a pris le pouvoir. Ses responsables se sont vu confier le mandat d'inventer l'usine du futur, où ordinateurs et automatisation assisteraient tant la conception que la production, et dont les technologies de fabrication seraient adaptables et la gestion efficace, tout cela dans le but de rattraper l'Europe et le Japon. Il s'agissait donc d'accroître la part de marché et le leadership industriel des États-Unis en ayant recours à la méthode traditionnelle, c'est-à-dire l'initiative de l'État et l'argent des contribuables. Cette stratégie pouvait en outre rapporter un avantage social indéniable : la maîtrise de la force de travail. Il s'agit là d'une vieille rengaine. Par exemple, après avoir longuement élaboré des machines-outils automatiques commandées par ordinateur, le secteur public les a finalement cédées au secteur privé. Conséquemment, cette technologie permet de répondre à deux objectifs bien précis : la déqualification des travailleurs et l'amélioration du contrôle de gestion[207]. »

Quand l'État finance les profits des entreprises

À tout bien considérer, l'investissement par l'État dans les industries de la haute technologie n'est jamais un jeu à somme nulle. Pire encore, le contribuable en sort généralement perdant, car ce n'est pas ce dernier qui bénéficie des profits, mais bien un cercle restreint d'actionnaires. Et quand on y regarde le moindrement de près, il faut se rendre à quelques bêtes évidences.

---

[207] Chomsky, N. (2011), *op. cit.*, p. 113.

Premièrement, le contribuable en sort généralement perdant en termes de retour sur investissement. Certes, certains diront que toutes ces technologies initialement financées par l'argent des contribuables, par la suite améliorées et commercialisées par les bons soins de l'industrie des hautes technologies, nous rapportent à tous collectivement. En ce sens, Internet en serait le meilleur exemple. Mais encore là, c'est toujours un jeu à somme quasi nulle pour le contribuable en termes de retour sur investissement. Pourquoi ?

Considérons tout d'abord le cas du chercheur canadien Georges Hinton, car il faut voir comment la recherche sur les réseaux de neurones artificiels, depuis le début des années 2000, était sous financée, pour mesurer l'ampleur du phénomène qui s'est imposé dès 2006. En fait, c'est Georges Hinton, de l'Université de Toronto, qui a en quelque sorte gardé le fort pendant toutes ces années, malgré le tarissement drastique du financement dans le secteur de la recherche en intelligence artificielle. En 2006, avec deux autres collègues, Hinton fait une percée majeure[208] et révolutionne le domaine des réseaux de neurones artificiels (*neural networks*), qui avaient jusque-là très mauvaise presse dans le monde de la recherche. Battant à plates coutures tous les systèmes déjà existants de reconnaissance vocale, de reconnaissance faciale, de catégorisation d'images, de génération vocale et de traduction automatique, l'expression *neural networks* sera rapidement abandonnée au profit de l'expression *deep learning*. Rien de mieux que de revamper un terme négativement connoté pour relancer la marque ! En l'espace d'à peine un an, les Google, Microsoft et Amazon de ce monde lâcheront dans la nature leurs chasseurs de têtes et débaucheront de leurs emplois universitaires les rares chercheurs en intelligence artificielle. Concrètement, il faut voir cet engouement comme une nouvelle ruée vers l'or, car l'entreprise qui embauchera les chercheurs les plus innovateurs risque fort de se positionner en tête de lice sur Wall Street. Il faut voir tout ce qui se dit et s'écrit dans la presse depuis que Google a lancé son projet de recherche de voiture autonome pour saisir et cerner dans quelle mesure la découverte de Georges Hinton a permis et conditionné un foisonnement de recherches et d'applications dans tous les domaines où l'apprentissage automatisé pourrait éventuellement être utilisé.

Deux autres chercheurs universitaires de renom dans le domaine de l'intelligence artificielle, Yan LeCun de l'Université de New York et Yoshua Bengio de l'Université de Montréal, tout comme Georges Hinton, ont été

---

[208] Hinton, G. E., Osindero, S., Teh, Y. W. (2006), « A fast learning algorithm for deep belief nets », *Neural computation*, vol. 18, n° 7, p. 1527-1554.

récupérés par les Google, Microsoft, Facebook et Amazon de ce monde. Le plus fou dans l'histoire, c'est que le Canada aura financé la majeure partie des travaux de recherche universitaires de Georges Hinton et de Yoshua Bengio pour que ceux-ci soient récupérés par des entreprises de la Silicon Valley. Et c'est bien là que le contribuable se fait systématiquement avoir en termes de retour sur investissement, car ces entreprises dégageront des profits astronomiques sans jamais que le contribuable en voit la couleur.

Deuxièmement, les algorithmes d'intelligence artificielle nécessitent, pour bien fonctionner, des masses colossales d'information, et ces masses colossales d'information sont gratuitement et massivement produites par des milliards d'entre nous. D'une part, nous participons tous, à divers degrés, à alimenter la machine à informations, qu'il s'agisse de notre participation volontaire et consciente sur les réseaux sociaux, de notre participation à des blogues de toutes sortes, de notre production visuelle et massive sur YouTube, sans compter toutes les photographies que nous postons sur Instagram et Flickr. D'autre part, dans le monde de la recherche médicale, et pour ne citer que cet exemple, toutes les mammographies effectuées depuis 40 ans ont été essentiellement financées par l'État. Aujourd'hui, IBM et Google débarquent dans certains systèmes de santé de différents pays, proposent leurs algorithmes d'intelligence artificielle pour scanner des centaines de millions de mammographies, améliorent la performance de leurs algorithmes, et peaufinent ainsi leurs technologies qu'ils revendent par la suite à prix fort à d'autres clients étatiques. De plus, comme la maladie, sous toutes ses formes, est une condition inhérente de l'être humain, et comme l'être humain ne peut s'empêcher de développer des maladies, l'intelligence artificielle initialement développée par des fonds publics revient constamment à ses origines, c'est-à-dire vers les fonds publics. On n'en sort pas, l'État est toujours là, un genre de vache à lait intarissable pour les entreprises de haute technologie.

Troisièmement, l'intelligence artificielle a ceci de particulier qu'elle automatise et absorbe tout ce qu'elle touche. Prochaine étape, et qui se déroulera sous peu sous nos yeux, l'automatisation de milliers de types d'emplois, et par conséquent, des pertes d'emplois par millions. Comme le soulignait fort bien Chomsky, cette technologie permet de répondre à deux objectifs bien précis : la déqualification des travailleurs et l'amélioration du contrôle de gestion. Et je rajouterai l'optimisation de la productivité et du profit par la perte d'emplois grâce à l'intelligence artificielle

Au bout du compte, une recherche en intelligence artificielle financée pendant des décennies par l'État, récupérée ensuite par des entreprises de la Silicon Valley déjà milliardaires, de l'information produite gratuitement par des milliards de personnes, de l'information médicale massivement produite par des milliards de patients et financée par l'État, des algorithmes d'intelligence artificielle optimisés par de l'information produite gratuitement ou financée par l'État et qui auront pour effet direct de conduire à la perte de millions d'emplois, c'est, il faut l'avouer, l'ultime socialisation du financement de la recherche et du développement ainsi que l'ultime privatisation du retour sur investissement.

Le simple citoyen, celui qui, au bout du compte, finance tout, n'est qu'un simple point, très loin sur la courbe de la longue traîne ; il ne ramasse que des miettes, alors que seules quelques grandes entreprises raflent tout, puisque ce sont elles qui possèdent la courbe de la longue traîne.

Une question d'éthique

Les entreprises de la Silicon Valley me font penser à un coureur de marathon qui, par un quelconque subterfuge, arriverait à se faufiler dans le dernier kilomètre de la course et remporterait ainsi la première place. Certes, on peut aussi dire que toutes ces entreprises, à première vue si innovantes, s'appuient sur l'ensemble de tous les développements technologiques effectués au cours du siècle dernier, en commençant par l'électricité, et ce serait tout à fait vrai. Par contre, il faut apporter un bémol à cette affirmation : la chose était vraie jusqu'à ce que les technologies numériques entrent en scène. Pourquoi ? Pour la simple raison que les technologies numériques sont totalement différentes des technologies analogiques précédentes et qu'elles travaillent différemment la société. Cette capacité si distinctive que possèdent les technologies numériques à insuffler de l'intelligence dans l'ensemble de tous les secteurs d'activité économique de la société fait en sorte que se dessine inévitablement une propension, pour toutes les entreprises qui possèdent la courbe de la longue traîne, à écrire des scénarios de type « le gagnant rafle tout ».

Et c'est bien là qu'intervient une certaine question d'éthique que seuls quelques rares penseurs ont commencé à traiter et qui se formule de la façon suivante : est-ce que la population, dans son ensemble, parce que c'est bien elle qui a financé la recherche et le développement de ces technologies, ne devrait-elle pas exigé une part des profits colossaux réalisés par toutes les entreprises qui profitent largement et parfois de façon tout à fait indécente de ce financement public ? Il va sans dire que les contribuables bénéficient pour une bonne part des avancées technologiques et de l'accélération technologique qui est propre aux technologies numériques. Si on examine la chose sous l'angle de la réduction drastique des coûts versus l'augmentation phénoménale de la puissance de calcul des ordinateurs et de la capacité constamment décuplée de stockage de l'information, si on examine la chose sous l'angle de l'accès à l'information et aux divertissements, si on examine la chose sous l'angle de la recherche médicale et de la recherche pharmaceutique, force est de constater qu'il y a là un retour sur investissement des fonds publics qui n'est pas négligeable.

Malgré tout, même si nous avons la possibilité de disposer à volonté de toutes ces technologies, pourvu que nos moyens financiers nous permettent d'y avoir accès, il reste un point que toute cette débauche technologique n'a surtout pas réussi à régler, à savoir que même si on en utilise tous les gadgets jusqu'à plus soif, elle ne permet à personne de payer ni l'épicerie, ni les loyers, ni l'hypothèque, ni les moyens de déplacement. Et quand je dis payer tous ses services, il s'agit vraiment de les payer et ne pas se retrouver à court d'argent parce qu'ils ont été payés.

Pourtant, quand une société a le luxe de se payer des universités, car une université est bel et bien un luxe pour une société, l'ensemble de la classe moyenne qui finance le salaire des professeurs et des chercheurs universitaires est en droit de s'attendre à ce que les investissements en enseignement et en recherche fassent en sorte de créer un meilleur futur pour ses enfants et ses petits-enfants. Et quand on revient sur tout ce qui a été analysé au cours des chapitres précédents, la tendance actuelle semble conduire vers un autre type de futur où les enfants et les petits enfants seront vraisemblablement placés dans des situations d'emploi toujours de plus en plus précaires. Ce qui nous ramène à une autre question d'éthique, c'est-à-dire que la classe moyenne qui finance la recherche dans le domaine des hautes technologies, et à plus forte raison dans celui de l'intelligence artificielle, est en droit de se demander s'il est moral et éthique qu'une petite élite s'accapare le capital technologique à son seul et propre profit ? Et l'autre question que la classe moyenne est en droit de se poser, est bien celle-ci : pourquoi est-ce que l'argent public qui a servi à financer les recherches en intelligence artificielle devrait-il servir à éliminer de plus en plus d'emplois ?

Aussi tordues que les choses puissent paraître, si c'est bel et bien la classe moyenne qui supporte financièrement l'ensemble de tous les services qu'une société est en mesure d'offrir, celle-ci ne devrait pas faire les frais du développement de l'intelligence artificielle et de son déploiement en coupant des millions d'emplois. Au contraire, elle devrait surtout en bénéficier par une juste redistribution de la richesse.

Et les choses étant ce qu'elles sont, c'est-à-dire qu'il existe trois invariants historiques qui traversent toutes les époques — la quête de pouvoir ; l'accumulation de richesses ; l'exploitation de ressources —, il est déjà possible d'entrevoir que les technologies dopées à l'intelligence artificielle sont susceptibles de prolonger et d'amplifier encore plus ce processus de quête de pouvoir, d'accumulation de richesses et de pertes d'emplois. D'ailleurs, quel entrepreneur serait imbécile au point de conserver des emplois, alors qu'il peut remplacer ces derniers par des algorithmes intelligents ou des robots ? Pourquoi ne pas réduire la masse salariale à un point avoisinant le zéro tout en augmentant à la fois la productivité et les profits tout en abaissant de façon drastique le prix de vente de ce qui est ainsi fabriqué ? Par contre, et il ne faudrait surtout pas l'oublier, si on coupe de plus en plus d'emplois par le truchement d'un vaste processus d'automatisation, qui payera pour acheter tous ces produits et services qui auront coûté de moins en moins cher à produire afin d'augmenter la marge bénéficiaire ?

Certains diront qu'un revenu universel pour tous permettrait de solutionner ce problème. Mais il y a un problème à cette solution, car comme c'est l'État qui fournira ce revenu universel, où l'État prendra-t-il son argent s'il y a de moins en moins de gens en mesure de payer des impôts et des taxes de toutes sortes ? En taxant de plus en plus les entreprises ? Mis à part Franklin Delano Roosevelt qui avait réussi, avec son *New Deal*, au sortir de la Seconde Guerre mondiale, à mieux répartir la redistribution de la richesse, rien n'indique que c'est la tendance que prendront les choses, car tout est dans un processus de dérégulation des marchés ainsi que dans un processus de mesures fiscales toujours plus favorables aux entreprises et de moins en moins favorables aux contribuables de la classe moyenne.

Supposons un instant qu'il soit possible d'établir un revenu universel même s'il y a moins de payeurs d'impôts et de taxes déguisées de toutes sortes, il y aura forcément une période de transition entre l'état actuel des choses et ce bonheur social supposé par technologies interposées. Et cette période de transition ne fera de cadeaux à personne. Elle jettera à la rue des

227

millions de travailleurs, disloquera des familles, fera souffrir beaucoup de gens, tandis que d'autres applaudiront en voyant les profits qu'ils réaliseront. Et nous ne sommes qu'au début de ce processus et les choses vont déjà mal. Quand l'intelligence artificielle atteindra sa vitesse de croisière, et c'est dans moins de dix ans, l'impact social sera majeur. À moins que quelqu'un dispose d'une baguette magique pour nous concocter une société où une grande partie des inégalités sociales auront été gommées, il y a encore loin de la coupe aux lèvres.

Certains utopistes pensent même que nous pourrions en venir à mettre sur pied une société à la *Star Trek* où la notion même de profit aurait été reléguée aux oubliettes de l'histoire, où le travail serait devenu une simple question de réalisation et de croissance personnelle, car plus personne n'aurait besoin de produire des biens et d'en tirer un profit, puisque qu'une technologie, la réplication — un genre de super imprimante 3D hyper sophistiquée et intelligente —, arriverait à produire tout ce dont nous avons besoin à un coût avoisinant le zéro. Personnellement, je ne crois pas qu'un tel scénario soit possible, pour la simple raison que la quête de pouvoir et l'accumulation de richesses sont des tares profondément ancrées en nous qu'il est impossible de surmonter.

CHAPITRE 13
L'exclusion technologique

L'exclusion technologique survient du moment où la conception des technologies exige un tel degré de qualification, qu'elle ne favorise que certaines personnes pour réaliser son développement, formant ainsi une minorité agissante capable d'orienter dans un sens donné le développement de toute une société.

Dans leur livre publié en 2004 et intitulé *The New Division of Labor*[209], Frank Levy et Richard Murnane ont clairement mis en évidence qu'une nouvelle forme de division du travail est apparue : les travailleurs versus les ordinateurs. Nous sommes ainsi bien loin du concept de division du travail du sociologue français Émile Durkheim qui, à la fin du XIXe siècle, soulignait que la Révolution industrielle avait non seulement laissé dans son sillage une spécialisation croissante des tâches à effectuer — d'où une division du travail —, mais qu'elle avait aussi amener une nouvelle forme de cohésion sociale, car la spécialisation et la différenciation accrue des individus entre eux les rendaient *de facto* interdépendants. Partant de là, la division du travail deviendrait source de solidarité sociale et de cohésion sociale, et dans le même souffle, elle différencierait les individus tout en les rendant complémentaires les uns aux autres.

Considérée sous cet angle, la division du travail est plus que bénéfique pour tous les membres de la société, car elle devient ainsi source de solidarité et de cohésion sociale. C'est en ce sens que Durkheim considérait que la division du travail était morale, puisqu'elle contraignait les individus à vivre ensemble, et ce, justement à cause de la spécialisation accrue de chacun. Par exemple, le boulanger a besoin du plombier tout comme le plombier a besoin du boulanger, etc. Ce faisant, pendant que les individus se différencient de plus en plus les uns des autres par leur travail, la division du travail, pour sa part, progresse inévitablement dans tous les secteurs de la vie sociale — politique, économie, administration, justice, science, éducation, santé.

Si, à la fin du XIXe siècle, avec la division du travail, nous sommes passés d'une société traditionnelle à une société moderne où les individus ne sont

---

[209] Levy, F., Murnane, R. J., (2005), *The New Division of Labor: How Computers Are Creating the Next Job Market*, Princeton: Princeton University Press.

plus liés entre eux par leurs similitudes, mais bien par leurs différences, et que celles-ci ont accentué leur interdépendance et renforcé les coopérations individuelles, la division du travail a constitué un puissant ciment social qui a inextricablement lié toutes les parties prenantes.

Division du travail et intelligence artificielle

Qu'en est-il maintenant d'une division du travail qui implique de moins en moins l'être humain et de plus en plus l'intelligence artificielle devenue un travailleur autonome, soit par un logiciel soit par un robot ? Jusqu'ici, et c'est indéniable, depuis l'introduction massive des technologies numériques avec l'arrivée de l'ordinateur personnel au début des années 1980, non seulement la division du travail s'est-elle accentuée, mais elle a permis une augmentation significative de la productivité. Autrement dit, jusqu'à ce que l'intelligence artificielle ne fasse son apparition, la division du travail a véritablement été ce ciment social qui soude la société. Mais avec l'arrivée de l'intelligence artificielle, ce ciment social ne sera-t-il pas en train de s'effriter, car les individus ne deviennent pas seulement plus interdépendants les uns des autres, mais deviennent de plus en plus dépendants, soit de logiciels intelligents, soit de machines-outils intelligentes, soit de robots intelligents ?

Il est plausible de penser que cette nouvelle forme de division du travail induite par l'intelligence artificielle puisse générer des formes pathologiques de division du travail, d'où le risque qu'elles désagrègent graduellement la solidarité sociale et l'interdépendance liée à la division du travail. Peut-être même que cette division du travail, si elle est poussée trop loin, pourrait devenir la source d'une désintégration sociale lorsque les individus, incapables d'être au pair en termes de productivité avec toute cette explosion d'intelligences artificielles, ne deviennent plus interdépendants les uns des autres. Ce à quoi il faut vraisemblablement s'attendre, c'est que de certaines formes de division du travail pathologiques et anormales se développeront. En ce sens, il se peut fort bien que les crises industrielles récentes, les faillites, et les récessions économiques planétaires passeront pour de simples périodes de transition sociale à peine mouvementées, parce que remplacé par un logiciel intelligent ou un robot. Concrètement, avec une déspécialisation croissante entre individus, et en l'absence ou l'insuffisance de règles susceptibles d'assurer une réglementation et une régulation nécessaires à la cohésion sociale dans un monde où l'intelligence artificielle aura investi la moindre parcelle de l'univers du travail, nous nous retrouverons vraisemblablement avec des formes de division du travail anomiques.

L'avantage comparatif

La plupart des économistes qui rejettent l'idée voulant que l'implantation massive de l'intelligence artificielle supprime plusieurs emplois se fondent sur le concept de l'avantage comparatif, c'est-à-dire que si chaque pays se spécialise dans la production pour laquelle il dispose de la productivité la plus forte ou la moins faible par rapport à ses partenaires il accroîtra inévitablement sa richesse nationale. Pour mieux comprendre le phénomène, considérons le cas de deux personnes : Isabelle et Pierre-Marc.

Isabelle est avant tout une personne vraiment exceptionnelle. Après avoir complété un doctorat en génétique, après avoir réalisé une percée importante dans l'analyse des marqueurs de la maladie de Parkinson, elle est désormais considérée par ses collègues comme l'une des scientifiques les plus influentes de son domaine. Après avoir été nommée scientifique de l'année, après avoir reçu de prestigieux prix scientifiques, elle a poursuivi sa carrière, et dès qu'elle publie un quelconque article dans une prestigieuse revue comme *Science* ou *Nature*, elle est citée par toute une armée de chercheurs en génétique.

Pour arriver à combler les fins de mois, à l'époque où elle faisait son baccalauréat et sa maîtrise, Isabelle s'était inscrite à un cours de cuisine française. Comme Isabelle ne fait jamais rien à moitié, et comme elle possède une intelligence définitivement supérieure, en moins de temps qu'il ne faut pour le dire, elle avait saisi l'essence même de la fine cuisine et de la gastronomie. Après avoir participé à plusieurs concours culinaires, elle s'est rapidement retrouvée à faire la une de différents magazines spécialisés en gastronomie. Son talent culinaire était tel, qu'elle fut invitée par de grands chefs français à participer à l'élaboration du menu de leurs restaurants respectifs.

Pierre-Marc, quant à lui, n'est pas une personne exceptionnelle au sens ou Isabelle peut en être une. Par contre, même si nous admettons que Pierre-Marc n'a pas du tout le même talent qu'Isabelle, il n'en reste pas moins que, en tant que cuisinier, il est le moins pire de tous ses collègues. Il a même gagné plusieurs prix après avoir participé à des concours culinaires régionaux, mais n'a jamais réussi à franchir la barrière des concours à l'échelle nationale. Malgré tous ses talents, Pierre-Marc ne peut en aucune façon rivaliser avec ceux de Isabelle et il n'arrivera jamais à la cheville de ce qu'Isabelle peut faire. Même plus, il ne pourra jamais prétendent travailler dans la cuisine d'un grand chef.

Étant donné que Pierre-Marc ne peut compétitionner contre Isabelle en tant que chef, et sûrement pas en tant que chercheur en génétique, existe-t-il par contre un terrain d'entente où chacun pourrait tirer avantage des qualités et des compétences de l'un ou de l'autre ? En fait, le concept de l'avantage comparatif prétend qu'il est possible d'y parvenir pourvu que Isabelle engage Pierre-Marc comme cuisinier. Mais comme nous savons qu'Isabelle est susceptible de surclasser Pierre-Marc dans une cuisine, pourquoi Isabelle devrait-elle engager Pierre-Marc ? La réponse à cette question est fort simple et s'articule comme suit : en engageant Pierre-Marc comme cuisinier, Isabelle se dégagera ainsi du temps pour effectuer ce qu'elle fait le mieux et ce qui lui rapporte le plus, à savoir de la recherche en génétique.

L'idée centrale derrière cet avantage comparatif stipule que vous serez toujours en mesure de trouver un emploi dans votre domaine d'expertise pourvu que vous soyez le moins pire de l'ensemble de tous vos collègues. Et si vous êtes un peu moins pire que la moyenne de vos collègues, et si vous ne vous améliorez pas, vous laisserez dès lors le champ libre à certains de vos collègues qui en profiteront pour se spécialiser. Ce faisant, ils finiront par vous surclasser et gagneront ainsi un meilleur salaire que vous.

Deux choses, donc, différencient Isabelle de Pierre-Marc. D'une part, Isabelle excelle dans deux domaines, la recherche en génétique et la cuisine, tandis que Pierre-Marc tire son épingle du jeu dans un seul domaine, celui de la cuisine. D'autre part, étant donné que le domaine dans lequel Isabelle excelle par-dessus tout est la génétique, Isabelle possède donc une valeur marchande beaucoup plus élevée que Pierre-Marc, parce que les compétences que cette discipline scientifique exige ne sont qu'à la portée d'un cercle restreint de personnes. À l'inverse, pour Pierre-Marc, les compétences que son domaine exige, la cuisine, sont à la portée d'un grand nombre de personnes. De là, il est facile de comprendre pourquoi, depuis les débuts de la révolution industrielle, l'avantage comparatif a permis au système économique de fonctionner plus ou moins adéquatement et de permettre à certaines personnes de se distinguer, à plusieurs d'accéder à un emploi somme toute décent, et à d'autres d'accéder à des emplois peu rémunérateurs.

Inversons maintenant, si vous le voulez bien, la situation. Imaginons un instant qu'Isabelle puisse avoir la possibilité de se cloner. Ce faisant, Isabelle n'aura pas d'engager Pierre-Marc, parce que son clone pourra prendre la place que Pierre-Marc aurait dû occuper. En fait, si une personne choisit de faire une chose, elle doit nécessairement renoncer à l'opportunité de faire autre chose ; c'est le concept du coût de renoncement, c'est-à-dire que dans une situation où l'on est confronté à faire plusieurs choix, le coût de renoncement d'un choix donné est le meilleur gain (gain dans l'absolu, pas par rapport au choix donné) que l'on peut obtenir en choisissant l'un des autres choix. Et c'est bien à partir de ce principe que fonctionne l'avantage comparatif, c'est-à-dire qu'une seule et même personne ne peut être au même moment à deux endroits en même temps et qu'elle doit décider par renoncement à ce qui lui convient le mieux. Mais voilà, comme il est possible de répliquer à volonté un logiciel, un algorithme ou un robot, le concept même de coût de renoncement ne s'applique plus, tout simplement parce qu'il n'a plus aucune raison de s'appliquer. Et comme il sera possible de répliquer à volonté le clone d'Isabelle, il sera ainsi possible de remplacer à volonté tous les cuisiniers du niveau de compétences de Pierre-Marc dans une grande quantité de cuisines à travers le monde.

Partant de là, imaginons un instant l'impact que pourrait avoir le fait d'encoder dans un algorithme d'intelligence artificielle l'expertise de l'une des personnes les plus efficaces de l'entreprise et de répliquer cet algorithme un peu partout dans l'entreprise, tout en sachant que cet algorithme engouffrera chaque jour des téraoctets de données, qu'il sera constamment dans un processus d'apprentissage et qu'il s'améliorera ainsi de façon quasi exponentielle chaque fois qu'il ingurgitera et traitera de nouvelles données. Et c'est justement là que l'intelligence artificielle dispose du potentiel de redéfinir fondamentalement la relation qui existe actuellement entre nous et les ordinateurs dopés à l'intelligence artificielle. En fait, sous peu, les ordinateurs et les logiciels ne seront plus du tout ces outils qui permettent d'augmenter la productivité des travailleurs, mais deviendront des substituts, sinon des succédanés hautement efficaces des travailleurs qu'ils auront ainsi remplacés. Si du point de vue des travailleurs, l'intelligence artificielle est susceptible de les déclasser et de les mettre au chômage, du point de vue de l'entrepreneur, l'intelligence artificielle sera susceptible d'augmenter largement la productivité de son entreprise tout en abaissant largement les coûts de cette même productivité et d'augmenter ainsi de façon très substantielle les profits. En somme, le rêve imaginé par tous les entrepreneurs depuis les débuts de la Révolution industrielle : n'avoir personne à payer pour faire des profits.

Au final, l'intelligence artificielle dispose de cette capacité à mettre au rancart l'idée même d'avantage comparatif et de coût de renoncement, parce qu'il n'est plus du tout nécessaire de s'en préoccuper. Donc, même si quelqu'un fait des études de niveau doctoral dans un domaine donné, et même si cette personne arrive plus ou moins à se démarquer de ses collègues, rien ne garantit que cette personne arrivera à se trouver un emploi, parce que du moment où un algorithme d'intelligence artificielle investira son domaine de recherche, celui-ci absorbera quotidiennement des masses colossales de données, augmentera de façon exponentielle ses capacités déductives et surclassera de la façon la plus efficace possible en toutes choses tout ce que cette personne serait en mesure de faire comme analyse et recherche scientifique. Autrement dit, dans un monde où l'intelligence artificielle dominera, il faudra avoir un emploi et des compétences à haute valeur ajoutée que l'intelligence artificielle aura de la difficulté à coloniser. Et c'est là où se joue tout l'avenir de l'emploi dans une société artificiellement intelligente, c'est-à-dire dans le fait de perdre son avantage comparatif.

À tout bien considérer, dans une économie héritée de la révolution industrielle, les individus doivent mettre l'accent sur l'avantage comparatif qu'ils ont par rapport aux autres individus. Par contre, dans une économie fédérée par l'intelligence artificielle, les individus doivent mettre l'accent sur l'avantage comparatif qu'ils peuvent avoir par rapport aux ordinateurs intelligents et laisser ces derniers faire le travail pour lequel ils sont autrement plus compétents que les êtres humains.

Il y a à peine un siècle, la deuxième portion du paragraphe précédent n'aurait eu strictement aucun sens, parce que les ordinateurs, ou si vous préférez, les « calculateurs », étaient des êtres humains. Et c'est bien le nom que l'on donnait, *computer*, au début du XXᵉ siècle, à toutes ces femmes qui avaient la responsabilité de calculer à longueur de journée tout ce qui était possible d'être calculé dans autant d'entreprises et agences gouvernementales. Au fil des innovations technologiques au cours des cinq premières décennies du XXᵉ siècle, les calculatrices mécaniques, et par la suite électromécaniques et finalement numériques, se sont graduellement substituées à ces femmes en les dépossédant petit à petit de leurs emplois. Aujourd'hui, plus personne n'est engagé pour effectuer manuellement des calculs et en consigner les résultats. Même dans les pays les plus pauvres, personne n'exécute ce type de travail, tout simplement parce que les ordinateurs et les calculatrices aujourd'hui disponibles sont autrement plus économiques, rapides, efficaces et précis que ne pourraient l'être un être humain.

Si on examine de près le fonctionnement interne de l'ordinateur, on constate rapidement que ceux-ci ne sont pas seulement de puissants calculateurs, mais sont surtout et avant tout des machines dédiées à un traitement symbolique. Alors que la circuiterie d'un ordinateur se résume essentiellement à traiter des zéros et des uns, c'est-à-dire qu'il y a ou non du courant, cet état électrique peut être représenté soit sous la forme de vrai ou faux, soit sous la forme de oui ou non, soit sous la forme de quelque langage symbolique que vous puissiez décider. En principe, si on considère les choses sous cet angle, un ordinateur est donc susceptible d'exécuter tout type de traitement symbolique que l'on voudra bien lui faire exécuter, qu'il s'agisse de mathématiques, de logique, de traduction, de reconnaissance faciale, etc. Par exemple, étant donné que les ordinateurs actuels ne sont pas encore en mesure d'imaginer par eux-mêmes un roman, l'avantage comparatif, pour l'être humain, réside dans le fait que ce dernier est capable d'imagination. Autre exemple, personne n'est encore parvenu à faire exécuter par un ordinateur le travail du président d'une entreprise, le boulot du politicien, la tâche hautement complexe du chirurgien, la recherche du scientifique, le soutien médical de l'infirmière, le travail de serveur dans un restaurant, ni même le travail de la personne qui vous sert un café chez Starbucks. Mais pourquoi les choses devraient-elles en rester là ? En fait, qu'est-ce qui fait que le travail de tous ces gens soit si difficile à décortiquer pour arriver à faire en sorte qu'une machine ne puisse l'exécuter ? C'est la question à laquelle Levy et Murnane avaient tenté de répondre, et pour y arriver, ils avaient réparti la notion même de traitement de l'information sur un spectre de tâches à exécuter.

À l'extrémité gauche de ce spectre se positionnent les tâches strictement arithmétiques et qui n'exigent, au bout du compte, qu'une compréhension somme toute assez simple du processus qui les sous-tend.

Au milieu de ce spectre, étant donné que les ordinateurs sont particulièrement performants lorsqu'il s'agit de suivre des règles bien précises de type « si, alors… », il devient dès lors possible de leur faire exécuter une multitude de tâches. Par exemple, l'évaluation qui consiste à accorder ou non un prêt hypothécaire peut justement se formuler sous un ensemble de règles bien précises :

> « Si une personne fait une demande pour un prêt hypothécaire d'un montant M, et si la personne possède une cote de crédit C ou plus élevée, et si le revenu annuel est plus grand que R ou que le total des biens est plus grand que W, et que le total de la dette n'est pas plus grand que D, il faut alors approuver la demande de prêt hypothécaire. »

Quand cette règle est implémentée dans un logiciel qui sera exécuté par un quelconque ordinateur, cette règle constitue un algorithme. En fait, les algorithmes sont des simplifications de ce qui se passe dans la réalité. Par contre, il est impossible qu'un algorithme puisse tenir compte de toutes les situations qui seraient susceptibles de survenir dans la réalité et de les encoder. Malgré cette simplification, et de façon générale, les algorithmes tiennent compte de ce qui est le plus susceptible de survenir, de là, dans la plupart des cas, leur efficacité et leur performance. Conséquemment, il n'y a aucune raison qui milite en faveur de ne pas utiliser des algorithmes pour accorder ou non un prêt hypothécaire à quelqu'un. Toujours dans le même ordre d'idées, avant le krach financier de 2008, les institutions financières américaines accordaient des prêts hypothécaires à des gens qui ne rencontraient pas les exigences des règles alors encodées dans les algorithmes. Et c'est la raison pour laquelle, après la crise financière et après plusieurs enquêtes gouvernementales, les algorithmes dédiés aux prêts hypothécaires n'ont jamais été remis en question, pour la simple raison, que ce sont les prêteurs qui n'ont pas respecté les recommandations émises par ces mêmes algorithmes.

Pour Levy et Murnane, à l'extrémité droite du spectre se retrouve un ensemble d'informations et de processus qu'il est extrêmement difficile de mettre sous forme d'algorithme, c'est-à-dire reconnaître des schémas récurrents. Concrètement, à l'inverse de l'ordinateur, notre cerveau est extrêmement efficace pour reconnaître des schémas récurrents, mais aussi tout à fait incapable d'expliquer comment il y parvient, spécifiquement lorsqu'un large volume d'informations est déversé dans un laps de temps très court. Et c'est la raison pour laquelle, toujours selon Levy et Murnane, tout ce qui exige de la reconnaissance de schémas récurrents ne pourra jamais être programmé dans un algorithme. Pour appuyer leur thèse, Levy et Murnane avaient donné l'exemple d'une voiture autonome qui devrait circuler par elle-même dans un environnement urbain avec toute la complexité que cela exige. De toute évidence, la portion du spectre que Levy et Murnane avaient identifié comme étant impossible à intégrer dans un algorithme vient tout juste d'être déclassée.

Que nous signale au juste la conclusion à laquelle sont parvenus Levy et Murnane ? Que nul ne sait dans quelle direction peut s'effectuer le développement technologique, ni quelle technologie sera développée, ni quelle découverte sera effectuée. Pire encore, personne ne sait, et personne n'a jamais su, qu'elles pourraient bien être l'ensemble des impacts qu'une technologie innovante serait susceptible de provoquer. Si on part de ces deux conclusions, le passé est-il pour autant garant du passé lui-même ? Je m'explique : peut-on se fonder sur les données du passé pour entrevoir ne serait-ce qu'un iota de ce que sera le développement technologique et social ? Encore là, la réponse est négative, car si on examine les données de certaines études, certes elles peuvent nous renseigner sur l'état actuel des choses et de certaines tendances de fond, mais elles ne peuvent en rien nous renseigner sur le futur, parce que du moment où une technologie hautement innovante verra le jour, toutes ces données seront à passer à la déchiqueteuse. Malgré tout, malgré cette impossibilité à prévoir le futur, il n'en reste pas moins que les trois invariants historiques qui traversent toutes les époques depuis la Révolution industrielle — la quête de pouvoir et l'accumulation de richesses concentrées dans les mains d'une minorité agissante, l'exploitation des ressources — sont tout de même de bons indicateurs de là où nous nous dirigeons collectivement avec une intelligence artificielle qui percole dans les moindres recoins de la société, à savoir, vers une société toujours de plus en plus socialement inégalitaire.

La montée de l'élite technologique

Dans la seconde moitié du XIXe siècle, alors que la Révolution industrielle battait son plein, la technologie avait constamment un pas d'avance sur la scolarisation dans un contexte d'éducation publique déficiente. Tout individu qui disposait alors des compétences requises était assuré d'un emploi très rémunérateur. En l'espace de moins d'une cinquantaine d'années, après des investissements massifs de la part de l'État dans l'éducation publique, tant aux États-Unis, au Canada qu'en Europe, l'écart entre technologie et éducation s'est trouvé réduit de façon significative. De 1870 à 1950, pour chaque décennie passée, une augmentation de l'ordre de 0,08 année de sco-larisation s'est ajoutée[210]. Autrement dit, chaque nouvelle génération était constamment plus scolarisée que la précédente et l'écart entre technologie et éducation fut finalement presque au pair au début des années 1950. L'in-vention du microprocesseur, au milieu des années 1970, a réamorcé l'an-cienne dynamique de la Révolution industrielle : la technologie a repris gra-duellement le pas sur l'éducation[211], d'où la montée d'une caste technolo-gique fortement scolarisée. De 1979 à 2005, l'écart salarial entre un diplômé de niveau secondaire et collégial est passé du simple au double[212], phéno-mène essentiellement dû au retour sur les investissements effectués dans le secteur de l'éducation postsecondaire au sortir de la Seconde Guerre mon-diale[213].

Il serait évidemment irresponsable de remettre en question les investisse-ments importants qui ont été effectués depuis les soixante dernières années dans les sociétés industrialisées dans le secteur de l'éducation postsecon-daire. Ce qui a par contre été sous-estimé, c'est justement le retour sur in-vestissement. D'une part, il ne fallait pas être un clerc pour se rendre compte que toute personne possédant un diplôme collégial ou universitaire serait dans une meilleure situation économique qu'un individu titulaire d'un di-plôme de niveau secondaire. D'autre part, personne n'aurait pu prévoir que, dans une économie qui deviendrait de type « le gagnant-rafle-tout » où la haute technologie domine, ceux qui disposeraient d'un diplôme collégial ou universitaire dans le secteur des technologies allaient non seulement mieux tirer leur épingle du jeu, mais allaient économiquement surclasser ceux n'ayant pas une telle formation.

Dans un contexte où l'écart entre technologie et éducation va grandissant, où l'écart entre salaires va augmentant, dans une économie de type « le ga-gnant rafle tout » où la haute technologie domine, tous les éléments étaient réunis pour la montée d'une caste de technologues, de hackers, de program-meurs, de petits génies et de nerds qui allaient consolider la base dont l'élite

[210] Goldin, C., Katz, L.F. (2008), *The Race between Education and Technology*, New York : Belk-nap Press.
[211] Hotchkiss, J., Shiferaw, M. (2011), « Decomposing the Education Wage Gap : Everything but the Kitchen Sink », *Federal Reserve Bank of St. Louis*, vol. 93, n° 4, p. 243-271.
[212] Philippon, T., Reshef, A. (2011), *Wages and Human Capital in the U.S. Finance Industry : 1909-2006*, Working Paper.
[213] Lemieux, T. (2006), « Increasing Residual Wage Inequality: Composition Effects, Noisy Data, or Rising Demand for Skill? », *The American Economic Review*, vol. 96, n° 3, June, p. 461-498.

technocratique avait si essentiellement besoin. Cette convergence de phénomènes a conduit à la mise en place d'une élite très instruite qui rafle la majorité des salaires les plus intéressants. Elle est peut-être là, pour une certaine
part, l'explication de l'inégalité salariale dans les sociétés industrialisées,
mais cette proposition mériterait d'être largement étayée avec chiffres à l'appui.

Toujours dans le même ordre d'idées à propos de l'élite technologique,
cette dernière se croit réellement investie d'une mission, tout comme l'était
en son temps Andrew Carnegie, l'homme le plus riche du monde. Les chevaliers du capitalisme et les grands capitaines de l'industrie, au début du XXe
siècle, engagés dans un constant processus de concurrence et de compétition,
se disaient que leur démarche « est non seulement bénéfique, mais qu'elle
est essentielle au progrès futur de la race. » Armé d'une telle conviction,
difficile de ne pas croire que Carnegie ne croyait pas à ce qu'il disait. Les
chevaliers de l'industrie des hautes technologies ne sont pas pour autant en
reste dans leur affirmation de vouloir contribuer au progrès futur de la race
humaine— c'est la façon de le dire qui a changé. Google ne dit-il pas « *Don't
be evil* » ? Google ne dit-il pas vouloir organiser la connaissance du monde ?
Larry Page, le cofondateur de Google, ne dit-il pas que l'une des plus
grandes réalisations de son entreprise est d'être parvenue à sauver des vies
et d'avoir soulagé les pires angoisses existentielles des Internautes ? Ne suf-
fit-il pas de taper quelques mots clés sur son moteur de recherche pour savoir
de quoi il retourne face à tel ou tel cancer ? La *Google Car*, voiture sans
conducteur, entièrement mue par une intelligence artificielle, selon Larry
Page, sauvera plus de vies sur les routes que ne sauraient le faire toutes les
campagnes de prévention et de sécurité publique. Les affirmations sont
fortes, mais elles sont pourtant perçues comme la ferme volonté de vouloir
rendre le monde meilleur. Eric Schmidt, l'ex-PDG de Google, pour sa part,
pense que cette « préoccupation sociale a avant tout à voir avec la culture
même de la Silicon Valley, avec sa culture égalitaire et libérale » si chère
aux grandes universités américaines de la Côte Ouest. N'est-ce pas à Berke-
ley et à San Francisco qu'est née la contre-culture hippie des années 1960 ?
Eric Schmidt est persuadé que la majorité des gens qui désirent travailler
chez Google ne sont pas seulement motivés par le désir de devenir riches,
mais aussi, et sinon plus par celui de contribuer à changer le monde et à le
rendre meilleur.

Ces discours de vouloir rendre le monde meilleur ne sont pas à balayer du
revers de la main. Ils s'inscrivent avant tout dans une démarche corporatiste

et une démarche marketing. Ils forment ce qui est convenu d'appeler une iconostase, autrement dit, une porte vers un monde meilleur. À titre d'exemple, dans les églises de rite byzantin, et particulièrement orthodoxe, l'iconostase correspondait à un mur couvert d'icônes, une porte vers le monde divin en quelque sorte, dont la fonction était de cacher le célébrant aux regards de l'assemblée, afin que le croyant se concentre sur les bonheurs de l'arrière-monde qui l'attendent. Mon allégorie est la suivante : l'industrie des hautes technologies a construit sa propre iconostase. Tout au haut de celle-ci resplendit religieusement l'icône de Steve Jobs. Elle a tout du discours christique cette icône : Jobs a été rejeté par sa propre entreprise, a été banni dans le désert de Next, a rebâti sa foi avec Pixar, est revenu chez Apple, a ressuscité une entreprise moribonde, a évangélisé tout un peuple de croyants en leur disant : « *Voyez tous les produits médiocres que l'on vous a vendus jusqu'ici. Je vais remédier à la situation et changer la face du monde.* »

D'autres icônes peuplent l'iconostase technologique : Bill Gates, Larry Page, Sergey Brin, Marck Zuckerberg et bien d'autres. Avec Steve Jobs au sommet de la pyramide, ils forment, pour tous les utilisateurs obsédés de gadgets électroniques, ainsi que tous les infidèles à convertir, une iconocratie, un genre de culte quotidien de visibilité pour des yeux devenus aveugles à l'invisible mission des technologies numériques, à savoir, améliorer le monde. Et c'est bien de ce pouvoir dont il s'agit, d'un pouvoir fondé sur une appropriation du sensible par l'utilisation de ces mêmes technologies et qui renvoie indubitablement à l'interaction avec l'autre, avec soi-même et avec la technologie. Cette iconocratie, que les médias de masse et les médias sociaux répercutent sur toutes les tribunes possibles, est définitivement une porte vers un monde meilleur, vers un Avenir radieux, vers un arrière-monde.

Si le roman d'Émile Zola, *Au bonheur des dames*, faisait état de la différence des classes qui sévissait durant le XIXe siècle à Paris, le nouveau roman non encore rédigé, *Au bonheur des nerds*, fait état de la différence des classes qui sévit actuellement à l'échelle mondiale en ce XXIe siècle. Autant la Denise Baudu d'Émile Zola voulait-elle monter dans l'échelle sociale — de simple vendeuse à épouse du propriétaire —, autant le nerd en devenir veut-il lui aussi monter dans l'échelle sociale et devenir le nouveau Steve Jobs, le nouveau Larry Page ou le nouveau Marck Zuckerberg. Et le rêve n'est pas impossible, suffit de s'y coller, d'avoir des parents fortunés, une imagination débordante, une nature fondamentalement prédatrice, et vous voilà en affaire ! Qui, d'entre vous ou de vos enfants sera le prochain sur la liste ?

Il est dit qu'une idéocratie représente une fusion entre le pouvoir et une idéologie donnée. Ce qui différencie l'idéocratie technologique de toute autre idéocratie, c'est que le pouvoir, côté idéocratie technologique, n'est pas politique. Il est même apatride, n'a pas d'endroit où loger. Ici, aucun gouvernement, aucun parti politique, et comme le soulignait si bien Adam Smith en 1776 dans son célèbre ouvrage *Recherches sur la nature et les causes de la richesse des nations* : « Le propriétaire de terre est nécessairement citoyen du pays où est situé son bien. Le propriétaire de capital est proprement citoyen du monde, et il n'est attaché nécessairement à aucun pays en particulier[214]. » Plus qu'intéressante, cette réflexion d'Adam Smith annonçait déjà la nature même du capital, et à plus forte raison, celui détenu par l'élite technologique. Premièrement, le propriétaire d'une entreprise de haute technologie n'est pas forcément citoyen du pays où sont situés ses biens. Deuxièmement, la matière première dont a besoin le propriétaire d'une entreprise de haute technologie, l'information, est gratuitement produite par une vaste base d'utilisateurs disséminés partout sur la planète. Troisièmement, l'endroit où sont situés les bâtiments qui hébergent les serveurs qui traitent et stockent les données de l'entreprise doit répondre à quatre critères : un pays où le système politique est stable ; un pays qui offre des avantages fiscaux aux entreprises de haute technologie ; un pays qui offre une alimentation électrique à bon marché ; un pays qui, malgré tout, sait fort bien que cette implantation créera peu d'emplois et peu de revenus sur son territoire.

L'élite technologique en action

Cette révolution technologique qui, à elle seule, a su créer un tout nouveau secteur économique extrêmement rentable et productif avec un nombre restreint de travailleurs, qui ne possède pratiquement aucune infrastructure industrielle, qui n'importe et n'exporte rien, sauf de l'information qui transite d'un serveur à l'autre sur l'ensemble de la planète, a mené à son extrême l'idée d'Adam Smith, à savoir que le propriétaire d'une entreprise de haute technologie et son capital ne sont attachés nécessairement à aucun pays, et qu'« il serait bientôt disposé à abandonner celui où il se verrait exposé à des

---

[214] Smith, A. ([1776] 1805), *Recherches sur la nature et les causes de la richesse des nations*, trad. Germain Garnier, Paris : H. Agasse, p. 327.

recherches vexatoires qui auraient pour objet de taxer un impôt onéreux, et il ferait passer son capital dans quelque autre lieu où il pourrait mener ses affaires et jouir de sa fortune plus à son aise[215]. »

Le résultat de cette révolution technologique, comme Smith l'avait si bien anticipé, est une élite qui pense globalement, essentiellement motivée par ses intérêts économiques. Paradoxalement, alors que les propriétaires de ces entreprises et leurs capitaux ont été mondialisés, les gouvernements et leurs populations, pour leur part, sont encore et toujours confinés aux limites géographiques de leurs frontières. Et cette dynamique qui s'est installée n'est pas banale. Elle nous permet de comprendre comment ces gens sont connectés ou liés au reste de la population, comment ils ont pu devenir cette élite technocratique, quelles sont les institutions qui les représentent, quels sont les motifs qui les animent, quels sont les gens et les endroits qu'ils fréquentent.

À l'image de la littératie — aptitude à comprendre et à utiliser l'information écrite dans la vie courante — et de la numératie — capacité à comprendre les chiffres et de s'en servir pour raisonner —, l'explosion des technologies numériques a également obligé chaque individu à posséder une digitératie (formée des mots *digital* et *literati*) —, cette aptitude à entrer en contact avec l'information par technologies interposées, à la traiter et à l'analyser. Cette digitératie, c'est aussi le fait de connaître les travaux des principaux chercheurs du domaine, de lire les grands magazines dédiés aux technologies. Cette digitératie, ce sont également des leaders d'opinion qui, à travers leurs ouvrages, font la promotion d'une société numérique et de l'intelligence artificielle comme vectrice de changement social et d'une meilleure société. Les célébrités de la Silicon Valley, les gourous de la culture informatique, et les blogueurs influents de tous les pays forment une sorte de diaspora planétaire particulièrement influente en matière de technologies.

Des moments scandent le rythme de cette technocratie : la conférence annuelle TED (Technology, Entertainment, Design) organisée par Chris Andersen, qui amuse le spectateur avec des invités triés sur le volet qui n'ont que quinze minutes pour transmettre une idée complexe ; la DLD (Digital-Life-Design), qui se tient chaque année à Munich et organisée par le groupe Burda Digital, dont la mission est de connecter les entreprises avec les innovateurs, les développeurs, les acteurs politiques, les faiseurs d'opinions et

---

[215] *Idem.*

les investisseurs ; la Allen & Company Sun Valley Conference, qui se tient en juillet de chaque année dans la ville de Sun Valley en Idaho, réunit des gens d'affaires influents, d'éminentes figures politiques, des philanthropes connus et des artistes de l'avant-scène. Dans ces rencontres annuelles destinées aux puissants, on y croise régulièrement des gens comme Bill et Melinda Gates, Warren et Susan Buffett, Tony Blair, Bill Clinton, Larry Page et Sergey Brin, Mark Zuckerberg, Rupert Murdoch, Bono, Desmond Tutu, Howard Schultz et consort. Le Cirque du Soleil est parfois invité à donner une représentation privée à tous ces prestigieux invités. Ce à quoi tous ces gens s'activent, c'est d'arriver à saisir ce qui est dans l'air du temps, le *zeitgeist*, la nouvelle *nouvelle* chose qui aura le potentiel de transformer le monde et lui offrir un Avenir radieux tout en faisant sonner la caisse enregistreuse au passage en employant des gens qui ont un doctorat et qui s'ingénient à trouver mille et une façons d'amener l'internaute à cliquer sur de la publicité !

Toujours en ce qui concerne l'élite technologique, le romancier et avocat américain Scott Turow, en 1993, dans un roman intitulé *Pleading Guilty*, avançait une idée fort intéressante :

> « Depuis plusieurs jours, Tad (président directeur général d'une compagnie d'assurance) se disait qu'il serait peut-être préférable qu'il se préoccupe un peu plus du premier ministre Miyazawa que de Bill Clinton. Quelqu'un doit s'asseoir et réfléchir à ceci : parce que les gens de notre entreprise, ceux qui ne vivent que pour faire des affaires et qui n'aspirent qu'à jouer sur tous les terrains de golf de la planète, deviendront bientôt une super classe apatride. Même plus, ils se soucient plus de savoir où vous avez obtenu votre MBA et non de savoir dans quel pays vous êtes nés. C'est le retour au Moyen-Âge et au féodalisme, c'est le retour des petits duchés et d'une multitude de petits fiefs non affiliés. Ils sont prêts à accepter tous ceux qui auraient l'intention de prêter allégeance à leurs drapeaux. Quand tous seront bien occupés à se tapoter dans le dos et à se féliciter parce que les concurrents (Reds) auront été éliminés, ils se demanderont bien alors pourquoi Coca-Cola a obtenu un siège à l'ONU[216]. »

Et si Google et consorts avaient l'idée saugrenue de réclamer un siège à l'ONU ?

Il y a une leçon à tirer de ces quelques réflexions sur l'élite technologique, sur l'iconocratie et la digitératie. Tout d'abord, le 1 %, ce fameux 1 % dont

---

[216] Turow S. (1993), *Pleading Guilty*, First Edition, New York : MacMillan, p. 149, (notre traduction).

le mouvement *Occupy* n'a cessé de parler depuis 2011, représente effectivement cette super classe d'apatrides. Ils ne doivent allégeance à aucun pays, puisque leur terrain de jeu ce sont tous les pays. Ils ne doivent allégeance qu'à leur entreprise mondialisée, c'est-à-dire qu'ils ont le sentiment d'être partout et nulle part à la fois. Leurs différents lieux d'habitation, leurs échanges et leurs interactions de part et d'autre des frontières deviennent un aspect ordinaire et durable de leur réalité quotidienne. Ce qui importe, dès lors, c'est de savoir quelle université a été fréquentée et si celle-ci a le cursus voulu pour faire de chacun un individu mondialisé. Pour le reste, nous avons l'assurance de faire partie de cette élite. En somme, il suffit de devenir, tout comme les capitaux et les marchandises, des biens à mobilité élevée capables de franchir toutes les frontières. Autrement dit, dans la logique d'un marché mondialisé, d'une planète globalisée et technologique, il faut se fondre dans cette logique pour accéder à la richesse.

La mondialisation a non seulement remis en question l'économie, la finance et la consommation, mais a surtout remis en question comment nous nous y prenons pour que nos vies aient un sens. Nous sommes conviés à une toute nouvelle façon de voir le monde à travers celle du prisme des technologies, de l'entrepreneur et des coachs de vie. Et dans toute cette histoire, l'acteur de premier plan, c'est nous. Nous devons apprendre un nouveau scénario pour réussir à vivre dans ce monde moderne, sans compter que nous devons constamment le réactualiser au rythme de l'instantanéité des chaînes d'information en continu et des médias sociaux. Pour tout dire, nous sommes devenus responsables de notre réussite ou de notre échec, c'est selon. La mondialisation et les technologies numériques nous ont obligés à l'autonomie intégrale. Nous sommes non seulement devenus imputables de notre niveau de réussite économique, mais de tout ce qui se passe dans notre vie — c'est l'un des cadeaux que nous ont offerts la mondialisation et les technologies numériques.

Au total, l'élite technologique « sait, de tout le savoir de sa conscience, combien l'homme est encore loin d'avoir épuisé les plus grandes possibilités, et combien de fois déjà ce type d'homme s'est trouvé face à des décisions mystérieuses et des voies nouvelles[217]. » C'est une mission à laquelle elle s'affaire avec sérieux et diligence. C'est une époque qui a besoin de ce

---

[217] Nietzsche, F. W., *Par-delà bien et mal*, § V.203.

type de personne. Les programmeurs et les ingénieurs en sont leurs thurifé-raires. Ils vont enseigner à l'homme que l'avenir de l'homme et son bonheur sont dans l'intelligence artificielle. Et ça fonctionne !

Qu'il s'agisse d'accéder à l'élite technologique ou qu'il s'agisse d'arriver à conserver son emploi dans un monde où l'intelligence artificielle se subs-tituera de plus en plus à ceux déjà occupés, personne ne sera épargné. Il est clair, au vu et au su des données présentées dans le présent chapitre, que la seule porte de sortie semble bien être celle de suivre un cursus scolaire qui fait appel soit aux sciences, soit aux technologies, soit à l'ingénierie, soit aux mathématiques, de là l'exclusion technologique.

CHAPITRE 14
L'éviction technologique

L'éviction technologique intervient du moment où les technologies deviennent à ce point efficaces, qu'elles absorbent des pans entiers d'une société tout en éjectant de celle-ci les composants les moins efficaces et les moins productifs, technologiques ou humains.

Alors que Lévy et Murnane, en 2005, prédisaient qu'aucun ordinateur ne serait pas en mesure de faire de façon tout à fait autonome de la reconnaissance de schémas récurrents, encore moins de conduire une voiture par ses propres moyens, force est de constater que nous sommes passés, en tant que société, à définitivement autre chose. L'intelligence artificielle est définitivement une technologie qui transformera la société en profondeur, et sur ce point, je n'ai strictement aucun doute. Comme je l'ai souligné précédemment, sans même avoir accès à des quantités colossales d'informations, l'intelligence artificielle, tel qu'elle se développe actuellement, n'aurait jamais connu les avancées spectaculaires dont elle est présentement l'objet. Étant donné que Google, Amazon, Microsoft, Apple et Facebook possédaient déjà, avant même l'arrivée de l'intelligence artificielle, la courbe de la longue traîne de l'information massive (Big Data), il est tout fait conséquent que ces mêmes entreprises soient en mesure de posséder présentement la courbe de la longue traîne de l'intelligence artificielle.

Le robot-journaliste

Tout d'abord, les avancées en intelligence artificielle sont tellement rapides et fulgurantes, que j'ose au moins croire que vous avez la certitude que ces lignes sont écrites par moi et non par un logiciel de type « génération narrative automatisée ». Je m'explique. Depuis au moins une dizaine d'années, des systèmes de génération de texte automatisée existent déjà dans différents domaines. Par contre, avec l'entrée en scène des réseaux de neurones artificiels, ce champ de l'intelligence artificielle est actuellement en pleine expansion. D'ailleurs, vous seriez surpris d'apprendre à quel point une grande majorité de nouvelles disponibles sur Internet sont générées par de tels systèmes. Mais, le perspicace lecteur que vous êtes se doute sûrement qu'il est quasi impossible, même avec des armées de journalistes penchés sur leurs ordinateurs 24 heures sur 24, 7 jours sur 7, d'arriver à produire une telle quantité d'informations. Ironie de la chose, ces mêmes informations produites par des algorithmes d'intelligence artificielle sont reprises par les Google de ce monde pour alimenter leurs propres algorithmes d'intelligence artificielle. La boucle de l'information est peut-être déjà bouclée et peut-être ne sommes-nous tout simplement pas encore au courant !

Cette toute nouvelle industrie en plein essor, celle de la génération narrative automatisée, qui a réellement le vent dans les voiles tout en se faisant particulièrement discrète, existe parce qu'il y a un besoin. Faut-il ici rappeler que si un marché se développe et existe, c'est parce qu'il y a fondamentalement un besoin à combler et un marché à développer. Et ce besoin, c'est le nôtre, c'est-à-dire notre inextinguible soif d'informations de toutes sortes.

Il va sans dire que, pour justifier le déploiement de la génération narrative automatisée, il sera inévitablement fait appel au grand mantra de l'intelligence artificielle, à savoir que l'intelligence artificielle libérera l'être humain de toute une panoplie de tâches fastidieuses afin qu'il puisse se consacrer à des tâches hautement plus valorisantes. Et c'est peut-être là le mantra le plus pernicieux qui soit socialement parlant, car qui peut être contre le fait d'être libéré de tâches fastidieuses ? Ainsi, l'industrie de la génération narrative automatisée pourra affirmer, et ce, sans sourciller ni même sans rire, que les journalistes pourront consacrer leur précieux temps à faire du vrai journalisme, c'est-à-dire du journalisme d'enquête. S'il n'y a pas là une grande tartufferie pour certains, d'autres considéreront qu'il s'agit là d'une grande avancée pour les entreprises, alors que quelques-uns constateront bêtement qu'ils viennent tout juste de perdre leur emploi ou n'en trouveront jamais un dans le domaine du journalisme.

Les systèmes de génération narrative automatisée sont performants au point où ils peuvent, en l'espace de quelques secondes seulement, à partir de données statistiques dans un domaine donné — sport, commerce, finance, politique, géologie, finance, médecine, etc. —, de concocter un texte à peine discernable de celui qui aurait été rédigé par un vrai journaliste et de le publier sur Internet en moins de temps qu'il ne faut pour le dire. Par exemple, le 17 mars 2014, à 6 h 28, le Los Angeles Time, trois minutes à peine après un tremblement d'une magnitude de l'ordre de 4,7 à l'échelle de Richter, rapportait cet événement sous la forme suivante :

> « A shallow magnitude 4.7 earthquake was reported Monday morning five miles from Westwood, California, according to the U.S. Geological Survey. The temblor occurred at 6:25 a.m. Pacific time at a depth of 5.0 miles.

According to the USGS, the epicenter was six miles from Beverly Hills, California, seven miles from Universal City, California, seven miles from Santa Monica, California and 348 miles from Sacramento, California. In the past ten days, there have been no earthquakes magnitude 3.0 and greater centered nearby. »

Comment cette nouvelle a-t-elle pu être rédigée aussi rapidement et avec autant de détails ? En fait, c'est le journaliste et programmeur du Los Angeles Time, Ken Schwencke, qui après avoir été réveillé subitement par le tremblement de terre, s'est immédiatement précipité vers son ordinateur pour constater que le texte était déjà en attente de validation dans le système. Après une simple relecture, et constatant que le texte était tout à fait convenable, Ken Schwencke a tout simplement validé le texte. Celui-ci s'est non seulement retrouvé en première page de la version Internet du Los Angeles Time, mais le Los Angeles Time a été le premier de tous les médias de la région à publier l'information. Qu'on le veuille ou non, les robots-journalistes font désormais partie de notre quotidien et nous permettent de nous informer en temps réel. Et lorsque la qualité même des textes n'est plus discernable de celle rédigée par de véritables journalistes, que faut-il en conclure ?

D'une part, il faut voir qui utilise ces systèmes de génération narrative automatisée. Pour sa part, l'Associated Press, qui utilise la plate-forme Wordsmith de la société Automated Insights, publie, de cette façon, plus de 3 000 rapports financiers par trimestre. Elle a même publié une nouvelle sur les derniers bénéfices d'Apple en quelques minutes seulement après leur annonce officielle. Mieux encore, Automated Insights affirme que son logiciel a été en mesure de générer plus d'un milliard de nouvelles en 2014, et ce, sans aucune intervention humaine. Je laisse donc aux soins du lecteur le fait d'évaluer combien de nouvelles sont désormais générées aujourd'hui. Le grand média d'affaires américain Forbes, quant à lui, utilise la plate-forme Quill de la société Narrative Science, sans compter toutes les start-ups qui s'empressent d'investir ce champ particulièrement lucratif du traitement de l'information.

D'autre part, il faut aussi se poser de sérieuses questions. Ces logiciels contiennent-ils des biais narratifs en faveur de telle ou telle idéologie ou de telle ou telle ligne éditoriale ? Si ces logiciels sont incapables de balancer les faits et de les contre-vérifier, ne nous retrouverons-nous pas avec des informations biaisées à l'avance ? Auquel cas, le lecteur se retrouvera en manque de perspective. D'un autre côté, dans un univers médiatique où les faits alternatifs prennent de plus en plus de place, ces algorithmes viennent-ils amplifier le phénomène ? D'autre part, étant donné que ces algorithmes deviennent de plus en plus efficaces pour se faire passer pour de véritables journalistes et de véritables experts en relation publique, il faut impérativement en venir à la conclusion que la génération narrative automatisée est en passe de coloniser le moindre recoin de la communication publique, depuis le sport, en passant par la finance jusqu'à la politique elle-même.

En considérant les choses sous un autre angle, si nos téléphones peuvent nous parler (juste comme un être humain), si nos appareils ménagers peuvent prendre des commandes (comme un être humain), si nos voitures peuvent conduire (tout comme un être humain), si le journalisme est désormais le fait de robots-journalistes, que nous reste-t-il en tant qu'être humain ? La réponse à cette question est pourtant toute simple : nous libérer des tâches fastidieuses pour que nous puissions nous consacrer à des tâches plus valorisantes. Mais voilà, les tâches plus valorisantes en question ne permettent ni de payer le loyer ni de payer l'épicerie. Et comme les technologies numériques et l'intelligence artificielle ont ce petit côté enchanteur et séduisant qui nous empêche d'évaluer leurs potentiels socialement perturbateurs, nous nous laissons endormir et nous abandonnons ainsi une partie de nous-mêmes à cette élite technologique qui rêve essentiellement de profits et de productivité.

Au bout du compte, pourquoi devrions-nous être contre l'implantation de ces robots-journalistes ? En fait, qui a le temps d'absorber toute cette information ? Pourquoi ne pas laisser aux soins d'un automate de synthétiser toute cette information ? Après tout, comme le soulignait Nietzsche, ne sommes-nous pas humains, trop humains ?

Alimenter la chaîne automatisée

Rodney Brooks, chercheur en robotique au MIT, est définitivement l'un de ces personnages clés de l'intelligence artificielle, non seulement pour ses idées parfois iconoclastes, mais aussi par ses idées d'une acuité tout à fait surprenantes en matière d'automatisation. À propos des usines automatisées, il disait de celles-ci que, même si, à première vue, peu de gens semblent y travailler, il n'en reste pas moins qu'ils sont loin d'être absents de la chaîne de production et que leurs tâches, répétitives à souhait, font d'eux de véritables automates. On reconnaîtra là, encore une fois, le mantra de l'intelligence artificielle qui consiste à libérer l'être humain de tâches fastidieuses afin qu'il puisse se consacrer à des tâches plus valorisantes.

Donc, Rodney Brooks, dont la principale tâche consiste essentiellement à tout automatiser, constate que, sur une chaîne de production dédiée au remplissage de pots de confitures — opération d'ailleurs effectuée avec la plus grande efficacité possible par tout un appareillage complexe et automatisé —, les travailleurs sont contraints à quelques tâches seulement : placer les pots vides sur le tapis convoyeur ; retirer de la chaîne de production les pots remplis ; faire la maintenance de la chaîne de production. Et c'est ici que Brooks se pose une question : « Pourquoi y a-t-il encore des travailleurs à chacune des extrémités de la chaîne de production ? » La réponse est simple : « Parce que les boîtes contenant les pots de confiture vides (12 par boîtes) ne maintiennent pas assez fermement en place les pots vides, ce qui crée un flou pour tout automate qui voudrait les saisir et les placer sur le tapis convoyeur. Cette imprécision, pour un être humain, n'est pas une imprécision, car son système de vision repère de la façon la plus efficace possible chacun des pots pris séparément, et il lui suffit, sans grand effort, de placer les pots sur le tapis convoyeur.

Partant de là, en 2008, Rodney Brooks met sur pied une entreprise, Rethink Robotics, dont la mission est d'explorer de nouvelles avenues en matière d'automatisation industrielle : concevoir des robots qui seront capables de décharger les camions qui contiennent des boîtes de pots de confitures vides, de les acheminer tout près de la chaîne de production, de les déballer et de placer les pots vides sur le tapis convoyeur. Autrement dit, il s'agissait, à l'époque, pour Rodney Brooks, de faire en sorte que les robots puissent agir d'eux-mêmes en fonction de certaines imprécisions inhérentes à leur environnement. L'ambition de Brooks consistait donc essentiellement à résoudre le paradoxe de Moravec.

Hans Moravec est l'une de ces autres figures clés en intelligence artificielle et en robotique. Le paradoxe, qui porte son nom, se résume *grosso modo* comme suit : « le plus difficile en robotique est souvent ce qui est le plus facile pour l'homme. » En fait, avant la montée en puissance des réseaux de neurones artificiels dédiés à l'apprentissage automatisé, il a toujours été relativement facile d'encoder dans un programme des tâches hautement symbolique comme les mathématiques, la logique et la planification, alors qu'il a toujours été extrêmement difficile de reproduire et de simuler les aptitudes sensorimotrices humaines, toutes ces fonctions qui sont si naturelles à l'homme et qu'il fait sans même en avoir conscience. Si on considère les choses sous cet angle, il est donc plus facile de remplacer des analystes que de simples ouvriers. En fait, n'est-il pas gênant que des logiciels intelligents occupent les postes à haute valeur cognitive ajoutée tandis que les hommes seraient limités à accomplir les tâches manuelles ? Encore là, rendre à l'homme toute sa dignité — le mantra de l'intelligence artificielle.

Si, d'un strict point de vue évolutionniste, on part du principe que l'intelligence s'est développée sur la base d'une interaction constante pour l'action dans un milieu donné, ce n'est donc pas avec des algorithmes que l'on pourra faire agir des robots par eux-mêmes dans un environnement donné, mais bien par leur capacité à évoluer par eux-mêmes, donc par l'apprentissage. Au final, n'est-ce pas ce que promettent les réseaux de neurones artificiels, la capacité à évoluer par eux-mêmes par l'apprentissage ? Une seule conclusion vient donc à l'esprit : la robotique, couplée à des réseaux de neurones artificiels, est sur le point de connaître une explosion sans précédent, parce que le paradoxe de Moravec aura été définitivement résolu.

Tondre le gazon

Prenons un exemple tout à fait banal. Pour ceux qui ont les moyens de se le permettre, il est de bon ton, en Amérique du Nord, là où le gazon est un élément décoratif important du paysage urbain, de retenir les services d'un spécialiste pour entretenir celui-ci. Le paysagiste qui effectue ce genre de travail, l'été venu, engage des étudiants qui, tout l'été durant, sous un soleil de plomb ou sous la pluie, procéderont à l'entretien de la pelouse : tonte ; épandage d'engrais — la pelouse doit toujours être verte comme celle d'un terrain de golf — ; épandage de pesticides et d'herbicides biologiques ; mise en hiver lorsque l'automne arrive. En Amérique du Nord, l'entretien des pelouses est une industrie florissante.

Imaginons un instant qu'une petite entreprise d'entretien de pelouse découvre, un beau matin, qu'une tondeuse intelligente et tout à fait autonome est maintenant disponible pour à peine 500 $/€ de plus qu'une tondeuse traditionnelle, que cette même tondeuse atteint le même degré d'efficacité qu'un étudiant qui passe la tondeuse, voire mieux encore, et que cette tondeuse est capable, par ses propres moyens, de descendre du camion qui la transporte et d'y remonter une fois le travail terminé. L'entrepreneur n'y verra-t-il pas là une occasion en or pour réduire à sa plus simple expression sa main-d'œuvre, car dit main-d'œuvre, dit aussi charges sociales de toutes sortes à payer. Ce faisant, cet entrepreneur non seulement pourra-t-il nuire efficacement à sa concurrence locale, puisqu'il sera en mesure d'offrir de meilleurs prix à ses clients, mais il pourra acheter encore plus de tondeuses intelligentes pour faire plus de contrats d'entretien paysager.

Poussons plus loin cet exercice de pensée. Imaginons que l'entrepreneur en question se soit procuré le dernier cri en matière de camion autonome. Donc, le matin, les tondeuses montent à bord des camions, les camions conduisent les tondeuses aux endroits désignés, les tondeuses font le travail pour lequel elles ne reçoivent aucune rémunération, remontent à bord de leurs camions respectifs une fois le travail terminé et reviennent à leur point de départ. C'est donc dire que même le simple travail d'entretien paysager pourrait être un jour entièrement automatisé, mais comme nous avons tendance à croire que l'automatisation n'est que pour la grande entreprise, il nous est quasi impossible d'évaluer quels seront les impacts réels de tout ce qui peut contenir de l'intelligence artificielle embarquée.

Les économies émergentes

Plusieurs pays asiatiques définissent leur avantage comparatif en fonction du fait qu'il en coûte beaucoup moins cher aux pays industrialisés de transférer leur production manufacturière chez eux. Ce faisant, en disposant d'une masse critique de travailleurs renouvelables à volonté à des salaires ridiculement bas, quel entrepreneur sensé n'aurait pas été tenté par l'Eldorado de la délocalisation. D'autre part, plusieurs dirigeants politiques de différents pays industrialisés plaident en faveur du retour de l'industrie manufacturière dans leur propre pays afin de redonner de l'emploi à de plus en plus de gens déclassés par l'automatisation. Mais voilà, si les grandes industries manufacturières retournent dans leurs pays d'origine, ce ne sera pas pour redonner de l'emploi à toute une classe de travailleurs exclus, mais bien parce que le progrès en matière d'automatisation et d'intelligence artificielle aura fait de telles avancées sur le plan technologique, qu'il en coûtera plus cher de faire fabriquer leurs produits par des Chinois ou des Vietnamiens.

Si, à l'heure actuelle, le paradoxe de Moravec est sur le point d'être résolu pour plusieurs grandes entreprises manufacturières, comment est-il possible que plusieurs entreprises emploient encore des gens pour surveiller le comportement de tous ces ordinateurs qui commandent tous ces bras robotisés ? Il suffit de voir comment une entreprise comme Siemens, avec plus de 1000 personnes surveillant des écrans d'ordinateur à son usine d'Amberg en Allemagne, s'assure que tout fonctionne selon les paramètres établis[218]. Mais cette époque où des travailleurs surveillaient des ordinateurs qui surveillaient des bras robotisés et tous les différents composants d'une chaîne de montage, est sur le point d'être révolue. Comme le souligne un rapport de la Commission européenne à propos de la manufacture intelligente (*smart factory*)[219], il ne faut plus voir les ordinateurs comme de puissants calculateurs, mais surtout et avant tout comme de puissantes machines de communication. En inversant ainsi le point de vue, il devient possible de faire en sorte que les ordinateurs et les robots se monitorent eux-mêmes, évacuant ainsi *de facto* de la boucle de production l'être humain pour n'en conserver que quelques-uns hautement spécialisés.

En parvenant à un tel degré d'efficacité et de productivité, les entreprises pourront désormais se concentrer sur ce qu'elles savent le mieux faire, c'est-à-dire produire des biens avec la plus grande efficacité et productivité possible au plus bas coût de revient possible pour en retirer le plus de bénéfices possibles, sans pour autant avoir à créer de nouveaux emplois. Voilà une parade à la délocalisation. D'un autre côté, comme je l'ai déjà mentionné un peu plus haut, les économies émergentes souffriront tout particulièrement de ce nouveau paradigme, car leur avantage comparatif est essentiellement constitué d'un immense réservoir de travailleurs renouvelables à volonté et mal rémunérés. Et si les Chinois investissaient massivement dans l'automatisation de leurs manufactures ? Serions-nous alors en train d'assister, une fois toutes ces technologies opérationnelles, à une réindustrialisation des pays industrialisés ? La réponse à cette question mériterait à elle seule une thèse de doctorat. Par contre, s'il y a effectivement réindustrialisation dans les pays industrialisés, et que cette réindustrialisation crée peu d'emplois, qui, au juste, bénéficiera de cette réindustrialisation ? Et sans vouloir être trop cynique, il y aura sûrement quelques politiciens fort avisés qui seront trop heureux de dire que leur pays est en voie de réindustrialisation.

Une fois que tous ces travailleurs auront été libérés de toutes ces tâches fastidieuses qui leur assuraient un salaire afin de se consacrer à des tâches hautement plus valorisantes, qui sera en mesure d'acheter tous ces produits

---

[218] Oberhaus, D. (2015 [13 avril], *This Is What the Fourth Industrial Revolution Looks Like*, MotherBoard/Vice.
[219] Verzijl, D., Dervojeda, K., Sjauw-Koen-Fa, J. et all (2014), *Smart Factories / Case Study 26 / Capacity Optimisation*, Business Innovation Observatory, European Commission.

qui auront été manufacturés à des coûts défiant toute concurrence ? S'il y a une chose qu'un industriel aussi capitaliste que Henry Ford avait comprise, c'est qu'en augmentant le salaire de ses employés, ceux-ci seraient éventuellement en mesure d'acheter une Ford Modèle T. Mais que se passe-t-il du moment où on vous retire votre emploi pour le donner soit à une machine, soit à un robot, soit à un algorithme d'intelligence artificielle ? Faut-il mettre en place un revenu universel garanti ? Par contre, lorsqu'il n'y aura presque plus personne pour payer des taxes et des impôts, qui défraiera les coûts du programme de revenu universel garanti ? S'agira-t-il des entreprises qui ont jeté à la rue des millions de travailleurs en automatisant tout ce qui pouvait être automatisé ?

Et au risque de me répéter, une fois que tous ces travailleurs auront été libérés de toutes ces tâches fastidieuses pour se consacrer à des tâches hautement plus valorisantes qui, au demeurant, ne permettent de payer ni le loyer ni l'épicerie, il se pourrait bien que nous nous retrouvions dans une situation similaire à celle du second épisode de la série britannique *Black Mirror's* intitulé *Fifteen Million Merits*. Dans cet épisode, les gens doivent pédaler sur des vélos stationnaires pour alimenter en énergie l'ensemble de la société en contrepartie de *merits* qui servent à se procurer différents biens et services. Dans cette société hautement inégalitaire, plus un citoyen possède de *merits*, plus il est en mesure de passer outre la publicité, plus il peut bénéficier d'un espace de vie un peu plus grand que ses congénères, plus il définit ainsi son statut social. La métaphore du vélo sur lequel il faut pédaler chaque jour pour accumuler des *merits* représente fort bien ce qui se passe dans le monde réel avec les blogues et les médias sociaux ; il faut littéralement « pédaler » sans arrêt pour alimenter constamment son propre blogue et son fil d'actualité sur ses propres médias sociaux pour obtenir du mérite et être reconnu par ses pairs, mais sans que ça serve pour autant à grandchose, puisque sont très rares ceux qui pourront en vivre. Et voilà le travailleur libéré de toute une kyrielle de tâches fastidieuses afin qu'il puisse se réaliser lui-même.

La pizzeria automatisée et le robot cueilleur de pommes

Une chose est certaine, la manufacture intelligente est à nos portes. À ce titre, la petite pizzeria californienne Zume Pizza, qui ne possède d'ailleurs qu'une seule succursale, utilise deux robots : l'un pour étendre la sauce sur la pâte, l'autre pour placer les pizzas dans le four et les en sortir une fois la cuisson terminée. Comme le souligne la propriétaire Julia Collins, ce n'est pas pour éliminer des emplois, mais bien pour améliorer la qualité du produit et offrir au client une pizza fabriquée avec les meilleurs ingrédients, car c'est bien en ayant moins d'employés qu'elle peut se payer des ingrédients de meilleure qualité[220]. La quadrature du cercle en quelque sorte !

Si dans la plupart des pays industrialisés le salaire minimum est légalement encadré, dans la majorité des états américains ce n'est pas le cas. Depuis quelques années, aux États-Unis, le débat fait rage à propos d'un salaire minimum garanti qui est actuellement laissé à la discrétion des entreprises. À ce titre, Andy Puzder, propriétaire de deux chaînes de restauration rapide, temporairement secrétaire au travail sous l'administration Trump, a particulièrement insisté sur le fait que « le jour où votre emploi sera remplacé par une quelconque forme d'automatisation, le salaire minimum tombera à zéro et vous n'aurez plus d'emploi[221]. » En fait, dans le monde de la restauration rapide et de la vente au détail, tout ce qui est susceptible d'augmenter les coûts de production est forcément susceptible d'accélérer l'automatisation de certains processus afin de ne pas réduire d'autant la marge bénéficiaire. Pour Andy Puzder, deux autres facteurs incitent à l'automatisation : « alors que de plus en plus de transactions sont effectuées en ligne, les coûts d'exploitation, pour leur part, ne cessent d'augmenter d'année en année. [...] Il faut donc conserver le coût des emplois au plus bas salaire possible afin que les entrepreneurs ne soient pas incités à substituer des robots aux travailleurs[222]. »

Entre-temps, de grandes chaînes de restauration rapide comme McDonald's, Wendy's et Panera Bread ont systématiquement revu leur position sur l'emploi à salaire minimum. À venir jusqu'à tout récemment, certaines publicités télévisées, en Amérique du Nord, soulignaient l'importance d'un premier emploi dans l'une de ces grandes chaînes de restauration rapide comme tremplin pour acquérir une certaine expérience de travail. Depuis 2015, ces chaînes ont introduit, dans leurs commerces respectifs, soit des tablettes électroniques, soit des bornes qui permettent au client de commander ce qu'il désire, réduisant d'autant le nombre de caisses enregistreuses. Il suffit de se pointer dans un McDonald's pour voir comment l'introduction

[220] Kavilanz, P. (2016 [Sept. 29]), *Leave it to Silicon Valley to innovate pizza deliveries*, CNNMoney.
[221] Gillies, T. (2017 [Avril 23]), *Former CKE chief Andy Puzder on automation: If robots take your job, 'the minimum wage is zero'*, CNBC.
[222] *Idem.*

de deux ou trois bornes de commandes a permis de réduire de plus de la moitié le nombre de caisses enregistreuses et de caissiers. Et si une petite pizzeria californienne a réussi l'implantation de robots préparateurs et cuiseurs de pizza, ce n'est qu'une question de temps avant que les géants de la restauration rapide ne se procurent et déploient des robots qui prépareront le célèbre Big Mac. D'une façon ou d'une autre, comme le souligne Andy Puzder, « les automates sont toujours polis, toujours de bonne humeur, ne prennent pas de vacances, n'arrivent jamais en retard, ne tombent jamais, ni ne se blessent, ni ne font de discrimination en fonction de l'âge, du genre ou de la race[223]. »

Autre exemple, le monde de l'agriculture, l'un des secteurs qui se sont le plus automatisés au cours des cent dernières années, tous secteurs confondus, est en passe de connaître une autre révolution avec l'intelligence artificielle. La société californienne Abundant Robotics s'est donné comme mission de résoudre les problèmes les plus ardus en matière d'agriculture et a décidé de s'attaquer spécifiquement à la cueillette de fruits comme les pommes, les abricots, les poires, les oranges, etc. Pour se faire la main, le tout nouveau robot d'Abundant Robotics se concentre essentiellement sur la pomme[224]. Afin de parvenir à identifier correctement les pommes suspendues dans le pommier, le robot, équipé d'une caméra, renvoie l'image de l'arbre à un algorithme intelligent de traitement de l'image, tout comme le fait un algorithme de reconnaissance faciale, cible les pommes et active un bras robotisé pour cueillir chacune d'entre elles.

Il peut sembler étonnant de penser que, encore aujourd'hui, les travailleurs qui cueillent des pommes portent un sac en bandoulière dans lequel ils déposent celles-ci, alors que ce même sac atteint parfois les 25 kilos une fois totalement chargé. Mais pour les agriculteurs, le problème n'est pas tant la méthode utilisée, mais surtout le fait que la main d'œuvre prête à faire ce travail se réduit de façon importante d'année en année. Pour une industrie qui génère presque 50 milliards de dollars annuellement à l'échelle mondiale, ce type de cueillette n'a subi aucun changement significatif au cours des cent dernières années, d'où tout l'intérêt de procéder à son automatisation.

---

[223] Castillo, M. (2017 [15 février]), *Trump's pick for Labor Secretary, now withdrawn, once explained why he loved robot workers*, CNBC.
[224] Magistretti, B. (2017 [3 mai]), *Abundant Robotics raises $10 million to commercialize its apple-picking robot*, Venture Beat Magazine.

L'investisseur intelligent

Les données indiquent qu'en moyenne, 55 % des Américains possèdent un quelconque investissement dans le marché boursier à travers des outils comme les actions d'entreprises cotées en Bourse, les fonds communs de placement, et/ou les comptes de retraite[225], et ce taux atteint les 88 % pour tous les ménages dont le revenu dépasse 75 000 $. Et lorsqu'il s'agit de gérer leurs propres investissements, de nombreuses personnes s'en remettent à quelqu'un d'autre, comme un courtier en valeurs mobilières ou un conseiller financier. Là où les choses deviennent intéressantes, c'est que ce quelqu'un en question commence de plus en plus à faire référence à un système d'intelligence artificielle.

En 2016, plus de 1 360 fonds américains s'appuient sur des modèles informatiques pour échanger des actions et traiter d'autres formes d'investissements. Ces fonds, qui représentent au bas mot plus de 197 milliards de dollars, sont tous gérés de façon tout à fait automatisée par seulement quelques lignes de code informatique. Et comme ces fonds entrent dans la catégorie des fonds quantitatifs traditionnels, ce sont des modèles informatiques déjà éprouvés qui prédisent non seulement le mouvement du prix des actions, mais déterminent aussi la nature des transactions à réaliser.

Toujours dans le même ordre d'idées, les Hedge Funds[226] — fonds utilisant des techniques de gestion non traditionnelles visant une performance absolue — sont désormais pilotés par des logiciels commerciaux intégrant des algorithmes d'intelligence artificielle. Non seulement les Hedge Funds sont-ils à l'avant-garde en la matière sur les marchés financiers, mais ils sont aussi susceptibles de provoquer des perturbations importantes dans ces mêmes marchés. Par exemple, si un Hedge Fund dispose d'un algorithme d'intelligence artificielle plus performant que celui d'un autre Hedge Fund, celui-ci peut garantir un avantage injuste par rapport aux autres Hedge Fund, d'où, comme la singularité technologique, une singularité du marché boursier, c'est-à-dire ce moment où toutes les autres technologies sont éclipsées par celle qui est en mesure de provoquer ladite singularité.

---

[225] McCarthy, J. (2015 [22 avril]), *Little Change in Percentage of Americans Who Own Stocks*, Gallup Economy.
[226] Ces fonds ont pour objectif de générer une performance absolue en utilisant les mêmes actifs que les gérants traditionnels, mais en utilisant des stratégies différentes.

L'intérêt du monde financier pour l'intelligence artificielle est loin d'être récent. Dès le début des années 1990, la finance a testé l'utilisation de réseaux de neurones artificiels. Par contre, comme la puissance de calcul des ordinateurs n'était pas encore au rendez-vous, ni les grandes capacités de stockage à faible coût dont on dispose aujourd'hui, ni l'infonuagique, ni Internet, une technologie informatique en est tout de même sortie qui a bien montré son efficacité au fil du temps : le trading informatisé, utilisé depuis, et qui ne confère aucun avantage injuste à qui que ce soit sur le marché de l'investissement. À l'inverse, les réseaux de neurones artificiels d'aujourd'hui représentent définitivement une augmentation plus que significative de la capacité à traiter l'information pour réaliser des investissements toujours plus rentables par rapport aux systèmes de trading informatisés classiques. On comprendra dès lors pourquoi le monde de la finance s'intéresse de très près au développement des travaux en intelligence artificielle, mais il faut aussi comprendre que cet intérêt pose certains problèmes, comme celui du délit d'initié. Par exemple, si un seul investisseur ou quelques investisseurs seulement disposent d'informations auxquelles d'autres investisseurs ne peuvent avoir accès, les premiers disposeront donc d'un avantage injuste sur les derniers. Ceci est extrêmement important, car le prix des actions doit, en théorie, refléter l'ensemble des informations disponibles à propos d'une entreprise en particulier. Dans un monde idéal, si tous les investisseurs ont tous accès aux mêmes informations à propos d'une entreprise, le prix reflété de l'action est non seulement l'objet d'un consensus de la part des acteurs du marché, mais rend confiants tous les acteurs du marché envers le système. Par exemple, si quelqu'un sait à l'avance que les ventes trimestrielles d'une entreprise seront exceptionnellement fortes, cette personne pourra acheter des actions à un prix inférieur à celui qui sera en vigueur lorsque l'information deviendra publique. En somme, les règles qui limitent les activités des investisseurs permettent de faire respecter l'équité auprès de tous les acteurs du marché.

Procédons maintenant à un autre exercice de pensée. Supposons un instant qu'une grande banque d'affaires arrive à mettre au point un algorithme d'intelligence artificielle qui sera en mesure de tirer profit d'une variable financière particulière, disons les taux d'intérêt, qu'une autre tire parti de sa capacité à prévoir les variations du taux d'inflation, qu'une autre puisse prévoir la croissance des bénéfices dans un secteur économique particulier, ces dernières ne posséderaient-elles pas alors un avantage injuste par rapport à tous les acteurs du marché ?

Supposons que tous ces systèmes propriétaires soient de l'ordre du possible, il est logique d'imaginer qu'un tel système ayant la capacité d'intégrer tous ces systèmes spécialisés disposera non pas d'un avantage sur tous les autres acteurs du marché, mais représentera une véritable singularité financière. Certes, dans l'état actuel des technologies et des avancées en intelligence artificielle, ce scénario est hautement improbable, mais comme l'expérience me l'a démontré à propos de la voiture autonome, et comme nous l'a démontré la prédiction de Levy et Murnane, en matière de développement technologique, il faut s'abstenir de dire que tel ou tel développement est peu probable de survenir. En réalité, dans le monde du développement technologique, tout est possible, même ce qui semble aujourd'hui impossible.

Prenons maintenant le problème à l'inverse. Si un tel système existait, si cette singularité financière survenait, les marchés financiers n'entreraient-ils pas alors dans une logique où ces derniers opéreraient en parfaite efficacité, où tous les actifs seraient correctement évalués sans nécessiter une quelconque forme d'intervention humaine, où les ordinateurs fixeraient les prix en fonction de projections optimisées incluant les bénéfices futurs, les progrès technologiques et les changements démographiques[227] ?

La question de savoir si la singularité financière se produira ou non dans un avenir plus ou moins rapproché n'a pas d'importance. Ce qui a réellement de l'importance, c'est que nous savons que la singularité financière est susceptible de se produire un jour. Et cette seule considération — dans le monde des technologies où rien n'est impossible — mérite qu'on lui prête la plus grande de toutes les attentions, car comme nous l'avons vu avec la crise financière de 2008, ce qui se passe sur le marché nous affecte tous, irrémédiablement.

L'efficacité en toutes choses

Au final, n'est-ce pas ce que promettent les réseaux de neurones artificiels, non seulement de l'efficacité, mais aussi la capacité à évoluer par eux-mêmes par le seul apprentissage ? Une seule conclusion vient donc à l'esprit : la robotique, couplée à des réseaux de neurones artificiels de type *deep*

---

[227] Schiller, R. J. (2015 [16 juillet]), *The Mirage of the Financial Singularity*, Yale Insights, Yale School of Management.

reinforcement learning, est sur le point de connaître une explosion sans précédent, parce que le paradoxe de Moravec aura été définitivement résolu et il est déjà en passe de l'être. D'ailleurs, les chercheurs et ingénieurs de Google Brain, l'autre laboratoire d'intelligence artificielle de l'entreprise, utilisent désormais l'apprentissage de type *deep reinforcement learning* dans la formation de bras robotisés pour ouvrir des portes et ramasser des objets. Uber, pour sa part, utilise cette technique pour enseigner à ses réseaux de neurones artificiels à conduire un véhicule autonome de la façon la plus efficace possible en les laissant jouer au jeu vidéo *Grand Theft Auto*, faisant ainsi de celui-ci un genre de tremplin vers des systèmes qui manipulent de vraies voitures sur des routes réelles.

Si les chercheurs et les ingénieurs en intelligence artificielle arrivent à concevoir de bonnes simulations du monde réel, et que les réseaux de neurones artificiels passent suffisamment de temps à s'entraîner à partir de ces mêmes simulations, plusieurs chercheurs sont enclins à penser que ces mêmes réseaux de neurones artificiels pourraient éventuellement exécuter n'importe quelle tâche dans le monde réel. Et ceci implique aussi bien la capacité de se mouvoir dans le monde réel et d'interagir avec lui, que celle d'effectuer une démarche intellectuelle de haut niveau.

Ce qui est le plus fascinant dans ce que je viens de décrire dans le paragraphe précédent n'est pas tant la capacité des réseaux de neurones artificiels à apprendre par eux-mêmes par un apprentissage direct sans faire appel à des téraoctets d'information, mais bien parce que cet apprentissage passe par des simulations du monde réel pour finalement agir dans le monde réel. Ceci n'est ni banal ni trivial et la chose a une portée épistémologique sans précédent. Et de ça, il faut en être particulièrement conscient.

LIVRE 4

LES INÉVITABLES AVANCÉES DE L'INTELLIGENCE ARTIFICIELLE

CHAPITRE 15
Le mythe du progrès

« Si une nation entend aujourd'hui la question morale dans un sens plus délicat qu'on ne l'entendait dans le siècle précédent, il y a progrès ; cela est clair. Si un artiste produit cette année une œuvre qui témoigne de plus de savoir ou de force imaginative qu'il n'en a montré l'année dernière, il est certain qu'il a progressé. Si les denrées sont aujourd'hui de meilleure qualité et à meilleur marché qu'elles n'étaient hier, c'est dans l'ordre matériel un progrès incontestable. Mais où est, je vous prie, la garantie du progrès pour le lendemain ? Car les disciples des philosophes de la vapeur et des allumettes chimiques l'entendent ainsi : le progrès ne leur apparaît que sous la forme d'une série indéfinie. Où est cette garantie ? Elle n'existe, dis-je, que dans votre crédulité et votre fatuité. » (Charles Baudelaire, Exposition Universelle de Paris, 1855).

Cette réflexion de Charles Baudelaire (1821-1867), poète français maudit chantre de la modernité, à plus de 200 ans de distance, est éclairante à plus d'un égard. Tout d'abord, il est impossible de dire que le progrès n'a pas contribué à l'amélioration de la condition humaine. Nous, habitants du XXIe siècle, sommes définitivement aux premières loges pour défendre cette thèse, car nous bénéficions de toutes les recherches scientifiques qui ont permis d'éradiquer les grandes maladies infectieuses, nous pouvons certifier que toutes les mesures sanitaires déployées à la fin du XIXe siècle et au début du XXe siècle ont permis d'augmenter significativement la qualité de vie, nous pouvons également affirmer que la production industrielle de masse a non seulement permis de rendre accessible à une large partie de la population des produits et des services qui ont tous contribué à améliorer la condition humaine, mais ont également permis de constituer une classe moyenne importante, consolidant ainsi les assises nécessaires pour l'avènement d'un État providence qui allait prendre en charge ses citoyens à travers un filet de sécurité sociale. À l'inverse, nous, habitants du XXIe siècle, sommes définitivement aux premières loges pour conspuer cette thèse, car la Première Guerre mondiale nous a montré que le progrès pouvait produire des techniques et des technologies de destruction sans commune mesure avec celles d'avant la Révolution industrielle, la Seconde Guerre mondiale nous a montré qu'il était possible, avec le concours de la technique et de la technologie, d'amener à un niveau de production industrielle et d'une incroyable efficacité le fait de tuer un million de Juifs à Auschwitz, et nous a aussi prouvé qu'elle était en mesure de produire et déployer la bombe atomique, la première arme de destruction massive la plus efficace en toutes choses dans son domaine. La première moitié du XXe siècle nous est témoin que, du moment où nous disposons d'une technologie, nous savons l'utiliser de la manière la plus efficace qui soit, peu importe la nature de son utilisation.

Malgré tout, malgré les deux positions dont nous sommes témoins en ce qui concerne l'utilisation des technologies, nous voulons encore et toujours croire, de toutes les fibres de notre être, que le progrès est ce par quoi il est possible d'améliorer la condition humaine. Il suffit d'écouter le discours des entreprises de la Silicon Valley qui investissent massivement dans le développement de l'intelligence artificielle pour se rendre compte que c'est bien le discours qui est tenu sans nuance aucune. Pour pasticher Charles Baudelaire, « Mais où est, je vous prie, la garantie du progrès pour le lendemain ? Car les disciples des philosophes de l'intelligence artificielle, des nanotechnologies, des neurosciences, des biotechnologies et des sciences cognitives l'entendent ainsi : le progrès ne leur apparaît que sous la forme d'une série indéfinie d'inventions, de logiciels, de produits et de gadgets informatiques de toutes sortes. Où est cette garantie ? Elle n'existe, dis-je, que dans votre crédulité et votre fatuité. Donc, pour comprendre comment le mythe du progrès, malgré toutes ses vicissitudes, réussit à nous embrigader collectivement dans sa vision, un bref retour dans le temps s'impose.

Le progrès est le salut de l'homme

Marie Jean Antoine Nicolas de Caritat, mieux connu sous le nom de Marquis de Condorcet (1743-1794), était l'un de ces penseurs typiques de l'époque du Siècle des Lumières. À la fois mathématicien et philosophe, humaniste, défenseur de l'égalité pour les femmes et de la tolérance religieuse, grand admirateur et biographe de Voltaire, d'obédience économique libérale, inventeur du concept du droit d'auteur, porteur d'un important projet d'instruction publique, inspirateur du système métrique, ardent partisan de tout ce qui pouvait sortir l'homme de son état de minorité, Condorcet a été à son époque une figure dominante du projet des Lumières, à savoir, « faire un usage public de sa raison dans tous les domaines[228] », c'est-à-dire user de

---

[228] Kant, E. (1784), *Qu'est-ce que les Lumières ?*, Berlin : Berlinische Monatsschrift.

la critique et de la liberté absolue de jugement pour se délivrer des préjugés, des superstitions et des illusions.

En 1792, le vent tourne pour Condorcet. Alors que les Girondins sont défaits en faveur des Jacobins à l'Assemblée nationale, son adversaire politique, Marie-Jean Hérault de Séchelles (1759-1794), fait approuver une toute nouvelle constitution différente de celle proposée par Condorcet. Rabroué, Condorcet ne se gêne pas pour la critiquer publiquement et se retrouve rapidement accusé de trahison. Le 8 juillet 1793, la Convention lance un mandat d'arrestation contre lui. Dès lors, Condorcet est un homme traqué par la justice et se réfugie chez Madame Vernet. Et c'est là, dans l'adversité la plus totale, que Condorcet rédige un ouvrage qui aura une portée toute particulière : *Esquisse d'un tableau historique des progrès de l'esprit humain*.

Le livre de Condorcet, à 220 ans de distance, est d'une importance capitale aux fins de la présente discussion, parce que l'auteur est convaincu que les progrès de la raison — le projet intrinsèque des Lumières, à savoir l'ordre rationnel — sera suffisant pour éliminer la barbarie. Quelle n'est pas sa déception de constater que, à son époque, si peu a pu être fait pour assurer le bonheur de l'humanité. Et pourtant, de l'autre côté de l'Atlantique, le 7 septembre 1787, un certain Thomas Jefferson avait réussi à inclure dans la constitution des États-Unis l'idée que la poursuite du bonheur était un droit fondamental légalement reconnu.

« *L'ami de l'humanité* », comme plusieurs qualifiaient Condorcet, « a prouvé que les vices et les malheurs des hommes sont le fruit des institutions sociales ; que la société doit une instruction publique et gratuite qui embrasse ce que l'on fait sur chaque science et sur chaque art, qui facilite le progrès que chacun d'eux doit faire et prépare les moyens de les rendre promptement utiles[229]. »

Déjà est présente en germe l'idée que la science et les progrès qu'elle propose sont neutres et que ce sont les institutions qui en corrompent la finalité. Mais plus encore, lorsque Dyannère suggère qu' « après avoir médité avec lui [Condorcet] sur les époques remarquables de l'Histoire de l'esprit humain, après avoir admiré la sagacité et la profondeur de son génie, l'étendue de ses connaissances, la rapidité et la clarté de son style, vous auriez joui des bienfaits qu'il annonce à la postérité et dont la réalité est démontrée par ceux

---

[229] Dyannère, A. (1796), *Notice sur la vie et les ouvrages de Condorcet*, Leipzig : Pierre-Philippe Wolf, p. 53.

dont nous jouissons ou dont nous entrevoyons la jouissance[230] », c'est non seulement un acte de foi envers le progrès qui est ici demandé, mais c'est aussi la ferme conviction que le progrès n'est que porteur de bonheur pour tous les hommes. « Et si vous pensez à la perfectibilité indéfinie de l'espèce humaine, n'admirez-vous pas l'art avec lequel il [Condorcet] suit le progrès des sciences et de la civilisation, l'influence du génie sur les hommes éclairés et celle de ceux-ci sur la multitude. [...] Nous ne l'oublierons jamais, chaque science est liée à toutes les autres, et les progrès de chacune d'elles accélèrent par conséquent ceux de toutes les autres[231]. »

Il y a deux idées à retenir dans la phrase précédente : (i) perfectibilité indéfinie de l'espèce humaine ; (ii) le progrès de chaque science accélère celle de toutes les autres. Faut-il ici préciser qu'il est possible de parler de progrès à la seule condition de comparer deux états historiques où l'état d'arrivée est supérieur à l'état de départ, et que l'idée de progrès, contrairement à celle de changement ou d'évolution, implique par la force des choses un jugement de valeur.

Cette idée d'une perfectibilité indéfinie de l'espèce humaine est fédératrice, car elle engage à la fois les individus et les institutions et se constitue comme construction sociale. D'ailleurs, les siècles qui suivront n'auront de cesse de prouver qu'il est possible de perfectionner indéfiniment l'être humain. D'autre part, l'idée voulant que le progrès de chaque science accélère celle de toutes les autres se cale directement dans le discours de la Singularité technologique de l'ingénieur américain Ray Kurzweil. Si ce dernier prévoit que cette Singularité surviendra dans la troisième décennie du XXIe siècle, c'est justement qu'il se fonde sur la convergence de technologies de pointe comme le développement de l'informatique quantique, des biotechnologies, de la bioinformatique, des nanotechnologies, de la génomique, de l'intelligence artificielle, des neurotechnologies et des sciences cognitives. Ce que Condorcet lui-même disait à propos du futur est plus qu'éloquent :

> « Enfin, l'espèce humaine doit-elle s'améliorer, soit par de nouvelles découvertes dans les sciences et dans les arts, et par une conséquence nécessaire, dans les moyens de bien-être particulier et de prospérité commune ; soit par des progrès dans les principes de conduite et dans la morale pratique ; soit enfin par le perfectionnement réel des facultés intellectuelles, morales et physiques, qui

---

[230] *Idem.*, p. 15.
[231] *Idem.*, p. 26-27.

peut être également la suite, ou de celui des instruments qui augmentent l'intensité ou dirigent l'emploi de ces facultés, ou même celui de l'organisation naturelle[232]. »

Quelques éléments ici à retenir. Premièrement, le progrès scientifique, technique et technologique contribuerait au progrès moral et aux pratiques de conduite en société. Deuxièmement, le progrès serait susceptible de perfectionner non seulement les facultés intellectuelles par l'accumulation toujours plus élargie de savoirs et de connaissances, mais il serait aussi susceptible de perfectionner le corps lui-même. On reconnaît là tout le discours sur l'éducation du philosophe britannique John Locke (1632-1704) et du pédagogue allemand Johan Gutsmuth (1759-1839). D'ailleurs, toute la machine olympique roulera, aux XXe et XXIe siècles, sur cette idée du corps améliorable et perfectible à volonté — les pays du bloc soviétique en feront l'étonnante démonstration avec force drogues. Troisièmement, et non la moindre, l'idée qu'il serait possible d'améliorer les facultés intellectuelles, soit en les augmentant par une quelconque technologie, soit en les couplant à une quelconque technologie. Finalement, Condorcet prévoyait déjà de surseoir à l'évolution naturelle de l'espèce en intervenant sur son « organisation naturelle ». On reconnaît là tout le projet transhumaniste.

Comment Condorcet entrevoyait-il de mettre en œuvre ce programme ? En faisant en sorte que la liberté, l'égalité et la prospérité à l'intérieur même d'une nation et entre nations élèvent le niveau général d'instruction, et que, en retour, cette élévation générale, à travers la science, permette de produire des savoirs et des connaissances qui auraient pour effet de rendre le monde meilleur. Le programme n'est pas banal, car ce développement des sciences produira, d'une certaine façon, un genre de spirale infinie des Lumières. Le résultat est on ne peut plus séduisant : l'accès à une meilleure alimentation ; la mise en place de mesures d'hygiène efficaces ; le développement d'une médecine à même de prolonger l'espérance de vie.

Certes, au XXe siècle, le développement de l'industrie agroalimentaire a permis de produire des aliments de masse pour une distribution de masse, éliminant d'autant les problèmes de pénurie alimentaire, mais elle a aussi laissé en plan des millions de gens qui ne peuvent avoir accès à des aliments de qualité à cause de leur condition socioéconomique, autant dans les pays développés que dans les pays émergents. Le tout-à-l'égout de la fin du XIXe

---

[232] Condorcet (1798), *Esquisse d'un tableau historique des progrès de l'esprit humain*, 4e édition, Paris: Agasse, p. 335.

siècle, l'adduction d'eau, l'invention du coude sous l'évier et la toilette, et la gestion des déchets ont largement contribué à prolonger l'espérance de vie. En ce qui concerne la médecine, la découverte des vaccins et celle des antibiotiques aura éliminé la plupart des grandes maladies infectieuses. Au sortir de la Seconde Guerre mondiale, l'augmentation du niveau de vie et la mise en place d'une véritable classe moyenne aura également contribué à l'augmentation de l'espérance de vie. Condorcet aura donc eu raison, le progrès est à la source même du bonheur de l'espèce humaine, et ne dira-t-il pas :

> « serait-il absurde, maintenant, de supposer que ce perfectionnement de l'espèce humaine, doit être regardé comme susceptible d'un progrès indéfini, qu'il doit arriver un temps où la mort ne serait plus que l'effet, ou d'accidents extraordinaires, ou de la destruction de plus en plus lente des forces vitales, et qu'enfin la durée de l'intervalle moyen, entre la naissance et la destruction, n'a elle-même aucun terme assignable ? Sans doute, l'homme ne deviendra pas immortel, mais la distance entre le moment où il commence à vivre, l'époque commune où naturellement sans maladie, sans accident, il éprouve la difficulté d'être, ne peut-elle s'accroître sans cesse ?[233] »

Lorsque Condorcet affirme qu'il arrivera un temps où la mort ne sera plus que l'effet ou d'accidents extraordinaires, ou de la destruction de plus en plus lente des forces vitales, et qu'enfin la durée de l'intervalle moyen, entre la naissance et la destruction n'a elle-même aucun terme assignable, il signale de façon quasi prophétique les travaux du bioinformaticien et gérontologue britannique Aubrey de Grey, ardent défenseur du non vieillissement. Pour de Grey,

> « les gens, depuis des temps immémoriaux, prétendent qu'il est possible de combattre les effets du vieillissement, mais les faits sont contre eux quand on constate que rien n'a vraiment été concluant. Il y a une fâcheuse tendance à penser qu'il est inévitable de vieillir, et que le vieillissement transcende en quelque sorte nos capacités technologiques, ce qui est, en principe, une absurdité complète. [...] Fondamentalement, le corps dispose d'une complexe machinerie antivieillissement déjà intégrée. Par contre, nous n'en comprenons pas encore totalement le fonctionnement et nous devons poser le constat que des dommages tant au niveau moléculaire

---

[233] *Idem.*, p. 386.

que cellulaire se produisent et s'accumulent. Le corps travaille aussi fort qu'il le peut pour combattre et endiguer les dommages subis, mais c'est un combat perdu d'avance. Donc, nous ne serons pas en mesure de faire quoi que ce soit pour contrer le vieillissement sans une intervention *high-tech*, ce sur quoi je travaille présentement[234]. »

Si on place côte à côte les textes de Condorcet et d'Aubrey de Grey, force est de constater que les éléments fédérateurs sont exactement les mêmes : combattre le vieillissement par un progrès sans fin à l'aune de l'intervention de technologies de dernière pointe. Et ce discours n'est pas innocent. Bien que Condorcet et de Grey n'affirment pas qu'il y aura un jour possibilité d'atteindre l'immortalité, il n'en reste pas moins que les deux, à deux époques bien différentes, parlent de prolonger l'espérance de vie au-delà de ce qu'elle était à chacune de ces deux époques. On comprendra volontiers que Condorcet pensait peut-être vouloir éliminer les maladies infectieuses, l'un des grands fléaux du XVIIIe siècle, alors que de Grey souligne fort à propos que dans « les sociétés industrialisées, plus de 90 % des décès sont causés par le vieillissement. [...] Et à l'échelle de la planète, sur les 150 000 décès qui surviennent quotidiennement, plus des deux tiers sont liés au vieillissement[235]. » Et c'est là où les choses deviennent intéressantes, car même si on parvient à allonger de façon considérable l'espérance de vie, il y a fort à parier que de nouvelles causes seront identifiées qui provoquent la mort, que des chercheurs se pencheront sur le problème, et qu'ils tenteront de surseoir, une fois de plus, à la mort. En ce sens, lorsque Ray Kurzweil parle de transférer la conscience dans un ordinateur, il parle tout simplement de ce moment où le seul moyen de contrer la mort sera bien celui de libérer la conscience de sa gangue de chair.

Avec Condorcet, Aubrey de Grey et Ray Kurzweil, on retrouve bien là cette filiation avec Épicure de vouloir transcender la nature elle-même. Le poète Lucrèce (98-55), dans son ouvrage *De rerum natura*[236], avait bien saisi l'essence du propos du philosophe grec :

« Alors qu'aux yeux de tous, la vie humaine gisait, immonde, sur terre, écrasée sous le poids de la superstition qui montrait son visage du haut des régions du ciel et menaçait les mortels de son

---

[234] Smith, C. L. (2010), *Aubrey de Grey: We don't have to get sick as we get older*, The Guardian, August 1.
[235] Smith, C. L. (2010), *op. cit.*
[236] Lucrèce, *De rerum natura*, I, 61-79.

aspect terrifiant, le premier, un Grec [Épicure], simple mortel, osa lever ses yeux d'homme contre elle, et, le premier, osa lui faire face. Ni les fables des dieux, ni les éclairs, ni le ciel aux grondements inquiétants ne l'arrêtèrent : ils stimulèrent d'autant plus l'impétueuse ardeur de son esprit à vouloir être le premier qui briserait les verrous serrés des portes de la nature. La vigueur virulente de son esprit triompha donc ; il s'avança loin au-delà des remparts enflammés de notre monde et parcourut par l'intelligence et la réflexion l'univers immense. Vainqueur, il nous rapporte à son retour ce qui peut naître et ce qui ne le peut pas, ainsi que la loi qui précise finalement le pouvoir de chaque chose et les bornes fixées au cœur des choses. »

Pour rappel, dans la philosophie d'Épicure, les dieux, s'ils existent, sont non seulement relégués loin de la terre, mais ne sont ni intervenus dans la création de l'univers ni ne s'occupent des affaires humaines. De là, le travail d'Épicure est de libérer l'humanité par la connaissance de la nature en mettant de côté l'hypothèse divine — Laplace ne répondra-t-il pas à la question de Napoléon, « *Où est Dieu dans tout cela ?* », par la célèbre répartie « *C'est une hypothèse dont je n'ai pas eu besoin.* » Autrement dit, pas besoin d'une divinité quelconque pour expliquer la nature et son fonctionnement, le mouvement des planètes et l'agencement des corps célestes. D'ailleurs, Lucrèce est clair à ce sujet : « Épicure a été le premier à briser les verrous serrés des portes de la nature et le premier à préciser le pouvoir de chaque chose et les bornes fixées au cœur de chaque chose. » Conséquemment, en disposant des secrets de la nature, il devient dès lors possible de passer outre les bornes fixées au cœur de chaque chose et de changer la condition humaine. Ce faisant, la vision du futur de Condorcet, qui nous est si familière, car il ne se passe pas une journée sans que les médias de masse rapportent une invention ou découverte susceptible d'améliorer la condition humaine, et ce, à tous les niveaux, ne fait que prolonger cette volonté de briser les verrous serrés des portes de la nature.

Il importe aussi de souligner que le philosophe britannique Francis Bacon (1561-1626), dont Condorcet s'est largement inspiré, avait plaidé pour que l'objectif de l'humanité fût d'« étendre l'empire et la puissance du genre humain tout entier, sur l'immensité des choses ; cette ambition (si on doit lui donner ce nom), on conviendra qu'elle est plus pure, plus noble et plus auguste que toutes les autres[237]. » Cette affirmation de la part de Bacon n'a rien de banal, car elle autorise à intervenir sur la condition humaine. D'ailleurs, Condorcet s'était bien rendu compte qu'en disposant des moyens d'intervenir sur le cours des choses pour contraindre la nature, il serait possible d'améliorer les conditions de vie matérielles, et par ricochet, les conditions morales de la vie en société. Ce que propose ici Condorcet, c'est ni plus ni moins que construire sur les acquis de chaque génération précédente, un vibrant plaidoyer pour accélérer ainsi le progrès pour faire en sorte que la génération suivante puisse profiter des acquis en question.

La thèse de Condorcet voulant que l'humanité connaisse un progrès indéfini, qu'elle deviendra de plus en plus sage au fil du temps en appliquant le programme des Lumières, c'est-à-dire l'ordre rationnel, a dû faire face à une forte opposition. C'est l'économiste Thomas Robert Malthus (1766-1834) qui, dans son ouvrage, *Essay on the Principle of Population*, amorce la fronde contre Condorcet et donne le ton de la vindicte. Pour Malthus, tout le problème se concentre essentiellement sur une augmentation exponentielle de la population, alors que les ressources disponibles, limitées par définition, ne croissent que de façon arithmétique, d'où le constat que les propositions de Condorcet ne peuvent tenir la route, car l'accroissement de la population outrepassera constamment celle des ressources. En ce sens, Malthus ne pouvait entrevoir autre chose qu'un avenir sous le signe de la misère humaine et de la rareté des ressources. Force est de constater, en relevant ce qui se passe aujourd'hui, que c'est Condorcet qui a eu raison sur plusieurs points. Pour autant, les idées de Malthus ne sont pas tombées dans le vide. Charles Darwin (1809-1882) a adapté l'idée de la rareté des ressources dans un milieu donné pour expliquer les forces derrière l'évolution, c'est-à-dire la progression naturelle d'une espèce fondée sur la compétition en fonction des ressources disponibles.

Jusqu'à aujourd'hui, la majorité des débats à propos du progrès l'ont été à l'aune des tensions entre les idées de ces trois penseurs : l'optimisme de Condorcet concernant l'amélioration sans fin du genre humain ; le problème malthusien de la rareté des ressources ; la conception darwinienne de la compétition naturelle pour les ressources disponibles comme force d'évolution à travers le temps. Mais voilà, il se pourrait bien que les transhumanistes

---

[237] Bacon, F. (1799), Œuvres de François Bacon, trad. Antoine Lasalle, t. 4, Dijon : L. N. Frantin, p. 425.

aient réussi à concilier ces trois idées en préconisant d'une certaine façon la venue d'un autre type d'humanité et que l'intelligence artificielle y pourvoira.

Le parcours de l'immortalité

Le principal argument de Condorcet tient dans cette notion de perfectibilité du genre humain issue des travaux de Jean-Jacques Rousseau :

> « N'est-ce point qu'il retourne ainsi dans son état primitif, et que, tandis que la bête, qui n'a rien acquis n'a rien non plus à perdre, reste toujours avec son instinct, l'homme, reperdant par la vieillesse ou d'autres accidents tout ce que sa perfectibilité lui avait fait acquérir, retombe ainsi plus bas que la bête même ? Il serait triste pour nous d'être forcés de convenir que cette faculté distinctive et presque illimitée est la source de tous les malheurs de l'homme ; que c'est elle qui le tire, à force de temps, de cette condition originaire, dans laquelle il coulerait des jours tranquilles et innocents ; que c'est elle qui, faisant éclore avec les siècles ses lumières et ses erreurs, ses vices et ses vertus, le rend à la longue le tyran de lui-même et de la nature[238]. »

Ce que suggère ici Rousseau, c'est que l'animal *est*, il *ne devient pas*, tandis que l'homme *n'est pas*, il *devient*. Cette prise de conscience est fondamentale, car en tirant ainsi cette ligne de démarcation entre l'homme et l'animal, Rousseau vient inévitablement prétendre à la perfectibilité du genre humain. Par contre, la réflexion de Rousseau oblige à se demander si cette capacité à la perfectibilité est ou non souhaitable, car elle est « la source de tous les malheurs de l'homme ». Auquel cas, l'évolution de l'espèce humaine doit-elle être envisagée sous le signe du progrès ou d'un retour à un état animal antérieur ? La réponse à cette question viendra du philosophe Emmanuel Kant :

> « Quant au tableau hypocondriaque (en sombres couleurs) que Rousseau trace de l'espèce humaine se risquant à sortir de l'état de nature, il ne faut pas y voir le conseil d'y revenir, de reprendre le chemin des forêts ; ce n'est pas là son opinion véritable ; il voulait exprimer la difficulté pour notre espèce d'accéder à sa destination en suivant la route d'une approche continuelle ; une telle opinion n'est pas à considérer comme une histoire en l'air ; l'expérience

---

[238] Rousseau. J. J. (1755), *Discours sur l'origine de l'inégalité parmi les hommes et si elle est autorisée par la loi naturelle*, Première partie.

des temps anciens et modernes doit embarrasser tout individu qui réfléchit et rendre pour eux douteux le progrès de notre espèce. »

En plein siècle des Lumières, dans ce siècle qui préconise le progrès, la position de Rousseau a de quoi étonner. Mais peu importe, ce que Condorcet retient, c'est l'idée que la perfectibilité et le progrès ne sont pas un problème, mais bien une solution. Partant de là, Condorcet considère que l'espèce humaine possède cette unique capacité à s'améliorer par le seul fait d'être en mesure de conquérir la nature. Si le projet réussi, et il a en bonne partie réussi jusqu'à aujourd'hui, plusieurs des problèmes qui affectaient jusque-là la condition humaine pourraient être éradiqués ou résolus : pauvreté, faim et maladie ne seraient désormais plus à l'ordre du jour. En résolvant ces problèmes, il devient dès lors possible de produire des êtres humains mieux adaptés physiquement à leur environnement, plus intelligents et ayant un sens moral beaucoup plus développé, cette vieille idée issue du Siècle des Lumières. Le rythme du progrès, dans de telles circonstances, ne serait scandé que par cette volonté de dépassement profondément inscrite en nous.

La vertu morale

En parlant de ces vertus morales qui augmenteraient d'autant que les technologies progressent, il convient de rappeler que dès 1917, Orville Wright prédisait que « l'aéroplane contribuera à établir la paix de différentes façons — en particulier, je pense que l'aéroplane aura tendance à rendre la guerre impossible. » Déjà en 1904, Jules Vernes pensait que le sous-marin, confiné à des opérations militaires, finirait par contribuer à la paix. Alfred Nobel, l'inventeur de la dynamite (nitroglycérine), était convaincu que son invention allait plus largement contribuer à établir la paix que ne l'auraient pu faire mille réunions et sommets sur le sujet. Dans la même veine, l'inventeur de la mitraillette, Hiram Maxim, à la question « Est-ce que cette arme ne rendra pas la guerre encore plus horrible ? », affirmait : « Non, elle rendra la guerre impossible. » Marconi, l'inventeur de la radio, en 1912, lors d'une conférence, disait : « La venue d'une ère sans fil rendra la guerre impossible, parce qu'elle rendra la guerre tout à fait ridicule. » En 1925, le président de la société RCA affirmait : « la radio contribuera à établir la paix sur la terre. » En 1890, peu de temps après l'invention du téléphone, John J. Carty, l'ingénieur en chef de la société AT&T, clamait qu'« un jour nous fabriquerons un système téléphonique mondial qui obligera les gens à utiliser une langue commune pour se faire comprendre, ce qui créera une grande fraternité à la dimension de la terre. » Lorsque la télévision interactive s'est implantée aux États-Unis dans les années 1970, d'aucuns y ont vu un outil qui permettrait enfin de concrétiser le vieux rêve des philosophes de l'Antiquité : la démocratie participative ou démocratie directe. Lorsque le réseau des réseaux s'est pointé, Internet, encore là, nombreux sont ceux qui ont vu dans cette technologie un instrument de démocratie participative. En 2011, lors du printemps arabe, les évangélistes de la technologie ont suggéré que les médias sociaux allaient contribuer à contourner les systèmes totalitaires et à permettre l'émergence de la démocratie.

À rebours, il y a non seulement de quoi esquisser un sourire, mais bien de constater à quel point l'introduction d'une nouvelle technologie est empreinte d'une grande naïveté. Malgré tout, malgré tous les exemples que je pourrais ici aligner sur cette prétendue augmentation de valeurs morales au fur et à mesure que les technologies progressent, il n'en reste pas moins que le mythe de la technologie salvatrice a la vie dure. Pourquoi ? Parce que la technologie promet, et promettre, c'est aussi détenir le pouvoir de réaliser, de rendre réelle une chose possible. La promesse ouvre la voie, par la voix de celui qui promet, à quelque chose de meilleur, de plus grand que soi. L'intelligence artificielle est dans cette logique. Elle promet constamment.

Certes, les idées de Condorcet à propos d'une espérance de vie largement allongée, couplées à la possibilité d'un progrès toujours plus accéléré, suggèrent déjà quelque chose de beaucoup plus radical. En fait, s'il devient possible, avec le progrès, de s'alimenter sainement, d'améliorer les conditions d'hygiène globale et de mettre au point des traitements permettant d'éradiquer ou de guérir les grandes maladies, l'allongement de l'espérance de vie tombe sous le sens. Conséquemment, et sans se tromper grandement, on peut affirmer que le projet de Condorcet est d'éviter autant que faire se peut la mort prématurée. Par contre, lorsqu'il commence à discourir sur la possibilité d'une extension indéfinie de l'espérance de vie, il entrouvre la porte à des changements radicaux en ce qui concerne l'existence humaine elle-même. Mais dans quelle mesure entrouvre-t-il cette porte ? À mon avis, et cet avis n'engage que moi-même, il l'a à demi entrouverte. En fait, Condorcet a avant tout considéré la mort comme un événement qui peut être choisi, c'est-à-dire ne plus être à la merci d'une mort prématurée dans le cours naturel des choses, tout en rappelant qu'il est impossible de devenir immortel.

Cette limite que pose Condorcet ne peut satisfaire ceux qui prônent l'idée que l'intelligence artificielle améliorera la société, car pour ces derniers, il s'agit de faire en sorte que chacun d'entre nous puisse accéder au bonheur. À la limite, il se pourrait bien que Condorcet n'ait pas voulu s'avancer sur les conséquences radicales d'un progrès indéfini. À l'inverse, les technoévangélistes, les techno-optimistes et les technosolutionnistes ont la ferme conviction que leurs idées et leurs propositions représentent le progrès. Non pas le seul progrès technologique, mais le progrès de l'humanité tout entière qui réaliserait enfin son plein potentiel. Lorsque Condorcet parlait de progrès, il parlait aussi de progrès moral. Certes, de temps à autre, les technoévangélistes et les technosolutionnistes affirment que le seul fait de fournir à l'être humain de plus en plus de technologies intelligentes augmentera sa condition morale. À ce titre, il n'y a qu'à reconsidérer le discours de l'astrophysicien Carl Sagan à propos des civilisations extraterrestres pour se rendre compte qu'elles auraient évolué à un point tel, après avoir survécu à leur adolescence technologique, qu'elles seraient d'une sagesse incommensurable et pourvues d'une moralité à toute épreuve. Les technoévangélistes sont calés dans cette logique.

Affirmer qu'il y aura progrès et mesurer l'évolution du progrès sont deux choses fort différentes, pourvu qu'on puisse seulement imaginer que le progrès puisse être mesuré. Et s'il fallait mesurer le progrès, en fonction de quels critères faudrait-il le faire ? Faut-il le mesurer à l'aune de notre ébahissement ou de notre désenchantement en fonction de l'état dans lequel il est présentement, ou bien faut-il le mesurer en fonction de ce qu'il pourrait être ? Faut-il mesurer le progrès en fonction de ce qui serait susceptible de déraper ? En ce sens, les écologistes ont déjà mis au point un outil, le *Principe de précaution*, qui leur permet non pas de mesurer si telle ou telle technique sera ou non dommageable, mais bien de mesurer quel laps de temps ils ont devant eux pour empêcher l'application de telle ou telle technologie. Le seul fait d'envisager la question du progrès sous cet angle oblige à adopter une démarche en trois temps. Premièrement, il suffit de dire à quel point nous sommes fiers d'avoir mis au point une quelconque technologie plus efficace que toutes les précédentes. Deuxièmement, il faut recenser ce que nous savons présentement à propos de cette nouvelle technologie et spéculer sur ce que nous ignorons totalement à propos de celle-ci. Troisièmement, il faut tenter d'anticiper les futures découvertes qui pourraient éventuellement découler de l'introduction de cette technologie, tout en mettant dans la balance ce qui pourrait ou non mal virer. Il y a peut-être là le début d'une mesure du progrès.

Par contre, peut-on arrêter le progrès ou du moins en ralentir la cadence pour éviter que le pire ne se produise ? En fait, la question n'a aucun sens, pour la simple raison que, depuis le Siècle des Lumières, le progrès nous a montré là où il peut nous conduire : vers des conditions de vie de moins en moins contraignantes. Difficile de contester le fait que le niveau de vie, depuis le XVIIIe siècle, n'a cessé de s'améliorer. Autrement, comment ne pas laisser le progrès s'autogérer lui-même, car comment est-il possible d'affirmer que telle ou telle technologie ne nous sera pas éventuellement d'une quelconque utilité ? Et cette croyance dans la puissance du progrès a largement contribué à installer l'idée, et parfois même la croyance, que tout effort pour restreindre la recherche scientifique ou le développement technologique sur la base de questions strictement éthiques représenterait une menace pour le progrès. Pour certains, restreindre le progrès ou en ralentir sa cadence, c'est laisser la porte grande ouverte à d'autres nations qui elles, n'auront pas les mêmes scrupules, et s'appliqueront avec ardeur à accélérer leur propre progrès, laissant notre propre nation dans une situation désavantagée.

Ces deux constats méritent considération, car ils permettent de comprendre pourquoi la notion d'éthique en matière de science et de technologie devient une question qui permet à deux camps souvent opposés, sciences naturelles et sciences humaines, de se rencontrer et de discuter sans pour autant que les choses ne changent vraiment, sauf pour obtenir des subventions de recherche, sauf pour publier dans des revues spécialisées qui ne s'adressent qu'à un petit groupe d'initiés, sauf pour assister à des congrès qui traitent de « l'éthique de... ». D'ailleurs, l'arrivée du bioéthicien sur la scène, dans la foulée de la naissance, en juillet 1996, de la brebis clonée Dolly, est symptomatique de la montée des problèmes moraux posés par les manipulations génétiques et les biotechnologies.

Malgré tout, malgré toutes les discussions éthiques autour de l'acceptabilité ou non de tel ou tel projet de recherche, de telle ou telle technologie, il n'en reste pas moins que, depuis le Siècle des Lumières, nous avons collectivement passé un contrat social tacite avec la recherche et le développement : *la liberté en matière de recherche est le gage d'un mieux-être pour tous*. Et plus la recherche confirme, par ses réalisations et ses découvertes, que le mieux-être est effectivement au rendez-vous, moins nous sommes collectivement enclins à remettre en question ce contrat social. Certes, les écologistes, à travers leurs interventions, depuis 1960, ont réussi à infléchir certaines décisions politiques quant à l'utilisation de certains produits, techniques ou technologies, mais ils ne sont jamais parvenus à rendre caduc ce contrat qui existe entre la société et la recherche. Tout ce qu'ils ont réussi à faire, ce n'est même pas de ralentir la recherche et le développement, mais d'amener la recherche à trouver d'autres façons de faire.

Comme le soulignait l'écrivain autrichien Karl Kraus (1874-1936), le progrès n'est pas un mouvement, mais un état qui consiste à se sentir en avant, quoi que l'on fasse, sans pour autant avoir besoin d'avancer[239]. Et pourtant, nous avons tous l'impression que le progrès fait avancer la société, la rend meilleure, plus humaine. À entendre tous les chantres des technologies numériques et de l'intelligence artificielle, si les pays les plus riches en développant de plus en plus de technologies deviennent encore plus riches, cette richesse par technologies interposées percolera dans les pays les plus pauvres et ceux-ci pourront éventuellement émerger de leur pauvreté. Il faut réellement disposer d'une foi à toute épreuve pour croire tout ce qui nous est raconté à propos du progrès qu'installera l'intelligence artificielle dans nos sociétés. Et comment ce progrès arrivera-t-il, selon tous ceux qui nous promettent que l'intelligence artificielle transformera pour le mieux la société ? Par le développement et la croissance, car ces deux mots autorisent une mesure, alors que le progrès ne peut être objectivement mesuré à moins d'avoir des points de repère permettant la mesure. Et ce sont les mots *développement* et *croissance* qui permettent d'objectiver le progrès, de le mesurer, de lui donner corps, de lui donner une assise que reprendront fièrement dans leurs discours les politiciens, les technocrates, les économistes, les financiers, les capital-risqueurs, les technoévangélistes, les technosolutionnistes, les technooptimistes, les coachs de vie, les entrepreneurs et les PDG des géants de la Silicon Valley. Karl Kraus disait de cette situation qu'elle est un jeu gagné d'avance, car seule la foi est nécessaire pour adhérer à ce type de discours. À ce titre, comme le souligne le rapport *Preparing for the Future of Artificial Intelligence* rédigé par le National Science and Technology Council pour le compte du président américain Barak Obama en 2016,

> « l'Intelligence Artificielle possède le potentiel d'aider à résoudre certains des plus grands défis auxquels la société est confrontée. Les automobiles intelligentes épargneront des centaines de milliers

---

[239] « Der Fortschritt », in K. Kraus, Schriften, herausgegeben von Christian Wagenknecht, Suhrkamp Verlag, Frankfurt, 1987, Band 2, p. 197. Le texte est traduit en français par Yvan Kobry dans K. Kraus, La littérature démolie, précédé d'un essai d'Elias Canetti, Petite Bibliothèque Rivages, 1990.

de vies chaque année dans le monde entier et accroîtront la mobilité pour les personnes âgées et à mobilité réduite. Les bâtiments intelligents économiseront de l'énergie et réduiront les émissions de carbone. La médecine de haut niveau prolongera la vie et augmentera la qualité de vie. Un gouvernement plus intelligent servira les citoyens de manière plus rapide et précise, protégera mieux les personnes à risque et économisera de l'argent. L'éducation sera grandement améliorée par l'intelligence artificielle et aidera les enseignants à donner à chaque enfant une éducation qui ouvre les portes à une vie riche, prospère et satisfaisante. Ce ne sont là que quelques-uns des avantages potentiels si la technologie est développée en tenant compte de ses avantages et en tenant compte des risques et des défis qu'elle est susceptible de poser à l'ensemble de la société[240]. »

Comment résister à un tel discours ? Comment résister à un discours aussi prometteur et engageant qui peut faire en sorte de conserver à un pays son avantage socioéconomique et de pourvoir à l'amélioration des conditions de vie ? Autrement, qui peut résister au discours de la recherche alimentée par l'intelligence artificielle qui éliminera les grandes maladies contemporaines liées au vieillissement ? Qui peut être contre le fait de développer des nanotechnologies qui guériront le cancer du cerveau, qui redonneront la vue, qui régénéreront la moelle épinière chez les personnes incapables de marcher, etc. etc. etc. ? Personne ne peut être contre ce type de progrès, et c'est là où la seule foi est nécessaire, et c'est une foi sur laquelle misent tout particulièrement ceux qui développent toute cette panoplie de technologies dérivées de l'intelligence artificielle, parce que leur cause est gagnée d'avance. Et en ce sens, l'intelligence artificielle devient un mot d'ordre, même un slogan d'une redoutable efficacité, alors qu'il n'est finalement qu'une bannière derrière laquelle sont prêts à se ranger une armée de dévots et d'enthousiastes. Il n'y qu'à voir, d'une part, tous ces prêcheurs des technologies numériques qui mettent sous perfusion de bonheur des centaines de millions de gens dès qu'un nouveau gadget fait son entrée sur le marché, et d'autre part, tous ces consommateurs qui s'agenouillent devant tous ces jouets électroniques qui colonisent le moindre espace de vie physique, psychologique et intellectuel au nom de la productivité et du divertissement.

---

[240] Holdren, J. P., Smith, M. (2016 [October 12]), *Preparing for the Future of Artificial Intelligence*, Washington : National Science and Technology Council, URL : http://bit.ly/2j3XA4k, p. 15.

En fait, ce que confirme l'idée de Karl Kraus, c'est que « même si on ne sait pas ce qu'est le progrès, tout le monde est plus que jamais tenu de croire qu'une chose au moins est sûre, à savoir que nous progressons, que nous pouvons le faire de façon illimitée et que l'obligation de continuer à le faire est une sorte d'impératif catégorique pour les sociétés contemporaines[241]. » Et quand on y regarde le moindrement de près, l'idée même de progrès dopé à l'intelligence artificielle a cessé, pour une bonne part, d'être une représentation issue de la philosophie technoscientifique pour se transformer en un concept journalistique totalement vide de sens que reprennent en chœur les médias de masse et les médias sociaux. Et ça fonctionne ! Et ça fonctionne tellement, que rares sont ceux qui exercent désormais une distance et un jugement critique face au progrès fédéré par l'intelligence artificielle. Pourquoi ? Parce qu'on a la conviction, en tant que société avancée, que le progrès est une nécessité qui ne connaîtra pas de limites, et que cette nécessité est profondément inscrite dans la nature humaine, à savoir qu'il faut avancer parce qu'il faut avancer. Et quand on voit ce que la science positive, depuis le milieu du XIXe siècle, a permis comme découvertes, et quand on voit ce que les ingénieurs ont pu concevoir comme technologies, les preuves sont impressionnantes et ne peuvent être contredites. Le progrès, en ce sens, est une nécessité et un impératif qui amélioreront sérieusement les conditions de vie de centaines de millions de gens qui vivent aujourd'hui de façon misérable.

Au bout du compte, le progrès est un train lancé à toutes vapeurs et rien ne saura l'arrêter, même s'il n'avance pas et qu'il n'est qu'un état qui consiste à se sentir en avant. Rien ne peut empêcher ce sentiment de se sentir en avant, et encore moins le type de progrès que nous préparent tous ceux qui participent au développement de l'intelligence artificielle. Et c'est ici qu'il faut se rappeler d'Arthur Schopenhauer : « *Le pire est toujours certain de se produire…* », mais en attendant, quel avenir les chercheurs en intelligence artificielle sont-ils en train de nous préparer et de nous concocter ?

---

[241] Bouveresse, J. (2002), « Le mythe du progrès selon Wittgenstein et von Wright », *Mouvements*, vol. 19, n° 1, pp. 126-141.

CHAPITRE 16
Émuler le fonctionnement du cerveau humain

Étant donné que les technologies liées à l'informatique, à l'intelligence artificielle et à l'imagerie médicale sont désormais disponibles, elles doivent impérativement être utilisées pour arriver à émuler le fonctionnement du cerveau humain dans le but de créer une intelligence artificielle de niveau humain, car émuler le fonctionnement du cerveau humain permettrait dès lors de comprendre comment fonctionne le cerveau humain.

D eux grandes tendances orientent présentement les recherches en intelligence artificielle : une intelligence artificielle générale de niveau humain et une intelligence artificielle embarquée en contact avec son environnement et en mesure d'agir sur lui. L'une des méthodes pour parvenir à un tel résultat consiste à émuler le fonctionnement du cerveau humain. L'idée est la suivante : réaliser une copie exacte d'un cerveau humain et la répliquer sur un substrat non biologique. Dans l'état actuel des connaissances et des technologies, ce substrat est celui des puces de silicium. Pour bien comprendre pourquoi cette idée a pu émerger dans le champ scientifique, il faut tout d'abord commencer par comprendre ce que les neurosciences, pour leur part, proposent.

Décortiquer le cerveau de la souris

Le cerveau d'un vertébré, comme n'importe lequel organe du corps, est composé de cellules. Plusieurs de ces cellules, les neurones en particulier, sont des dispositifs électrochimiques extrêmement performants dont la fonction première est de traiter les signaux électriques reçus. Le neurone est composé d'un corps cellulaire (pérycarion ou soma) et de deux types de prolongements, l'axone et les dendrites. Sans trop entrer dans les détails techniques, il est possible de résumer la chose en disant que les dendrites reçoivent les signaux en provenance d'autres neurones (intrant), que le corps cellulaire traite le signal (computation ou traitement), et que l'axone transmet aux autres neurones le signal traité (extrant) à travers le synapse (zone de contact biochimique entre deux neurones).

À lui seul, le cerveau humain comporte environ 80 milliards de neurones. C'est ce que l'on appelle une structure massivement et parallèlement connectée formant ainsi un réseau extrêmement complexe d'interconnexions. Par contre, les neurones ne sont pas confinés au seul système nerveux central — cerveau et moelle épinière —, puisque, l'intestin, à lui seul, en comporte environ 500 millions. Le système nerveux périphérique, pour sa part, est constitué d'un complexe réseau de neurones qui a pour rôle, dans un premier temps, de transmettre au cerveau les impulsions électriques en provenance de l'ensemble des régions du corps — la peau, l'intestin, le foie, les reins, le cœur, les poumons, le pancréas, etc. —, et dans un deuxième temps, de recevoir les impulsions électriques en provenance du cerveau à travers la moelle épinière.

En ce qui concerne l'activité cérébrale, celle-ci est essentiellement le résultat d'une interaction à la fois chimique et électrique. Plus spécifiquement, l'activité d'un neurone est régulée par des neurotransmetteurs comme la dopamine et la sérotonine, entre autres. Ces composés chimiques que sont les neurotransmetteurs sont produits par des neurones spécialisés qui les diffusent partout dans le cerveau. Par exemple, la gamme de médicaments qui traitent les problèmes de l'humeur agit justement sur la capture ou la recapture des neurotransmetteurs au niveau des synapses, rééquilibrant ainsi l'activité cérébrale. Le processus est ici largement simplifié, mais l'idée générale est là.

Le cerveau humain, tout comme celui des vertébrés, n'est pas seulement constitué de neurones. Il comporte également un système vasculaire élaboré qui, à travers le sang, l'alimente en énergie et en oxygène afin de lui permettre de fonctionner adéquatement. Il comporte également un nombre imposant de cellules gliales qui, non seulement maintiennent en place, *grosso modo*, toute la structure cérébrale, mais contribuent également à l'activité électrique cérébrale globale.

L'autre caractéristique majeure du cerveau réside dans sa plasticité, c'est-à-dire que le cerveau est constamment en train de réorganiser sa propre structure neuronale en fonction des signaux qu'il reçoit de toutes les régions du corps. Par exemple, au moment de la naissance, le cerveau possède déjà ce qui peut être considéré comme un câblage de base destiné à traiter les signaux électriques en provenance de toutes les régions du corps. Pendant les premiers mois de la vie, le cerveau subira une reconfiguration en profondeur où axones et dendrites croîtront comme les racines d'une plante, établissant ainsi de nouvelles connexions à un rythme accéléré dans l'ensemble du cerveau. Tout au long de son existence, le cerveau n'aura de cesse de se reconfigurer en fonction du milieu dans lequel il vit.

Le lecteur aura compris que cette brève description du cerveau n'a rien d'exhaustif, mais aux fins de notre discussion, elle a au moins le mérite de mettre en lumière deux phénomènes : (i) le cerveau traite de l'information (computation) à partir de signaux reçus en provenance de cellules disséminées partout dans le corps (intrant) dont le résultat du traitement est retourné dans ces mêmes cellules (extrant) en vue d'une action quelconque (boucle de rétroaction) ; (ii) la plasticité, c'est-à-dire que le cerveau a la capacité de reconfigurer son propre réseau neuronal en fonction des signaux reçus.

Ces deux constats ont des répercussions philosophiques et théoriques importantes, car d'un point de vue strictement pragmatique, le cerveau est conçu comme une machine dont la seule finalité serait de traiter de l'information[242], cette information étant de deux ordres : interne (dédiée au fonctionnement équilibré du corps) et externe (dédiée au comportement équilibré dans un environnement donné). Partant de là, si l'intelligence artificielle entend s'appuyer sur le fonctionnement du cerveau, c'est qu'elle n'a strictement rien de magique, car elle s'appuie sur le fonctionnement physiologique même du cerveau. Autrement dit, la possibilité d'émuler le fonctionnement du cerveau dans un ordinateur se fonde sur ces deux constats, à savoir que toute émulation du cerveau dans un ordinateur doit traiter de l'information

---

[242] Pour les fins de notre démonstration, c'est pour le moment la position que j'adopte, soit celle du philosophe John Searle, à savoir que le cerveau est essentiellement une machine à traiter de l'information. Certes, il est impossible de comparer un réseau de neurones biologiques à un réseau de neurones artificiels, tant sur le plan quantitatif que qualitatif. D'ailleurs, de multiples arguments, tous plus convaincants les uns que les autres, suggèrent qu'il ne faut surtout pas établir ce genre de comparaison. Par contre, comme le souligne John Searle, le cerveau est effectivement et essentiellement une machine qui traite de l'information, mais la différence entre le cerveau humain et un programme d'ordinateur, c'est que le cerveau humain est en mesure d'avoir une intentionalité ainsi que des états mentaux, ce qui n'est pas à la portée, pour le moment, d'un algorithme d'intelligence artificielle : « Of course the brain is a digital computer. Since everything is a digital computer, brains are too. The point is that the brain's causal capacity to produce intentionality cannot consist in its instantiating a computer program, since for any program you like it is possible for something to instantiate that program and still not have any mental states. Whatever it is that the brain does to produce intentionality, it cannot consist in instantiating a program since no program, by itself, is sufficient for intentionality. » (Source : Searle, J. (1980), « Minds, Brains, and Programs », *Behavioral and Brain Sciences*, vol. 3, n° 3, p. 417-457.)

(ce que fait déjà fort bien un ordinateur) et doit être en mesure de se reconfigurer en fonction de nouvelles informations.

Voilà ce sur quoi se fonde l'idée d'émuler le cerveau, ce qui nous amène à considérer trois points en particulier qui formeront la trame du présent chapitre. Premièrement, toute activité intellectuelle de quelque nature qu'elle soit est la résultante de l'activité de circuits neuronaux, c'est-à-dire un cerveau qui est lui-même régi par les lois de la physique. Deuxièmement, à partir des technologies disponibles au moment où sont écrites ces lignes, c'est à dire en 2017, il est d'ores et déjà possible d'arriver à un certain niveau de numérisation d'un cerveau biologique qui pourrait éventuellement servir à réaliser la simulation d'une activité neuronale approximative. Troisièmement, il est plausible d'envisager que, d'ici quelques années, il sera possible, en fonction de la *Loi du retour accéléré* de Ray Kurzweil, de numériser à un niveau de granularité très fin le cerveau d'une souris.

La première de ces trois affirmations, il va sans dire, représente en quelque sorte une position philosophique universelle dont tous peuvent convenir sans pour autant faire débat. La deuxième de ces affirmations oblige à la mise en œuvre de recherches scientifiques beaucoup plus élaborées, tout comme elle oblige à mobiliser des capitaux importants pour développer des technologies qui permettront de numériser très finement un cerveau biologique. La troisième de ces affirmations, pourvu qu'on s'en tienne au cerveau d'une souris de laboratoire, et pourvu que la capacité de traitement des ordinateurs soit au rendez-vous, suggère qu'il est réaliste de penser qu'il sera possible, dans un avenir plus ou moins rapproché, de simuler l'activité neuronale du cerveau d'une souris de laboratoire. Partant de là, il n'est pas question de savoir à quel moment se produira exactement cette prouesse à la fois scientifique et technologique, mais bien de savoir que cette prouesse est inévitable.

Une fois que cette simulation et que cette émulation du cerveau d'une souris de laboratoire auront été réalisées, il n'y a aucune raison de croire qu'une intelligence artificielle de niveau humain ne puisse être à notre portée. Par contre, il faut être conscient qu'il y a ici un ordre de magnitude de plusieurs degrés entre le cerveau d'une souris et celui d'un être humain. D'un autre côté, une fois qu'on disposera d'un modèle fonctionnel et opérationnel du cerveau d'une souris, la tâche sera d'autant simplifiée en ce qui concerne un cerveau humain, parce qu'on disposera déjà des éléments de base qui permettront d'avancer beaucoup plus rapidement que si on s'était attaqué dès le départ à numériser un cerveau humain qui, il va sans dire, est d'une beaucoup plus grande complexité que le cerveau d'une souris.

Émuler le fonctionnement du cerveau d'une souris

Trois étapes bien précises doivent être accomplies pour émuler le fonctionnement d'un cerveau : cartographier ; simuler ; interfacer.

La première étape du processus consiste à cartographier en haute résolution un cerveau jusqu'à un niveau submicronique (taille inférieure au micron). Ce qui doit être cartographié doit comprendre le prosencéphale (les deux hémisphères, le thalamus, l'hypothalamus) dans sa globalité et le cortex frontal. En procédant ainsi, on s'assure que les régions du cerveau associées aux fonctions cognitives supérieures ont bel et bien été intégrées à la carte cérébrale totale, notamment le cortex cérébral et l'ensemble de ses interconnexions, tout en montrant effectivement comment ces régions du cerveau sont également liées à d'autres régions associées aux émotions et à l'action. Finalement, cette cartographie doit également être en mesure de montrer non seulement la localisation et les caractéristiques de chaque neurone et de chaque synapse à une échelle microscopique, mais doit aussi révéler l'ensemble du connectome, c'est-à-dire le plan complet des connexions neuronales d'un cerveau (neurones, axones, dendrites, synapses) qui, lui, révélera la connectivité fonctionnelle et structurelle de toutes les aires corticales et de toutes les structures sous-corticales (échelle macroscopique).

La seconde étape du processus consiste à utiliser la carte révélée du cerveau par la première étape et d'élaborer par la suite une simulation en temps réel, dans un ordinateur, de l'activité électrochimique de tous les neurones et de l'ensemble de toutes les connexions qui les relient entre eux. Une telle simulation peut être réalisée en mobilisant des techniques déjà connues relevant des neurosciences, comme le modèle de Hodgkin-Huxley, modèle mathématique décrivant comment les actions potentielles d'un neurone sont initiées, traitées et diffusées. On comprendra dès lors qu'une telle simulation exige des capacités de calcul considérables, ne serait-ce que pour simuler le cerveau d'une souris.

La troisième étape du processus consiste à interfacer la simulation avec un environnement externe, et pour le moment, il faut bien admettre qu'on est loin de disposer d'une entité non biologique qui serait à même d'incarner cette simulation. Plus encore, cette simulation devra être en mesure de recevoir des signaux similaires à ceux de son précurseur biologique et de retourner, après traitement, des signaux similaires à ceux de son précurseur biologique, l'idée étant que l'interfaçage sera d'autant facilité si le corps non biologique est morphologiquement et mécaniquement similaire à son précurseur biologique.

Partant de là, si l'entité non biologique ainsi conçue reçoit le même stimulus que l'entité biologique qui en est son précurseur, cette première devrait donc afficher un comportement similaire à celle de ce dernier. Ici, le mot *similaire* prend toute sa signification, car étant donné que le cerveau est un système chaotique, c'est-à-dire que la plus petite fluctuation dans l'intrant original peut orienter le système dans une tout autre direction, il faudra s'assurer que la cartographie soit fidèle au micron près, autrement on se retrouvera avec des comportements qui divergeront de la version biologique d'origine.

Par contre, il ne faut pas penser que cette limite constitue ultimement une barrière pour mener à bien une simulation totalement interfacée. Supposons, un instant, et ce n'est là que pure spéculation, que soient présentes de microscopiques différences dans la cartographie du connectome qui n'affecteraient pas pour autant le comportement global de l'entité non biologique, et qu'un observateur, par exemple un membre de la famille du précurseur biologique, assiste à une simulation et ne constate pas de différences notables entre le comportement de l'entité non biologique et son précurseur biologique, alors il sera plausible d'affirmer que l'émulation a fonctionné et qu'elle rencontre les spécifications attendues.

Cartographier le cerveau, défis et enjeux

Ray Kurzweil suggère que, vers 2050, nous disposerons de la technologie nécessaire pour télécharger en totalité le cerveau d'un individu vers un ordinateur, faisant de chacun de nous un être numériquement immortel. Ce qu'il faut souhaiter, c'est que l'unité de stockage puisse durer éternellement et que sa source d'énergie s'épuise le plus lentement possible !

Cette affirmation de Ray Kurzweil tient-elle la route ? Avant de répondre à cette question, il faut savoir que, sans une rupture épistémologique majeure dans nos connaissances et dans notre compréhension du cerveau, cette affirmation n'est et ne demeure que pure spéculation. Par contre, est-il pour autant nécessaire de ne pas se préoccuper de la chose si elle ne relève que du domaine de la spéculation ? En fait, non. Et pourquoi ? Parce que ce domaine est en train d'être exploré, non pas par des illuminés qui rêvent d'immortalité, mais par des chercheurs crédibles qui disposent non seulement de fonds de recherche conséquents, mais qui disposent aussi de l'appui d'entreprises majeures prêtes à investir des sommes colossales pour conserver leurs parts de marché.

Considérons pour un instant les défis soulevés par la simple cartographie du cerveau, ne serait que celui d'une souris de laboratoire. À partir des technologies déjà disponibles en 2017, il faut tout d'abord tuer la souris, prélever son cerveau, le découper en fines lamelles, numériser chaque lamelle en très haute résolution, localiser la position de chaque neurone, reproduire la forme de chaque axone et de chaque dendrite, localiser la position et la forme de chaque synapse, et finalement, reconstituer le tout en 3D à l'aide d'un logiciel de modélisation. Le résultat final consistera en une énorme base de données qui aura capturé en quelque sorte l'essence même du cerveau de la souris. Déjà, le lecteur aura compris que la première de toutes ces étapes, tuer le sujet, est éthiquement intenable si on désire numériser un cerveau humain. Toutefois, est-ce que le résultat final, une immense base de données, peut s'avérer suffisant pour lancer une quelconque simulation ?

Tout d'abord, si on se réfère au principe de plasticité inhérente au cerveau, il faut admettre que cette immense base de données ne sera, au demeurant, qu'un cliché de l'état du cerveau de la souris à un moment donné de sa vie, et que cette base de données ne reflétera qu'un état particulier de sa plasticité à un moment donné. Deuxièmement, cette immense base de données ne dit strictement rien à propos du fonctionnement de ce cerveau, encore moins à propos de la façon dont il se comporte et s'interconnecte. Certes, il est possible d'en visualiser toutes les interconnexions, mais rien ne précise pour autant comment ces interconnexions agissent entre elles. Troisièmement, plus le niveau de numérisation du cerveau sera élevé, plus il sera possible d'obtenir une plus grande granularité de précision, autorisant par le fait même une meilleure compréhension de la structure du cerveau.

Si cette immense base de données ne renseigne pas sur le fonctionnement effectif du cerveau de la souris, il est toujours possible de contourner le problème en enregistrant l'activité cérébrale de celui-ci alors qu'il est encore dans le corps de la souris. L'un des moyens d'y parvenir, et ce, toujours en fonction des technologies disponibles en 2017, est d'utiliser une souris génétiquement modifiée dont les neurones deviendront fluorescents lorsqu'ils seront sollicités. Ainsi, il serait possible d'obtenir une image générale du fonctionnement dynamique du connectome de la souris. Finalement, en couplant l'enregistrement de l'activité cérébrale de la souris à la base de données du connectome du cerveau de la souris, on pourrait commencer à envisager une certaine simulation. Encore là, il est éthiquement intenable d'enregistrer l'activité cérébrale d'un être humain pour ensuite le tuer et procéder à la cartographie de son cerveau. Certes, la chose pourrait être envisagée si, aux États-Unis, un condamné à mort acceptait la procédure. Par contre, même au nom de la science, cette approche serait-elle éthiquement tenable ?[243]

Une autre façon de procéder, toujours en tenant compte des techniques disponibles en 2017, consisterait à modifier génétiquement une souris de façon à ce que chaque neurone contienne un genre de code à barres génétique unique qui le distinguerait de tous les autres, ce qui permettrait d'identifier avec grande précision le moindre fonctionnement du moindre neurone. Il s'agit vraisemblablement d'une technique prometteuse, mais encore faut-il arriver à la développer.

Malgré tout, malgré toutes ces technologies, peu importe celle que l'on utilisera, celles-ci ne seront jamais en mesure de fournir une image exacte de l'activité cérébrale. Et c'est là où interviennent les nanotechnologies — l'exploitation d'un nombre colossal de données à propos d'objets microscopiques. L'idée est la suivante : comme les neurones sont des objets microscopiques de l'ordre de quelques nanomètres et que la nanotechnologie manufacture des objets microscopiques de l'ordre du micron, il devient dès lors envisageable d'exploiter tout le potentiel des nanotechnologies pour cartographier dans le moindre détail un cerveau biologique.

À ce titre, imaginons un instant un essaim de robots nanotechnologiques capables de se déplacer librement dans le réseau sanguin cérébral. Imaginons

---

[243] C'est toute la notion des « corps vils » au service de la science qui est ici en jeu, les condamnés à mort, les bagnards, les détenus, les orphelins, les prostituées, les internés, les patients de l'hôpital, les paralytiques, les esclaves, les colonisés, les moribonds qui ont servi aux XVIIIe et XIXe siècle à l'expérimentation médicale. Historiquement la question ne fut pas de savoir si l'on pouvait expérimenter sur l'homme mais plutôt de savoir « sur quels hommes expérimenter ? ». La solution dominante fut, et c'est la thèse du philosophe français Grégoire Chamayou, de faire peser les dangers de l'expérimentation sur certaines catégories de sujets, à l'exclusion des autres : les personnes considérées comme étant de moindre valeur, appartenant à des groupes sociaux dévalorisés, en situation de subordination et de dépendance, ont été considérées comme de bons sujets pour l'expérimentation. » [Compte rendu de Frédérique Giraud] (Source : Chamayou, G. (2008), *Les corps vils. Expérimenter sur les êtres humains aux XVIIIe et XIXe siècles*, Paris : La Découverte.)

également que ces robots soient en mesure de se fixer à la membrane d'un neurone où tout près d'une synapse. Il deviendrait dès lors possible d'enregistrer les fluctuations des signaux électriques du neurone, de détecter le moindre changement dans sa condition et de transmettre cette information en direct à une flotte de microrécepteurs situés quelque part à la surface du cortex cérébral. En fait, le travail de ces robots nanotechnologiques et de ces microrécepteurs consisterait à moissonner la moindre information afin de l'engranger dans une base de données que les chercheurs pourraient par la suite consulter à volonté.

Bien que toutes ces propositions ne soient que simples spéculations, il n'en reste pas moins qu'elles pointent dans certaines directions à propos de ce qui pourrait être réalisé dans un futur pas si lointain en cette matière. Certes, le but de ce livre n'est pas de faire des prédictions détaillées sur les technologies qui seront développées, ni de proposer une échelle de temps quant à ce développement, mais bien d'explorer un spectre de scénarios plausibles et de tenter d'en envisager les impacts et les ramifications sur le plan social.

Ce qu'il faut aussi comprendre, c'est que les barrières pour obtenir une simulation globale du cerveau de la souris ne sont pas forcément de nature conceptuelle, mais aussi de nature technologique. D'une façon ou d'une autre, si on se réfère à la *Loi du retour accéléré* proposée par Ray Kurzweil, la question n'est pas de savoir si ces technologies seront ou non un jour disponibles, mais bien de savoir qu'il ne s'agit que d'une question de temps avant qu'elles ne le soient. Mais entre-temps, que fait-on ? En fait, il y a une solution à notre portée. S'il est impossible d'obtenir une numérisation du cerveau au micron près, il n'est pas par contre impossible d'investir encore plus dans la recherche scientifique fondamentale et appliquée. Comment la chose pourrait-elle se faire ?

La méthode proposée jusqu'ici a été de numériser le cerveau d'une souris avec une très haute résolution. Si cette numérisation arrive à produire une simulation totalement fonctionnelle du cerveau de cette même souris, et que le comportement de cette simulation ne peut être distingué de son précurseur biologique, et que cette simulation arrive à reproduire fidèlement tous les comportements acquis par la souris, ses habitudes et ses préférences, c'est qu'on sera parvenu a réalisé une numérisation d'une très fine granularité. Mais la technologie pour y parvenir n'est pas encore disponible.

Supposons, par contre, qu'il soit possible de numériser plusieurs cerveaux de différentes souris sans pour autant exiger un niveau de granularité extrêmement élevé. On sera ainsi en mesure d'obtenir, en combinant toutes les données recueillies— numérisation du cerveau + ECG de l'activité cérébrale des cerveaux de toutes les souris sélectionnées —, un modèle statistique global du comportement du cerveau de ces mêmes souris.

À partir d'un tel modèle statistique faisant intervenir plusieurs numérisations et ECG, il serait alors possible de générer une simulation particulièrement efficace du cerveau d'une souris. Bien que chaque numérisation du cerveau de chaque souris diffère légèrement de toutes les autres numérisations, cela ne posera aucun problème, car on disposera alors d'une fourchette statistique. Autrement dit, on obtiendra un état moyen du cerveau de n'importe laquelle souris. Ce modèle statistique, on le comprendra, ne correspondra pas au cerveau d'une souris ayant déjà existé. Par contre, il contiendra assez de données contraignantes pour le rendre plausible et en permettre l'implémentation dans un ordinateur afin d'en simuler le comportement et éventuellement l'émuler.

Simuler l'activité neuronale

La méthode ici proposée pour simuler le fonctionnement du cerveau d'une souris est une méthode parmi bien d'autres. Par contre, si on veut simuler l'activité neuronale, il n'en reste pas moins qu'il faut disposer d'une masse importante de données — c'est ce qui semble présentement l'incontournable prérequis[244].

D'autre part, différentes alternatives sont envisageables en ce qui concerne le substrat sur lequel reposera cette simulation. Il peut aussi bien s'agir d'ordinateurs tout à fait conventionnels, d'ordinateurs entièrement dédiés à cette tâche, ou bien d'ordinateurs couplés à des circuits neuronaux biologiques. En fait, peu importe l'approche envisagée, il n'en reste pas moins que le seul fait d'utiliser un substrat numérique ouvre inévitablement la porte à toute une série de technologies et techniques déjà disponibles dans le domaine de

---

[244] Si on fait le postulat qu'un cerveau biologique est l'horizon indépassable, il faut définitivement s'en remettre à reproduire un cerveau biologique. Par contre, si une percée épistémologique majeure en arrive à démontrer que d'autres formes de conscience, peu importe leur nature, artificielles ou non, soient possibles, le cerveau biologique n'est donc plus l'horizon indépassable. Auquel cas, la proposition de John Searle voulant que seul un cerveau biologique soit capable d'intentionnalité et d'états mentaux deviendrait caduque (principe de réfutabilité de Karl Popper).

la mathématique et de la statistique qui ont déjà été développées et qui ont fait leurs preuves — les simulations météorologiques utilisent depuis plusieurs années des modèles qui ont fait la démonstration de leur performance à prédire la météo sur un horizon de 48 heures.

Il va sans dire que la tâche ne consiste pas seulement à simuler le comportement d'un seul neurone, mais bien à simuler le comportement d'un grand nombre de neurones connectés entre eux. On comprendra dès lors qu'une grande quantité de variables doivent être prises en compte, chacune contraignant toutes les autres, et qu'il faut arriver à simuler le comportement des neurones, alors que les variables sont simultanément toutes actives. Comment est-il possible de faire en sorte qu'une telle simulation fonctionne sur un ordinateur fondé sur une architecture sérielle où les instructions sont exécutées les unes après les autres et non simultanément ?

Heureusement, un neurone biologique est très lent par rapport à un microprocesseur. Par exemple, alors qu'entre deux traitements de signaux un neurone biologique met quelques millisecondes, un modeste microprocesseur cadencé à 3 GHz réalisera plus de 10 000 000 d'opérations en une milliseconde. Considéré sous cet angle, il devient dès lors possible de simuler le comportement de plusieurs neurones en utilisant une très vieille technique informatique, celle du multitâche. Ce qui veut donc dire, qu'à chaque milliseconde de temps simulé, le microprocesseur utilise une infime fraction de milliseconde pour simuler le premier neurone, une infime fraction de milliseconde pour simuler le second neurone, et ainsi de suite, jusqu'à pouvoir simuler des centaines de milliers de neurones.

Toutefois, on aura compris que même le cerveau d'une souris, qui contient plus de dix millions de neurones et qui sera simulé avec précision, exigera une grande capacité de calcul. Mais quand est-il au juste de cette capacité de calcul ? Si, au cours des années 1980 et 1990 la tendance a été à la capacité croissante de calcul des microprocesseurs, celle-ci a sensiblement ralenti au tournant du second millénaire, ce qui implique que, même aujourd'hui, le plus performant des microprocesseurs à traitement sériel serait tout à fait incapable de simuler le comportement des dix millions de neurones du cerveau d'une souris. Par contre, il existe des solutions qui permettent déjà de contourner ce type de problème : le parallélisme, c'est-à-dire plusieurs microprocesseurs qui travaillent parallèlement et simultanément sur un même problème. Ce faisant, il devient possible d'envisager la simulation neuronale du cerveau d'une souris. L'analogie est simple : si 1 000 ouvriers peuvent construire un édifice de 30 étages en un an, un seul ouvrier n'aura peut-être pas assez de toute sa vie active pour y arriver. Conséquemment, plusieurs microprocesseurs en traitement parallèle arriveront à simuler l'activité de dix millions de neurones, alors qu'un seul microprocesseur à traitement sériel et ultra rapide n'y parviendra jamais.

Certes, un cerveau biologique exploite de façon tout à fait efficace le traitement de type massivement parallèle. Pour bien comprendre en quoi consiste ce type de traitement, il faut se représenter un neurone comme étant une minuscule unité de traitement de l'information, laquelle information parvient au neurone sous forme de signal électrique en provenance des dendrites. Et comme le neurone reçoit en permanence des signaux en provenance des dendrites, il est dans un mode où il cartographie constamment son propre état afin de traiter adéquatement les informations reçues et de les diriger vers l'axone. Ces informations seront par la suite traduites sous forme de neurotransmetteurs qui seront libérés dans la synapse et capturés par les dendrites d'un neurone adjacent. Autre point important à souligner, ce sont tous les neurones de certaines zones du cerveau qui s'allument simultanément pour traiter l'information. Autrement dit, chaque neurone n'attend pas que son neurone adjacent ait terminé son traitement pour commencer à traiter l'information qu'il a reçue. C'est en ce sens qu'un cerveau biologique est fondamentalement un traitement massivement et parallèlement connecté où tous les neurones, considérés comme de minuscules unités de traitement, participent simultanément au traitement de l'information.

Par contre, il ne faut pas pousser plus loin cette analogie, car les différences sont d'une telle ampleur entre un neurone biologique et un neurone artificiel, qu'il serait tout à fait inapproprié de poursuivre dans cette voie. Malgré tout, le fait de proposer cette analogie révèle un point important : un cerveau biologique est un autre exemple de ce que la nature, au fil de l'évolution, a réussi à mettre en place, c'est-à-dire un nombre imposant de petites unités qui, une fois interconnectées, arrivent à produire la nature telle que nous la connaissons — la photosynthèse en est un bon exemple. Ce qui implique donc que, pour arriver à simuler l'activité neuronale du cerveau, il suffit de faire appel à ce principe en utilisant un autre type de substrat.

Et ce substrat, c'est celui des microprocesseurs. Mais plus encore, on sait désormais que les sociétés Google, Facebook, Microsoft et Amazon utilisent de plus en plus des microprocesseurs graphiques pour faire tourner leurs applications d'intelligence artificielle, pour la simple raison que ces microprocesseurs, initialement destinés au traitement graphique dans les jeux vidéo et pourtant plus lents que les microprocesseurs traditionnels, sont déjà structurés autour d'une architecture parallèle. De plus, comme ceux-ci sont devenus de plus en plus efficaces au fil du temps sur le plan de l'architecture et du traitement parallèle, et comme leur coût de fabrication a de plus en plus chuté au fil du temps, leur utilisation s'est graduellement déplacée vers de tout nouveaux champs d'application requérant le traitement en parallèle, comme la modélisation des réactions nucléaires ou la modélisation météorologique. À ce titre, l'un des plus puissants ordinateurs dédiés au traitement météorologique, le Titan fabriqué par la société Cray[245], consiste en une architecture hybride comportant plus de 18 868 microprocesseurs graphiques, chacun étant déjà par lui-même un ordinateur procédant à des traitements en parallèle.

Simuler l'activité neuronale d'un cerveau humain

Au moment où ces lignes sont écrites, il serait déjà possible de simuler l'activité neuronale du cerveau d'une souris avec un ordinateur de la classe de celle du Titan, pourvu que deux conditions bien précises soient réunies. Premièrement, le niveau de détail de la numérisation du cerveau biologique de la souris devra être le plus précis possible. Deuxièmement, il sera nécessaire de disposer d'une numérisation en mesure de rendre compte de chacune des interconnexions de tout le cerveau. En ce qui concerne la première condition, il est actuellement impensable d'arriver à obtenir une numérisation qui rendrait compte de la moindre structure (forme des dendrites et des axones, transmission synaptique, cellule gliale, corps cellulaire). Plus encore, la puissance de calcul exigée pour réaliser un tel modèle du cerveau est définitivement hors de portée des ordinateurs actuellement disponibles. Même le plus puissant ordinateur actuellement en service, le *Sunway TaihuLight* chinois, capable d'exécuter plus de 3 téraflops à la seconde, ne représente qu'une infime partie de la capacité de calcul requise pour simuler un cerveau humain. Pour rappel, le cerveau humain occupe un espace d'environ 1,25 centimètre cube et ne consomme que 20 watts, alors que le *Sunway*

---

[245] Oak Ridge National Laboratory (2014), *What is a Core Hour on Titan*, US Department of energy, Office of science, URL: https://www.olcf.ornl.gov/wp-content/uploads/2013/01/Titan-CoresFactsheet_.pdf.

TaihuLight occupe un espace d'environ 750 mètres carrés et consomme environ 25 mégawatts[246].

Quand on y regarde de près, et même malgré les architectures parallèles, il est peut-être plus qu'impératif de regarder au-delà des ordinateurs conventionnels numériques pour arriver à obtenir une intelligence artificielle de niveau humain. L'une des approches actuellement envisagées est celle du hardware dit neuromorphique, c'est-à-dire un hardware qui s'approcherait le plus fidèlement possible de la structure biologique même du cerveau. Pour d'autres, il semblerait que l'avenir soit dans l'ordinateur quantique qui, au lieu de faire appel au traitement classique sériel fondé sur des transistors qui travaille sur des données binaires (*bits*, octets) ne possédant qu'une seule valeur (0 ou 1), ferait appel à des *qubits* (octets quantiques) dont l'état quantique peut posséder plusieurs valeurs.

Une chose est certaine : l'industrie électronique n'est définitivement pas sur le point d'approcher ne serait-ce que d'un iota la limite théorique de la puissance de calcul exigée pour simuler l'activité neuronale globale d'un cerveau humain à partir des technologies disponibles en 2017, éloignant d'autant la possibilité de mettre au point une intelligence artificielle de niveau humain. Par contre, si on disposait ne serait-ce que d'une infime portion de cette capacité de calcul exigée, il serait possible d'effectuer tout de même des simulations qui ne seraient pas pour autant dénuées d'intérêt. Et c'est là où les choses deviennent intéressantes, car on peut commencer à spéculer à propos de certaines alternatives. D'une part, on peut se dire que, étant donné la puissance de calcul exigée, une intelligence artificielle de niveau humain n'est définitivement pas pour aujourd'hui et que tous ceux qui sonnent l'alarme à propos d'une intelligence artificielle qui nous dominerait ont tout faux. D'autre part, on peut se dire que, justement à cause de la présence de la *Loi du retour accéléré*, ce n'est qu'une question de temps avant que nous soyons en mesure d'accéder à la puissance de calcul requise. Et cette simple possibilité nous oblige à examiner la situation.

---

[246] Par contre, comme en toutes choses dans le domaine des technologies numériques, il ne s'agit que d'une question de temps avant que l'espace requis soit réduit de façon significative et que l'énergie nécessaire pour faire rouler le tout chute de façon drastique. Certes, la physique impose des limites au niveau de la taille atomique, mais ces limites ne sont pas indépassables si on travaille au niveau de la mécanique quantique.

L'intelligence artificielle embarquée

Supposons un instant que, pour une raison ou une autre, scientifiques et techniciens aient réussi à surmonter les obstacles inhérents à la cartographie du cerveau, à sa numérisation, à sa modélisation, à sa simulation et à son émulation. Supposons également que, scientifiques et techniciens aient également réussi à obtenir une réplique opérationnelle du cortex du cerveau d'une souris de laboratoire. On comprendra dès lors que pour arriver à ce résultat, plusieurs conditions auront dû être réunies, ce qui n'est pas gagné d'avance.

Par contre, en supposant tout de même que l'ensemble du processus ait été mené à bon terme, la prochaine étape, et elle est inévitable, consistera à interfacer la réplique numérique du cortex du cerveau d'une souris à un corps, peu importe la forme que prendra ce corps. Ce n'est qu'à partir de ce moment qu'il sera possible d'effectuer une simulation et une émulation grandeur nature et de vérifier *in situ* si la réplique numérique du cortex du cerveau de la souris correspond, dans la réalité, en termes de comportement, à celui de son précurseur biologique. Supposons également que ce corps s'apparente plus ou moins à celui d'une souris — car comment simuler ce cerveau numérisé s'il n'est pas interfacé dans une structure qui n'est pas similaire à celle de son précurseur biologique —, il sera dès lors possible de procéder à une simulation la plus efficace possible. Il faut également supposer que cette structure artificielle soit dotée de capteurs biomimétiques[247] qui agiront en lieu et place de l'ouïe, de la vue, de l'odorat, du toucher et du goût, afin de fournir au cerveau numérique ainsi interfacé les mêmes informations que recevrait son précurseur biologique.

Si on fait maintenant l'hypothèse que nous disposons à la fois du cerveau numérisé et de la structure artificielle dotée de capteurs faisant office de corps, un autre problème, et il est de taille celui-ci, consistera à relier le cerveau numérisé au corps artificiel. Mais s'agit-il pour autant de simplement relier l'un à l'autre ? Le problème est le suivant : dans une entité biologique, il n'existe aucune séparation entre le cortex frontal, le cerveau antérieur (prosencéphale) et le reste du corps, le tout étant une continuité de circuits neu-

---

[247] Démarche consistant essentiellement à étudier les modèles biologiques et à en reproduire les propriétés essentielles en vue de résoudre des problèmes technologiques.

ronaux d'une extrémité à l'autre. En fait, de tout le système nerveux, le cortex cérébral ne constitue finalement qu'une plus forte concentration de circuits neuronaux que partout ailleurs dans le corps.

Pourtant, le choix qui a été privilégié par les chercheurs a bel et bien été celui de dissocier le cortex frontal du reste du système nerveux central du reste du corps. Pourquoi ce choix a-t-il été fait ? Parce qu'il y a de bonnes raisons de penser que le cortex frontal constitue l'essence même du cerveau d'une souris en particulier, et à plus forte raison de croire que le cortex cérébral d'un être humain représente ce qui le constitue dans son essence même — habitudes, préférences, expertise, mémoire, personnalité. Il faut donc supposer que la décision de mettre l'accent sur le cortex frontal est largement justifiée. Toutefois, en choisissant de ne cartographier et de ne simuler que le cortex frontal, c'est comme si on se coupait volontairement de la possibilité d'avoir accès à l'ensemble du connectome d'une entité biologique. Pire encore, en se coupant ainsi de la possibilité d'avoir accès à l'ensemble de ce connectome, la chose oblige à partir de zéro pour le reconstituer, c'est-à-dire élaborer un modèle à partir d'une connaissance très approximative de ce qui constitue ce même connectome.

À bien y regarder, il semblerait bien que cette approche soit une impasse totale. Pourquoi ? Parce que même s'il était possible de parvenir à une cartographie numérique complète en trois dimensions de l'ensemble du connectome d'une souris, nous serions placés devant un défi d'une tout autre ampleur. Et quel est ce défi ? C'est que le connectome de la souris s'est développé en même temps que le corps de la souris lui-même. Il s'est transformé et a pris du volume au fil du temps. Autrement dit, le connectome de la souris est intimement lié au développement de la souris elle-même. Ce qui nous amène à nous poser une autre question : de quelles technologies faudrait-il disposer pour réussir à mettre en évidence quels neurones participent de façon précise à l'activation et/ou à la réception de tel ou tel signal électrique ? De toute évidence, l'approche du connectome intégral soulève beaucoup plus de questions qu'elle est en mesure de proposer des solutions viables.

Si j'ai amené le lecteur sur cette piste, c'est pour une raison bien simple : lui démontrer qu'il n'est pas du tout nécessaire de répliquer avec fidélité le connectome et le corps d'une souris pour arriver à simuler et à émuler l'activité neuronale du cerveau de cette même souris. L'analogie est la suivante : les ingénieurs du début du XXe siècle n'ont pas conçu des avions qui battent des ailes, mais ont plutôt retenu le concept de l'aile elle-même qui permet aux oiseaux de planer par différenciation de l'écoulement de l'air entre le dessus et le dessous de l'aile. C'est ce que l'on appelle le biomimétisme, c'est-à-dire un processus qui s'inspire du monde biologique pour en tirer des solutions initialement déployées par la nature.

Émuler un cerveau humain

Notre cerveau est la preuve vivante qu'un assemblage comportant des milliards de petites unités indépendantes de traitement de l'information interconnectées est en mesure de produire une intelligence de niveau humain. Si la nature est parvenue à le faire, il n'y aurait donc aucune raison de penser qu'on ne puisse pas le faire pour l'intelligence artificielle. En ce qui concerne le nombre de neurones dont il faudrait disposer pour arriver à une intelligence artificielle générale de niveau humain, il est plausible d'envisager qu'il soit possible d'y parvenir en utilisant les techniques combinées de la biologie synthétique et des nanotechnologies. Cependant, une chose est certaine, pour arriver à un tel niveau de concentration de neurones artificiels, certaines limites technologiques devront être franchies et des percées majeures, tant en recherche fondamentale qu'en recherche appliquée, devront être effectuées.

Toutefois, il faut prendre en considération une autre réalité, à savoir qu'il est possible de simuler et d'émuler le cerveau humain sans pour autant passer par la cartographie totale de celui-ci. Comme je l'ai préalablement souligné, si on était en mesure de disposer de la cartographie du circuit neuronal du cerveau d'une souris de laboratoire, on serait déjà dans une situation plus qu'intéressante pour parvenir au résultat recherché. Par exemple, en observant, dans une condition expérimentale donnée, à partir de paramètres d'entrée précis, le comportement du cerveau numérisé de la souris, et en répétant cette expérience tout en modifiant légèrement, chaque fois, les paramètres d'entrée, il serait ainsi possible de procéder à de l'ingénierie inversée et d'arriver à produire, en fin de compte, un modèle mathématique relativement fiable qui permettrait, par la suite, de faire des avancées significatives pour développer un cerveau artificiel de niveau humain.

Cette étape, bien qu'intéressante, serait-elle pour autant suffisante pour servir de base à la conception d'un cerveau artificiel de niveau humain ? Peut-être bien que non, parce que l'évolution n'a pas doté la souris de la fonction du langage. Conséquemment, il serait impossible de simuler la fonction langagière à partir de ce modèle puisqu'elle serait tout à fait absente de la cartographie du cerveau de la souris ainsi obtenu. Si tel est réellement le cas, il serait tout à fait insuffisant de disposer d'une cartographie du cerveau d'une souris, car il manquerait un élément essentiel. Et en cette matière, les chercheurs en neurosciences, en sciences cognitives et en linguistique ont encore beaucoup de travail à faire pour comprendre les fondements neuronaux du langage. Il se pourrait bien que, d'ici à ce que les ingénieurs puissent arriver à produire une véritable simulation et émulation du cerveau d'une souris, les chercheurs en neurosciences soient, pour leur part, parvenus à élaborer un système artificiel de production du langage. Peut-être même que les ingénieurs et chercheurs en neurosciences pourront-ils coupler leurs systèmes de production langagière artificielle à la copie numérique du cerveau d'une souris. Dans ce domaine, où les contraintes biologiques n'existent pas, tout devient possible.

Malgré tout, et malgré toutes les contraintes envisageables, l'émulation du cerveau d'une souris offre un potentiel incroyable pour la recherche et le développement éventuel d'une intelligence artificielle de niveau humain. Il va sans dire que, si l'intelligence artificielle de niveau humain devient possible, il n'y aura qu'un pas à franchir, même s'il est important, pour élaborer une superintelligence artificielle entièrement consciente d'elle-même. Et ce dont il faut également être conscient, c'est qu'une intelligence artificielle de niveau humain reposant sur un substrat électronique offrira beaucoup plus d'opportunités en termes de développement que celle d'un cerveau humain biologique. Mais plus encore, si on se réfère à la *Loi du retour accéléré* où chaque incrémentation d'une technologie entraîne forcément l'accélération du développement de cette même technologie, il faut s'attendre à une explosion d'intelligences artificielles aux conséquences encore imprévisibles. Autrement dit, une fois qu'on aura accompli non seulement la cartographie complète du cerveau d'une souris de laboratoire et qu'on sera arrivé à la modéliser, à la simuler et à l'émuler, il ne sera plus possible de revenir en arrière et de faire entrer à nouveau dans sa bouteille le génie de l'intelligence artificielle.

CHAPITRE 17
Le Graal de l'intelligence artificielle

Le Graal de l'intelligence artificielle, à partir d'un astucieux bricolage informatique de haut niveau massivement et parallèlement
connecté, consiste essentiellement à faire émerger de la conscience, c'est-à-dire générer de l'intentionalité et des états mentaux
en ayant comme substrat des microprocesseurs, des circuits électroniques et des algorithmes intelligents.

Un système d'apprentissage automatisé s'appuie essentiellement sur
une colossale base de données à partir de laquelle sont tirés des patterns récurrents qui deviendront par la suite des données statistiques. Deuxièmement, à partir de ces patterns récurrents, il sera éventuellement possible de prédire le comportement ou la tendance en fonction des
données qui auront été fournies à l'entrée. Par exemple, si on présente à
quelqu'un la séquence [5, 10, 15, 20], les chances sont relativement bonnes
qu'il puisse affirmer que le prochain nombre sera 25. Par contre, si une
grande série de nombres lui est présentée qui ne possède pas la régularité
incrémentale de l'exemple précédent, il lui sera pratiquement impossible de
prévoir quel sera le prochain nombre. Et c'est pourtant ce à quoi sont confrontés les systèmes d'apprentissage automatisé.

Arriver à trouver des patterns récurrents dans une masse informe de données est un problème connu sous le nom de la *malédiction des grands
nombres* (*curse of dimensionality*). Heureusement, il existe certaines solutions qui peuvent déjà orienter la recherche pour identifier des patterns récurrents dans les images : (i) trouver des patterns de groupes de pixels récurrents ; (ii) assembler les groupes de patterns récurrents pour identifier des
structures comportant ces groupes de patterns récurrents. Cette approche
multiniveaux[248-249] est ce qui caractérise fondamentalement l'apprentissage
automatisé.

Par exemple, si on voulait qu'un système d'apprentissage automatisé arrive à identifier des visages à partir de dizaines de millions de photos, la

[248] Arel, I., Rose, D. C., Karnowski, T. P. (2010), *op.cit.*
[249] Coates, A., Lee, H., Ng, A. Y. (2011), « An Analysis of Single-Layer Networks in Unsupervised Feature Learning », *Proceedings of the 14th International Conference on Artificial Intelligence and Statistics (AISTATS)*, vol. 15, p. 215-223.

première question qu'il faudrait poser pourrait être celle –ci : *qu'est-ce qui est commun à tous les visages ?* Réponse : les yeux. *Comment arriver à identifier les yeux ?* Réponse : en repérant des concentrations de pixels formant une géométrie entourant un cercle d'une autre couleur (iris). Certes, cet algorithme est fort peu élaboré, mais l'idée générale est là, sans compter que les régularités statistiques de cette nature sont la manifestation directe de ce qui existe dans le monde réel et à partir desquelles il est possible d'orienter telle ou telle recherche de patterns récurrents.

C'est aussi à partir d'une telle analyse qu'il est possible d'obtenir tous les patterns récurrents constituant un visage — les yeux, le nez, les lèvres, les narines, les dents, la langue, les cheveux, le menton, les joues, les sourcils, les oreilles, etc. Une fois les patterns récurrents identifiés et codifiés à l'intérieur de modèles statistiques, il devient alors possible de faire jouer un autre type d'algorithme qui tentera de combiner tous ces patterns récurrents afin de former un visage quelconque, humain ou animal. C'est la phase où le réseau de neurones artificiels est en mesure d'élaborer une hiérarchie de catégories d'objets.

Cette méthode multiniveaux d'apprentissage automatisé diffère non seulement de l'apprentissage qu'est en mesure d'effectuer un cerveau biologique, mais montre aussi que cet apprentissage est totalement différent. En fait, l'apprentissage automatisé n'est en aucune façon contraint par la catégorisation qu'un cerveau biologique effectue, mais uniquement contraint par des données statistiques. Et c'est là une distinction importante, car un réseau de neurones artificiels « pense » différemment d'un cerveau biologique, d'où non seulement une explosion d'intelligences artificielles, mais aussi une explosion d'intelligences qui ont leurs propres façons de traiter l'information. En ce sens, un réseau de neurones artificiels ne pourra jamais être assimilé à un cerveau biologique, même s'il en exhibe certaines de ses capacités.

Mon premier exemple faisait appel à des données statiques tirées à partir de photographies, c'est-à-dire des images fixes. Toutefois, le monde qui nous entoure n'est pas un univers statique, mais bel et bien un univers dynamique en mouvement constant. J'ai également mis en évidence, dans l'exemple précédent, que l'apprentissage automatisé est essentiellement contraint par des données statistiques et non par des catégorisations qui seraient fournies ou identifiées par un être humain.

Ceci étant précisé, le défi pour identifier correctement des objets en mouvement dans une vidéo serait-il de même nature que celui pour identifier des objets à partir de photos ? En fait, le défi est de même nature, sauf que l'apprentissage ne sera pas plus complexe, mais exigera un peu plus de temps, car c'est le même type d'apprentissage automatisé qui sera à l'œuvre. Ici, l'idée, pour arriver à identifier un chat, consistera à décortiquer un ensemble de valeurs imbriquées dans une structure de données qui capture les statistiques du mouvement de certaines caractéristiques visuelles récurrentes. Autrement dit, pour arriver à identifier un chat avec la plus grande précision possible alors qu'il est en mouvement, on devra fournir à ce réseau de neurones artificiels des dizaines de milliers d'heures d'enregistrements vidéo de chats en mouvement dans des contextes différents.

Par exemple, un chat qui attrape un oiseau, qui joue avec une balle de laine, qui mange, qui dort, qui fait la sieste, qui regarde par la fenêtre, qui saute, qui court, qui marche, etc. C'est donc à partir de l'analyse comparative de toutes ces vidéos que le réseau de neurones artificiels aura construit sa propre représentation de ce que peut être un chat en mouvement et de la façon dont il réagit avec son environnement. Cette représentation, comme je l'ai souligné un peu plus tôt, constitue la phase où le réseau de neurones artificiels est en mesure d'élaborer une hiérarchie de catégories d'objets. C'est à partir de cette catégorisation que le réseau de neurones artificiels compressera par la suite cette catégorie d'objets pour en tirer une description mathématique qui permettra de faire des prédictions. Pour mieux illustrer le processus, j'utiliserai deux exemples : identifier les problèmes liés à la vision ; révéler le taux de progression de la maladie d'Alzheimer.

Jusqu'à tout récemment, les logiciels dédiés à l'analyse clinique de la numérisation des yeux n'arrivaient pas, dans la plupart des cas, à détecter s'il y avait ou non possibilité que des problèmes de vision puissent survenir à plus ou moins long terme. Afin de résoudre ce problème, le National Health Service (NHS) de Grande-Bretagne[250], en collaboration avec la société DeepMind acquise par Google en 2014, a utilisé un réseau de neurones artificiels qui a pour tâche, dans un premier temps, d'analyser plus d'un million d'images en provenance de la numérisation d'yeux afin de repérer des patterns récurrents qui seraient susceptibles de conduire à des problèmes de vision comme la dégénérescence maculaire ou la cécité, et dans un deuxième

---

[250] Mukherjee, S. (2016), *Google Wants to Use Artificial Intelligence to Help Prevent Blindness*, Fortune Magazine, July 5.

temps, de générer une hiérarchie de problèmes potentiels liés à la vision à partir de ces patterns récurrents, et qui se traduirait par la suite dans un modèle mathématique afin d'accélérer le diagnostic.

En ce qui concerne la maladie d'Alzheimer, tout comme pour les problèmes de vision, l'enjeu se caractérise essentiellement par celui du diagnostic précoce. Une équipe de chercheurs des Pays-Bas[251] est parvenue à coupler un système d'apprentissage automatisé à une technologie d'imagerie médicale qui mesure le taux d'absorption du sang dans différentes régions du cerveau. Le système d'apprentissage automatisé doit, dans un premier temps, apprendre à reconnaître des patterns récurrents liés à la dégénérescence neuronale, et dans un deuxième temps, parvenir à prédire le niveau susceptible de conduire à des problèmes plus sérieux.

L'accès massif aux données

Il appert donc qu'un réseau de neurones artificiels est en mesure de satisfaire aux exigences de l'intelligence artificielle restreinte, à savoir réaliser une tâche en particulier tout en utilisant des techniques qui s'apparentent à un traitement intelligent de l'information. Ce traitement qui s'apparente à un traitement intelligent de l'information opère à deux niveaux : celui de la statistique et celui de la catégorisation. De ce traitement sera par la suite tiré un modèle mathématique (un genre de compression en quelque sorte de toutes les données) qui sera utilisé pour prévoir le comportement du système dans telle ou telle situation.

Partant de là, est-ce qu'une multitude de réseaux de neurones artificiels pourrait conduire à une intelligence artificielle générale, c'est-à-dire une entité cognitive artificielle généraliste capable de réaliser l'ensemble des tâches qu'un être humain est en mesure de réaliser tout en utilisant des techniques qui s'apparentent à un traitement intelligent de l'information ? La question mérite d'être posée.

Voyons les choses sous l'angle suivant : trois réseaux de neurones artificiels parcourant Internet qui moissonnent des centaines de milliards de pages contenant du texte, des centaines de milliards de photos et des dizaines de milliards de vidéos afin d'en tirer, dans un premier temps, des statistiques, et dans un deuxième temps, d'élaborer à partir de ces statistiques une hiérarchie de catégorisation d'objets. Et comme Internet devient de plus en plus

---

[251] Collij, L.E., Heeman, F., Kuijer, J. P. A. et al (2016), *op. cit.*

cette colossale et incommensurable bibliothèque qui croît chaque jour de façon quasi exponentielle, et comme ces trois réseaux de neurones artificiels ont fondamentalement besoin de quantités démesurées de données pour devenir efficaces, on leur sert sur un plateau d'argent ce dont ils ont le plus besoin, c'est-à-dire des données.

Faisons une autre supposition. Un méta réseau de neurones artificiels capable de produire un modèle mathématique à partir du modèle mathématique fourni par chacune des trois premières unités cognitives spécialisées, à savoir le texte, les photographies, les vidéos. N'aurions-nous pas là un système artificiel intelligent quasi généraliste ? Pour tenter de répondre à cette question, commençons tout d'abord par nous intéresser à la question du langage.

S'il y a une activité biologique qui distingue l'être humain de tout le règne animal, c'est bien celle de l'activité linguistique. D'ailleurs, la majeure partie des chercheurs en intelligence artificielle considèrent que la capacité langagière est une condition *sine qua non* de tout système intelligent artificiel de niveau humain. Déjà, les assistants personnels sont en mesure de saisir et de traiter ce qu'on dit, mais on sait pertinemment que ces assistants ne comprennent en aucune façon le sens de ce qui a été dit, car ils ne font que décomposer en phonèmes chaque inflexion de la parole pour ensuite les reconstituer sous forme de symboles qu'un ordinateur pourra traiter. De plus, comme ces assistants utilisent des modèles mathématiques fondés sur des données statistiques de ce qui est le plus susceptible d'être prononcé après tel ou tel mot, ils ont déjà un moment d'avance sur ce qui sera dit et sont en mesure de s'ajuster au fur et à mesure en fonction de ce qui a réellement été dit. Toutefois, faut-il le rappeler, ces systèmes n'ont strictement rien d'intelligent — ils n'en ont que l'apparence.

Par contre, supposons un instant que l'un de ces assistants personnels soit couplé au méta réseau de neurones artificiels qui aurait produit un modèle mathématique à partir du modèle mathématique fourni par chacun des trois réseaux de neurones artificiels, à savoir le texte, les photographies, les vidéos. Quelle réponse pourrait bien donner cet assistant personnel à une question aussi simple que celle-ci : *si je suis dans ma voiture et que je suis arrêté à un feu de circulation, quelle sera la couleur du feu de circulation qui me permettra de rouler à nouveau ?* Évidemment, le lecteur aura compris que c'est le feu vert qui permettra de rouler à nouveau. Et si l'assistant personnel répondait *de facto* que c'est le feu vert qui permettra de rouler à nouveau, pourra-t-on alors en conclure que cet assistant personnel a atteint un niveau d'intelligence artificielle généraliste ?

Avant de répondre à cette question, voyons tout d'abord comment l'assistant personnel aurait pu répondre correctement à ces questions. Tout d'abord, le méta réseau de neurones artificiels aura recueilli, tant dans les textes, que dans les photos, que dans les vidéos, des données statistiques à propos des feux de circulation dont elle aura par la suite tiré une hiérarchie de catégories d'objets. Elle en aura donc déduit que, lorsque le feu est au vert, les automobiles sont autorisées à avancer. Il faut donc supposer que les réponses qui seront retournées par l'assistant personnel seront le fruit de recherches et de traitements effectués à partir d'un nombre colossal de données. Et il faut également préciser que ces données, pour leur part, sont des données tirées de l'expérience humaine en interaction avec le monde réel. De là, il est plausible d'affirmer que le méta réseau de neurones artificiels, sans jamais avoir eu une quelconque emprise sur le monde réel à travers des capteurs, aura tout de même une connaissance relativement détaillée du monde réel duquel il est pourtant déconnecté. Autrement dit, il a une connaissance du monde réel par procuration.

Est-ce que cela signifie pour autant qu'il n'a pas une connaissance effective du monde réel ? Si on se place dans une position philosophique, il y a là tout un débat qui reste ouvert. Par contre, si on se place dans une position d'ingénieur en intelligence artificielle, la question n'a aucun sens, car si le méta réseau de neurones artificiels répond adéquatement, c'est qu'il a atteint le but pour lequel il a été conçu. Mais a-t-il pour autant atteint un niveau d'intelligence artificielle généraliste ? Si on se réfère à la définition d'une intelligence artificielle généraliste — entité cognitive artificielle capable de réaliser l'ensemble des tâches qu'un être humain est en mesure de réaliser tout en utilisant des techniques qui s'apparentent à un traitement intelligent de l'information —, alors oui, l'entité cognitive artificielle aura atteint un niveau d'intelligence artificielle généraliste.

Par contre, est-ce que le seul fait de pouvoir répondre à des questions exigeant un niveau de connaissances tel qu'il soit possible d'établir efficacement des relations et des corrélations afin de prévoir telle ou telle réponse soit le seul critère pour affirmer qu'il s'agit bien d'une intelligence artificielle généraliste ?

Optimisation et incertitude

La réponse à la question précédente semble tomber sous le sens : la capacité à prévoir n'est pas ce qui constitue totalement une intelligence artificielle généraliste. Si on se place du côté philosophique, cette intelligence artificielle généraliste a-t-elle un but ? Autrement dit, a-t-elle une portée téléologique? Si on se place du côté de l'ingénieur, cette intelligence artificielle généraliste fonctionne-t-elle dans le cadre des paramètres prévus ?

Par exemple, lorsqu'on observe le comportement d'un animal, il est clair que celui-ci a des intentions ou des buts en fonction de son état physique, de son état mental et de l'environnement dans lequel il vit. S'il est motivé par la peur, il tentera de s'enfuir. S'il est motivé par la faim, il cherchera à s'alimenter. Autrement dit, l'animal formule des intentions en fonction des motivations qui l'animent. Conséquemment, il faudrait s'attendre à ce qu'une intelligence artificielle généraliste qui serait interfacée avec le monde extérieur soit en mesure d'être motivée dans un sens ou dans l'autre pour formuler un but afin d'agir ou de réagir avec son environnement immédiat. Donc, un robot qui aurait à effectuer une tâche quelconque, peu importe la nature de cette tâche, devrait minimalement être doté de cette capacité à formuler un but en vue d'une quelconque action.

Mais qu'en est-il au juste d'une intelligence artificielle généraliste non incarnée ? En fait, même si le but de cette intelligence artificielle généraliste se résume à répondre à des questions ou de prodiguer des conseils, pour vraiment se qualifier en tant qu'intelligence artificielle généraliste, elle devra faire beaucoup plus que répondre à des questions ou prodiguer des conseils. Comme elle est tout à fait incapable d'agir sur le monde extérieur, car elle ne dispose d'aucun capteur pour y parvenir, comment peut-elle se qualifier pour atteindre au véritable statut d'intelligence artificielle généraliste ? En fait, elle devrait être capable, à partir des informations dont elle dispose, de se projeter plus loin que ces informations et être en mesure de planifier un quelconque raisonnement qui lui permettrait, par exemple, de mettre au point un nouveau système de gestion financière, de gérer toutes les phases d'un projet d'ingénierie, de concevoir un système d'analyse identifiant au mieux possible les différentes causes liées au développement des maladies neurodégénératives, etc.

Que faut-il faire pour arriver à un tel niveau de performance ? Cette intelligence artificielle généraliste doit, par elle-même, planifier une séquence d'actions qui la conduira à réaliser le but visé. En ce sens, et seulement à cette condition, il commencera à être possible de prétendre que cette intelligence artificielle généraliste a des visées téléologiques. Non seulement doit-elle être en mesure de planifier une séquence d'actions en vue de réaliser un projet donné, mais elle doit aussi être capable d'optimiser la séquence d'actions au fur et à mesure qu'elle avancera dans sa démarche. Par exemple, lorsqu'un individu apprend une nouvelle façon de faire les choses, il le fait, au début, avec circonspection et tâtonnements, et par la suite, à force de le faire de plus en plus souvent, il finit par exécuter la tâche de façon beaucoup plus efficace. Il a, autrement dit, optimisé les étapes d'exécution.

Un autre critère qu'il faut prendre en considération, et non le moindre, est celui de l'incertitude. Les animaux, tout comme les êtres humains par ailleurs, malgré leur capacité à planifier une cascade d'actions et à en optimiser l'exécution, et malgré l'ensemble des connaissances qu'ils ont à propos d'un domaine donné, n'ont pas toujours la bonne réponse ou le comportement approprié face à telle ou telle situation. Ce qui veut donc dire qu'une intelligence artificielle généraliste, tout comme l'être humain ou l'animal, ne pourra jamais constamment viser juste et toujours avoir la bonne réponse, bien au contraire — c'est le domaine de l'incertitude auquel chaque être humain est confronté au quotidien.

En considérant les choses sous cet angle, dans quelle mesure pourrons-nous nous fier à la démarche d'une intelligence artificielle généraliste et les résultats qui en découleront, si l'incertitude est une donnée avec laquelle il faut compter ? À moins que l'intelligence artificielle généraliste ne soit en mesure d'expliquer l'ensemble de sa démarche, les résultats qu'elle proposera seront toujours sujets à caution. Par contre, toute intelligence artificielle généraliste qui sera en mesure d'exposer sa démarche sera d'autant acceptée si elle peut la justifier et démontrer dans quelle mesure le résultat auquel elle parvient est ou non plausible.

Une intelligence artificielle quasi généraliste

À tout bien considérer, il y a encore loin de la coupe aux lèvres pour que l'on puisse non seulement mettre au point une intelligence artificielle généraliste, mais pour que l'on puisse également mettre au point une intelligence artificielle de niveau humain, et à plus forte raison une superintelligence artificielle consciente d'elle-même, de son existence et de son environnement.

Toutefois, le seul fait de disposer d'un méta réseau de neurones artificiels capable de faire des prédictions et de répondre adéquatement à des questions de différentes natures dans différents domaines représenterait déjà une avancée largement significative. En matière de recherche, peu importe le champ de recherche, qu'il soit dans le domaine des sciences de la nature, dans le domaine des sciences humaines, ou dans le domaine des sciences sociales, un tel système permettrait aux chercheurs d'établir des relations et des corrélations qui n'auraient pas été envisagées jusqu'ici.

Par exemple, la sociologie bénéficierait largement d'un tel système pour comprendre jusque dans quelle mesure, dans un système néolibéral, la position d'un individu sur le gradient social a des impacts sur sa condition de santé, ou bien, de mettre en perspective les différents acteurs sociaux, les technologies et les politiques qui ont conduit à la mise en place de ce système tel que nous le connaissons. Même plus, en ayant à notre disposition des données aussi exhaustives, il serait possible d'envisager d'agir en amont plutôt qu'en aval en matière de politiques sociales. Pour le sociologue que je suis, intéressé par les impacts à la fois philosophiques et sociologiques des technologies, je serais à même d'avoir accès à des données statistiques qui révéleraient non seulement des patterns récurrents qui se manifestent au fil du temps, mais qui révéleraient aussi comment certaines catégories de technologies ont plus ou moins d'impacts tout en les hiérarchisant.

À mon avis, et cet avis n'engage que moi-même, ce type d'intelligence artificielle pourrait survenir plus rapidement qu'on le pense, car nous disposons déjà des technologies nécessaires pour y arriver. Par contre, comme je ne me prêterai pas au jeu de la spéculation, je ne me risquerai pas à présenter un horizon temporel du moment où celle-ci pourrait advenir. Mais une chose est certaine, ce n'est qu'une question de temps avant que la chose advienne, et ce temps est relativement court. Si on se fie à ce que le moteur de recherche de Google est déjà en mesure de faire, et si on se fie à ce que les outils de la société Amazon sont en mesure de réaliser en matière de mise en marché et de prospective de marché, cette possibilité d'une intelligence artificielle quasi généraliste est de l'ordre du possible.

La notion d'émergence en intelligence artificielle

Dans le monde des sciences cognitives, on considère généralement que de la complexité massive émergent des propriétés inédites. Par exemple, dans un cerveau, à partir de milliards de neurones massivement et parallèlement connectés, il est possible de faire émerger de la conscience. Cette émergence est ce que l'on nomme une montée en abstraction, c'est-à-dire que, chaque fois qu'une nouvelle strate s'ajoute à une strate déjà existante, on s'abstrait de la strate précédente conduisant ainsi à l'émergence de propriétés inédites, c'est-à-dire que l'on devient de plus en plus indépendant du niveau de base. Par exemple, en biologie, les tissus, par rapport aux cellules qui les composent, sont des entités émergentes et on considère que le tissu possède des propriétés, ou des fonctions, qui ne sont pas celles des cellules. Inversement, si on dissocie le tissu en ses éléments constitutifs (les cellules et les fibres) les propriétés émergentes disparaissent. Il en va donc de même de la conscience (intentionalité et états mentaux) qui émerge du connectome cérébral, car si on dissocie ce même connectome en ses éléments constitutifs ont fait dès lors disparaître la conscience. Formuler autrement,

> « Supposons N niveaux d'organisation dans le monde. On admet que chaque niveau de complexité N+1 est constitué par les éléments du niveau N lorsqu'ils s'organisent ensemble. Il faut que les ensembles constitués par cette organisation soient stables et qu'ils aient des propriétés propres (différentes de leurs composants de type N). Les entités du niveau N+1 sont construites à partir de celles du niveau de complexité inférieur. Dire que le niveau supérieur émerge du niveau précédent signifie à la fois (i) qu'il se constitue grâce au niveau précédent et (ii) qu'il a une existence propre et des propriétés différentes de N. Il y a une filiation et une dépendance eu égard au niveau inférieur, mais aussi une autonomie du niveau supérieur. Cela implique un moment d'émergence. Le niveau supérieur n'a pas toujours été là, puisqu'il dépend d'un autre qui le précède dans le temps. De plus, l'émergence d'un niveau de complexité supérieur se faisant par auto-organisation, il faut certaines conditions pour que cela se produise. Si ces conditions ne sont pas réunies, elle n'a pas lieu[252]. »

Conséquemment, la notion même d'émergence[253] implique une ontologie pluraliste et renvoie forcément à un monde pluriel, en évolution, dans lequel de nouvelles formes d'existence peuvent apparaître. Et c'est justement là où se situent certains chercheurs en intelligence artificielle avec leurs réseaux de neurones artificiels massivement et parallèlement connectés : ils espèrent un jour voir émerger de la conscience de ceux-ci, c'est-à-dire de l'intentionalité et des états mentaux à partir de substrats électroniques, ou de substrats

---

[252] Juignet, P. (2017 [2015]), *Le concept d'émergence*, Paris : PhiloSciences.
[253] Pour le sociologue Pierre Bourdieu, l'émergence est « le passage d'un système de facteurs interconnectés à un système de facteurs interconnectés autrement. » (Bourdieu. P. (2013), *Une révolution symbolique*, Paris : Seuil, p. 384).

hybrides électroniques/biologiques, ou de substrats quantiques. Donc, si l'émergence est une propriété intrinsèque de la complexité massive, il faut vraisemblablement supposer que, si une intelligence artificielle généraliste de niveau humain et non consciente ou consciente d'elle-même survient, ce ne sera qu'une question de temps avant qu'une superintelligence artificielle non consciente ou consciente d'elle-même ne survienne.

Si, sur le plan technologique, hors de toute technologie issue de l'intelligence artificielle, la complexité est une propriété émergente de tout système technologique qui croît par accrétion, il va sans dire que plus les réseaux de neurones artificiels croîtront en complexité massive, plus il sera possible de voir émerger des propriétés inédites. De quelle nature seront ces propriétés ? Répondre à cette question serait de la pure spéculation, car on n'a pas encore sous la main aucun système de neurones artificiels massivement connecté et tout ce qui est présentement disponible n'est que les balbutiements de ce qu'il est possible de faire en la matière. Par contre, si certaines propriétés comme la complexité émergent de toute technologie non intelligente, il faut alors supposer que certaines propriétés émergeront forcément de toute technologie artificiellement intelligente et massivement connectée.

Autrement, et au risque de décevoir certains lecteurs, loin de moi l'idée que ces propriétés émergentes soient de l'ordre de la conscience. En fait, le sociologue doit s'en tenir aux faits, comme tout autre scientifique par ailleurs et le premier de ces faits s'énoncent clairement : la conscience n'est possible qu'à deux conditions : l'intentionalité et des états mentaux. De plus, étant donné que le but de cet ouvrage n'est pas de faire un recensement des technologies issues de l'intelligence artificielle, mais bien de voir comment le concept même d'intelligence artificielle agit sur la société, il s'agit tout de même de démontrer comment ce concept est à même d'y parvenir. D'entrée de jeu, je pense que l'intelligence artificielle, qu'elle soit restreinte, généraliste ou de niveau humain, ne constitue, au final, qu'un ensemble de stratégies de programmation biomimétiques bricolées à partir de différents modèles théoriques, de techniques statistiques et mathématiques utilisant un substrat de silicium comme support de calcul configuré de façon à effectuer un traitement de type parallèle. Cette hypothèse que je viens de formuler est-elle vérifiable ?

Le premier constat qui doit être posé, c'est que, dans l'état actuel des connaissances scientifiques, tout ce qui a pu être proposé comme modèle théorique du cerveau depuis les soixante dernières années dans le domaine de l'intelligence artificielle ne tient que sur une idée somme toute simple et efficace : *le cerveau ne serait qu'une pure unité de traitement de l'information.*

Le deuxième constat qui doit être posé, c'est que le biomimétisme — le cerveau ne serait qu'une pure unité de traitement de l'information — a tout simplement conduit à la mise au point de réseaux de neurones artificiels grandement simplifiés par rapport à un cerveau biologique.

Le troisième constat qui doit être posé, c'est que les réseaux de neurones artificiels exigent d'être alimentés par des masses phénoménales de données pour arriver à identifier des patterns récurrents, et que l'identification de ces patterns n'est réalisable que par de complexes calculs statistiques, d'où le premier éloignement de toute forme de biomimétisme. Par contre, au moment où ces lignes sont écrites, Google a réalisé une percée majeure en matière d'apprentissage automatisé autonome. Il y a quelques mois de cela, les algorithmes d'intelligence artificielle devaient dévorer quotidiennement des téraoctets de données pour arriver à réaliser leurs analyses, mais voilà que Google et sa division DeepMind ont envisagé le problème sous un tout nouvel angle : faire en sorte que la machine apprenne par elle-même avec un minimum de données tout en ayant un but, celui de trouver une solution. Si, en mars 2016, le système d'intelligence artificielle AlphaGo de la société Google DeepMind, après avoir analysé plus 300 millions de mouvements de joueurs professionnels, a battu au jeu de go, et ce, sans aucun handicap, le champion mondial coréen Lee Se-dol, désormais, AlphaGo apprend par lui-même en jouant contre lui-même. En fait, l'équipe de recherche de la division DeepMind de Google a fait table rase des 300 millions de mouvements pour laisser AlphaGo apprendre de ses erreurs. Comme le faisait remarquer David Silver, directeur de l'équipe de recherche, « AlphaGo est devenu son propre professeur[254] ».

Le quatrième constat qui doit être posé, c'est qu'une certaine forme de cognition artificielle émergerait sous forme d'un modèle mathématique élaboré à partir des patterns récurrents obtenus par des calculs statistiques en amont, d'où le second éloignement de toute forme de biomimétisme.

Le cinquième constat qui doit être posé, c'est que la seule forme de biomimétisme retenue pour simuler la cognition, qu'il s'agisse d'intelligence

---

[254] Metz, C. (2017 [24 mai]), *Google's AlphaGo Levels Up From Board Games to Power Grids*, Wired.

artificielle restreinte, généraliste ou de niveau humain, ne réside que dans l'architecture physique des microprocesseurs dite parallèle.

Le sixième constat qui doit être posé, c'est que toute forme de cognition artificielle ne peut en aucune façon être assimilée à une cognition de niveau humain, peu importe ce qu'elle arrive à produire comme résultats, bien qu'elle en affiche les comportements.

En partant de ces six constats, une autre hypothèse émerge forcément : l'intelligence artificielle, qu'elle soit restreinte, généraliste ou de niveau humain, ne peut en aucune façon être assimilée à une intelligence de niveau humain, puisqu'elle n'est pas la résultante d'un processus de montée en abstraction comme pour l'intelligence humaine. Il est donc faux de prétendre qu'il soit possible de faire émerger de la conscience (intentionalité et états mentaux) à partir d'un assemblage de microprocesseurs et de réseaux de neurones artificiels.

L'idée centrale derrière cette hypothèse tient dans une autre explication tout aussi simpliste voulant que le cerveau ne soit qu'une pure unité de traitement de l'information : *le cerveau est massivement et parallèlement connecté*. Selon l'idée reçue par plusieurs chercheurs en intelligence artificielle, et sans que cette affirmation n'ait pourtant encore fait l'objet d'aucun consensus avéré, le fait de disposer d'un circuit neuronal artificiel massivement et parallèlement connecté suffirait à produire du comportement cognitif similaire à celui d'un cerveau biologique.

Premièrement, le paradigme connexionniste suppose que la cognition puisse émerger d'un réseau de neurones artificiels massivement et parallèlement connecté. Cette cognition, tout comme pour un cerveau biologique, à mon avis, se limiterait à une simple activité subsymbolique.

Deuxièmement, tout système artificiel qui prétend atteindre à un niveau de cognition humain (intelligence artificielle de niveau humain) devra être en mesure de faire le bond, par lui-même, de la strate subsymbolique à la strate symbolique, car si le connexionnisme prétend que la cognition émerge sans aucune aide extérieure d'une activité massivement et parallèlement connectée, il faut s'attendre en contrepartie à ce que la capacité à symboliser émerge de la même façon.

Troisièmement, tout système artificiel qui prétend atteindre à la conscience de sa propre existence (superintelligence artificielle), devra, et ce, sans aucune aide extérieure, à partir de sa strate subsymbolique et de sa strate symbolique, atteindre par lui-même à la conscience de sa propre existence (intentionalité et états mentaux), car si tous les courants de recherche en sciences cognitives prétendent que tout émerge de tout pourvu que la condition de base du massivement et parallèlement connecté soit respectée, il faut s'attendre à ce que la capacité à être conscient de sa propre existence émerge de la même façon.

Certes, il est possible d'affirmer que les logiciels actuellement disponibles en intelligence artificielle — en utilisant des techniques de calcul relevant de la statistique pour identifier des patterns récurrents qui seront utilisés pour élaborer des modèles mathématiques qui permettront de créer des hiérarchies de catégories — possèdent déjà cette capacité à faire émerger un niveau subsymbolique. Vu sous cet angle, il ne resterait donc plus qu'à ajouter une couche supplémentaire de logiciels qui utiliserait le niveau subsymbolique afin de produire du traitement symbolique, et par la suite, d'ajouter une autre couche supplémentaire de logiciels à la strate symbolique pour atteindre à la strate de la conscience. Ce qui voudrait finalement dire qu'il sera un jour possible d'arriver à concevoir une superintelligence artificielle tout à fait consciente de sa propre existence.

A contrario, l'évolution, au fil du temps, n'a pas eu besoin qu'on lui adjoigne par une quelconque aide extérieure (à moins d'être un partisan du créationnisme ou du design intelligent) une nouvelle couche supplémentaire de logiciels pour passer de la strate moléculaire à la strate biologique, à la strate neuronale, à la strate subsymbolique, à la strate symbolique et à la strate de la conscience. Tout a été fait sous l'effet de la pression évolutionniste sans aucune aide extérieure. Et c'est là un point de discussion important, « sans aucune aide extérieure », mais sous la pression adaptative de l'évolution.

Pour les chercheurs œuvrant dans le domaine des sciences cognitives et de l'intelligence artificielle, la parade à mon opposition « sans aucune aide extérieure » sera de dire qu'une intelligence artificielle est un autre type d'intelligence fondé sur d'autres principes, et que ce qui a présidé à l'émergence de l'intelligence humaine, à sa montée en abstraction en quelque sorte, n'a pas besoin d'être répété. Il suffirait dès lors, à en croire les chercheurs en intelligence artificielle, d'arriver à élaborer des logiciels qui permettront une montée en abstraction telle, qu'elle conduira une entité artificielle à être totalement consciente d'elle-même. Et si c'est le cas, nous devrions collectivement commencer à nous inquiéter. Par contre, à mon avis, ce n'est pas demain la veille, mais, en attendant, la recherche, elle, avance à grands pas et il faut s'en préoccuper immédiatement.

Pourtant, et malgré tout ce que nous pourrions dire à propos d'une incapacité à concevoir une superintelligence artificielle, il n'en reste pas moins que le discours de l'intelligence artificielle a pris d'assaut notre imaginaire collectif. Comment y est-il parvenu ? En fait, répondre à cette question est pour le moment plus important que de savoir si oui ou non une superintelligence artificielle totalement consciente d'elle-même adviendra un jour, pour la simple raison que tout le discours à propos de l'intelligence artificielle est en voie de devenir une construction sociale mobilisant à la fois individus et institutions qui redéfinira de nouveaux comportements, de nouvelles valeurs sociales et de nouvelles normes sociales. Et c'est là que le sociologue, le philosophe et l'historien des idées interviennent.

Prérequis à l'intelligence artificielle de niveau humain

Que faudrait-il pour arriver à produire une intelligence artificielle généraliste de niveau humain ? Il faudrait tout d'abord constituer un dense réseau d'unités cognitives artificielles spécialisées en mesure de traiter le plus large spectre possible de situations. Qu'entend-on par situations ? Toutes situations dans lesquelles un être artificiel peut être immergé, tout comme peut l'être un être humain, ce qui implique que l'être artificiel doit être doté de capteurs qui miment les fonctions de captation sensorielle d'un être humain — vue, odorat, ouïe, toucher, goût. Ces « sensations » seront par la suite acheminées à un dense réseau de neurones artificiels massivement et parallèlement connectés qui traiteront l'information. De là, on devrait s'attendre à ce que l'entité artificielle soit en mesure de se comporter de façon similaire à celle d'un être humain, peu importe les circonstances et l'environnement.

Être en mesure de se comporter comme un être humain signifie-t-il pour autant qu'il s'agisse là d'un comportement intelligent et conscient ? Ce qui nous ramène inévitablement à la question d'une pure montée en abstraction, c'est-à-dire que l'on devient de plus en plus indépendant du substrat de base sur lequel on s'appuie. Au moment où sont écrites ces lignes, les systèmes de la première vague d'intelligence artificielle, constituées de réseaux de neurones artificiels fondés sur la technique de l'apprentissage automatisée (*deep learning*), sont non seulement largement alimentées par d'immenses bases de données, mais doivent aussi être orientés par des équipes de chercheurs et d'informaticiens qui dictent comment effectuer le travail — de façon très grossière certes, car les réseaux apprennent par eux-mêmes, mais dirigés tout de même.

Ma position sur la chose, comme nous l'avons déjà entrevu, c'est qu'aucune connaissance n'est donnée *a priori* et que toute connaissance doit être extraite de son interaction en temps réel avec l'environnement. Elle doit être acquise de façon incrémentale et structurée par et avec le vécu, et ce, sans aucune aide extérieure. Déjà, le seul fait qu'il faut « orienter » les systèmes fonctionnant en mode apprentissage automatisé, les disqualifie d'autant pour accéder à une montée en abstraction — on devient de plus en plus indépendant du substrat de base —, ce qui les disqualifie *de facto* d'accéder ne serait-ce qu'à la strate subsymbolique, à savoir que la cognition puisse émerger d'un réseau de neurones artificiels massivement et parallèlement connecté.

Je m'explique. Je pense que le prérequis à toute forme de cognition digne de ce nom doit partir du simple principe qu'aucune connaissance n'est donnée *a priori* et que toute connaissance doit être extraite de son interaction en temps réel avec l'environnement. De là, si les chercheurs arrivent à développer une entité artificielle qui ne sera orientée d'aucune façon, c'est-à-dire qu'aucune connaissance ne lui sera donnée *a priori* (ne pas confondre information et connaissance, la connaissance étant le fruit de la mise en relation de différentes informations) et à laquelle on fournira des informations, et que, laissée à elle-même, elle commencera à extraire de la connaissance à partir des informations dans lesquelles elle aura été immergée, alors là, et seulement là, il sera possible d'affirmer qu'une certaine forme de montée en abstraction pourrait devenir possible et qu'elle serait potentiellement en mesure de franchir toutes les étapes qui mènent à la conscience, c'est-à-dire passer de la strate machine, à la strate de traitement neuronal (neurones artificiels), à la strate subsymbolique, à la strate symbolique et finalement à la strate de la conscience.

Exprimé autrement, tout système artificiel qui prétend atteindre à un niveau de cognition humain (intelligence artificielle généraliste de niveau humain) devra être en mesure de faire le bond, par lui-même, de la strate machine, à la strate neuronale, à la strate subsymbolique et à la strate symbolique, car si le connexionnisme prétend que la cognition émerge sans aucune aide extérieure d'une activité massivement et parallèlement connectée d'unités cognitives artificielles spécialisées, il faut s'attendre en contrepartie à ce que la capacité à symboliser émerge de la même façon. Au final, tout système artificiel qui prétend atteindre à la conscience de sa propre existence (superintelligence artificielle), devra, et ce, sans aucune aide extérieure, à partir de sa strate subsymbolique et de sa strate symbolique, atteindre par lui-même à la conscience de sa propre existence, car si tous les courants de recherche en sciences cognitives prétendent que tout émerge de tout pourvu que la condition de base du massivement et parallèlement connecté soit respectée, il faut s'attendre à ce que la capacité à être conscient de sa propre existence émerge de la même façon.

Si toutes ces conditions sont réunies, alors là, il y aura, sans aucun doute possible, une nouvelle forme d'intelligence qui ne sera pas fondée sur un substrat biologique. C'est à ces seules conditions, et exclusivement à ces seules conditions que celle-ci aura droit de cité en termes d'intelligence artificielle autonome consciente d'elle-même (intentionalité et états mentaux). Tout autre bricolage informatique et technique qui ne remplira pas ces conditions de base ne pourra acquérir le statut d'intelligence artificielle autonome consciente d'elle-même. En ce sens, je me range derrière la position du philosophe américain John Searle : « Peu importe ce que le cerveau fait pour produire de l'intentionnalité, cela ne consiste en aucune façon à l'instanciation d'un programme informatique, car aucun programme informatique ne peut, par lui-même, instancier de l'intentionnalité[255]. » Reformulé autrement, aucun programme informatique ne peut, par lui-même, insuffler de la conscience à un quelconque système, car les programmes informatiques ne sont pas des entités conscientes et ne sont pas par eux-mêmes capables d'accéder à la conscience.

Pour reprendre les propos du philosophe John Searle, personne n'aurait l'idée saugrenue de penser qu'à partir de microprocesseurs ou de tout autre agencement mécanique et électronique il soit possible de faire de la photosynthèse, de produire des hormones de stress, ou même de transpirer. Pourtant, lorsqu'il est question d'aborder la problématique du cerveau, tous sont prêts à croire qu'en disposant d'un réseau de microprocesseurs massivement et parallèlement connecté et en disposant de réseaux de neurones artificiels, il serait possible d'arriver aux mêmes résultats que le cerveau biologique. Et ce miracle, tant attendu par les chercheurs en intelligence artificielle, s'opérerait du seul fait d'un dualisme qui a la vie dure : pour eux, l'esprit ne serait

---

[255] Searle, J. (1980), « Minds, brains and programs », *Behavioral and Brain Sciences*, vol. 3, p. 349-355 [355].

qu'un simple processus formel et indépendant de toutes causes biologiques spécifiques.

Par contre, c'est justement dans le flou du bricolage informatique et de ce dualisme que le mythe de l'intelligence artificielle généraliste de niveau humain prend forme, parce qu'il obnubile les liens de cause à effet qui rendent ces prouesses possibles. Et en supposant un instant que les conditions suivantes aient été remplies, c'est-à-dire que

> « tout système artificiel qui prétend atteindre à un niveau de cognition humain (intelligence artificielle généraliste de niveau humain) devra être en mesure de faire le bond, par lui-même, de la strate machine, à la strate neuronale, à la strate subsymbolique et à la strate symbolique, car si le connexionnisme prétend que la cognition émerge sans aucune aide extérieure d'une activité massivement et parallèlement connectée d'unités cognitives artificielles spécialisées, il faut s'attendre en contrepartie à ce que la capacité à symboliser émerge de la même façon. Au final, tout système artificiel qui prétend atteindre à la conscience de sa propre existence (superintelligence artificielle), devra, et ce, sans aucune aide extérieure, à partir de sa strate subsymbolique et de sa strate symbolique, atteindre par lui-même à la conscience de sa propre existence, car si tous les courants de recherche en sciences cognitives prétendent que tout émerge de tout pourvu que la condition de base du massivement et parallèlement connecté soit respecté, il faut s'attendre à ce que la capacité à être conscient de sa propre existence émerge de la même façon »,

une superintelligence artificielle serait susceptible de survenir. Il reste désormais à savoir quelles en seraient les implications.

CHAPITRE 18
L'humain augmenté

L'humain augmenté sera cet être humain qui sera en mesure de vivre dans un état optimal de santé jusqu'à un âge très avancé, tant sur le plan physiologique que mental. Cette longévité hors du commun sera rendue possible parce que les technologies liées à l'intelligence artificielle auront non seulement permis de faire des avancées significatives dans des domaines comme la médecine, la biologie, la biochimie, la génétique, les biotechnologies, les nanotechnologies, les neurosciences, les neuroprothèses et les sciences cognitives, mais auront surtout permis de mettre en lumière les processus de dégénérescence liés au corps.

En 2003, le *President's Council on Bioethics* des États-Unis publie un rapport intitulé *Beyond Therapy : Biotechnology and the Pursuit of Happiness*. Le titre est intéressant à plus d'un égard, car la référence à l'idée de la poursuite du bonheur est déjà enchâssée dans la constitution américaine. Thomas Jefferson, principal rédacteur de la *Déclaration d'indépendance*, considérait que le Créateur avait doté les hommes de trois droits inaliénables : la vie ; la liberté ; la recherche du bonheur. Pour les Américains, la recherche du bonheur survient par la prospérité, d'où l'idée qu'être prospère c'est être heureux, car la pauvreté ne peut mener au bonheur. Conséquemment, tout ce qui peut permettre à l'individu cette poursuite du bonheur doit être accueilli avec bonheur ! Ce document gouvernemental se distingue tout particulièrement par le fait qu'il s'en tient strictement à explorer le sujet, qu'il ressemble plus à une réflexion philosophique qu'autrement, et qu'il ne contient aucune recommandation politique, chose rare pour un document émanant d'un organisme lié à l'État. Mais chose certaine, il s'agit là d'une contribution éclairante à plus d'un égard sur l'amélioration humaine.

Ce qui est ici posé comme concept, c'est bien celui du dépassement de l'humain, c'est-à-dire l'accomplissement ici même sur Terre de la vie prospère et heureuse, concept issu de la Réforme protestante où le corps a été placé au cœur même de toutes les préoccupations. Et en ce sens, pour le biogérontologiste britannique Aubrey de Grey[256], figure de proue du courant

---

[256] De Grey, A. (2006), « Forever Young », in Simon Young, *Designer Evolution. A Transhumanist Manifesto*, New York : Prometheus Books, p. 9.

transhumanisme, il importe d'être en totale opposition à toute proposition visant à faire la promotion du vieillissement, c'est-à-dire qu'il faut massivement investir dans toutes recherches scientifiques qui arriveront à maîtriser au mieux possible les effets dégénératifs du vieillissement, voire de les annuler, de les rendre aussi caduques que l'est malaria et la rougeole dans les pays développés. L'idée est de faire en sorte d'éliminer de notre corps cette capacité héritée de notre passé évolutif, celle de vieillir.

Certes, Aubrey de Grey convient que tout système biologique est inévitablement voué à la mort, d'où sa proposition de procéder, de temps à autre, à la réparation de tous les dommages microscopiques que subissent nos cellules au fil du temps. Quel pourrait bien être le résultat d'une telle opération menée périodiquement ? Pour Aubrey de Grey, la chose est entendue : le résultat de cette procédure aura le même effet que si nous procédions à la suppression du processus de vieillissement. Conséquemment, nous serons ni plus ni moins qu'en possession d'une jeunesse éternelle. Les causes de mortalité ne seront plus, comme aujourd'hui, liées au seul phénomène du vieillissement, mais bien liées à des causes relevant plutôt de l'ordre de l'accident, du suicide, de l'homicide, de la catastrophe naturelle, du conflit militaire, etc.

Ce que propose Aubrey de Grey relève presque d'un nouveau *Projet Manhattan*, qui avait mobilisé, pendant la Seconde Guerre mondiale, les meilleurs scientifiques de la planète pour mettre au point la bombe atomique. Il ne s'agit plus, comme actuellement, de repousser le plus loin possible dans le temps l'apparition de la dégénérescence du corps, mais bien de l'empêcher, et à cette enseigne, les meilleurs cerveaux du domaine sont déjà mobilisés dans une multitude de recherches, depuis les biotechnologies, en passant par les nanotechnologies, jusqu'aux neurotechnologies, aux neurosciences et l'intelligence artificielle.

Quand on y regarde le moindrement de près, il faut se rendre à une évidence : le transhumanisme a décidé de procéder à sa propre révolution copernicienne. Ce n'est pas seulement le corps qui subira des modifications en profondeur pour en prolonger la longévité, mais toute la société qui sera confrontée à ce qu'elle n'a jamais été confrontée auparavant, c'est-à-dire à des changements structurels majeurs pour faire face à des gens qui vivront en santé et en pleine forme jusqu'à 150 ans. Et c'est bien là où l'intelligence artificielle promettra le plus, car les défis sociaux à relever seront immenses.

Si nous arrivons à vivre en santé et en pleine forme jusqu'à 150 ans, à quel âge la retraite sera-t-elle fixée ? Est-ce que le développement accéléré des technologies liées à la robotique et à l'intelligence artificielle feront en sorte que, dans les pays développés, il y aura de moins en moins de gens sur le marché du travail pour subvenir aux besoins de ces populations dont la moyenne d'âge se situera à environ 100 ans et peut-être même plus ?

Dans les pays développés, aujourd'hui, la majorité des causes de décès sont imputables au vieillissement, tout comme la majorité des problèmes de santé, ce qui représente quatre fois plus de morts chaque jour que pendant la Seconde Guerre mondiale. À ce sujet, Aubrey de Grey pose la question suivante : « Comment pouvons-nous trouver acceptable qu'une telle chose se produise ? Est-ce parce que nous préférons ce taux élevé de mortalité aux changements sociaux que la longévité en santé implique ?[257] » Toujours selon Aubrey de Grey, la seule réponse possible à cette question est bien celle du déni. Le déni face à notre propre finitude, le déni de se dire que ces découvertes scientifiques n'adviendront pas de notre vivant, que la science n'avance pas assez rapidement dans ce domaine, et que, de toute façon, s'il y a quelqu'un dont il faut se préoccuper, c'est bien de soi pour éviter de finir impotent.

L'horizon de la peur

Si, avant le XXIe siècle, les dangers étaient extérieurs à nous-mêmes — réchauffement climatique ou refroidissement global, hiver nucléaire ou empoisonnement collectif aux radiations, famine mondiale due à la surpopulation ou réduction de la population par pollution interposée causant l'infertilité, catastrophes naturelles ou catastrophes technologiques —, ces mêmes dangers, bien que toujours présents, ont été remplacés par un tout nouveau discours : le danger est en nous et non forcément en dehors de nous.

Le corps peut nous trahir à tout instant. L'horizon de la peur s'est donc à ce point rapproché de nous, que notre ultime horizon de vie n'est que notre corps. Tests de dépistage, conseils des nutritionnistes, campagnes de santé publique, visites chez le médecin, le moindre de nos comportements est susceptible d'être pathogène, pour ne pas dire létal. La génétique, pour sa part, a rapproché cet horizon de la peur jusque dans nos gènes, dans ce qui nous constitue fondamentalement : il y a désormais le bon et le mauvais gène,

---

[257] *Idem.*, p. 10.

celui qui peut mettre fin à notre existence sans crier gare. Il faut donc le dépister, le traquer et le corriger, le remettre dans le droit chemin.

Cet horizon de la peur s'étant à ce point rapproché de nous, il tombe sous le sens qu'il soit tout à fait logique de mobiliser la science et l'intelligence artificielle pour repousser les limites du corps, d'où tout le discours voulant qu'il soit possible de vaincre la mort et la maladie. Vieux rêve prométhéen s'il en est, il n'en reste pas moins que nous avons aujourd'hui la possibilité de nous doter d'un pouvoir à nul autre pareil : prendre le contrôle sur notre propre évolution tout en prenant le relais du processus de l'évolution naturelle, le tout guider par notre propre intelligence, la recherche scientifique, l'intelligence artificielle et la volonté de constamment nous dépasser nous-mêmes.

Différents qualificatifs regroupent les gens qui tiennent ce type de discours : transhumanistes, posthumanistes, extropians, militants du H+, singularitariens. Mais peu importe les différences d'exégèse qui différencient ces catégories, une idée fédératrice les mobilise toutes : l'humanité, telle que nous la connaissons, aurait fait son temps. Tous les atavismes qui affligent l'être humain peuvent être circonscrits, sans compter que l'être humain peut être amélioré au-delà de ce qui est actuellement imaginable. C'est la réingénierie du corps qui est ici convoquée, l'idée étant que, en améliorant l'être humain dans ce qui le constitue biologiquement, on améliorera aussi sa morale, lui évitant ainsi ses comportements autodestructeurs — vieux discours puritain apprêté à la sauce techno. Autrement dit, pour circonvenir à notre penchant de destruction annihilatrice, embrassons plutôt l'idée de destruction créatrice — *disruption* —, une expression libérale inventée par l'économiste autrichien Joseph Schumpeter (1883-1950), qui suppose que l'innovation entraîne forcément la disparition des anciennes façons de faire au profit de nouvelles façons non seulement améliorées, mais surtout plus efficaces.

Dans cette volonté de vaincre la mort et la maladie, ne se dessine-t-il pas aussi, socialement parlant, de tout nouveaux problèmes ? Si nous vivons en santé jusqu'à 150 ans, voire même jusqu'à 200 ans, pourquoi renouveler, au rythme actuel des naissances, la population ? Qui aura accès à ces merveilles technologiques ? À quels clivages sociaux sommes-nous en droit de nous attendre ? Quelles sont les implications légales d'une vie prolongée ? À quel âge sera fixée la retraite ? Autant de questions pour lesquelles nous ne disposons actuellement d'aucune réponse. Mais comme le rôle du sociologue est de poser des questions et de démonter la mécanique qui crée et engendre des normes sociales, alors ce chapitre permettra de poser des questions pour tenter d'y répondre.

Une condition humaine à améliorer

La condition humaine est un sujet aussi ancien que peut l'être l'Antiquité elle-même. La philosophie antique avait fort bien compris la chose, d'où le tétrapharmakon d'Épicure pour échapper à la douleur, d'où la position stoïcienne face à la vie et la mort, d'où Sénèque qui dit à qui veut l'entendre que « la mort […] soit elle ne t'atteint pas, soit elle passe », d'où le discours chrétien d'une vie passée dans une vallée de larmes et de douleurs avec un paradis de bonheur et de miel à la clé, d'où le discours bouddhiste de nier totalement le corps pour s'abandonner dans un nirvana extatique, mettant ainsi de côté les affres du corps, d'où le discours hindouiste de la réincarnation, car dans cet incessant cycle du passage de la vie à la mort, la condition de vie devrait s'améliorer d'une fois à l'autre.

Peu importe la croyance, peu importe ce que différentes civilisations ont imaginé comme solutions à propos de la mort, à un moment donné, un constat a dû être posé : la condition du corps humain est une véritable pitié. De là, les civilisations de l'Antiquité ont imaginé des dieux et des demi-dieux en contradiction totale avec le corps souffreteux de l'homme : immortels et en santé ; forts et puissants. Même le christianisme s'est inventé un Christ dont le corps a été transmué et exempt de tout ce qui afflige la vie de l'homme ordinaire. Le philosophe védantique Aurobindo Ghose (1872-1950) a lui aussi imaginé l'homme supramental dont le corps est libéré de tous les atavismes qui l'affectent, à condition de se plonger à plein dans la vie divine. Nietzsche a bien cerné la chose : des arrières-mondes.

Autre point important, il a rapidement été décrété, dans l'Antiquité, qu'il n'était pas bon que l'homme puise devenir l'égal des dieux. Les chrétiens, pour leur part, ont eu leur version avec Ève, la femme d'Adam, qui croqua la pomme pour accéder à la connaissance et devenir l'égal de Yahvé — mauvais choix ! Quelles alternatives se sont dès lors présentées pour améliorer la condition humaine ? La vie vertueuse, la vie pieuse, la vie bonne, entretenir avec les dieux ou avec Dieu de bonnes relations. Accepter la condition humaine telle qu'elle est, souffrir en ce bas monde pour mieux accéder à la vie éternelle, celle de la vie sans souffrance. Même Marc-Aurèle dira « Que la force me soit donnée de supporter ce qui ne peut être changé et le courage de changer ce qui peut l'être, mais aussi la sagesse de distinguer l'un de l'autre. » On le voit bien, il existerait des mises en garde importantes.

Même si les sources de la douleur et de la souffrance ont peu changé au fil du temps, les façons d'y faire face, elles, ont particulièrement été remises en question. Ce qui était autrefois considéré comme une réalité incontournable de la vie est graduellement devenue un problème à résoudre. Comment, pourquoi et quand cette nouvelle façon de concevoir les choses à propos de la vie a-t-elle réellement émergé est un sujet que les chercheurs et les historiens aiment bien aborder, mais une chose est certaine, des penseurs comme Francis Bacon et René Descartes ont joué un rôle majeur dans la formulation de cette nouvelle représentation : la misère, la pauvreté, la maladie, la souffrance et la mort elle-même ne doivent pas être considérées comme des conditions permanentes de la vie qui nous lient à l'au-delà, mais bien des défis posés à notre intelligence, à notre inventivité et à notre ingéniosité.

Dans l'un de mes ouvrages, *Le corps idéal*, j'ai bien montré comment a été mise en œuvre cette volonté de changer la condition humaine. Le parcours de protection de soi, depuis le Moyen-Âge jusqu'à aujourd'hui, se cale dans des finalités fort différentes en fonction des époques, des savoirs disponibles et des pratiques médicales en vigueur, mais la finalité est toujours la même. Au Moyen-Âge, il s'agissait de repousser le mal, sous toutes ses formes, y compris magiques. À la Renaissance, il s'agissait d'isoler le mal en établissant des frontières physiques. Au XVIIIᵉ siècle, il s'agissait de prévenir le mal en mettant d'avant un ensemble de pratiques prophylactiques. Au XIXᵉ siècle, avec l'arrivée de la médecine clinique, il s'agissait désormais de maîtriser le mal à la source. Au XXᵉ siècle, il s'agissait non plus d'uniquement maîtriser le mal à la source, mais aussi de l'éradiquer autant que faire se peut. Au XXIᵉ siècle, la volonté est claire : il faut transcender le mal, le dépister, le traquer dans le gène, l'éviter de s'exprimer et de se manifester.

Ce parcours de la protection de soi trouve dans les nanotechnologies un partenaire hors du commun. À ce titre, l'équipe du NanoPhotonics Center de l'Université de Cambridge, dirigée par le docteur Tao Ding[258], est parvenue à mettre au point une technologie nanométrique qui pourrait bien avoir des impacts majeurs sur notre santé. Il s'agit d'un dispositif minuscule, d'une dimension de 200 nanomètres (un atome mesure 5 nanomètres), qui a

---

[258] http://www.np.phy.cam.ac.uk/people/ding-tao.

pour fonction essentielle de fournir l'énergie nécessaire à de petits robots nanométriques dont la mission est de délivrer des médicaments au cœur même de cellules malades[259].

À ce jour, la technologie utilisée pour effectuer ce genre de tâche consistait ni plus ni moins qu'à faire de l'origami avec de l'ADN pour fabriquer des micros propulseurs, afin que de petits robots nanométriques puissent acheminer les médicaments aux cellules malades. Par contre, le problème, et il était de taille, c'est que cette technologie manquait de puissance et de vitesse pour effectuer le travail requis. Pour bien comprendre le phénomène, lorsque vous nagez, l'eau offre une résistance importante et vous oblige à déployer beaucoup d'énergie pour parvenir à avancer. Imaginez maintenant que votre taille soit réduite à une dimension de l'ordre de 200 nanomètres : le liquide qui vous entourera aura alors une consistance quasi visqueuse, ce qui exigera de votre part encore beaucoup plus d'énergie à déployer pour parvenir à vous déplacer. De là, tout le problème de la vitesse de déplacement dans un fluide biologique à cause d'un manque patent de puissance.

Ce que l'équipe du docteur Ding a réalisé comme tour de force, c'est de concevoir une technologie qui agit comme un ressort afin de propulser les robots nanométriques. L'idée est la suivante : ces nanoparticules, constituées d'atomes d'or liés par un matériau thermosensible, se repoussent mutuellement lorsqu'elles sont à température ambiante. Si on les chauffe de quelques degrés avec un rayon laser, elles emmagasinent de l'énergie et les nanoparticules ont alors tendance à se regrouper. Étant donné que, dans l'obscurité du corps et à température ambiante du corps, la température de ces nanoparticules baisse rapidement, alors celles-ci recommencent à se repousser mutuellement. De cette façon, les nanoparticules, en se repoussant mutuellement, se comportent à la manière d'un puissant ressort en libérant une importante quantité d'énergie qui propulse ainsi à grande vitesse dans les fluides biologiques les robots nanométriques qui doivent délivrer les médicaments aux cellules malades.

Au total, les transhumanistes, et tous ceux qui œuvrent dans l'univers des biotechnologies et des nanotechnologies, ne font que prolonger cette idée formulée par Francis Bacon et René Descartes et profondément ancrée en

---

[259] Ding, T., Valeva, V. K., Salkona, A. R. et al. (2016), « Light-induced actuating nanotransducers », *Proceedings of the National Academy of Sciences*, vol. 113, n° 20, p. 5503-5507.

nous, voulant que la condition humaine puisse être améliorée. Il faut maintenant se poser une question : la mouvance transhumaniste est-elle essentiellement à l'aune de la philanthropie ou n'est-elle pas aussi teintée de misanthropie ? En fait, en augmentant l'homme, ne sommes-nous pas en train de mettre en place un futur où l'homme sera de plus en plus absent, remplacé par des technologies relevant de l'intelligence artificielle ? Autrement dit, quels éléments du discours transhumaniste réussiront à s'implanter qui normaliseront nos attitudes et nos comportements pour faire en sorte que le corps inévitablement augmenté devienne socialement acceptable ?

Défier la mort

Nous tenons tellement au sens de notre durée par toutes les fibres de notre être, qu'il est fort peu probable que nous puissions réellement sortir de ce mythe. Un mythe au sens où l'entend Claude Lévi-Strauss, c'est-à-dire une histoire que les gens se racontent à propos d'eux-mêmes et de la société dans laquelle ils vivent afin de comprendre la nature des rapports qu'ils entretiennent avec le monde extérieur et la position qu'ils occupent dans l'ensemble de l'univers[260]. En fait, le mythe est essentiellement un discours où tous les éléments qui le constituent contribuent au message total, le propre du mythe étant de fournir une explication sur plusieurs registres et surtout de forger du sens. À ce titre, avec l'arrivée des biotechnologies, des avancées de la génétique, de la bioinformatique et de l'intelligence artificielle, nous semblons afficher une foi sans bornes en leur capacité à nous inscrire dans la durée, et ce, bien au-delà du centenaire. Conséquemment, non seulement tout un discours s'est-il installé à propos de la possibilité de vivre en santé jusqu'à un âge très avancé, tant sur le plan physique qu'intellectuel, mais nous avons surtout forgé des ensembles entièrement nouveaux de croyances qui tirent leur légitimation de leur propre pratique langagière. Ainsi, on parlera d'intelligence artificielle, de singularité technologique, de transhumanisme, de posthumanisme, de génomique, de protéinomique, de génétique, de radicaux libres, de nutraceutique, etc., toutes des expressions calées dans la rationalité scientifique.

Armés que nous sommes de la certitude que la vie est plus forte que la mort, qu'elle n'est pas un processus inéluctable, et qu'il suffit de trouver ce qui la provoque, comme le ferait l'ingénieur qui tente d'identifier ce qui ne

---

[260] Lévi-Strauss, C. ([1958] 2010), Anthropologie structurale, Paris : Plon.

fonctionne pas, la prolongation de la vie, et éventuellement la possibilité de contourner la mort, cette certitude est profondément inscrite dans le mythe de la durée personnelle. D'ailleurs, les expressions « *La science a prouvé que…* », « *Les scientifiques pensent maintenant que…* », ou « *Il a été scientifiquement démontré que…* » sont de puissants vocables fédérateurs du mythe de la durée personnelle. Pour s'en convaincre, il suffit de voir comment les gens ont modifié leurs pratiques alimentaires pour adopter une saine alimentation, comment ils se sont mis au jogging, alors que mécaniquement parlant, le corps humain est plutôt configuré pour faire du sprint que pour faire de la course de fond, ou comment ils passent des heures dans des gymnases pour faire des exercices répétitifs (tapis roulant, vélo stationnaire) alors que le corps, au cours de son évolution, a constamment été confronté à une large diversité de mouvements : les chasseurs-cueilleurs de l'époque du paléolithique ne faisaient pas de l'exercice, leur façon même de vivre intégrait l'exercice sans faire aucun mouvement répétitif.

Pendant que les bioingénieurs, les bioinformaticiens et les généticiens poursuivent la mise en cohérence de leurs propres croyances et de leur science, les gens, eux, continuent de se réclamer de la connaissance scientifique sécrétée par ces derniers et à se lancer les uns aux autres l'irréfutable argument « *La science l'a prouvé !* », qui scelle la discussion, ou l'imparable argument « *La science a démontré que…* », qui incite à adopter tel ou tel comportement dans le but d'être toujours plus en santé ou simplement de la conserver, car il ne faut pas l'oublier, la santé n'est pas et ne sera jamais un état atteint une fois pour toutes, mais bien un constant processus qui se cale dans le quotidien de la vie. La santé est un processus et non un état. En ce sens, la vie, pour les bioingénieurs, les bioinformaticiens et les généticiens, n'est pas un état, mais un processus, et qui dit processus, dit aussi possibilité d'intervenir sur le processus pour en modifier le cours.

Devenir plus

Toute cette démarche pour atteindre à un corps idéal n'a qu'une seule finalité : *devenir plus*. En fait, ce *devenir plus* c'est bien celui de Nietzsche, c'est-à-dire que tout devient ce qu'il peut devenir. Et en ce sens, l'être humain a trouvé dans le corps qu'il peut devenir, tout ce qu'il imagine qu'il puisse devenir. Ce *devenir plus*, cet impératif de toujours vouloir aller au-delà de soi, désigne un impératif interne d'accroissement de puissance, une loi intime de la volonté, *être plus*, c'est-à-dire devenir plus ou dépérir. Et l'être humain, depuis l'Antiquité, cherche à ne pas dépérir, cherche à devenir plus que sa condition initiale. Les ingénieurs, les généticiens et les bioinformaticiens sont sur le point de lui fournir les techniques et technologies nécessaires pour *devenir plus* et éviter le dépérissement.

En l'espace de quelques décennies seulement, la médecine a non seulement modifié ses pratiques, mais profondément métamorphosé la vision de la vie et du corps, la relation envers le sain et le malsain, le normal et le pathologique, tout comme la vision d'un corps perfectible à volonté, mince, sans gras, beau, sculpté et musclé. L'exigence d'une santé à tout prix s'est graduellement substituée aux traitements des maladies. La santé est devenue une vaste entreprise de gestion du risque et de domestication de l'incertitude. Paradoxalement, l'incroyable déploiement de savoirs scientifiques à propos du corps a provoqué chez l'individu le sentiment d'une constante proximité avec les dangers à incidence pathologique (internes ou externes), ce que je nomme *l'horizon de la peur*. L'idée est la suivante : le registre actuel du rapport du sain au malsain a conduit à considérer que le corps est le vecteur d'une multitude d'incertitudes trop rapprochées, difficilement maîtrisables et peut-être même incontrôlables.

Tous ses savoirs à propos du corps nous ont placés dans un moment intermédiaire entre la totale ignorance qui a prévalu jusqu'au milieu du XIXe siècle et le total savoir qui pourrait survenir sous peu grâce à l'intelligence artificielle, car tous ces savoirs promettent quelque chose : assurer une vie en pleine santé, tant sur le plan physique qu'intellectuel, jusqu'à un âge très avancé par rapport aux critères d'espérance de vie actuels.

Certes, à un moment donné, il y aura un point de bascule dans le savoir scientifique qui ne fera plus seulement que promettre, mais réalisera ce qu'il promet. À partir de ce moment, l'incertitude sera non seulement domptée, mais elle aura permis de faire reculer d'autant l'horizon de la peur par rapport à la distance qu'elle occupe actuellement. Par contre, il y a fort à parier qu'une fois la promesse réalisée de prolonger la vie en pleine santé jusqu'à un âge très avancé, tant sur le plan physique qu'intellectuel, un autre horizon de la peur se rapprochera, celui de ne justement pas encore vivre assez longtemps, sauf que, cette fois-ci, les nouveaux savoirs seront peut-être la plupart du temps accompagnés de la réalisation de ce qu'ils promettent.

Pourquoi ce *devenir plus* est-il à ce point inévitable ? Tout simplement parce que, d'un strict point de vue philosophique, à tous, toujours, il manque quelque chose ; c'est notre condition humaine. En fait, l'homme, au sens générique du terme, est non seulement profondément habité du désir insatiable de prolonger sa propre durée de vie, mais il est aussi habité d'une éternelle insatisfaction quant à sa propre condition humaine. Malgré tout ce qui sera développé, malgré tous les nouveaux savoirs qui émergeront de la recherche scientifique, malgré toutes les limites du corps qui seront repoussées, malgré toutes les merveilles techniques et technologiques qui seront développées pour assurer au corps une certaine pérennité, ce ne sera jamais assez, parce que, fondamentalement, l'insatisfaction nous traverse, nous habite, nous meut, nous agite, nous travaille, nous interpelle constamment et nous conduit impérativement à considérer que toute situation, quelle qu'elle soit, est forcément une situation limite, d'où cette volonté de *devenir plus*, de se transcender soi-même. Et dans cette insatisfaction qui nous traverse quant à notre propre condition, il n'y a encore rien-là qui transpire le projet transhumaniste, mais toutes les briques pour en constituer son édifice sont désormais disponibles ; il ne manque plus que les techniques et les technologies appropriées pour y parvenir, celles-ci dopées à l'intelligence artificielle.

Il est probable que les développements récents et futurs dans les domaines de l'intelligence artificielle, de la bioinformatique, des biotechnologies, des nanotechnologies et des neurotechnologies pourront asseoir la prétention des transhumanistes à vouloir maîtriser, contrôler et transformer le corps. Il y a ici une promesse de la vie prolongée qui est faite, une espérance de santé optimale jusqu'à un âge avancé, une transformation en profondeur tant sur le plan physique qu'intellectuel.

Un autre transhumanisme est possible ! C'est en ces termes que Marc Roux, le président de l'Association française transhumaniste (AFT-Technoprog), s'adressait aux participants du colloque « *Transhumanisme, homme augmenté, quelles limites thérapeutiques, techniques, éthiques ?* » tenu à Paris le 9 mars 2016[261]. Cette phrase est intéressante à deux égards. Premièrement, par le simple fait de l'opposition qu'elle suggère, puisqu'elle se réclame d'un transhumanisme plus « social, rejetant la philosophie libérale-libertaire californienne ». Deuxièmement, il n'y a qu'une certaine partie de la population qui soit au courant du projet transhumaniste initialement porté par des gens comme l'ingénieur américain Ray Kurzweil et les entreprises de la Silicon Valley. Troisièmement, en matière de transhumanisme, les

---

[261] Sender, E. (2016), *Un autre transhumanisme est-il possible ?*, Paris : Sciences et Avenir, 15 mars.

Américains ont non seulement une longueur d'avance appréciable par le seul fait qu'il possède leur propre université, la *Singularity University*[262], mais aussi par le fait que les investisseurs spécialisés en capital de risque se servent de cette université comme incubatrice de *start-up* et qu'ils y ont déjà convié les plus éminents chercheurs du monde des biotechnologies, des nanotechnologies, des neurotechnologies, de la génétique, de l'intelligence artificielle, de la bioinformatique et des sciences cognitives.

Avant de poursuivre plus avant cette démarche, il importe d'apporter une précision concernant le transhumanisme, ou posthumanisme, à savoir qu'il s'agit avant tout d'une mouvance intellectuelle qui préconise l'idée centrale que la condition humaine est une condition qui doit être dépassée — la mort, la maladie, les handicaps ne sont pas des états désirables. La singularité technologique, idée avancée par Ray Kurzweil, pour sa part, stipule que, à partir d'un point hypothétique de son évolution technologique, la civilisation humaine pourrait bien connaître une croissance technologique d'un ordre supérieur. La rencontre de ces deux concepts n'a rien de moins que l'intention et la volonté de changer le monde. D'ailleurs, la *Singularity University* ne dit-elle pas, à travers son slogan, que « Notre mission est d'éduquer, d'inspirer et d'amener les gens en position de pouvoir à mettre en œuvre des technologies aux capacités exponentielles qui seront en mesure de confronter les grands défis de l'humanité[263]. » Et ces défis, pour n'en nommer que quelques-uns, se répartissent comme suit : éducation, énergie, environnement, alimentation, santé, pauvreté, sécurité, espace, approvisionnement en eau. « En moins de six ans, nous avons, en collaboration avec nos membres et nos partenaires, mis sur pied plus de 100 start-ups et avons déjà obtenu plusieurs brevets et généré plusieurs idées pour faire avancer notre mission. » Ces affirmations n'ont rien d'innocent, car elles ont un poids à la fois sociopolitique, économique et financier qui a une importance beaucoup plus considérable qu'on pourrait le croire de prime abord.

Avant l'arrivée de la médecine scientifique, et à plus forte raison avant l'arrivée des technologies médicales numériques capables de réduire le corps à sa plus simple information génétique, la connaissance antique présumait que le sujet devait se transformer dans son être pour appréhender la vérité et donc d'être apte à la connaissance. La chose était possible, car à cette

---

[262] http://singularityu.org/overview/.

[263] « Our mission is to educate, inspire and empower leaders to apply exponential technologies to address humanity's grand challenges. » URL : http://singularityu.org/overview/.

époque, l'âme avait préséance sur le corps, même si, pour Épicure, l'âme possédait une nature corporelle, matérielle en quelque sorte, composée de particules atomiques disséminées dans le substrat que constitue notre corps.

Sans entrer ici dans les différentes conceptions de l'âme qui avait cours dans l'Antiquité, il importe de savoir que, peu importe la position philosophique adoptée, matérialiste comme idéaliste, le corps était subordonné à l'âme. Mais de tous, ce sont les stoïciens qui ont bien résumé la position à adopter à propos du corps, et elle nous vient de Sénèque, alors qu'il s'adresse par lettre à Lucilius :

> « C'était chez nos pères un usage, observé encore de mon temps, d'ajouter au début d'une lettre : « Si ta santé est bonne, je m'en réjouis ; pour moi, je me porte bien. » À juste titre aussi nous disons-nous : « Si tu pratiques la bonne philosophie, je m'en réjouis. » C'est là en effet la vraie santé, sans laquelle notre âme est malade et le corps lui-même, si robuste qu'il soit, n'a que les forces d'un furieux ou d'un frénétique. Soigne donc par privilège ta santé de l'âme : que celle du corps vienne en second lieu ; et cette dernière te coûtera peu, si tu ne veux que te bien porter. Car il est absurde, cher Lucilius, et on ne peut plus messéant à un homme lettré, de tant s'occuper à exercer ses muscles, à épaissir son encolure, à fortifier ses flancs. Quand ta corpulence aurait pris le plus heureux accroissement, et tes muscles les plus belles saillies, tu n'égaleras jamais en vigueur et en poids les taureaux de nos sacrifices. Songe aussi qu'une trop lourde masse de chair étouffe l'esprit et entrave son agilité. Cela étant, il faut, autant qu'on peut, restreindre la sphère du corps et faire à l'âme la place plus large. Que d'inconvénients résultent de tant de soins donnés au corps ! D'abord des exercices dont le travail absorbe les esprits et rend l'homme incapable d'attention forte et d'études suivies ; ensuite une trop copieuse nourriture qui émousse la pensée. »

Platon, quant à lui, sous la formule « Si tu veux connaître le gouvernement des hommes [...] commence par te soucier de toi-même, commence par t'occuper de toi », prescrivait à l'individu non pas de se connaître, mais de s'occuper de soi-même à travers le thérapeutique voué à une pratique du culte de l'être qui soigne l'âme. Épicure, pour sa part, suggérait d'être le thérapeute de soi-même pour véritablement accéder à la connaissance de la vérité. En somme, la connaissance de soi était subordonnée au souci de soi, l'idée centrale étant que l'individu se préoccupe de lui-même, c'est-à-dire qu'il juge par lui-même des choses, et partant de là qu'il acquière les connaissances voulues pour agir sur lui-même.

Chez Platon, trop cultiver le corps, le développer de façon à le rendre encore plus beau, plus fort et plus agile que ce que la nature commande, c'est ne pas lui faire honneur. Et pourtant, toute la statuaire grecque joue sur ce corps aux dimensions parfaites. Y a-t-il là paradoxe ? En fait, non, car chez les Grecs de l'Antiquité l'état du corps reflétait l'état de l'âme et non l'inverse. Aujourd'hui, cette notion d'âme et de corps intimement liés passerait pour tout à fait incongrue, pour la simple raison que n'existe plus que le corps. Dans le contexte actuel, le corps ne reflète que le corps où le corps en forme et en santé ne renvoie plus à une quelconque bonté ou vertu de l'âme, mais se suffit à lui-même comme corps vertueux. Par exemple, faire du jogging tout en étant vêtu du survêtement approprié (griffé ou non), c'est avant tout montrer que le propriétaire de ce corps a un comportement vertueux, en ce qu'il adhère au discours dominant de la santé corporelle. Ici, le corps ne reflète pas l'état de l'âme de son propriétaire, mais en affiche bel et bien les comportements vertueux auxquels il a décidé de souscrire et auxquels s'attend la société. Avoir une âme bonne n'est plus le motif moteur qui se lit dans la forme du corps, l'idée étant d'avoir un bon corps qui se lit dans la forme du corps, alors que chez les Grecs, la nature du corps étant déterminée,

> « l'homme était confronté à une sorte d'intemporalité qui l'obligeait à reconnaître des limites. Il ne pouvait que se rapprocher ou s'éloigner de cet état de perfection qu'incarnaient les dieux. Par contraste, le record, dans le sport moderne, n'est qu'une limite qui appelle un dépassement, il n'est qu'un jalon dans la route de l'homme vers l'avant. L'éternité n'est plus le fait de la fixité des choses dans leur perfection; l'éternité n'est qu'une succession de bornes kilométriques le long d'une route qui conduit au seul terme que l'on puisse envisager: le corps devenu immortel grâce au progrès scientifique[264]. »

Aucune autre époque, pas même la Renaissance, n'a su faire triompher la beauté corporelle avec autant d'éclat. Comment expliquer cette pure délectation pour la forme humaine dont l'athlète représentait, selon le sculpteur de la Grèce antique Polyclète, l'idéal ? « La nature antique, disait Spengler dans *Le Déclin de l'Occident*, c'est le corps, et si l'on plonge une fois ses regards dans cette manière de sentir, on comprendra avec quels yeux un Grec suivait sur un relief le mouvement des muscles d'un corps nu[265]. »

---

[264] Lebleu, B. (2012), Grèce antique : le sport et la paideia, Encyclopédie de l'Agora.
[265] Spengler, O. (1948), *Le déclin de l'Occident*, Paris : Gallimard.

Le corps du stoïcien

Si la conduite philosophique est la conduite humaine dans laquelle s'expriment les idées philosophiques, alors le corps du stoïcien est la meilleure image de l'âme stoïcienne. Sénèque avait d'ailleurs bien saisi la chose, alors qu'il s'adressait à Lucilius : « J'avoue qu'est implanté en nous un attachement à notre propre corps ; j'avoue que nous en assumons la tutelle. Je ne nie pas qu'il faille lui complaire, je nie qu'il faille en être l'esclave ; on sera, en effet, l'esclave de bien des gens si l'on est celui de son corps, si l'on craint trop pour lui, si l'on rapporte tout à lui[266]. » À 2 000 ans de distance, les propos de Sénèque ont de quoi interpeller. Qui aujourd'hui n'a pas fait de son corps le maître en tout ? Qui ne rapporte pas tout au corps ? Qui ne craint pas constamment pour son corps ?

La médecine actuelle, qui n'est plus tout à fait une médecine qui guérit, mais bien une médecine qui agit en amont pour prévenir d'éventuels problèmes de santé, a fait en sorte que nous craignons beaucoup pour notre corps. Tests de dépistages de toutes sortes, utilisation de plus en plus répandue d'applications embarquées dans les téléphones intelligents pour mesurer l'activité métabolique du corps, toutes ces technologies ont irrémédiablement rapproché l'horizon de la peur. Nous devrions être sécurisés, alors que la crainte d'une quelconque défaillance qui pourrait survenir à tout instant nous est chevillée au corps. À ce sujet, Sénèque précisait qu'« à trop l'aimer, nous sommes troublés de craintes, chargés d'inquiétudes. » Et il avait bien raison. Épicure, pour sa part, précisait que même les dieux avaient besoin d'un corps, car le corps, dans la perspective épicurienne, était instrument de bonheur. Mais voilà, l'arrivée de la médecine technoscientifique a changé la donne en formulant l'idée que, du moment qu'un savoir est scientifiquement exact, il est alors possible pour le médecin de le transvaser vers son patient, sans pour autant savoir si ce dernier se révèle apte à l'accueillir, d'où le rapprochement de l'horizon de la peur.

Spinoza nous a fait savoir que nul ne sait ce dont est capable le corps. Avec Schopenhauer, nous sommes devenus ce corps sentant, agissant, voulant, cette énergie qui se déploie dans le monde, objet immédiat, celui de la volonté, celui du vouloir-vivre, celui du maintenir — conserver la vie, développer la vie, prolonger la vie, lutter pour la vie —, qui affirme la nécessaire conservation de son propre corps. Nietzsche, pour sa part, n'a cessé de nous

---

[266] Sénèque (2010), *op. cit.*, p. 62.

dire qu'il était possible de dépasser le corps, de *devenir plus*, de devenir le surhumain, car telle serait la volonté de puissance qui nous anime tous. Il y aurait là non pas un corps à transformer et à métamorphoser comme le disent certains, mais bel et bien un corps à transcender.

Avant Schopenhauer, il y avait le « sujet connaissant ». Après Schopenhauer il y a eu le « sujet voulant » : « l'être n'est rien d'autre que volonté aveugle, quelque chose de vital et d'opaque qui ne renvoie à rien de visé, à rien de voulu. Son sens réside dans le fait qu'il n'a pas de sens, mais que, simplement, il est. » Cette volonté, à la base de tout phénomène, « n'est pas l'esprit qui se réalise, c'est une poussée aveugle ». En récusant l'idéalisme et le matérialisme, Schopenhauer réussit le coup de génie de penser le corps comme une immanence radicale.

Le corps, cette immanence radicale, est devenu la tâche principale de notre existence. Cette tâche est aussi une tâche interminable, un projet de transformation jamais achevée. Chacun devient son corps. Chacun choisit son corps. Chaque corps est une œuvre à construire. La convergence des **n**anotechnologies, des **b**iotechnologies, de l'**i**ntelligence artificielle et des sciences **c**ognitives (NBIC) est médiatrice de cette œuvre à construire. D'ailleurs, le corps aryen, imaginé par une idéologie totalitaire, le nazisme, le corps parfait, n'est jamais vraiment sorti de notre imaginaire collectif. Il s'est tout simplement dilué, au quotidien, dans le sport, la saine alimentation, la médecine, la pharmacologie et la chirurgie. Notre existence même est à l'aune d'une réingénierie soutenue par une certaine connaissance scientifique. Le corps est le matériau du soi, une quête interminable d'amélioration, une limite jamais atteinte, puisque celui-ci peut se détraquer à tout moment, d'où l'obligation à la remise en forme constante. Mais ce salut par le corps ne surviendra pas — au moment où ces lignes sont écrites —, parce que le corps rencontrera forcément une limite, celle de sa fin. Ainsi, le corps relève désormais de l'activisme, une attitude prônant le recours à l'action directe, une morale fondée sur l'action et le pragmatisme. Ici, rien qui ne concerne encore le projet transhumaniste, mais qui trace une ligne directrice bien précise, l'augmentation de soi-même.

À l'ère des biotechnologies, des nanotechnologies, des neurotechnologies et de la bioinformatique, tout devient une simple manipulation d'atomes, de molécules et d'informations. Sans matière, pas d'information. Sans information, pas de réingénierie du corps. Une réingénierie du corps qui s'est imposée, parce que s'est imposée, au fil des siècles, cette idée récurrente qu'il fallait transformer le corps, qu'il fallait en revisiter ses limites, qu'il fallait sans cesse remettre en question sa nature même. Cette réingénierie du corps impose une réflexion. Non pas cette réflexion de savoir si le corps doit être ou non objet de réingénierie, non pas cette réflexion théologique de savoir si l'homme se substitue à Dieu, mais bien cette réflexion philosophique et sociologique qui porte un regard objectif sur une démarche qui non seulement est en cours, mais qui est surtout inéluctable. En fait, la réingénierie du corps est imparable, pour la simple raison qu'elle se cale dans une logique du *devenir plus*. Ne pas reconnaître cette prémisse, ne pas accepter qu'il y a cette poussée aveugle qui repousse constamment les limites de tout ce qui existe, c'est ne pas vraiment saisir le devenir de l'homme.

Si la sagesse antique a bel et bien reconnu que le corps est souffrance, qu'il est voué à la mort, que son destin est scellé, elle y a par contre opposé des solutions qu'elle a encadrées dans un système d'explications rationnelles. Les épicuriens, les stoïciens, et les cyniques y ont pourvu. Ils nous ont dit qu'il était possible de travailler sur soi-même, de se transformer, de devenir meilleur en quelque sorte. Bref, ils nous ont enseigné, à 2 500 ans de distance, qu'il ne fallait pas se contenter d'être le jouet des déterminismes génétiques, sociaux, politiques et économiques, mais d'être le propre créateur de soi. Il faudrait sans cesse revendiquer cette liberté intérieure qui permet de contrer les assauts de la souffrance, de la maladie et de la mort. Sénèque ne dira-t-il pas à Lucilius : « La mort se présente à toi : elle serait à craindre si elle pouvait être avec toi : nécessairement soit elle ne t'atteint pas, soit elle passe[267]. » L'injonction de Sénèque est forte. Elle appelle à dépasser le corps, à franchir le Rubicon de la mort. Certes, Sénèque n'a jamais eu l'intention de vaincre la mort en modifiant le corps, mais bien de la vaincre en modifiant notre attitude envers celle-ci.

Sénèque n'avait aucun accès aux biotechnologies. Sénèque ne pouvait vouloir vaincre la mort que dans la mesure des moyens de l'époque, ne pouvait suggérer que de changer notre attitude envers celle-ci. Quant à nous, nous avons accès aux biotechnologies, aux neurotechnologies, à la bioinformatique, à l'intelligence artificielle et aux sciences cognitives. Nous avons décidé de vaincre la mort, le dépérissement du corps, la maladie et la souf-

---

[267] Sénèque (1992), *Lettres à Lucilius*, Lettre n° 4, trad. Marie-Ange Jourdan-Gueyer, Paris : Flammarion, p. 38.

france. Le corps est désormais un objet qu'il est possible de fabriquer méthodiquement. Pourquoi ne pas le faire ? Pourquoi s'en tenir au seul fait de changer d'attitude envers la mort ?

Le Big Data et l'intelligence artificielle

Le Big Data se propose de changer cette donne : des données en provenance de millions de sources ; un flux constant de données s'écoulant comme un fleuve puissant sur tout le globe. Le corps n'échappe pas à cette logique déferlante. La santé ne peut être en reste. Il y a ici des promesses délirantes. Le Big Data aura un impact important sur chacun d'entre nous, malade ou en santé. Le Big Data c'est avant tout des avancées spectaculaires dans le diagnostic et le traitement de certaines maladies. C'est la possibilité d'éviter le traumatisme de l'attente d'une mammographie ou celui d'une chirurgie de la prostate.

Armé d'un bistouri numérique — logiciel de forage de données médicales dopé à l'intelligence artificielle et d'une acuité quasi neuronale —, le médecin découpe, démultiplie, magnifie de plusieurs degrés les données concernant une individu. C'est la possible promesse de maintenir définitivement l'ensemble de toutes les données de tous les cas de cancer du sein ou de la prostate : cibler avec grande précision la démarche à suivre, éviter au patient l'angoisse de l'attente du résultat, évacuer le *patheï mathos* — passage de l'épreuve de la souffrance, la gravité d'avoir à vivre comme être humain — , car la maladie du malade n'est pas son organe malade, mais sa connaissance tragique du non-sens de la souffrance. Ces avancées ne sont pas innocentes.

L'addition massive d'informations couplée à des algorithmes d'intelligence artificielle à propos de la condition physiologique d'un individu promet de prévenir la survenue d'une multitude de problèmes de santé. La génomique se veut en partie cette promesse : mettre à nu le mode de transmission de certains traits génétiques, décortiquer la mécanique des gènes pour prévenir ou traiter certaines maladies. Le séquençage des gènes, leur cartographie et leur analyse engendrent des montagnes de données qui, combinées à d'autres informations cliniques, permettront d'établir une image détaillée du risque de maladie et de son traitement le plus efficace. C'est la numérisation de soi. C'est le corps rendu ultimement transparent par l'intelligence artificielle et ses incroyables capacités à identifier des patterns récurrents.

Armée de ces données massives analysées par des réseaux de neurones artificiels, la santé publique peut dès lors agir de façon très ciblée sur certaines populations en fonction de son milieu de vie, de sa localisation géographique, de son ethnicité, de son âge, de son genre, de son revenu, de son niveau de scolarisation. C'est la possibilité de développer des applications qui agrègent données médicales et sociales. Ce n'est pas rien. C'est la conjecture idéale pour produire des cartes de facteurs de risque que les gens peuvent télécharger sur leurs appareils mobiles. C'est aussi l'éventualité de stigmatiser des populations entières. Le Big Data médical, combiné à d'importantes masses de données sociographiques, devient ainsi profil d'individus et profil de populations traitables par de puissants réseaux de neurones artificiels.

L'hôpital, milieu hautement générateur de données de toutes sortes — admission, hôtellerie, repas, soins infirmiers, diagnostics, imagerie médicale, tests de dépistage, soins de transition, physiothérapie, soins à domicile — est à la jonction des soins de santé et de l'ère de l'intelligence artificielle. Ces données massives médicales ouvrent de toutes nouvelles perspectives. C'est l'information partagée par niveaux d'autorisation, des portails en quelque sorte, où le patient, la famille immédiate, le médecin traitant, spécialistes de la santé et autres intervenants sociaux partagent une vision à la fois globale et détaillée de l'état de santé du malade. Ces portails médicaux alimentent en retour le Big Data global des données médicales. Il est fort possible que les barrières empêchant actuellement le partage des informations médicales d'un patient tombent, alors qu'administrateurs d'hôpitaux, médecins, cliniciens et chercheurs voudront de plus en plus avoir un accès universel à ces données médicales. Ce sont là des informations non plus confinées au seul établissement qui les a générées, mais fondues dans la masse de données de tous les établissements hospitaliers.

Il se pourrait bien que l'impact indirect de ce Big Data médical global résulte en une réduction drastique des soins de santé, augmente de plusieurs degrés le niveau de transparence du corps et contribue également à offrir au patient une médecine moins déshumanisante, moins froide, plus empathique, à l'inverse d'une médecine de plus en plus spécialisée, technicienne et déshumanisée, qui traite d'organes déréglés et d'affections neurophysiologiquement localisées, une médecine qui affiche du mépris envers la douleur et la souffrance du patient, d'où une contrepartie qui s'exprimerait, depuis les vingt dernières années, dans des pratiques alternatives tenant compte de l'individu dans son ensemble. C'est peut-être le moment d'une médecine holistique. Tout ça n'est évidemment que pure spéculation, mais il faut s'en préoccuper, car le Big Data médical, lui, n'est pas une spéculation, mais une réalité qui, chaque jour, est alimentée par des téraoctets d'informations. Et ce seul fait mérite qu'on lui prête une attention toute particulière.

Il y a fort à parier que tous les patients de ce monde ne désirent qu'une seule chose : un accès facile et rapide à un spécialiste de la santé et la possibilité de prendre rendez-vous pour une simple consultation. Une fois réglé le problème de l'accès à un spécialiste de la santé, il faut aussi régler celui de tâches plus administratives et répétitives, par exemple, la simple question du renouvellement des prescriptions. Que l'on vive aux États-Unis ou en Canada, en France ou en Allemagne, à Singapour ou à New Delhi, toute solution informatisée, quelle qu'elle soit, si elle ne réussit pas à combler cette attente de base, est vouée à une désaffection à plus ou moins brève échéance, pour la simple raison que le patient cherche tout d'abord à soulager son angoisse existentielle face à sa condition de santé ; l'horizon de la peur. Une fois cette angoisse existentielle contenue, il est dès lors possible d'ouvrir les vannes de l'imagination débordante des bioingénieurs, des bioinformaticiens, des généticiens et des investisseurs. Le lecteur aura sûrement remarqué que j'ai retiré le mot *médecin* de l'équation. En fait, le médecin, dans cette toute nouvelle médecine qui s'installe, devient un simple servant de ce qui aura été élaboré par les bioingénieurs, les bioinformaticiens, les généticiens et les spécialistes de l'intelligence artificielle.

Certains évangélistes de la médecine au tout numérique se plaignent que les gens sont très lents à adopter leurs merveilles technologiques. Et si cette désaffection n'avait rien à voir avec la technologie proposée, mais tout à voir avec des services déjà existants qui ne rencontrent pas les besoins de base des patients ? Malgré tout, même si les besoins de base ne sont pas pleinement satisfaits, le rouleau compresseur de l'innovation technologique avance inexorablement. Les technologies numériques dopées à l'intelligence artificielle ont besoin du corps transparent et elles l'auront, parce que le corps transparent est le corps obligé des technologies numériques et de l'intelligence artificielle. C'est la source même du Big Data médical. Sans transparence, pas de Big Data médical. Mythes et réalités se jouxtent dans ce nouvel univers. C'est la constante confrontation entre les désirs réels des patients et les désirs d'innovations technologiques d'une armée de bioingénieurs et de bioinformaticiens. Tous participent à une dynamique non planifiée. Tous sont à mettre en place la médecine fondée sur le Big Data médical propulsé par l'intelligence artificielle.

Le corps transparent

Quel est au juste ce corps transparent ? À l'aune du Big Data médical, trois critères objectivent le corps : (i) que fait-il ; (ii) où est-il ; (iii) quelle est sa condition. Un corps en activité se localise dans un milieu donné dans une condition métabolique donnée. L'activité du corps, c'est son historique d'activité — emploi, déplacements, loisirs, sommeil, pratiques alimentaires, exercices. La localisation du corps renvoie à son milieu socioéconomique — milieu de vie, niveau de revenu, niveau de scolarité. L'état métabolique du corps renvoie à l'ensemble des réactions chimiques et électrochimiques qui se déroulent au sein de celui-ci pour le maintenir en vie — ces réactions sont non seulement mesurables, mais permettent aussi d'identifier les organes susceptibles de modifier l'équilibre chimique optimal du corps.

Le corps transparent, c'est le corps mesuré, jaugé, chiffré dans tous ses aspects et fonctions. C'est le corps rendu visible par l'ensemble des technologies d'imagerie médicale. C'est la transparence de l'enveloppe matérielle. C'est voir le corps au-delà du corps qui fait écran. Le corps rendu transparent par l'imagerie fonctionnelle parle, s'exprime, rend visible l'invisible. Aujourd'hui, seuls quelques spécialistes comprennent ce langage, cette grammaire, cette syntaxe du corps. N'interprètent pas qui veut l'organe devenu visible. Celui qui interprète, à l'instar de l'Oracle, révèle l'invisible, l'inconnu, le caché. Mais voilà, le Big Data, couplé à l'intelligence artificielle, se propose d'éliminer cet intermédiaire, cet Oracle, en donnant la possibilité à chacun d'entre nous d'avoir accès aux données du corps de façon non invasive.

Le corps transparent c'est aussi le génome de chacun décrypté. C'est le gène soupçonné d'une quelconque défectuosité. C'est le gène qui nous apprend beaucoup sur nous-mêmes, surtout sur le fait que, pour le moment, cette connaissance est d'une sidérante inutilité, car les thérapies géniques sont pratiquement inexistantes. Mais elles viendront ces thérapies géniques. Identifier le problème et le résoudre a toujours été au cœur même de la pratique médicale. Il ne s'agit ici que d'un ordre de grandeur différent, sans plus. D'où l'idée que toutes ces thérapies promises par les biotechnologies verront inéluctablement le jour.

Le corps transparent c'est aussi l'activité du cerveau en temps réel enfin visible. Ce qui nous constitue au plus profond de nous-mêmes, ce support de notre conscience, ce support de nos secrets les plus intimes, ce support de nos rêves, ce support de nos pulsions et de nos ambitions est sur le point de se révéler. Certains disent qu'il est impossible, en analysant les neurones de « voir » la conscience, tout comme l'encre au bout du crayon ne permet pas de « voir » l'œuvre dans son intégralité. Ils ont tort, pour la simple raison que nous ne disposons pas encore, pour le moment, d'une théorie du cerveau fonctionnelle. Avant Copernic, avant Newton, avant Einstein, avant Stephen Hawking, personne n'avait une théorie de l'univers solide et fiable. Du moment où nous disposerons d'une théorie solide et fiable à propos du cerveau, peut-être verrons-nous la conscience. Peut-être l'expliquerons-nous. Qui sait ? Une chose est certaine, constamment animée de cette volonté de *devenir plus* qui anime notre espèce à se dépasser, il ne s'agit que d'une question de temps.

Le cerveau transparent, c'est le cerveau en action qui agit, pense, perçoit, sent, ressent, désire, veut. Le cerveau est un indicible qui se veut désormais dicible par technologies interposées. C'est le cerveau désormais lisible, déchiffrable, figurable, objectivable. C'est le franchissement d'une importante frontière, sinon l'ultime opacité d'un mur qui semblait jusqu'alors impénétrable.

Le corps transparent, c'est aussi rendre visible la marque du temps, ses effets, ses ravages. C'est une lecture dans une temporalité. C'est forer dans le corps pour en révéler la sédimentation, un peu comme les climatologues forent la glace pour en retirer des carottes sédimentaires. Lire le temps dans le corps, c'est se donner des outils pour mettre en lumière ce qui le subjugue, le contraint, le rend malade, le fait vieillir. C'est accéder à la mémoire de l'usage du corps. Toutes ces données sont disponibles, depuis toujours, dans le corps. Faute de moyens pour y accéder, le corps demeurait opaque, nous privant par le fait même d'interpréter les empreintes du temps, ces traces pourtant éloquentes, mais si profondément enfouies dans les multiples replis des organes, des molécules et des gènes. Aujourd'hui, nous nous donnons collectivement les moyens technologiques et techniques pour faire ces forages. Et nous le ferons…

Une fois révélée la mémoire de l'usage dans le corps d'un individu, il devient dès lors possible de révéler une mémoire de la construction du corps de tous les corps. C'est la loi des grands nombres qui joue ici. Variable dans ses expressions, le corps est unique dans son essence. Il existe un corps qui est comme une représentation de tous les corps, un genre d'archétype en quelque sorte. C'est le Graal du Big Data : révéler la mémoire de la construction du corps, révéler le temps de l'Homme depuis qu'il existe et reprendre le contrôle de son évolution. Abandonné pendant des millions d'années au seul bon vouloir des lois de l'évolution, il semble désormais temps d'infléchir le cours de son évolution. Il est là l'enjeu de la datamasse médicale et de tout le courant transhumaniste ou posthumaniste. Par la transparence, le corps transcendé advient.

Le corps transparent n'est pas seulement information, mais surtout une connaissance qui doit être extraite de cette même information. Et cette connaissance dispose de son propre alphabet : A, C, G, T. Un alphabet rudimentaire au potentiel infini, celui de l'ADN. C'est l'alphabet de l'infiniment petit situé au-delà du visible. C'est la mémoire de l'espèce, d'où l'espoir de faire parler cette mémoire, d'en comprendre toute la syntaxe, d'en décrypter les moindres ramifications, d'où l'espoir que la carte du génome humain puisse révéler comment agir sur le gène pour corriger les défauts déjà installés, ou prévenir ceux qui auraient l'idée saugrenue de s'installer. Le programme transhumaniste est ici annoncé : déprogrammer la mort de la structure génétique.

Le corps transparent c'est aussi la mise en lumière de ce qui était autrefois opaque. C'est le corps transpercé sans douleur, de façon non invasive, par des rayons X, des ondes magnétiques, des ultrasons ou toute autre technologie qui adviendra. Le corps se révèle, présente non pas une explication de son fonctionnement soudainement retrouvé autour de cette révélation, mais en démultiplie les possibilités d'interprétation. On doit apprendre à lire le corps transparent. Les applications d'intelligence artificielle actuellement en développement le feront automatiquement sous peu pour les spécialistes, et celles-ci seront par la suite versées dans le grand public à travers une multitude d'applications. C'est dans la logique des technologies numériques de procéder à une désintermédiation systématique de tout ce qu'elles touchent. La désintermédiation c'est la capacité d'une technologie numérique (i) à abaisser les coûts de production d'un produit avoisinant le zéro ; (ii) à rendre quasi obsolètes les technologies servant à fabriquer ce même produit ; (iii) à éliminer les intermédiaires ; (iv) à remettre entre les mains du plus grand nombre les technologies de production du produit.

Le corps transparent, c'est aussi la promesse de rendre visible ce qui était invisible. Promettre, c'est aussi détenir le pouvoir de réaliser, de rendre réelle une chose possible. La promesse ouvre la voie, par la voix de celui qui promet, à quelque chose de meilleur. L'imagerie médicale est dans cette logique. Elle promet constamment. Elle promet de transformer ce qui est vu en une cible sur laquelle il est possible d'agir, comme identifier le gène spécifique d'une fonction biologique spécifique. La génétique n'est pas encore là, ni la génomique par ailleurs. Ce n'est qu'une question de temps. Comment, par quel chemin la science y arrivera-t-elle ? En fait, la question n'est pas pertinente, puisque nul ne sait comment ce processus s'effectuera. Par contre, une chose est certaine, la solution adviendra. Comme le corps est une marchandise à exploiter, nul doute que les investisseurs de risque sauront flairer la bonne affaire.

Le corps transparent révèle aussi le statut social de l'individu. Le corps transparent du nanti n'est pas le corps transparent du défavorisé. Le corps transparent est aussi une sociologie du corps. L'intérieur du corps d'un nanti révèle son statut social, n'affiche pas les stigmates du manque de ressources financières, affiche plutôt l'accès à une saine alimentation consommée dans un milieu de vie contrôlé, plus hygiénique en quelque sorte, affiche l'absence de certaines maladies liées aux carences alimentaires et affronts quotidiens de la vie. Le gène défectueux identifié révèle ici ses limites, influencé qu'il est par son environnement. Tel gène, immergé dans deux environnements socioéconomiques différents, ne s'exprime pas de la même façon. C'est l'épigénétique qui entre alors en ligne de compte pour expliquer certains dérèglements du corps. Le corps transparent n'est pas seulement le corps rendu visible par l'imagerie médicale, mais également rendu transparent par son statut socioéconomique. Il faut pouvoir rendre transparente l'inscription sociale du corps, obtenir une vision holistique du corps. C'est ici qu'intervient l'industrie du Big Data et de ses applications d'intelligence artificielle pour l'interpréter, à savoir, mettre en lumière le vécu social de l'individu. La tâche est colossale. C'est tout le dialogue de l'intérieur du corps avec son environnement — l'épigénétique. C'est l'architecture même du corps qui se révèle ici, sa morphologie, les matériaux qui le constituent, sa structure. Tout ceci est quantifiable et numérisable pour un éventuel traitement informatique, c'est-à-dire, un corps réécrit sous forme binaire pour le rendre à la fois plus visible, plus lisible et plus dicible, car le corps peut se dire en juxtaposant les différents alphabets qui le composent — génétique, moléculaire, biochimique, biologique — tout en étant traités et analysés de la façon la plus efficace possible en toutes choses, soit celle de l'intelligence artificielle.

Tout au cours de l'histoire humaine, la morphologie de l'individu a rassemblé les individus, les a soudés en groupes, a constitué des ethnies. Cette vision ethnique de l'humanité a été la porte toute grande ouverte à la stigmatisation, à l'exclusion, à la ségrégation. Le corps transparent, c'est la nouvelle porte ouverte à la stigmatisation, l'exclusion et la ségrégation. Déjà, le facteur de risque, par l'entremise des tests de dépistage, révèle à l'individu ce qui peut le rendre malade, l'atteindre dans quelques mois ou quelques années. Le diagnostic préclinique identifie ainsi des individus vulnérables aux compagnies d'assurance et à la puissante industrie pharmaceutique, entre autres. Transformer un individu en patient ou en malade potentiel, c'est l'exclure avant même que le caractère qui le prédispose ne soit visible. C'est l'exclusion en aval. C'est une exclusion perverse et insidieuse. Du moment que l'imagerie fonctionnelle cérébrale sera réalité, c'est-à-dire capable de rendre compte de l'état neuronal du cerveau et de sa plasticité potentielle ou non, l'exclusion en aval sera démultipliée. Tous ne seront pas égaux devant le cerveau transparent, loin de là.

Il se pourrait bien que le corps transparent, tout comme les essais cliniques à grande échelle qui situent dans une fourchette statistique donnée l'état du corps, situent socialement l'individu dans une fourchette statistique donnée — une affirmation indiscutable —, une normalité en quelque sorte, modélisée et fondée sur une vérité scientifique absolue. Le corps transparent contribuerait ainsi à réduire toute la complexité de l'homme à une simple comparaison numérique avec tous les autres corps devenus ainsi transparents. La normalité du corps transparent est désormais à l'aune de ce qu'est le facteur de risque, c'est-à-dire, une normalité numérique, modélisée, statistique et convenue. Les dérives d'exclusion sociale d'autrefois frappent à la porte.

Le corps transparent, c'est peut-être aussi la venue de nouvelles formes de normalisation. Qui sait ? À l'inverse, le corps transparent est peut-être le tremplin offert par l'imagerie médicale pour enfin avoir la possibilité effective de le reconfigurer. En fait, numériser le corps, le rendre transparent, c'est offrir à l'individu une image interne de lui-même, le confronter à une subtile discrimination, à une insidieuse exclusion, et en même temps, le convier à une certaine représentation de soi. Mais ce n'est qu'une question de temps avant que les applications embarquées dans les téléphones intelligents et bien d'autres dispositifs engagent un dialogue avec l'individu, lui fournissant tout ce qu'il a à savoir à propos de sa propre condition. C'est là l'une des autres étonnantes propriétés des technologies numériques, à savoir, sa nature relationnelle et le dialogue qu'elles sont en mesure d'entretenir avec l'individu. Il se pourrait fort bien que l'individu ne soit plus seul dans son colloque avec l'iconographie de son intérieur. Peut-être bien que l'exclusion, la stigmatisation et la ségrégation générées par le corps transparent ne seront qu'un état transitoire en attendant que logiciels ou applications embarquées « parlent » à l'individu à propos de son propre corps.

Si le corps transparent révèle le statut socioéconomique de son propriétaire, il révèle également les attitudes, les habitudes et les comportements de l'individu. Il révèle si l'individu se gouverne lui-même, s'il prend soin ou non de son corps. Le gouvernement du corps serait donc constitutif du corps transparent. En ce sens, le gouvernement de soi est une notion intéressante à plus d'un égard, puisqu'elle définit socialement le corps.

L'ultime gouvernement de soi

Si, pour Michel Foucault, le gouvernement de soi représente la première articulation entre gouvernement de soi et gouvernement des autres — capacité des hommes à sortir de l'assujettissement, à se conduire eux-mêmes et à se donner la constitution qu'ils veulent —, je considère plutôt qu'il s'agit de l'ensemble des attitudes, comportements et normes régissant la représentation du corps et son inscription sociale. Ce gouvernement de soi s'articule autour de deux concepts clés : la contenance de soi et la gouvernance de soi. La quantification de soi et la numérisation de soi renvoient à des techniques et des technologies au service de la contenance de soi et de la gouvernance de soi.

Avec l'arrivée des technologies mobiles, la quantification de soi accède à un niveau de précision inédit. Il est désormais possible, pour chaque individu, de connaître sa propre condition métabolique générale. À partir de ces données, il devient possible de programmer des exercices et des façons de s'alimenter situées dans certaines fourchettes statistiques afin d'optimiser sa santé. Autrement, avec l'avancée systématique des technologies liées au Big Data médical, il sera non seulement possible que l'individu puisse disposer de connaissances poussées à propos de son propre corps, mais qu'il puisse également disposer des savoirs requis pour le maintenir en santé et en prolonger sa vie en éliminant l'ensemble des facteurs susceptibles de le perturber tout en optimisant ceux susceptibles de lui conserver sa santé, sa force et sa vigueur.

En somme, la quantification de soi à l'aune du numérique est une technique au service de la contenance de soi et de la gouvernance de soi. Autrement dit, elle permet de jauger le corps afin de mieux le contenir et de mieux le gouverner dans un contexte social donné. À ce titre, tout comme la quantification de soi, la numérisation de soi est une technique au service de la contenance de soi et de la gouvernance de soi. Elle permet non seulement d'évaluer l'état du corps avec grande précision, mais de le rendre totalement transparent à l'investigation afin d'agir directement sur lui de l'intérieur avec une acuité inédite — c'est tout le projet du transhumanisme. Le corps transparent est ce corps qui, avec la montée des biotechnologies, des nanotechnologies, des neurotechnologies, de la bioinformatique et de l'intelligence artificielle, se révèle dans son intégralité pour mieux le contenir et mieux le gouverner.

Une chose est certaine. Le corps est une plateforme ouverte, plateforme dans le sens où les ingénieurs l'entendent, c'est-à-dire, un substrat sur lequel expérimenter, un substrat sur lequel il est possible de bâtir autre chose. Comment cela sera-t-il possible ? Le *cela* n'a aucune importance, l'idée étant qu'ils y parviendront, pour la simple raison que le *devenir plus* est au cœur même de la logique du *devenir plus* qui nous anime tous.

Dans un tel contexte, le bioingénieur, le généticien et le bioinformaticien sont les hommes et les femmes de l'époque. En ce qui me concerne, je considère que tout ce courant d'autonomisation et d'augmentation de l'individu est la nouvelle *nouvelle* chose, le *zeitgeist*. Il est impératif de s'en préoccuper, car ces gens ont la ferme volonté de ramener la multiplicité à la simplicité, et ils le font en développant des technologies qui incarnent justement cette démarche : la convivialité et la dissolution de la technologie dans l'environnement. Ils ont, comme le soulignait Nietzsche. « une volonté qui garrotte, qui dompte, une volonté tyrannique et véritablement dominatrice[268]. » Leur intention avouée vise à l'incorporation d'expériences nouvelles dans la vie de chacun d'entre nous par technologies interposées, à « l'insertion de choses nouvelles dans des agencements anciens — la croissance donc ; plus précisément, le *sentiment* de croissance, le sentiment de force accrue[269]. » C'est une convocation à révéler cette force créatrice et formatrice qui nous

---

[268] Nietzsche, F. W., *Par-delà bien et mal*, § VII.230.
[269] *Idem.*

habite tous, cette volonté de puissance et de victoire sur le monde « qui rôde et virevolte avec convoitise autour de tous les royaumes à venir[270]. »

Le bioingénieur, le généticien et le bioinformaticien sont porteurs d'un grand projet pour chacun d'entre nous. Que « s'unissent la créature et le créateur : en l'homme il y a de la matière, du fragment, de la profusion, de la glaise, de la boue, de l'absurdité, du chaos ; mais en l'homme, il y a aussi du créateur, du sculpteur, de la dureté du marteau, de la divinité spectatrice et du septième jour[271]. » Comment ne pas les apprécier ? D'ailleurs, chaque externalisation d'un élément de notre cognition par technologies numériques interposées nous fait gagner chaque fois un nouvel élément de cognition qui était jusque-là non exploité ou peu exploité. Le cerveau n'a pas fini de nous révéler comment il peut lui-même se reconfigurer, car nous n'avons strictement aucune idée des technologies qui externaliseront telle ou telle fonction cognitive. Vu sous l'angle de la volonté de puissance, c'est une simple question de *devenir plus* et rien d'autre. La volonté de domination de soi ne cesse de croître, une volonté portée par des technologies numériques dopées par l'intelligence artificielle. Une volonté de vie qui « s'intensifie jusqu'à se faire volonté de puissance inconditionnée[272]. »

La domination de soi n'est que la suite logique de la contenance de soi et de la gouvernance de soi. Elle s'inscrit en droite ligne dans les trois grands courants instaurés à la Renaissance, à savoir, le corps de justes proportions, le corps guérissable, le corps façonnable à volonté. Ces trois grands courants, devenus de véritables constantes ayant traversé toutes les époques, tiennent encore la route. Fédérées, à l'origine, par la contenance de soi et la gouvernance de soi issues de la morale puritaine, ces trois constantes n'ont pas perdu un iota de leur capacité à définir ce à quoi doit correspondre le corps, bien au contraire. Si la quantification de soi, au milieu du XIXe siècle, a permis de réaliser en bonne partie le programme de gouvernance et de contenance de soi, que ce programme a été rendu possible par la seule technique (pèse-personne, miroir, mode, IMC, calorie, sphygmomètre, outils d'analyse génétique, imagerie médicale, tests de dépistage), et comme la technique se développe parce qu'elle se développe (progression causale) et

---

[270] *Idem.*, § VII.226.

[271] *Idem.*, § VII.226.

[272] *Idem.*, § II.43.

qu'elle ne peut tolérer ou même autoriser l'arrêt de la machine, le programme de la domination de soi par techniques interposées est inévitable.

L'ingénieur, le généticien et le bioinformaticien ont pris sur eux de transformer le corps. Spinoza ne disait-il pas, n*ous ne savons pas ce que peut le corps* ? L'ingénieur, le généticien et le bioinformaticien ont déchaîné des puissances prodigieuses, des chimères énergiques et des illusions heureuses. Ils sont en passe de faire de nous des êtres de puissance. Peut-être sont-ils en train de préparer l'avènement du surhumain annoncé par Nietzsche… justement parce que nous sommes humains, peut-être trop humains…

Lorsque Ray Kurzweil suggère que nous disposerons de plusieurs avatars, non pas virtuels, mais réels qui pourront accomplir certaines tâches pour nous, lorsque Hans Morovec, le célèbre roboticien, suggère que nous disposerons de dispositifs qui nous permettront d'accéder en une fraction de seconde à des contenus entiers de certains pans de la connaissance, lorsque le transhumaniste Simon Young, l'auteur du *Manifeste transhumaniste*[273], envisage de nous transformer de façon à ne plus éliminer quoi que ce soit, c'est-à-dire transpirer, uriner, excréter, lorsque le sociologue et bioéthicien James Hughes suggère que nous utiliserons des implants qui surveilleront notre condition métabolique en temps réel et nous aviserons à propos de ce qui doit être fait pour améliorer ladite condition, il ne fait aucun doute dans la tête de ces gens que la condition humaine est une condition qui doit être dépassée.

Au-delà de ce que nous pourrions considérer comme des délires utopiques, le transhumanisme se fonde sur des prémisses beaucoup plus prosaïques et pragmatiques. Tout d'abord, comme nous l'avons vu tout au cours de ce livre, l'innovation technologique incrémentale est inévitable. Elle se fait en douceur pour le corps, améliore ceci ou cela, corrige tel ou tel problème, augmente telle ou telle capacité déficiente, etc. Par contre, pour les transhumanistes, l'idée est d'utiliser la moindre nouvelle compréhension du fonctionnement du corps afin d'augmenter les capacités de celui-ci.

Deuxièmement, chacune de ces innovations incrémentales, prises séparément, ne porte nullement à controverse, même plus, ne peut faire l'objet d'aucune critique en tant que tel, parce qu'elles contribuent à la santé de chacun d'entre nous. Il n'y a ici strictement aucune raison de faire appel au

---

[273] Young, S. (2006), *Designer Evolution: A Transhumanist Manifesto*, New York : Prometheus Books.

système de croyances transhumaniste pour que ces innovations surviennent, encore moins pour qu'elles aient ou non l'aval d'être développé. En fait, les technologies qui permettront de guérir certaines maladies ou celles qui permettront de réparer certaines fonctions biologiques déficientes ouvrent inévitablement la voie à l'amélioration et l'augmentation de l'être humain. Par exemple, les statines ont initialement été développées pour traiter les gens ayant soit des problèmes d'hypercholestérolémie, soit pour des gens ayant subi des infarctus, mais elles ont rapidement été détournées de leur fonction initiale pour en faire un médicament préventif pour tous ceux qui présenteraient un taux de mauvais cholestérol un peu plus élevé que la norme admise. Ainsi, il n'est pas aussi clair qu'il y paraît de tracer une ligne entre ce qui constitue un traitement ou une amélioration.

Troisièmement, nous ne sommes jamais tout à fait satisfaits de notre propre condition. C'est la raison pour laquelle nous n'hésitons pas à nous engager dans un programme de remise en forme, à adopter un mode de vie plus sain, à nous alimenter plus sainement, à consulter régulièrement notre médecin pour qu'il établisse notre bilan santé, etc. Toutes ces pratiques n'ont qu'une seule raison et qu'une seule finalité : constatant notre propre finitude (raison) nous voulons contrecarrer les plans que la nature a concoctés pour nous — mort et maladie — (finalité). Et c'est là où le discours transhumaniste s'infiltre et prend insidieusement racine, car qui ne veut pas mettre tout en œuvre pour éviter d'être confronté à sa propre finitude ? Et ce discours a tout d'un discours marketing, parce que les transhumanistes sont tout à fait sûrs que l'espérance de vie et de santé peut être largement augmentée.

Quatrièmement, la position transhumaniste considère que le vieillissement qui conduit à la dégénérescence et éventuellement à la mort est essentiellement un processus qui peut être renversé. En adoptant cette position, la mort n'est plus inéluctable et devient un simple problème d'ingénierie auquel il suffit d'appliquer une solution d'ingénieur. D'ailleurs, ne parle-t-on pas de génie génétique ?

Cinquièmement, le discours transhumaniste suggère qu'il est grand temps que nous prenions en main le cours de notre évolution. Comme le souligne par ailleurs Simon Young : « L'homme n'est pas né libre, puisqu'il est entièrement soumis à ses chaînes biologiques. Gens de tous horizons, unissez-vous. Vous n'avez rien à perdre, sauf vos chaînes biologiques ! Nous sommes présentement dans un moment charnière de l'histoire. Nous avons déchiffré le code génétique, nous avons traduit le Livre de la Vie. Nous posséderons bientôt la possibilité de devenir les designers de notre propre évolution. [...] Autant l'humanisme nous a-t-il libéré des chaînes de la superstition, autant le transhumanisme nous libérera de nos chaînes biologiques[274]. »

Cette position n'a rien de banal. Certes, elle peut sembler extrême, mais je tiens à rappeler qu'elle est formulée par quelqu'un qui fait partie d'une minorité agissante, et comme nous l'avons vu, ce sont généralement, dans l'histoire, les minorités agissantes qui en infléchissent le cours. Ceci étant précisé, il importe aussi de rappeler que l'histoire nous a aussi montré que les prédictions futuristes à propos du développement technologique font souvent fausse route — il n'y a qu'à se souvenir du livre *La troisième vague* d'Alvin Toffler. Par contre, il n'en reste pas moins que cette minorité agissante, la *Guilde des ingénieurs de la vie*, ne souscrit pas forcément au discours transhumaniste, mais elle reste tout de même agissante et en train de configurer notre propre futur. Conséquemment, il faut donc se préoccuper des directions qu'elle entend donner à ce futur.

Sixièmement, pour plusieurs défenseurs de la position transhumaniste, être ou non augmenté, être ou non amélioré, est avant tout une question de choix personnel. À chacun sa propre aventure. Mais plus encore, tout individu qui s'opposera à l'augmentation indéfinie de l'espérance de vie et de santé — le futur luddite, le bioluddite — sera tout à fait libre de choisir la mort prématurée s'il le préfère. La mort prématurée sera-t-elle de l'ordre de 100, 150 ou 200 années ? À l'individu de choisir.

Septièmement, comme le souligne le sociologue français Alain Ehrenberg dans *La société du malaise*[275], le modèle social d'action auquel est désormais confronté l'individu est celui de l'individualisme à l'américaine, c'est-à-dire un individualisme organisé autour de l'autoépanouissement personnel associé à la représentation d'une société méritocratique où « l'accent est mis sur l'autonomie, conçue à la fois comme liberté (de se diriger soi-même) et comme égalité (permettant aux individus de saisir des opportunités). » Il s'agit bien du gouvernement de soi (contenance de soi, gouvernance de soi, quantification de soi) installé avec la Réforme. Et cette façon de s'envisager

---

[274] Young, S. (2006), *op. cit.*
[275] Ehrenberg, A. (2012), *op. cit.*, p. 231.

comme individu a une importance déterminante dans ce qui constitue le discours transhumaniste.

La philosophie technolibérale

Nous l'avons vu, le transhumanisme est surtout né de propositions américaines, là où a grandi le libéralisme, là où s'est structuré le néolibéralisme. Plusieurs grandes entreprises de la Silicon Valley sont non seulement devenues les porteuses du projet transhumaniste, mais y ont aussi injecté des sommes d'argent colossales. La Singularity University, une créature de la mouvance transhumaniste, n'est pas une vue de l'esprit, mais une corporation à but lucratif qui a pour mission : (i) le développement de startups qui feront de la recherche, du développement et de la commercialisation de technologies innovantes relevant de la génétique, des nanotechnologies, des biotechnologies, des neurotechnologies, etc.; (ii) la formation continue de spécialistes de très haut niveau ; (iii) de la recherche pour comprendre comment ces technologies auront des impacts positifs sur la société et les individus[276]. Ce qu'il est important ici de retenir, c'est la notion d'« impacts positifs » que propose la Singularity University. Comme dans toute publicité, les impacts négatifs sont balayés sous le tapis, car c'est bel et bien de publicité dont il s'agit et rien d'autre. Par contre, c'est une publicité qui a une portée bien au-delà de ce qu'elle propose. Les projets transhumanistes n'ont rien d'anodin, même s'ils sont présentés dans un emballage technoscientifique aguichant. En fait, des gens qui se proposent de transformer en profondeur l'être humain, et la société par ricochet, devraient minimalement mener une réflexion à la fois philosophique et sociologique sur le sujet. Certes, les bioéthiciens sont directement convoqués par les transhumanistes. Certes, les philosophes y sont également convoqués, mais par la bande en quelque sorte, et c'est là où il y a problème. Soit certains philosophes adhèrent au discours transhumaniste, soit les autres le dénigrent totalement. Il est actuellement très difficile de trouver des positions non pas forcément médianes ou nuancées sur le sujet, mais surtout des positions bien argumentées capables de prendre la juste mesure des choses.

---

[276] « Singularity University is a benefit corporation that provides educational programs, innovative partnerships and a startup accelerator to help individuals, businesses, institutions, investors, NGOs and governments understand cutting-edge technologies, and how to utilize these technologies to positively impact billions of people. » (http://singularityu.org/overview/).

Partant de là, il faut se demander comment le discours transhumaniste a-t-il pu prendre forme et s'installer avec autant de force dans l'imaginaire collectif ? Pour répondre à cette question, je formulerai deux hypothèses.

Hypothèse 1

Les entreprises américaines du secteur des hautes technologies, et spécifiquement les entreprises de la Silicon Valley, veulent faire du corps non seulement la nouvelle *Destinée manifeste* qui sauvera le monde, mais en faire également une nouvelle terre d'opportunités commerciales.

Pour rappel, John Winthrop (1588-1649), fondateur de la Colonie de la Baie du Massachussetts, dira, dans son célèbre sermon intitulé *A Model of Christian Charity* à bord de l'Arabella, mieux connu sous le nom du sermon de la *City upon a Hill* : « Dieu tout puissant, dans son infinie et sage providence a décrété la Condition humaine, afin que de tout temps, il y ait des riches et des pauvres, des gens de pouvoir et de dignité ; d'autres misérables et soumis[277-278]. » Non seulement Winthrop déclare-t-il que les Puritains du Nouveau Monde ont un pacte spécial avec Dieu, mais il met également en place tout ce qui constituera le mythe américain, celui d'une société bénie de Dieu, celle du *Peuple élu*, celle de la *Lumière du monde*, celle de la *Destinée manifeste* américaine, celle d'une terre d'opportunités. Le président Wilson Woodrow ne dira-t-il pas que « L'Amérique est la seule nation idéaliste du monde[279] » et que « L'Amérique a eu l'infini privilège de respecter sa destinée et de sauver le monde[280] » ?

Le 9 janvier 1961, cette idée de la Cité sur la Colline, cette idée de la citée Lumière du monde, sera reprise par le président nouvellement élu John F. Kennedy lors de son allocution à la *General Court* du Massachusetts :

> « J'ai été guidé, dans ma démarche, par John Winthrop, alors qu'il s'adressait, à bord du vaisseau amiral Arabella, il y a plus de trois cent trente et un an, à ses confrères qui s'apprêtaient à former un tout nouveau gouvernement aux limites d'une frontière incertaine. Nous devons toujours avoir en

---

[277] « God almightie in his most holy and wise providence hath so disposed of the Condicion of mankinde, as in all times some must be rich, some poore, some highe and eminent in power and dignitie ; others meane and in subieccion. »

[278] Winthrop, J. (1630), « A Model of Christian Charity », in *Winthrop Papers*, vol. 2, Boston : Massachusetts Historical Society, p. 282.

[279] Woodrow, W. (2001), « Address at Sioux Falls (September 8, 1919) », *Addresses of President Wilson*, New York : Gray Rabbit Publications.

[280] Woodrow, W. (2001), « Address at the Princess Theater in Cheyenne, Wyoming (September 24, 1919) », *op. cit.*

tête que nous devons être comme la Cité sur la colline — les yeux du monde entier sont tournés vers nous. Aujourd'hui, les yeux du monde entier sont effectivement tournés vers nous — et nos gouvernements, dans toutes leurs ramifications, à tous les niveaux, national, étatique et municipal, doivent être vus comme la Cité sur la colline — construite et habitée par des hommes conscients à la fois de la confiance qui a été placée en eux et des responsabilités qui leurs incombent. Nous sommes donc engagés, en 1961, dans un voyage qui n'est pas moins hasardeux que celui qu'avait entrepris l'Arabella en 1630. […] À ceux à qui il a été beaucoup donné, il sera beaucoup demandé. […] Plus que tout autre peuple sur terre, nous portons les fardeaux qui nous incombent et en acceptons les risques qui sont sans précédent, tant par leur taille que leur durée, pas pour nous-mêmes, mais pour tous ceux qui veulent être libres. »

Lorsque le président Kennedy suggère que ce qui distingue l'Amérique c'est la défense de la liberté non seulement à l'intérieur des frontières de son pays, mais partout à la grandeur de la planète, il fait ce qu'on appelle aujourd'hui un *statement*, c'est-à-dire une déclaration forte. Lorsqu'il dit, en invoquant John Winthrop, que « Plus que tout autre peuple sur terre, nous portons les fardeaux qui nous incombent et en acceptons les risques […] pas pour nous-mêmes, mais pour tous ceux qui veulent être libres », il contribue non seulement à alimenter le mythe américain voulant que les États-Unis sont le pays de Dieu, mais surtout à alimenter l'exception américaine.

Lorsque le président de Google, Larry Page, dit : « Si vous jetez un coup d'œil aux lois qui nous gouvernent, vous constaterez qu'elles sont très vieilles. Les lois qui étaient en place, alors que notre entreprise devenait publique, avaient déjà 50 ans d'existence. Une loi ne peut être adéquate si elle a déjà plus de 50 ans, tout comme une loi ne peut être adéquate si elle a été votée au cours de la période précédant l'arrivée d'Internet[281] », ce qu'il signale, c'est non seulement une nouvelle frontière légale qui devrait être en faveur des entreprises du secteur des hautes technologies — le mythe américain de la frontière (il faut constamment repousser les frontières) —, mais littéralement l'avènement d'un tout Nouveau Monde sur la colline où brillerait ardemment le phare des technologies libératrices de la Silicon Valley. Et pour que ce phare brille de tous ses feux, Larry Page n'hésite pas à dire

---

[281] Yarow, J. (2013), *op. cit.*

que « nous n'avons pas encore tous les mécanismes en place pour y parvenir[282]. » L'Amérique veut définitivement être plus que le monde sur la colline.

Si les entreprises américaines du secteur des hautes technologies, et spécifiquement les entreprises de la Silicon Valley, veulent faire du corps non seulement la nouvelle *Destinée manifeste* qui sauvera le monde, mais en faire également une nouvelle terre d'opportunités, il faut qu'elles puissent disposer d'un individu qui adhère à cette vision, une vision qui privilégie avant tout un individu autonome qui cherche à s'accomplir et à repousser les frontières. Et c'est là que je formule une seconde hypothèse :

Hypothèse 2
L'autonomisation de l'individu à l'américaine, conçue à la fois comme liberté (de se diriger soi-même) et comme égalité (permettant aux individus de saisir des opportunités), est fondatrice du courant transhumaniste, dans le sens où l'individu dispose de la totale liberté à s'augmenter ou s'améliorer lui-même, à savoir se diriger soi-même, et ce, dans la plus grande égalité démocratique possible, c'est-à-dire que chaque individu peut se saisir de toutes les opportunités qui lui sont offertes pour y parvenir. Il n'en tient dès lors qu'à l'individu de procéder à sa propre sculpture de soi comme il l'entend.

De la iPersonne à la tPersonne

Avant même que la personne transhumaniste (*t*Personne) ne puise advenir, elle passera tout d'abord par la *i*Personne qui occupe déjà l'espace social.

La *i*Personne possède une *i*Technologie. La *i*Personne est avant tout efficace, performante, puissante, autonome, architecte de sa vie, maître de son destin et entrepreneur d'elle-même. Les *i*Technologies attachent la *i*Personne aux milliers de fils invisibles de la communication. Les *i*Technologies ont non seulement délocalisé le bureau, ils l'ont à la fois dématérialisé et détemporalisé. Plus besoin d'être au bureau pour revoir un document, pour préparer sa présentation ou refaire une feuille de calcul. Plus de limites physiques ou temporelles ni de contraintes. La liberté totale du travail et de la communication qui peut s'exercer à tous les moments de la vie par le truchement des iTechnologies, c'est la liberté totale de l'efficacité.

---

[282] *Idem.*

Tout est simple avec une *i*Technologie. C'est la quintessence de la simplicité. Plus besoin de souris ou de clavier, que des doigts graciles qui se déplacement agilement et efficacement sur une surface tactile. La tactilité c'est la facilité. On efface la complexité, on l'obnubile, on la relègue aux oubliettes. Et voilà que la communication devient simple et efficace, tout comme le travail. Voilà l'essence même de la *i*Personne : simple et efficace.

La *i*QuelqueChose c'est la *i*Technologie non encore survenue. Présentement en gestation dans les laboratoires, elle a la possibilité de changer drastiquement non seulement la vie et les fondements mêmes de la vie, mais de changer en profondeur la société. Cette *i*QuelqueChose pourrait même agir violemment une fois sa boîte de Pandore ouverte. Si elle agit violemment, elle fera partie de ces folles énergies qui seules peuvent transformer le monde, ces « architectes et pionniers cyclopéens de l'humanité[283]. »

La *i*QuelqueChose a la possibilité de scléroser la société. Elle peut verrouiller l'individu, son imagination, son vouloir, le contraindre à une servitude de l'intelligence. Si elle agit, car elle doit agir, parce que, comme toute technique, elle autonome, elle pourrait bien conduire à la mise en place d'un État parfait, policé, verni, drapé de la morale de la vertu technologique.

La *i*QuelqueChose a la possibilité de révéler le génie de chacun. Et si c'était possible… Et si cette *i*QuelqueChose garantissait plus de plaisir, plus d'illusion, plus d'erreurs, moins de vertu, moins de contrôle, plus d'égalité, moins de police, moins de violence, moins de religion, plus d'art, plus de folie ?

La *i*QuelqueChose a la possibilité de métamorphoser le corps, de le transcender même. Si les nanotechnologies, les biotechnologies, l'intelligence artificielle, les neurotechnologies et les sciences cognitives tiennent leurs promesses, la grande convergence du vivant aura lieu. « Jadis, l'âme regardait le corps avec mépris : et en ce temps-là ce mépris était ce qu'il y avait de plus haut — l'âme voulait le corps maigre, hideux, affamé. C'est ainsi qu'elle pensait lui échapper à lui et à la terre[284]. » Aujourd'hui, l'âme regarde le corps avec envie, cette envie est ce qu'il y a de plus haut — l'âme veut le corps en santé, robuste, svelte, découpé, puissant, performant, agile, habile. L'âme veut jouir d'une espérance de vie et d'une santé optimale jusqu'à un

---

[283] Nietzsche, F. W., *Humain trop humain*, § V.246.
[284] Nietzsche, F. W. (1972), *Ainsi parlait Zathoustra*, Paris : Librairie générale française, p. 8.

âge très avancé dans ce type de corps. C'est ainsi qu'elle pense s'y incarner à jamais. La *i*QuelqueChose qui métamorphosera et transcendera le corps est sur le point de survenir. L'injonction de Nietzsche, « l'homme est quelque chose qui doit être surmonté[285] », sera réalité et *la Guilde des ingénieurs de la vie* fera en sorte qu'il le soit.

La *i*QuelqueChose, a la possibilité d'augmenter de façon significative notre incapacité atavique, en tant qu'espèce, à vivre en paix. Si la robotique réalise ce qu'elle prétend atteindre comme autonomie, elle confiera à des armées de drones intelligents le soin de régler les affaires géopolitiques courantes.

La *i*Personne, armée de ses *i*Technologies, soupirant après la prochaine *i*QuelqueChose, ne le sait pas encore, mais peut-être préfigure-t-elle de ces pionniers cyclopéens de l'humanité. Depuis le Siècle des Lumières, bien avant qu'il ne sache qu'il deviendrait une *i*Personne, l'individu a été abandonné à son destin, libéré du joug des puissants et des religieux. Il a eu l'injonction à réaliser sa vie, à en devenir l'architecte, à l'exploiter comme un entrepreneur exploite une bonne affaire. Il a eu l'injonction à manifester sa volonté de puissance. Les *i*Technologies et les *i*QuelqueChoses existent et existeront justement dans ce but. Elles ont été conçues, sont conçues et seront conçues à cette fin. Elles seront éventuellement intégrées dans le tissu même du vivant. Nous nous nous dirigeons vers une société qui manifestera et exercera de plus en plus le vouloir et le pouvoir. Laisser une marque de puissance sera désormais à la portée de tous, parce qu'il faut être l'architecte de sa vie et entrepreneur de soi-même. C'est l'injonction à se réaliser.

Cioran disait : « Tous s'efforcent de remédier à la vie de tous : les mendiants, les incurables mêmes y aspirent : les trottoirs du monde et les hôpitaux débordent de réformateurs[286]. » La *Guilde des ingénieurs de la vie* s'efforce aussi de remédier à la vie de tous. Terminé l'Avenir radieux meurtrier. Terminées les professions de foi politiques et destructrices du XXe siècle. Bienvenue à l'Avenir radieux des technologies numériques. Bienvenue à cette profession de foi tout en douceur qui n'exige rien de l'individu. Ici, aucun prosélytisme, que notre simple consentement à utiliser des technologies toujours plus attractives et enchanteresses. La *Guilde des ingénieurs de la vie* ne veut pas être le berger ou le chien du troupeau. Elle n'aspire qu'à

---

[285] *Idem.*, p. 7.
[286] Cioran, E. (1949), *op. cit.*, p. 10.

une seule chose, être notre compagnon, que nous la suivions là où elle veut bien aller, que nous adoptions ces technologies.

ÉPILOGUE

L'omniprésence de l'intelligence artificielle est inévitable, tout simplement parce qu'elle est la technologie la plus efficace en toutes choses qui surclasse toutes les autres technologies précédemment développées. Elle sera l'épicentre non seulement des développements technologiques à venir, mais elle sera surtout l'épicentre d'une reconfiguration sociale d'envergure. À ce titre, l'intelligence artificielle est bel et bien une expérience sociale que mènent les entreprises de la Silicon Valley, parce que l'introduction massive de technologies issues de l'intelligence artificielle modifiera en profondeur nos sociétés en les obligeant à s'aligner sur de nouvelles normes technologiques et sociales.

Dans le cadre de ma thèse de doctorat intitulée *Les conditions d'émergence de la lutte contre l'obésité*[287], j'ai mis en évidence un phénomène sociologique fort intéressant. Afin de comprendre comment une situation en arrive à se développer, il suffit d'identifier des invariants qui traversent plusieurs époques sans jamais être remplacés. Par la suite, il suffit de repérer l'idéologie qui fédérera ces invariants. Finalement, il s'agit de préciser quelles sont les techniques ou les technologies qui permettent à l'idéologie fédératrice de s'appliquer.

Par exemple, en ce qui concerne la lutte contre l'obésité, trois invariants ont traversé toutes les époques depuis la Renaissance concernant la vision du corps en Occident : le corps de justes proportions avec le peintre Alberti ; le corps réparable avec le médecin Vésale ; le corps malléable à volonté avec l'éducateur physique Mercurialis. Une puissante idéologie, celle du gouvernement de soi issue de la Réforme protestante qui s'articule autour de la gouvernance de soi et la contenance de soi, est venu fédérée ces trois invariants. Avec la montée de la science positive au XVIIe siècle, avec l'arrivée de la médecine clinique au milieu au XVIIe siècle, et avec l'arrivée, au XIXe siècle, du pèse-personne, de l'indice de masse corporelle, de la mode et du

---

[287] Fraser, P. (2015), *op. cit.*

miroir, toutes ces techniques et technologies ont été en mesure d'articuler efficacement et de façon tout à fait inédite cette contenance de soi et cette gouvernance de soi où l'individu devient à la fois maître et esclave de son image des pieds à la tête, d'où la montée de la quantification de soi qui trouvera son apogée dans les applications embarquées dans les téléphones intelligents qui permettent à chacun de monitorer sa condition métabolique. Si on transpose maintenant cette méthode d'analyse à l'intelligence artificielle, voici ce que l'on obtient.

Les invariants historiques

Tout d'abord, deux classes d'invariants : affairiste et technologique.

Les quatre invariants de classe affairiste, depuis la Révolution industrielle, ont traversé toutes les époques sans jamais céder du terrain[288] : **(i)** la quête de pouvoir ; **(ii)** l'accumulation de richesses ; **(iii)** l'exploitation des ressources (les deux précédents étant concentrés dans les mains d'une minorité agissante) ; **(iv)** la constante présence des inégalités sociales et leur indéfectible maintien, les inégalités sociales étant une condition inhérente des sociétés libérales[289].

Les trois invariants de classe technologique, depuis la Révolution industrielle, ont traversé toutes les époques tout en prenant particulièrement de l'ampleur au fil du temps : **(i)** l'accroissement technologique qui survient du moment où plus on utilise massivement les technologies, car plus on travaille collectivement à leur développement et à leur perfectionnement, plus les technologies progressent par suite de cet effort collectif, le tout adossé à l'incrémentalité, l'effet d'entraînement et l'autoaccroissement ; **(ii)** la montée de la complexité technologique, ou complexité massive, se dit de tout système composé de systèmes technologiques hautement complexes en interaction, interconnectés et interopérables qui sont le fait d'une progression géométrique, d'une accrétion, d'une interaction, d'un enchevêtrement, d'une interopérabilité, d'une interdépendance et d'une inextricabilité ; **(iii)** la manifestation inéluctable de la fatalité technologique qui renvoie à cette idée que tout système technologique d'une grande complexité composé de sous-systèmes profondément imbriqués finit toujours par manifester des anomalies et des comportements inattendus.

---

[288] Picketty, T. (2013), *Le capital au XXIe siècle*, Paris : Seuil.
[289] Wilkinson, R., Pickett, K. (2011), *The Spirit Level: Why Greater Equality Makes Societies Stronger*, New York: Bloomsbury.

Le mythe du progrès comme idéologie fédératrice

La notion de progrès, avec Condorcet, est bel et bien cette idéologie qui a fédéré la classe d'invariants affairiste et la classe d'invariants technologique. À ce titre, que nous dit exactement le mythe du progrès ? Son impératif consiste essentiellement à améliorer la condition humaine. Cette idée d'une perfectibilité indéfinie de l'espèce humaine est fédératrice, car elle engage à la fois les individus, les institutions et les entreprises tout en se constituant comme construction sociale. Premièrement, le progrès scientifique, technique et technologique contribuerait au progrès moral et aux pratiques de conduites en société. Deuxièmement, le progrès serait susceptible de perfectionner non seulement les facultés intellectuelles par l'accumulation toujours plus élargie de savoirs et de connaissances, mais il serait aussi susceptible de perfectionner le corps lui-même. Troisièmement, toujours plus de progrès conduirait non seulement à améliorer les individus et la société, mais conduirait surtout la société vers un Avenir radieux où les problèmes actuels et passés sont résorbés et où l'individu pourra enfin consacrer son temps à la recherche du bonheur. D'ailleurs, les entreprises de la Silicon Valley qui investissent actuellement des sommes colossales dans l'intelligence artificielle, ne disent-elles pas que les applications qui en découleront feront en sorte de libérer l'homme de tâches fastidieuses pour enfin lui permettre de se consacrer à sa propre réalisation ? Ne disent-elles pas également que la recherche médicale avancera à grands pas par rapport aux époques précédentes, soulageant ainsi l'humanité des grands maux qui l'affligent encore et toujours ? Ne disent-elles pas aussi qu'elle permettra de sauver des vies grâce à la voiture autonome, mieux que ne le font présentement les campagnes de sécurité publique ? Et on pourrait poursuivre ainsi pendant des pages pour énoncer tout ce qui est promis. Autrement dit, le mythe du progrès est définitivement l'horizon indépassable et l'intelligence artificielle est inévitablement le moyen pour y parvenir.

Les technologies de soutien au mythe du progrès

Le mythe du progrès, en tant qu'idéologie fédératrice, s'articule autour de deux classes de propriétés que possèdent les technologies et qui permettent de perpétuer les invariants de la classe affairiste.

La première classe de propriétés est globalisante et concerne l'ensemble de la société : **(i)** l'unicité technologique renvoie au fait que si les technologies existent et que si elles sont efficaces, elles doivent impérativement être utilisées dans un sens ou dans l'autre, toutes technologies confondues et qu'elles constituent ainsi une trame commune qui fédère toutes les technologies, aussi différenciées soient-elles, et c'est ce qui en constitue leur unicité ; **(ii)** l'autonomie technologique renvoie à cette idée que la technologie est indépendante à l'égard de l'économie, de la politique, de la morale et des valeurs spirituelles, et en ce sens elle est une réalité en soi qui se suffit à elle-même, autonome à l'égard de l'homme qu'elle oblige à s'aligner sur elle, modifie radicalement les objets auxquels elle s'applique sans être pour sa part modifiée par eux ; **(iii)** l'absorption technologique survient du moment où la technologie, par son unicité et son autonomie, devient sociale et sociable, c'est-à-dire du moment où elle intègre à son fonctionnement l'ensemble des composants de la société ; **(iv)** l'externalisation technologique correspond à une externalisation graduelle des fonctions cognitives du cerveau, c'est-à-dire que nous confions de plus en plus certaines de nos fonctions mémorielles aux ordinateurs ou à tout objet numérique susceptible de servir de support à la mémoire.

La seconde classe de propriétés concerne essentiellement la classe affairiste, autrement dit la classe entrepreneuriale : **(i)** l'accaparement technologique intervient du moment où certaines technologies développées par certaines entreprises permettent à ces dernières de s'accaparer unilatéralement à la fois les canaux de distribution et les médiums de production, offrant par le fait même à celles-ci, pendant une période de temps plus ou moins longue, la possibilité d'en tirer des profits colossaux, ne laissant aux autres que des miettes ; **(ii)** l'exclusion technologique survient du moment où la conception des technologies exige un tel degré de qualification, qu'elle ne favorise que certaines personnes pour réaliser son développement, formant ainsi une minorité agissante capable d'orienter dans un sens donné le développement de toute une société ; **(iii)** l'éviction technologique intervient du moment où les technologies deviennent à ce point efficaces qu'elles absorbent des pans entiers d'une société tout en éjectant de celle-ci les composants les moins efficaces et les moins productifs, technologiques ou humains.

Le mythe de l'intelligence artificielle

Le mythe de l'intelligence artificielle est un mythe de la classe des technomythes (chapitre 3), c'est-à-dire qu'il s'articule autour des faits avérés de la science et de la recherche en technologies, tout comme il s'articule autour de certains mythes classiques, et en ce sens, il a totalement hérité des propriétés du technomythe du progrès. Donc, le mythe de l'intelligence artificielle promet un Avenir radieux où **(i)** l'être humain sera de moins en moins asservi à des tâches fastidieuses et répétitives afin qu'il puisse consacrer son temps à se réaliser, où **(ii)** l'être humain sera en mesure d'accéder à une espérance de vie et de santé optimale jusqu'à un âge très avancé, tant sur le plan physiologique que mental, où **(iii)** les inégalités sociales seront aplanies par le seul fait que les technologies intelligentes offriront non seulement de plus en plus d'opportunités aux gens, mais qu'elles permettront aussi de trouver des solutions sociétales jamais imaginées jusqu'ici, où **(iv)** l'ensemble de la société deviendra de plus en plus sécuritaire.

Pour y parvenir, le mythe de l'intelligence artificielle inventera des mots et des concepts qui lui permettront de s'auto-entretenir. Partant de là, le mythe de l'intelligence artificielle fonctionne, car **(i)** il arrive à expliquer puisqu'il est holistique, à séduire à cause de son aspect surnaturel et merveilleux lié aux questions d'ordre technique, technologique, économique, financière, socioéconomique ou sociopolitique, **(ii)** à justifier en codifiant les institutions politiques ou religieuses, les rites, les tabous, les interdits moraux et sociaux, **(iii)** à mobiliser dans un but donné par l'effet de croyance partagé à la fois par l'individu et le collectif, et **(iv)** à faire évoluer son propre contenu, car il dispose de trois mécanismes qui lui permettent d'y parvenir, soit la prédiction, l'adhésion, et l'aveuglement sélectif qui s'articule autour de l'autovérification, de la suppression de la vérification, de l'automythification et de l'occultation.

À propos de mon hypothèse de travail

Ai-je réussi à confirmer, nuancer ou infirmer l'idée voulant que la technologie (i) possède cette étonnante capacité à devenir à la fois sociale et sociable en intégrant à son fonctionnement l'ensemble des composants de la société, (ii) qu'elle est la mesure efficace en toutes choses, et (iii) que si elle est disponible elle doit nécessairement être utilisée, et en partant également de l'idée (iv) que l'intelligence artificielle de type *apprentissage automatisé autonome* est avant tout une technologie éminemment efficace en toutes choses et qu'elle dopera les recherches dans le domaine des biotechnologies, des nanotechnologies, des neurotechnologies et des sciences cognitives.

Premièrement, si on admet pour valide l'hypothèse de Jacques Ellul voulant que la technologie possède cette étonnante capacité à devenir à la fois sociale et sociable en intégrant à son fonctionnement l'ensemble des composants de la société, et en partant de l'analyse que j'en ai effectuée pour étayer cette hypothèse, il est plausible de penser que cette hypothèse soit vérifiable par d'autres méthodes d'investigation sociologique.

Deuxièmement, la technologie est-elle la mesure la plus efficace en toutes choses ? À mon avis, la technologie, dans sa nouvelle incarnation qu'est l'intelligence artificielle, sera définitivement la technologie la plus efficace en toutes choses. Il suffit de voir, à travers les multiples exemples présentés, comment l'intelligence artificielle décuple, par rapport aux technologies précédentes, les possibilités dans tous les domaines de l'activité humaine.

Troisièmement, lorsqu'une technologie est disponible et qu'elle est la méthode la plus efficace en toutes choses, elle doit impérativement être utilisée au risque de provoquer un déclassement à la fois technique et social pour ceux qui ne l'utilisent pas. Cette portion de mon hypothèse se vérifie quasiment à tous coups, comme je l'ai démontré dans les chapitres 8, 9, 10, 11, 12 et 13.

Quatrièmement, si l'intelligence artificielle de type *apprentissage automatisé autonome* est avant tout une technologie éminemment efficace en toutes choses, elle dopera forcément et impérativement les recherches dans le domaine des biotechnologies, des nanotechnologies, des neurotechnologies et des sciences cognitives. Cette portion de mon hypothèse se vérifie du seul fait que les algorithmes d'intelligence artificielle ont déjà été intégrés dans des secteurs clés de l'activité humaine comme la recherche, la finance et la sécurité.

Partant de là, il reste un énorme travail de recherche sociologique à effectuer pour comprendre comment toute cette mécanique propre à l'intelligence artificielle transformera la société. Il faut surtout vérifier comment l'intelligence artificielle sera susceptible de transformer le politique et peut-être revoir de fonds en combles le modèle démocratique tel qu'il se conçoit encore aujourd'hui. En somme, en partant des outils d'analyse dont nous nous sommes dotés tout au long de cet ouvrage, il devrait être possible de pousser plus en avant l'analyse et la recherche sur ces enjeux que nous impose l'intelligence artificielle, car elle nous contraint à nous aligner sur elle tout en modifiant radicalement les objets auxquels elle s'applique sans être pour sa part modifiée par eux. Et c'est là, à mon avis, où réside notre destin en tant que société, dans une colonisation du moindre recoin et composant de celle-ci par l'intelligence artificielle, parce qu'elle est non seulement la méthode la plus efficace en toutes choses, mais qu'elle est surtout l'horizon indépassable qui nous attend en tant qu'espèce.

BIBLIOGRAPHIE

Acemoglu, R., Restrepo, P. (2017), « Robots and Jobs: Evidence from Us Labor Markets », *NBER* : Working Paper n° w23285.

Agence QMI (2016 [2 novembre]), *Restructuration importante chez Québecor Groupe Média, Journal de Montréal*, URL: http://bit.ly/2fhyZpi.

Aliper, A., Plis, S., Artemov, A. et al (2016), « Deep learning applications for predicting pharmacological properties of drugs and drug repurposing using transcriptomic data », *Molecular Pharmaceutics*, DOI: 10.1021/acs.molpharmaceut.6b00248, May 20th.

Allison, L. (2016 [17 octobre]), *The moonshot that succeeded: How Bing and Azure are using an AI supercomputer in the cloud*, The Official Microsoft Blog, URL: http://bit.ly/2ejvFbH.

Andrianantoandrol, E., Basul S., Karig, D., Weiss, R. (2006), « Synthetic biology: new engineering rules for an emerging discipline », *Molecular Systems Biology*, vol. 10.

Arel, I., Rose, D. C., Karnowski, T. P. (2010), « Deep Machine Learning - A New Frontier in Artificial Intelligence Research », *IEEE Computational Intelligence Magazine*, vol. 5, n° 4, p. 13-18, November.

Association québécoise des technologies (2017), *Budget du Canada 2017-2018 : L'AQT présente les principales mesures qui toucheront les entreprises technos québécoises.*

Aubert, N. (20030), *Le culte de l'urgence*, coll. Champs essais, Paris : Flammarion, p. 28.

Autopsie d'un mensonge, Le Devoir, URL: http://bit.ly/2f0Xczc.

Bacon, F. (1799), Œuvres de François Bacon, trad. Antoine Lasalle, t. 4, Dijon : L. N. Frantin.

Bauman, Z. (2007), *Liquid Times : Living in an Age of Uncertainty*, Rome : Editori Laterza.

Becker, Gary S. (1962), « Irrational Behavior and Economic Theory », *Journal of Political Economy*, vol. 70 : pp. 1-13.

Bourdieu. P. (2013), *Une révolution symbolique*, Paris : Seuil.

Brun, J. (1992), *Le rêve et la machine : technique et existence*, Paris : Éditions de La Table ronde.

Brundage, M., Bryson, J. (2016), *Smart Policies for Artificial Intelligence*, A National Science Foundation Funding, URL : https://arxiv.org/ftp/arxiv/papers/1608/1608.08196.pdf.

Cardinal, F. (2017 [9 avril]), *Futurs Prix Nobel : bienvenue au Canada !*, La Presse, URL: http://bit.ly/2uvpJaC.

Castillo, M. (2017 [15 février]), *Trump's pick for Labor Secretary, now withdrawn, once explained why he loved robot workers*, CNBC.

CB Insights (2016 [July 17]), *Funding to Artificial Intelligence Startups Reaches New Quarterly High : Lerer Hippeau Ventures, Khosla Ventures, and Bain Capital Ventures were the most active VC investors in Q2'16*, URL : https://www.cbinsights.com/blog/artificial-intelligence-funding-trends-q216/.

Chamayou, G. (2008), *Les corps vils. Expérimenter sur les êtres humains aux XVIIIe et XIXe siècles*, Paris : La découverte.

Chandler, A. (2015 [8 juillet]), *The Day the Computers Betrayed Us*, The Atlantic Magazine, URL: http://theatln.tc/2emMVvU.

Chase, S., Perrreaux, L. (2015 [Oct. 30]), *Quebec wants Ottawa to match $1-billion Bombardier investment*, Globe and Mail, URL: http://bit.ly/2ukSXbA.

Chomsky, N. (2011), *Futurs proches — Liberté, indépendance et impérialisme au XXIe siècle*, Montréal : Lux Éditeur.

Cioran, E. (1949), *Précis de décomposition*, Paris : Gallimard.

CNN Money Staff (2015 [21 septembre]), *The Greek crisis...in 2 minutes*, CNN Money, URL: http://theatln.tc/2emMVvU.

Coates, A., Lee, H., Ng, A. Y. (2011), « An Analysis of Single-Layer Networks in Unsupervised Feature Learning », *Proceedings of the 14th International Conference on Artificial Intelligence and Statistics (AISTATS)*, vol. 15, p. 215-223.

Coates, A., Lee, H., Ng, A. Y. (2011), « An Analysis of Single-Layer Networks in Unsupervised Feature Learning », *Proceedings of the 14th International Conference on Artificial Intelligence and Statistics (AISTATS)*, vol. 15, p. 215-223.

Collij, L.E., Heeman, F., Kuijer, J. P. A. et al (2016), « Application of Machine Learning to Arterial Spin Labeling in Mild Cognitive Impairment and Alzheimer Disease », *Radiology*, vol. 279.

Condorcet (1798), *Esquisse d'un tableau historique des progrès de l'esprit humain*, 4e édition, Paris: Agasse.

Cook, T. (1999), *No Place to Run*, Vancouver : UBC Press.

De Grey, A. (2006), « Forever Young », in Simon Young, *Designer Evolution. A Transhumanist Manifesto*, New York : Prometheus Books.

Department of Motor Vehicles, State of California (2013), *Testing of Autonomous Vehicles*, URL: https://www.dmv.ca.gov/portal/dmv/detail/vr/autonomous/testing.

Department of Motor Vehicles, State of Nevada (2016 [Augsut 8]), *Autonomous Vehicle Testing License*, URL : http://www.dmvnv.com/pdfforms/obl326.pdf.

Ding, T., Valeva, V. K., Salkona, A. R. et al. (2016), « Light-induced actuating nanotransducers », *Proceedings of the National Academy of Sciences*, vol. 113, n° 20, p. 5503-5507.

Duch, W., Swaminathan, K., Meller, J. (2007), « Artificial Intelligence Approaches for Rational Drug Design and Discovery », *Current Pharmaceutical Design*, vol. 13, n° 14, May, p. 1497-1508.

Dyannère, A. (1796), *Notice sur la vie et les ouvrages de Condorcet*, Leipzig : Pierre-Philippe Wolf.

Dyson, G. (2012), *Turing's Cathedral*, New York : Pantheon Books.

Eco, U. (2008), *À reculons comme une écrevisse*, Paris : Grasset.

Ehrenberg, A. (2000), *La fatigue d'être soi*, Paris : Éditions Odile Jacob.

Ellul, J. ([1954] 2008), *La Technique ou l'Enjeu du siècle*, 3e éd., Paris : Armand Colin.

Ellul, J. ([1977] 2004), *Le système technicien*, Paris : Calmann-Lévy, réédition Le Cherche midi.

Encyclopédie de l'Agora (2012), *Technique*, URL : http://bit.ly/2dTcBlE.

Faguet, G. B. (2005), T*he War on Cancer: An Anatomy of Failure, A Blueprint for the Future*, The Netherlands : Springer.

Finley, K. (2016 [14 novembre]), *IBM is using tiny tubes to grow the chips of the future*, Wired Magazine, URL : http://bit.ly/2g9XIPA.

Finley, K. (2016 [2 novembre]), *The World's Telecoms Are Under Threat From All Sides*, Wired, URL: http://bit.ly/2en7Sdr.

Fisk, M. C. (2013 [25 octobre]), *Toyota Settles Oklahoma Acceleration Case After Verdict*, Bloomberg, URL : http://bloom.bg/2fe4Gz9.

Fraser, P. (2015), *Les conditions d'émergence de la lutte contre l'obésité*, Thèse de doctorat soutenue le 17 novembre 2015 à l'Université Laval, URL : http://bit.ly/2uRuIT2.

Geelen, J. (2012), « Les neurotechnologies émergentes : Développements récents et incidences sur les politiques », Gouvernement du Canada : Horizons politiques

Canada, URL: http://www.horizons.gc.ca/sites/default/files/Publication-alt-format/2012-0124_fra.pdf.

Gehlen, A. (1957), *Man in the Age of Technology*, New York : Columbia University Press.

Gillies, T. (2017 [Avril 23]), *Former CKE chief Andy Puzder on automation: If robots take your job, 'the minimum wage is zero'*, CNBC.

Goldin, C., Katz, L.F. (2008), *The Race between Education and Technology*, New York : Belknap Press.

Goodman, L. S., Gilman, A. (1965), *The Pharmacological Basis of Therapeutics*, 3rd ed., New York : Macmillan Publishing Co.

Google Press (1999 [June 7]), *Google Receives $25 Million in Equity Funding*, URL: http://googlepress.blogspot.ca/1999/06/google-receives-25-million-in-equity.html.

Grossi, E., Massini, G., Buscema, M. et al (2005), « Two different Alzheimer diseases in men and women: Clues from advanced neural networks and artificial intelligence », *Gender Medicine*, vol. 2, n° 3, p. 106-117.

Heidegger, M. ([1954] 1958), « La question de la technique », *Essais et conférences*, trad. André Préau, Paris : Gallimard, p. 9 à 48.

Heller M.J. (2002), « The Nano-Bio Connection and its Implication for Human Performance », Roco and Bainbridge eds, *WTEC : Converging Technologies for Improving Human Performance*.

Hinton, G. E., Osindero, S., Teh, Y. W. (2006), « A fast learning algorithm for deep belief nets », *Neural computation*, vol. 18, n° 7, p. 1527-1554.

Hinton, G. E., Osindero, S., Teh, Y. W. (2006), « A fast learning algorithm for deep belief nets », *Neural computation*, vol. 18, n° 7, p. 1527-1554.

Hirsch, J. (2006), « An Anniversary for Cancer Chemotherapy », *The Journal of the American Medical Association*, vol. 296, n° 12, p. 1518-1520.

Hotchkiss, J., Shiferaw, M. (2011), « Decomposing the Education Wage Gap : Everything but the Kitchen Sink », *Federal Reserve Bank of St. Louis*, vol. 93, n° 4, p. 243-271.

IJCAI 2015 conference (2015), Autonomous Weapons: an Open Letter from AI & Robotics Researchers, Future of Life Institute, URL: http://ntrda.me/2gNzLyk

Jarvis, J. (2011), *Public Parts : How Sharing in the Digital Age Improves the Way We Work and Live*, New York : Simon & Schuster.

Jensen R. (2007), « The Digital Provide: Information (Technology), Market Performance, and Welfare in the South Indian Fisheries Sector », *The Qauterly Journal of Economics*, vol. 122. n° 3, p. 879-924.

Juignet, P. (2017 [2015]), *Le concept d'émergence*, Paris : PhiloSciences.

Kant, E. (1784), *Qu'est-ce que les Lumières ?*, Berlin : Berlinische Monatsschrift.

Katsnelson, A. (2010), « DNA sequencing for the masses — The launch of a new technology marks a move towards small-scale sequencing in every lab », *Nature News Online*.

Kavilanz, P. (2016 [Sept. 29]), *Leave it to Silicon Valley to innovate pizza deliveries*, CNNMoney.

Kovach, S. (2016 [July 6]), *Self-driving cars need to pass a driving test before they're allowed on the road*, Business Insider, Tech Insider section, URL: http://www.businessinsider.com/should-self-driving-cars-have-to-pass-a-driving-test-2016-7.

Krizhevsky, A., Sutskever, I., Hinton, G. E. (2012), « Imagenet classification with deep convolutional neural networks », *Advances in Neural Information Processing Systems*, p. 1097-1105.

Kurzweil, R., Grossman, T. (2006), *Serons-nous immortels ? Oméga 3, nanotechnologie, clonage...*, Paris : Dunod, coll. Quai des Sciences.

La Boétie, É. de (1574 [2002]), *Discours de la servitude volontaire*, texte établi et annoté par André et Luc Touron, Paris : J. Vrin.

Lachance, N. (2016 [May 18]), *Facebook's Facial Recognition Software Is Different From The FBI's. Here's Why*, NPR, URL : http://www.npr.org/sections/all-techconsidered/2016/05/18/477819617/facebooks-facial-recognition-software-is-different-from-the-fbis-heres-why.

Lagueux, Maurice (1993), « Kirzner vs Becker : Rationality and Mechanisms in Economic Discourse » dans Hebert Robert (ed.), *Perspectives on the History of Economic Thought*, vol. IX, Aldershot, Hants, U.K. : Elgar Publishing, pp. 37-50.

Larose, F. (2015 [6 août]), *Hiroshima et Nagasaki, il y a 70 ans —*

Lebleu, B. (2012), Grèce antique : le sport et la paideia, Encyclopédie de l'Agora.

Lee, Q. V., Schuster, M. (2016 [27 septembre]), *A Neural Network for Machine Translation, at Production Scale*, Google Research Blog, URL: http://bit.ly/2dpg36w.

Lemieux, T. (2006), « Increasing Residual Wage Inequality: Composition Effects, Noisy Data, or Rising Demand for Skill? », *The American Economic Review*, vol. 96, n° 3, June, p. 461-498.

Lemire, M. (1997), *L'imaginaire des autoroutes de l'information : le discours des acteurs publics québécois et canadiens*, Mémoire présenté à la Faculté des études supérieures de l'Université Laval pour l'obtention du grade maître ès arts, Département de science politique, Faculté des Sciences sociales, p. 1.

Lévi-Strauss, C. ([1955] 2009), *Tristes tropiques*, Paris : Plon.

Lévi-Strauss, C. ([1958] 2010), *Anthropologie structurale*, Paris : Plon.

Levy, F., Murnane, R. J., (2005), *The New Division of Labor: How Computers Are Creating the Next Job Market*, Princeton: Princeton University Press.

Lucrèce, *De rerum natura*, I, 61-79.

Maestruti, M. (2006), « La singularité technologique : un chemin vers le posthumain ? », *Vivant — L'actualité des sciences et débats sur le vivant*, Paris : Université Paris X.

Magistretti, B. (2017 [3 mai]), *Abundant Robotics raises $10 million to commercialize its apple-picking robot*, Venture Beat Magazine.

Mahendran, A., Vedaldi, A. (2012), « Understanding Deep Image Representations by Inverting Them », *Computer Vision and Pattern Recognition*, Cornell University Library, URL: http://arxiv.org/abs/1412.0035.

Mason, A., Dunhill, P. (2008), « A brief definition of regenerative medicine », *Future Medicine*, vol. 3, n° 1.

MathWorks and Simulink (2016), *Les réseaux de neurones artificiels*, URL : http://bit.ly/2v0bd8G.

McCarthy, J. (2015 [22 avril]), *Little Change in Percentage of Americans Who Own Stocks*, Gallup Economy.

McCormick, J., Doty, C. A., Sridharan, S. et al. (2016 [2 novembre]), *Predictions 2017: Artificial Intelligence Will Drive The Insights Revolution*, URL: http://bit.ly/2fAx1Eb.

Mercure, D. (2016), *Un monde du travail en mutation*, documentaire réalisé par Pierre Fraser, Production : Photo | Société.

Mercure, D., Vultur, M. (2010), *La signification du travail, nouveau modèle productif et ethos du travail au Québec*, Québec : Presses de l'Université Laval.

Metz, C. (2016 [21 juillet]), *Facebook's Giant Internet-Beaming Drone Finally Takes Flight*, Wired, URL : http://bit.ly/2cZRhOw.

Metz, C. (2016 [23 septembre]), *Google's Internet-Beaming Balloon Gets a New Pilot: AI*, Wired, URL: http://bit.ly/2deTQYu.

Metz, C. (2017 [24 mai]), *Google's AlphaGo Levels Up From Board Games to Power Grids*, Wired.

Mihailidis, A., Fernie, G. R., Barbenel, J. C. (2001), « The Use of Artificial Intelligence in the Design of an Intelligent Cognitive Orthosis for People with Dementia », *Assistive Technology: The Official Journal of RESNA*, vol. 13, n° 1, p. 23-39.

Mills, C. W. (1969), *L'élite du pouvoir*, Paris : François Maspero, p. 11.

Minsky, M. Papert, S. (1969), *Perceptrons*, Cambridge: MIT Press.

Mitchell, C. (2016 [11 janvier]), *The Two Biggest Flash Crashes of 2015*, Investopedia, URL : http://bit.ly/2f2TPu9.

Moon, M. (2016 [10/4]), *Google DeepMind's AI can mimic realistic human speech*, Bloomberg, Engadget, URL : http://engt.co/2cOxPD0.

Mukherjee, S. (2016), *Google Wants to Use Artificial Intelligence to Help Prevent Blindness*, Fortune Magazine, July 5.

Mukherjee, S. (2016), *Google Wants to Use Artificial Intelligence to Help Prevent Blindness*, Fortune Magazine, July 5.

Muro, M., Rothwell, J., Andes, S., Fiikri, K. (2017), *Advanced Industries*, Washington D.C.: The Brooking Institution.

Mutch, D., Wahlit, W., Williamson, G. (2005), « Nutrigenomics and nutrigenetics: the emerging faces of nutrition », *The FASEB Journal*, vol. 19, p. 1602-1601

Ng, A., Suen, C., Coates, A. (2016), *Multi-Layer Neural Network*, Computer Science Department, Stanford University, URL: http://stanford.io/1Jjxe0b.

Nguyen, A., Yosinski, J. & Clune, J. (2014), « Deep Neural Networks are Easily Fooled: High Confidence Predictions for Unrecognizable Images », *Computer Vision and Pattern Recognition*, Cornell University Library, URL: https://arxiv.org/abs/1412.1897.

Nietszche, F. W., *Humain trop humain*.

Nietzsche, F. W. (1972), *Ainsi parlait Zathoustra*, Paris : Librairie générale française, p. 8.

Oak Ridge National Laboratory (2014), *What is a Core Hour on Titan*, US Department of energy, Office of science, URL: https://www.olcf.ornl.gov/wp-content/uploads/2013/01/TitanCoresFactsheet_.pdf.

Oberhaus, D. (2015 [13 avril]), *This Is What the Fourth Industrial Revolution Looks Like*, MotherBoard/Vice.

Otake, T. (2016 [09/11]), *IBM big data used for rapid diagnosis of rare leukemia case in Japan*, The Japan Times, URL : http://bit.ly/2ecKfGc.

Parkes, D. C., Wellman, M.P. (2015 [17 juillet]), « Economic reasoning and artificial intelligence », *Science*, vol. 349, n° 6245, pp. 267-272.

Pechura, C. M., Rall, D. P. (1993), *Veterans at Risk: The Health Effects of Mustard Gas and Lewisite*, Atlanta : National Academies Press.

Philippon, T., Reshef, A. (2011), *Wages and Human Capital in the U.S. Finance Industry : 1909-2006*, Working Paper.

Picketty, T. (2013), *Le capital au XXIe siècle*, Paris : Seuil.

Poulain, J. (1991), *L'Âge pragmatique ou l'expérimentation totale*, Paris : Éditions de l'Harmattan.

Radio-Canada (2012 [5 avril]), *Problèmes informatiques chez Desjardins*, URL: http://bit.ly/2fo9cMq.

Radio-Canada (2015 [Oct. 29]), *Québec investit 1 milliard $US dans Bombardier*, URL : http://bit.ly/2lRav8e.

Radio-Canada (2016 [1e septembre), *Perturbations informatiques chez Desjardins*, URL: http://bit.ly/2fDVQz9.

Radio-Canada (2016 [3 novembre]), *Les appels de Marie-Maude Denis, Isabelle Richer et Alain Gravel surveillés par la SQ*, URL : http://bit.ly/2fflHtD.

Radio-Canada (2017 [30 mars]), *Intelligence artificielle, de l'argent pour les centres d'innovation à Toronto, Montréal et Edmonton*.

Ramirez, V. B. (2016 [10/10]), *A Computer Can Now Translate Languages as Well as a Human*, Singularity Hub, URL : http://bit.ly/2dHaMcP.

Riggins, F. J., Wamba, F. S. (2015), « Research Directions on the Adoption, Usage and Impact of the Internet of Things through the Use of Big Data Analytics », *The 48 Hawaii International Conferences on System Sciences (HICSS)*, January 5-8, Kauai, Hawaii, USA.

Robson, D. (2016), « Rethinking Global Finance », *Wired UK*, p. 56-57, September.

Roosevelt, F. D. (1943), « Statement Warning the Axis Against Using Poison Gas », *The American Presidency Project*, June 8.

Rousseau. J. J. (1755), *Discours sur l'origine de l'inégalité parmi les hommes et si elle est autorisée par la loi naturelle*, Première partie.

Schiller, R. J. (2015 [16 juillet]), *The Mirage of the Financial Singularity*, Yale Insights, Yale School of Management.

Schrage, M. (2016 [26 octobre]), *Why You Shouldn't Swear at Siri, Harvard Business Review*, URL: http://bit.ly/2dH0zwQ.

Searle, J. (1980), « Minds, brains and programs », *Behavioral and Brain Sciences*, vol. 3, p. 349-355.

Sender, E. (2016), *Un autre transhumanisme est-il possible ?*, Paris : Sciences et Avenir, 15 mars.

Sénèque (1992), *Lettres à Lucilius*, Lettre n° 4, trad. Marie-Ange Jourdan-Gueyer, Paris : Flammarion.

Serres, M. (2007), *Les nouvelles technologies : révolution culturelle et cognitive*, conférence prononcée à l'Institut national de recherche en informatique et en automatique à Lilles, 10 et 11 décembre.

Shirky, C. (2010), *Cognitive surplus : How Technology Makes Consumers into Collaborators*, New York : Penguin Books.

Sicard, D. (2011), « De la médecine sans corps et sans sujet à l'éthique », *Aux origines de la médecine*, Paris : Fayard.

Simonite, T. (2013 [November 13]), « Three Questions for Computing Pioneer Carver Mead », *MIT Technology Review*.

Simonite, T. (2015 [24 décembre]), *How Facebook and Google's Plans to Boost Internet Access Advanced in 2015*, MIT Technology Review, URL: http://bit.ly/2e5rp3k.

Singer. P. W. (2009), *Wired for War*, New York : Penguin Books.

Smith, A. ([1776] 1805), *Recherches sur la nature et les causes de la richesse des nations*, trad. Germain Garnier, Paris : H. Agasse, p. 327.

Smith, C. L. (2010), *Aubrey de Grey: We don't have to get sick as we get older*, The Guardian, August 1.

Source: Radio-Canada (2017 [17 mai]), *Justin Trudeau à Seattle pour vendre la technologie de pointe canadienne*.

Spengler, O. ([1931] 1980), *L'homme et la technique*, Paris : Copernic.

Spengler, O. (1948), *Le déclin de l'Occident*, Paris : Gallimard.

Steiner, G. (1986), *Dans le château de Barbe-Bleue*, Paris : Seuil, coll. Folio Essais.

Suk-yee, J. (2016 [April 24]), *The South Korean government is planning to provide unprecedented tax incentives for new potential fields such as intelligent robot, artificial intelligence, smart car and so on*, Business Korea, URL : http://bit.ly/2ha8FSa.

Taleb, N. N. (2012), Antifragile, Systems that Gain from Disorder, New York : Random House.

Teisceira-Lessard, P. (2016 [31 octobre]), *Patrick Lagacé visé par 24 mandats de surveillance policière*, La Presse, URL: http://bit.ly/2dVyTpv.

Than, K. (2005), *Hang in There: The 25-Year Wait for Immortality — Interview with Aubrey de Grey*, Live Science, http://bit.ly/o9oCPE.

The Economist On Line, (2010 [1ᵉ octobre]), *What caused the flash crash? One big, bad trade*, The Economist, URL: http://econ.st/2e9QuKQ.

Thibodeau, P. (1998 [19 janvier]), *IBM wants FAA to retire 3083s*, Computer World, p. 14.

Toffler, A. (1980), *La Troisième Vague*, Paris : Éditions Denoël.

Torrès, A. (1995 [août]), *L'Eldorado cybernétique, Manière de voir*, Le Monde diplomatique, no 27, pp. 49-52.

Turow S. (1993), *Pleading Guilty*, First Edition, New York : MacMillan.

UK Government Chief Scientific Adviser (2016), *Distributed Ledger Technology: beyond block chain*, UK Government Office for Science, URL : http://bit.ly/2d9PdxY.

United States Department of Labor (2016), *Labor Force Statistics from the Current Population Survey*, Bureau of Labor Statistics, URL : https://www.bls.gov/cps/cpsaat11.htm.

Verzijl, D., Dervojeda, K., Sjauw-Koen-Fa, J. et all (2014), *Smart Factories / Case Study 26 / Capacity Optimisation*, Business Innovation Observatory, European Commission.

Vu Van, Binh An (2017), *L'intelligence artificielle apprend, crée, prédit*, Émission Découverte, Radio-Canada.

Wagner, J. (2016 [24 octobre]), *AI "Judge" Can Predict Rulings in Human Rights Cases, Slate / Future Tense*, URL: http://slate.me/2eLnfuG.

Wilkinson, R., Pickett, K. (2011), *The Spirit Level: Why Greater Equality Makes Societies Stronger*, New York: Bloomsbury.

Winthrop, J. (1630), « A Model of Christian Charity », in *Winthrop Papers*, vol. 2, Boston : Massachusetts Historical Society.

Wolf, M., Terrell, D. (2016), « The high-tech industry, what is it and why it matters to our economic future », *Beyond the Numbers: Employment and Unemployment*, vol. 5, n° 8 (U.S. Bureau of Labor Statistics, May 2016), URL: http://bit.ly/2ePIQVu.

Woodrow, W. (2001), « Address at Sioux Falls (September 8, 1919) », *Addresses of President Wilson*, New York : Gray Rabbit Publications.

Woodrow, W. ([1919] 2001), « Address at the Princess Theater in Cheyenne, Wyoming (September 24).

Young, S. (2006), *Designer Evolution: A Transhumanist Manifesto*, New York : Prometheus Books.

TABLE DES MATIÈRES